UNDERSTANDING
COLLECTIVE
INTELLIGENCE

집단지성의
이해

권찬호

박영사

머리말

일찍이 제도경제학의 저명한 개척자 중의 한 사람인 커먼스(John R. Commons)는 20세기를 '집단행동의 시대'라고 하였다. 하지만 인터넷 등 각종 사회연결망이 전 지구촌 사람들을 하나로 묶어주고 있는 지금의 21세기는 '집단지성의 시대'라고 해도 과언이 아니다. 지식경제, 빅데이터, 인공지능 등 21세기에 들어와서 각광받기 시작하고 있는 신조어들이 모두 집단지성의 원리에 바탕을 두고 있다는 사실이 이점을 잘 말해주고 있다.

이 책은 21세기를 관통하는 지적 화두가 될 것으로 예상되는 이 '집단지성(collective intelligence)' 현상에 대해 그 기본 원리를 좀 더 깊이 탐구하는데 목적을 두고 있다. "집단지성이란 무엇인가", "집단지성이 실제로 어떻게 작동되고 있는가" 그리고 "보다 나은 집단지성을 이끌어내려면 어떤 노력이 필요한가"라는 세 질문이 이 책의 전반을 이끌고 있다.

집단지성의 중요한 특징 중의 하나는 그 적용 분야가 어느 특정의 학문분과로 한정되지 않는다는 점이다. 수학, 물리학, 심리학, 공학, 생물학, 교육학, 사회학, 정치학, 행정학, 경영마케팅 등, 자연과학에서 사회과학에 이르기까지 전 학문분야에서 다루어지고 있다.

이렇게 다종다양한 구체적 집단지성 플랫폼들을 모두 다룬다는 것은 불가능하다. 이 책이 집단지성의 일부 분야를 연구하거나, 사례중심의 에피소드를 나열하기보다 집단지성 현상들의 바탕을 이루고 있는 기본원리에 초점을 맞춘 것은 바로 이러한 이유에서이다.

이 연구는 교육부 산하 한국연구재단이 중진 학자들을 대상으로 실시하고 있는 '저술출판사업'의 2014년도 공모에 선정되면서부터 시작되었다. 그 후 3년 동안의 연구 결과를 정리한 것이 이 책이다. 당초 학술적인 언어로 표현된 내용들을 독자들이 이해하기 쉽도록 다듬고자 노력하였다.

집단지성 문제는 이론적으로 뿐만 아니라 실용적으로도 그 의의가 매우 크다. 사회가 복잡해짐에 따라 다양한 차원의 집단들이 직면하는 과제들이 한 두 천재적 개인들의 기량에만 기대어서는 해결하기가 점점 더 어려워지고 있다. 그보다는 구성원들의 지적, 실천적 역량을 어떻게 하나로 가장 잘 합치는가가 경쟁의 요점이 되어가고 있다. 국가 간의 경쟁 역시 사회의 집단지성 창출능력에 따라 우열과 승패가 갈리는 시대로 진입하고 있다.

집단지성 연구의 이 같은 시의성과 시급성을 감안한다면 지성을 가꾸는 중고등학교 교사나 대학교교수 및 학생들뿐만 아니라, 공공영역과 사적영역에서 우리 사회를 이끄는 지성인들이 이 집단지성의 문제에 관심을 가지는 것이 중요할 것이다.

이 책이 독자들로 하여금 집단지성의 중요성을 인식하도록 하고, 사회를 집단지성의 관점에서 파악할 수 있는 사고의 틀을 제공하며, 바람직한 집단지성을 구축하기 위한 방법을 일깨우는데 큰 도움이 되기를 바란다. 그리하여 우리 사회의 집단지성의 수준이 높아지기를 기대한다.

2018년 8월

저자

차례

UNDERSTANDING
COLLECTIVE
INTELLIGENCE

집단지성의 이해

권찬호

박영사

●●●●●●●●

제1장
서장

사회가 컴퓨터와 인터넷 등으로 표상되는 정보화 시대로 진입함에 따라 새로 대두된 중요한 연구 주제 중의 하나가 집단지성(collective intelligence)이다. 이 책은 '집단지성이 무엇이며, 그것이 왜 중요하고, 어떻게 그것을 얻을 수 있으며, 나아가 더 나은 집단지성을 위한 방법은 무엇일까'라는 질문에 대한 답을 찾아보려는 데 목적이 있다.

집단지성이란 무엇인가

먼저 '집단지성이란 무엇인가'라는 질문에 대해서부터 설명해 둘 필요가 있다. 어떤 개념을 정의한다는 것은 개념 그 자체의 본질을 파악한다는 말과 같다. 그러므로 '집단지성이란 무엇인가'에 대한 최종적인 답변은 집단지성의 원리가 충분히 파악된 다음에야 가능하다. 그러나 정작 개념의 정의가 필요한 시기는 그 정체가 충분히 밝혀지지 않은 문제제기 시점이다.

'집단지성'의 의미를 이해하기 위해서는 단어의 두 구성요소인 "집단(collective)"과 "지성(intelligence)"이 정확히 무엇을 뜻하는지를 먼저 따져 볼 필요가 있다.

영어 "collective"란 용어는 "다수의 개체들이 모인 것"을 가리키는 말로(예컨대, human collective), "집단"보다는 "집합"이 본뜻에 더 가깝다. 개체들이 모여서 만들어지는 집합체는 그 결속의 정도가 매우 다양하다. 무리(swarm), 다중(multitude), 군중(crowd), 폭중(mob), 운동(movements)과 같이[1] 경계가 유동적이고 존속기간이 일시적인 경우가 있는가 하면, 사회(society)나 공동체(community)처럼 그 경계가 약간은 불분명하지만 지속성을 갖는 집합체도 있고, 경계가 분명하고 동시에 지속성을 갖는 팀(team), 단체(association), 조직(organization), 위원회(committee)와 같은 집합체도 있다. 더구나 필요에 따라 임의로 설정되는 통계적 의미의 집단도 있다. 집단지성에서 말하는 '집단'은 이 모든 유형의 집합체를 포괄하는 상당히 느슨한 의미로 사용되고 있다.

집단, 즉 집합체의 지성이 왜 문제가 되는가? 전통적 사고방식에서 지성이라면 개인의 능력을 먼저 떠올린다. 얼마나 똑똑한가와 같은 지적인 능력은 개인을 그 평가 대상으로 삼는 것이 일반적이었다. 천재나 현인이 역사를 이끈다고 보거나, 구성원 개개인의 지적 능력이 우수하면 그 집단의 능력과 전반적 성취수준도 높아질 것이라고 믿는 것이다. 하지만 지적인 성취물들이 개인의 능력에만 의존하는 것은 아니다. 화성에 탐사선을 보내거나 뛰어난 인공지능을 만드는 일은 협업이 없이는 불가능하다.

개인은 어떤 형태로든 사회 속에서만 존재한다. 인간은 다수의 개인들이 모여 사회를 구성함으로써 역사를 만들어 왔다. 인간사회뿐만 아니다. 생물의 세계 역시 홀로 살아가는 경우는 없다. 모두 복수로 존재하며, 여러 방식으로 무리를 이루어 살아가고 있다. 생물계뿐만이 아니다. 물질들 역시 대부분 집단적으로 존재한다.

---

1 예컨대 같은 엘리베이터나 시내버스에 탄 사람들 또는 동물보호나 사형폐지를 위해 모인 사람들 등의 집합체를 예상할 수 있다.

예컨대 물은 수소와 산소 원자가 하나의 무리를 이룸으로써 물이라는 독특한 실체가 된다. 만일 집단적 존재양식을 지닌 물체들을 모두 제거한다면 우주 속에는 오직 백여 개 남짓한 원자들만 존재할 것이다.

사실 원자들 역시 근원적 실체는 아니다. 그리스의 데모크리토스가 우주의 실체를 쪼개고 또 쪼갰을 때, 더 이상 쪼갤 수 없는 근원적 실체를 '아톰(atom)'이라고 이름을 붙였지만 실제로 '아톰', 즉 더 이상 나눌 수 없는 최종적 요소가 존재하는지도 의문스러워지고 있다. 현대 물리학은 원자 속에서 전자와 원자핵을 찾아냈고, 원자핵 속의 양성자와 중성자라는 것을 구분해 냈다. 나아가 양자이론 등에 의하면 더 이상 쪼갤 수 없는 실체가 존재하는지, 또 '실체'라는 개념 그 자체가 타당한지까지도 의문시되고 있다. 이렇게 보면 결국 존재하는 것은 모두가 집합적 구성물이라고 해도 지나치지 않다.

현재까지의 학문적 결과로는 궁극적이고 최종적인 단독적 실체가 존재하는지 여부를 단정을 지어 말하기 어렵지만 만물의 대부분이 집합적 구성물인 것은 분명한 사실이다. 그러므로 다수의 개체가 모여 하나의 새로운 실체를 탄생시키는 집단화(aggregation)가 우주의 근본적 형성원리라고 해도 과언이 아니다. 집단지성의 개념을 최대한 일반화해서 지구 두뇌(global brain)라는 관점으로 보려하고 있는 블룸이 "최초의 쿼크(quark)들이 모여 핵과 양성자를 형성한 이래 집단화는 진화 고유의 특징이었다."(Bloom, 2001: 34)라고 말한 것도 이런 이유에서이다. 또 생물학자들은 생명의 역사는 원래 독립적이었던 생명 단위들이 응집하여 더 높은 수준의 생명 단위를 만들고, 이것이 하나의 통합된 집합체로 확립되는 과정의 연속이라고 말하기도 한다(Smith & Szathmary, 2001). 이렇게 본다면 우리의 지적 활동을 제대로 이해하기 위해서는 지성의 주체를 개인이 아니라 집단으로 설정하는 것이 더 유용할 수 있음을 알 수 있다. 여기에 집단지성 연구의 근본적인 의의가 있다.

집단지성의 두 번째 단어인 "지성(intelligence)" 역시 집단지성의 의미를 이해하는 데 매우 중요하다. 하지만 지성이란 말이 무엇을 가리키는지 이해하기는 쉽지 않다. 생명체의 지적 활동을 연구대상으로 하는 학문분야는 인지과학이다. 그러나 인지과학에서도 아직 지성에 대한 합의된 정의는 존재하지 않는다.

일반적으로 지성은 인지적(cognitive) 능력을 가리킨다. '인지'라 함은 지각, 이해, 추론, 예측, 기억, 계획, 구상 등 인간의 모든 유의미한 정신적·의도적 활동을 포괄한다. 그러므로 대부분의 정신활동이 인지적 활동에 속한다. 지성에 대한 정의가 어려운 이유도 여기에 있다.

지성에 대한 기존의 정의 70여 개를 종합적으로 검토한 한 연구에서는 기존 정의들에 나타난 공통된 요소를 세 가지로 정리한 바 있다(Legg & Hutter, 2007: 17). 첫째는 개인이 환경과의 상호작용 과정에서 발휘되는 속성이라는 점, 둘째는 어떤 목적이나 목표를 성취하는 능력을 가리킨다는 점, 셋째는 새로운 대상이나 환경에 얼마나 잘 적응하느냐와 관련되어 있다는 점이다. 그리고 결론에서는 모두가 동의하는 하나의 정의는 어렵겠지만 여러 정의들에 공통적으로 나타나는 요소를 중심으로 정리해 보면 "다양한 환경에서 목표를 성취할 수 있는 행위자의 능력"으로 볼 수 있다고 하였다(ibid.: 22). 목표를 성취하려면 그것을 가로막는 많은 문제들을 해결할 수 있어야 한다. 그러므로 이들이 말한 내용을 달리 표현한다면 결국 지성이란 "문제해결 능력"을 가리킨다고 말할 수 있다.

지성을 문제해결 능력(problem-solving ability)이란 관점에서 사용하고 있는 대표적인 학자는 인공지능(AI) 연구의 선구자로 잘 알려진 마빈 민스키(M. Minsky)이다.[2] 그는 지성(intelligence)을 "어려운 문제를 해결하는 능력(ability to solve hard problems)"으로 이해할 수 있다고 말했다(Minsky, 1985: 71). 여기서 "어려운"이란 한정어가 붙는 이유에 대한 그의 설명은 유의할 만하다. 모든 문제의 해결 능력이 지적 활동에 해당되는 것은 아니라는 뜻이기 때문이다. 예컨대 개미나 벌, 찌르레기나 비버 등 곤충과 동물들 역시 정교한 집을 짓거나 인간이 따라 할 수 없는 어려운 집단행동을 한다. 그렇다면 이런 동물들의 지적 수준이 높다고 말해야 하는가?

민스키는 그렇지 않다고 말한다. 곤충이나 동물들이 정교한 집을 짓거나 놀라운 일을 하는 것은 개체의 지적 활동의 결과라기보다 수천만 내지 수억 년 동안 조금씩 진화한 결과로 만들어진 문제해결 방식이 유전자에 입력되어 거의 자동적으로 행동하는 것이기 때문에 지성에 해당하지 않는다는 것이다(ibid.: 71). 왜냐하면

---

2 민스키는 인공지능(artificial intelligence)이란 단어를 개발하였지만 집단지성(collective intelligence)과의 관계에도 주목하였다. 그는 독립적이며 다양한 개체들의 지성이 모인 집단지성이 인공지능을 만든다고 보았다. 축적된 집단지성은 인간이 설계한 알고리즘을 통해 인공지능에게 새로운 정보로 입력된다.

지성이란 지금까지 해결방식이 알려지지 않은 문제를 해결하는 능력을 가리키기 때문이다. 이것이 "어려운 문제"의 의미이다.

인간의 경우도 마찬가지다. 예컨대 지하철을 타는 행동을 생각해보자. 전혀 지하철을 타 보지 않은 사람이 표를 끊고, 승차하고, 목적지까지 무사히 간다면 그는 매우 높은 수준의 지적 능력을 사용했다고 말할 수 있다. 하지만 지하철을 타는 과정이 일상화되어 있는 사람이 능숙하게 지하철을 이용한다고 해서 그 사람의 문제해결 능력이 높다고 말하기는 어려울 것이다.

이상의 논의를 종합하면 집단지성은 "집합적 문제해결 능력"(Heylighen, 1999: 278)으로 이해될 수 있다. 민스키의 논의를 참조하여 조금 수정한다면 집단지성이란 "집합적으로 어려운 문제를 해결하는 능력"이라고 말할 수 있겠다. 다시 말해 의식이 있는 개체들이 집단을 이루어 집단 내외부에서 협력하거나 경쟁하면서 문제를 해결해 나가는 능력을 말한다.

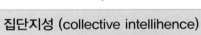

집단 Collective	지성 Intelligence
상호작용하는 개체들의 집합 "a set of interacting components"	문제해결 능력 "the ability to solve hard problems" (Minsky, 1985)

집단지성 (collective intellihence)
"집단이 발휘하는 문제해결 능력"

[그림 1] 집단지성의 개념

왜 집단지성인가?

집단지성이라는 개념이 왜 정보화시대에 와서 비로소 중요한 연구주제로 부각되었을까? 얼핏 생각하면 매우 답하기 쉬운 질문처럼 보인다. 인터넷이나 스마트폰 등 사회연결망(SNS)을 쉽게 만들어주는 기기들의 발달로 사람들 간의 관계가 그 빈도나 강도 그리고 다양성의 측면에서 매우 촘촘해졌고, 이로 인해 다수의 개인들이 하나의 새로운 집단을 형성하기 쉬워졌기 때문이라고 말할 수 있을 것이다. 그러나 집단을 형성한다는 것이 무엇을 뜻하는지, 그리고 그것이 정보나 지성 등과 어떻게 연관되는지에 대해서는 부연이 필요하다.

집단지성이라는 관점이 적용되기 위해서는 어떤 형태로든 하나의 집단 또는 "집합"이 상정될 수 있어야 한다. 집단지성의 주체가 될 수 있는 어떤 집합체(col-lectives)가 되려면 몇 가지 조건이 필요하다.

개인이 집합적으로 행동한다는 것은 개인들의 관계 또는 상호작용이 지속성을 가진다는 것을 뜻한다. 개인들 간의 관계가 안정적이어야 한다는 말이 반드시 이들이 모두 동일한 목표를 지향해야 한다거나, 서로 협력적이어야 한다는 것을 뜻하지는 않는다. 단지 각각의 활동이 완전히 독립적이어서는 안 되며, 서로 간에 어떤 상호의존성이 있어야 한다는 것을 의미한다.

예를 들면 시장에서 서로 다른 행위자들이 물건을 서로 사기도 하고 팔기도 한다. 이 경우 행위자들의 목적은 각기 다르다. 그러나 전체로서의 시장은 하나의 집합체를 구성한다. 왜냐하면 시장 내 행위자들 간 상호작용이 지속적으로 이루어짐으로써 각각의 시장이 나름대로의 독특한 상호작용의 무늬(pattern)를 만들어내기 때문이다.

가상공간도 마찬가지이다. 네이버(Naver)나 다음(Daum) 등의 블로그나 카페에 가입한 사람들은 서로 지속적으로 소통한다. 이 관계의 안정성으로 인해 그들은 하나의 집단 또는 집합체를 구성한다. 또 유튜브(Youtube) 사용자들은 동영상을 올리고, 그것에 댓글을 달고, 좋은지 싫은지 의사를 표시하는 행위 등을 통해 상호작용을 한다. 이 경우 참여자들이 모두 같은 목표를 가지고 있지는 않다. 더구나 상호협력적이라기보다 경쟁적 관계인 경우도 많다. 중요한 것은 협력적이냐 경쟁적이냐가 아니라 서로 간에 상호작용이 지속적으로 이루어진다는 사실이다. 다시 말해 관계의 지속성이 집합체를 만드는 본질적 요소이다.

그렇다면 상호작용이 이루어진다는 것이 무엇을 뜻하는가? 상호작용이란 말 대신에 연결, 관계, 네트워크가 사용될 수도 있지만 모두 거의 같은 뜻으로 볼 수 있다.

상호작용이 이루어진다는 것은 무엇보다도 정보가 오고 간다는 것을 뜻한다. 예컨대 유튜브 어느 동영상에 '추천'을 누르거나 '싫어요'라고 의사를 표시하는 것은 어떤 사안에 대해 자신의 판단을 제시하는 것이고 이 개인의 판단들이 바로 정보이다. 이 점은 가상공간에서뿐만이 아니라 현실세계에서도 마찬가지이다.

두 사람이 어떤 관계를 맺고 있다는 것은 지속적으로 의사소통을 한다는 것이므로 곧 두 사람 사이에 어느 정도 안정적으로 정보가 오고 간다는 것을 뜻한다. 이렇게 보면 집합체란 "상호 간에 정보의 흐름이 지속적으로 일어나는 개인들의 집합"이라고 말할 수 있다.

집단을 이렇게 정보의 안정적 흐름이 존재하는 개인들의 집합이라는 관점에서 이해한다면 집단지성의 개념이 왜 정보화시대에 중요성을 갖게 되었는가를 이해할 수 있다. 정보화 시대란 정보의 생산과 유통 그리고 소비의 수준이 이전에 비해 폭증한 사회상황을 묘사하는 용어이기 때문이다. 정보 흐름의 폭증은 곧 사람들 간 상호작용의 폭증을 뜻하고 이것은 곧 집합체들의 폭증을 뜻하기도 한다. 이 새로운 유형의 집합체들이 발휘할 수 있는 문제해결 능력에 주목하게 된 것은 자연스러운 귀결이라 하겠다.

왜 거버넌스 관점인가?

본서에서는 "집단지성을 어떻게 끌어낼 것인가"라는 문제를 집합체의 거버넌스(governance)에 조점을 맞추어 살펴볼 것이다. 그 이유는 집단지성을 어떻게 효과적으로 만들어낼 것인가라는 문제뿐만 아니라 집단지성이란 무엇인가라는 질문부터가 거버넌스의 관점에서 집단지성에 접근하지 않고서는 충분히 답변되기 어렵기 때문이다.

거버넌스란 쉽게 표현하면 집단구성원들 간의 관계의 규칙성을 만드는 방식이라고 할 수 있다. 집합체라는 개념은 다수의 구성원들을 상정하고 있다. 이 다수의 구성원들 간에 상호작용이 안정적으로 이루어지려면 어떤 식으로든 관계에 일정 수준의 규칙성이 부여되어야 한다. 관계의 규칙성이 어떻게 만들어지며, 그것이 어떤 역할을 하고, 또 어떻게 변화하는가에 대한 이해 없이는 집단지성의 본질이나 동학을 말하기 어렵다.

거버넌스는 매우 복잡하고 또 모호한 단어이다. 거버넌스의 가장 광의의 의미는 사회 구성원들이 의식적인 개입과 협력을 통해서 사회질서와 같은 공공재(public goods)를 산출하며 공동체의 문제를 해결하는 것이다(Schneider, 2012: 130). 이때 '개입'은 위계적으로 이루어질 수도 있고, 구성원들의 자율적 행동에 의하여 이루어질 수도 있다.

거버넌스(governance)와 거번먼트(government)와의 차이는 거버넌스의 경우 개입의 주체를 정부기구들로만 한정해서 보지 않고 사회 내 여러 다른 차원의 행위자들까지 확장해서 고려한다는 점이다. 질서유지나 공동의 목표추구와 같은 활동들을 경제학에서는 공공재 공급이라 부른다. 전통적으로 공공재의 공급은 정부가 하는 일이라고 간주해왔다. 그러나 공공재 공급이 정부에 의해서만 이루어지는가에 대한 의문이 제기되었고, 개인이나 민간단체 등 비정부 행위자들도 공공재 공급에 중요한 역할을 담당한다는 시각이 대두되기 시작했다. 이 과정에서 거번먼트보다 더 일반화된 개념인 거버넌스가 인기 있는 용어로 부상하기 시작했다.

초기에는 거버넌스와 거번먼트를 병렬적으로 보아 비정부 행위자들에 의한 공공재 공급 과정만을 거버넌스라고 불렀으나, 이후 개념이 일반화되어 공급의 주체가 정부 행위자냐 비정부 행위자냐에 관계없이 모든 공공재 공급활동을 거버넌스라 칭하게 되었다. 앞의 것을 '좁은 의미'의 거버넌스, 뒤의 것을 '넓은 의미'의 거버넌스로 부르기도 한다. 이 글에서는 넓은 의미로만 사용할 것이다.

앞서 말했듯이 집단지성은 여러 유형의 집합체가 발휘하는 문제해결 능력을 가리킨다. 이 집단지성의 거버넌스에는 대부분 정부나 기업의 관리자와 같은 위계적 행위자가 존재하지 않는다. 뚜렷한 중심이 존재하지 않고, 위 아래의 계층적인 구분이 없다. 예컨대 웹에서 이루어지는 집합체의 경우 개별 행위자에게 제재를 가하거나 유인을 제공할 수 있는 공공재 공급 전담자가 없는 것이 일반적이다. 그러므로 위계적 거버넌스보다는 자기 거버넌스(self-governance)가 핵심적 중요성을 띠게 된다. 자기 거버넌스란 외부의 권위에 기댐이 없이 구성원들이 자율적으로 질서를 만들어 내는 것을 뜻한다.

자기 거버넌스는 자연과학에서 주로 사용하는 자기조직화(self-organization) 개념과 상통되는 점이 많다. 자기조직화 현상의 해명을 주된 목표로 삼는 이론이 복잡계 이론이다.[3] 그래서 복잡계 이론의 연구 성과들을 인간 사회의 자율적 거버넌스 현상에 적용하려는 시도들이 점점 더 많아지고 있다.

거버넌스와 복잡성(complexity) 개념의 유사성, 그리고 복잡계 이론이 거버넌스 이론의 분석력을 좀 더 날카롭게 다듬는 데 어떻게 도움이 될 수 있는지를 정리한 대표적인 연구로는 스나이더의 글(Schneider, 2012)을 들 수 있다. 스나이더가 지적하고 있듯이 거버넌스 개념이 현대사회의 정치나 사회 현상을 이해하는 데에 전통적인 접근법들보다 더 정밀한 개념장치들을 제공해주고 있긴 하지만, 사실 현재까지의 거버넌스에 관한 연구들은 자기 거버넌스 또는 자율적 거버넌스 현상에 대해 충분히 분석하지 못하고 있다.

이에 비해 복잡계 이론의 자기조직화에 대한 연구는 매우 많은 진척을 보이고 있다. 그러므로 사회의 여러 거버넌스 유형들 중에서 특히 자기 거버넌스에 대해서는 복잡계 이론의 성과를 차용하는 것이 불가피해 보인다. 스나이더 외에도 거버넌스 이론과 복잡계 이론의 유사성에 주목하고 있는 학자들은 많다.[4]

원래 복잡계 이론은 자연과학, 엔지니어링, 수학에서 출현했었다. 다루고 있는 중심 주제는 자연 및 사회의 여러 수준에서 질서가 어떻게 '저절로' 출현하는가이다. 복잡계 이론은 진화 이론의 현대화된 버전으로 간주되기도 한다(ibid.: 133).

복잡계 이론에서 다루는 자기조직화 현상은 집단지성 동학의 일반적 모습이다. 예컨대 위키피디아의 경우를 보자. 아무두 인터넷 접속자들에게 이 항목을 담당하라든가, 저 항목을 검토하라든가 지시하지 않는다. 또 표제어들을 제시해주는 경우

---

3 복잡계와 집단지성의 관계에 대해서는 제13장 참조.

4 예컨대 Kooiman(2003), Pierre & Peters(2005)가 있다.

도 없다. 개인들이 임의로 항목을 설정하고 자발적으로 글을 쓴다. 그럼에도 불구하고 위키피디아라는 양질의 집합적 산출물이 만들어지고 있다. 이런 현상은 자기 거버넌스 또는 자기조직화라는 말 외에 더 적합한 묘사 방법이 없어 보인다.

이 책 역시 집합지성의 거버넌스를 복잡계 이론의 자기조직회 개념에 바탕을 두고 살펴볼 것이다. 그런데 복잡계 이론이라 할 경우 자기조직화나 창발 현상의 해명이라는 주제의 공통성은 있지만 그 방법론에 있어서는 아직 단일한 설명체계가 확립되어 있는 것은 아니다. 게임이론, 의사결정 이론, 진화이론, 정보이론, 네트워크 이론, 수학과 물리학 등등 다양한 방법론들이 모두 사용되고 있다. 그러므로 집단지성을 복잡계적 시각에서 접근한다는 것은 집단지성의 동학을 자기조직적인 현상으로 본다는 것과 이 자기조직적 과정을 통해 만들어지는 지성을 새로운 특성이 출현하는 현상, 즉 창발(emergence)로 본다는 것을 주로 의미할 뿐이며, 어떤 특정의 방법론에 한정하여 살펴본다는 것을 뜻하지는 않는다.

이 책의 구성은 다음과 같다.

제1부에서는 제2장과 제3장에 걸쳐 '집단지성이란 무엇인가'라는 질문을 주로 다룰 것이다. 여기서는 먼저 집단지성의 역사와 연구자들의 정의 등을 살펴본 다음, 집단지성의 원리를 탐구할 것이다. 그리고 다양한 형태의 집단지성을 어떻게 유형화할 수 있는지, 유형별 특징은 무엇인지, 구성원 개인들의 지적 능력을 뛰어넘는 집단적 지성이 나타나는 현상을 어떻게 일관성 있게 이해할 수 있는지를 정리할 것이다.

제2부에서는 제4장, 제5장, 제6장에 걸쳐 집단지성의 미시적 기초와 관련된 주제들을 살펴 볼 것이다. 미시적 기초란 개인들의 판단과 선택 행위에 대한 분석을 가리킨다. 여기서는 투표와 심의라는 민주주의의 두 가지 기본적인 집합적 의사결정 방법의 문제를 중점적으로 다룰 것이다. 그리고 통계적 집단지성의 바탕을 이루고 있는 평균의 원리, 시장 거버넌스에 의존하고 있는 예측시장, 그리고 집단지성의 질을 가름하는 핵심적 요소인 다양성의 의의에 대해서도 알아 볼 것이다.

제3부의 제7장에서는 질서와 거버넌스의 개념이 검토될 것이다. 이 장에서 정리된 내용은 이어지는 협력적 집단지성을 비롯해 제4부 가상공간에서의 협력과 제

5부 군집지성에 대한 설명에서 논의의 틀 역할을 하게 될 것이다. 제8장과 제9장은 협력적 집단지성과 관련된 문제들을 다룬다. 협력의 문제를 분석하는 데 사용되는 핵심 이론적 기반인 합리적 선택이론에 대해 개관한 후, 사회적 딜레마의 정의와 그것을 해소하기 위한 여러 가지 협력 기제들, 그리고 반복게임과 관련된 사항들을 살펴 볼 것이다.

제4부에서는 가상공간에서 이루어지고 있는 집단지성에 대해 알아 볼 것이다. 제10장에서는 각양각색의 웹 기반 집단지성 유형들을 종합적으로 이해할 수 있는 방법이 무엇인지 살펴볼 것이다. 제11장에서는 웹 공간에서 만들어지고 있는 협력 행위들이 실물세계의 그것과 어떻게 비교될 수 있는지 알게될 것이다.

제5부 제12장에서는 군집지성과 관련된 주제들을 검토할 것이다. 군집지성의 개념과 의의 그리고 군집행동에 대해 분석할 것이다. 제13장에서는 군집지성을 이해하기 위해 일반적으로 사용되고 있는 복잡계 이론에 대해 구체적으로 설명할 것이다.

제6부 제14장에서는 앞에서의 논의들을 바탕으로 좀 더 나은 집단지성을 만들어내기 위해서는 어떤 노력들이 필요한지에 대해서 종합적으로 정리할 것이다. 집단지성을 집단비지성으로 바꾸어놓을 수도 있는 체계편향의 문제를 비롯해서 집단지성 거버넌스의 향후 지향점으로 고려될 수 있는 일반화된 상호성 개념에 대해 살펴볼 것이다.

제7부 마지막 결언에서는 집단의 생활양식인 민주주의를 중심으로 집단지성 연구의 중요성을 강조하면서 집단지성의 미래를 조망할 것이다.

제1부

집단지성 관점의 등장

제2장

집단지성이란 무엇인가?

집단지성에 대한 한 연구자는 "collective intelligence"의 2007년 당시 구글 검색결과가 90만 건 가까이 나온 결과를 제시하면서 집단지성에 대한 관심의 폭발성을 강조했었다(Schut, 2007: 15). 그러나 10년 후인 2017년 말에 이 단어에 대한 검색결과는 1,000만 건을 훨씬 상회한다.

집단지혜(collective wisdom), 군집지성(swarm intelligence) 등 유사 개념을 포함시키면 이보다 훨씬 더 많을 것이다. 또 영어 이외의 언어까지 고려해야 한다. 이것만 보더라도 집단지성에 대한 관심이 얼마나 빠른 속도로 증가해 왔는지를 잘 알 수 있다.

현재 집단지성의 연구 주제는 매우 다양하다. 순수 이론적인 문제와 개념정의부터 시뮬레이션, 사례연구, 실험, 시스템 디자인, 복잡계 이론, 네트워크 이론, 웹디자인, 인공지능, 인지연구, 조직연구, 미디어 연구, 민주주의 등에 이르기까지 다양한 영역에서 연구주제로 부상하고 있고, 또 수학, 물리학, 심리학, 공학, 생물학, 심리학, 교육학, 경영학, 사회학, 정치학 등 자연과학에서 사회과학에 이르기까지 거의 전 학문분야에서 다루어지고 있다. 또 여러 학문분야 간의 학제적 연구가 이루어지는 경우도 많다. 그 주체도 대학교, 연구소, 기업, 정부, 공동체, 정당연구소, 시민단체, 자기계발 조직 등으로 다양하게 확산되어 있다. 기업의 경우에는 크라우드소싱(crowdsourcing)의 유형인 제안제도(suggestion system)를 많이 활용하고 있다. 최근에는 중고등학교에서도 집단지성의 방법을 교육공학적으로 연구하여 창의성 구현을 위한 학습에 다양하게 활용하고 있다.

집단지성에 대한 관심이 늘어남에 따라 사용되고 있는 용어의 폭도 상당히 넓어졌다. "집단"을 표현하는 말로 collective, public, crowds, swarm, mob, mul-titude, group, society, community, team 등 연구자마다 조금씩 다른 단어를 사용하기도 한다. "지성"도 intelligence, wisdom, mind, brain, smart 등 여러 표현이 사용되고 있다.

이 중 자주 쓰이는 용어로는 "collective intelligence"와 "swarm intelligence"이다. 군집지성(swarm intelligence)은 곤충, 로봇, 시뮬레이션, 알고리즘 등 인지적으로 단순한 행위자들의 창발적이고 집합적인 행위를 가리키는 데 주로 사용된다. 살미넨(Salminen, 2012)의 조사에 의하면 군집지성이란 용어를 사용한 연구 중에서 인간의 문제를 다루고 있는 글은 2% 미만이라고 한다. 군집지성을 포함한 총괄적 의미로는 "집단지성(collective intelligence)", 동물이나 로봇 등 인공물에 대해서는 "군집지성(swarm intelligence)"이란 말을 사용하는 것이 일반적이다.

"집단지성(collective intelligence)"이란 말 대신에 "집단지혜(collective wisdom)"가 거의 같은 뜻으로 사용되고 있긴 하지만, 전체적으로 보면 "집단지성(collective intel-ligence)"이 대표적 용어로 정착되었다고 보아도 과언이 아니다.[1]

---

1 그림 2에서 보듯이 실제 문헌들에는 "wisdom"이란 말이 더 많이 쓰이고 있는 것으로 나타난다. 하지만 현재 학술적으로는 "intelligence"란 말이 더 많이 쓰이고 있다.

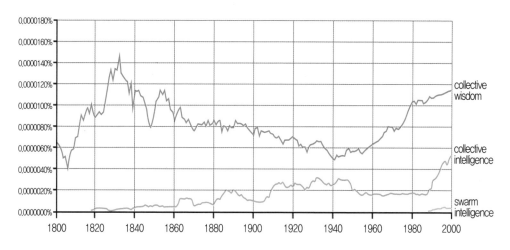

[그림 2] collective wisdom(맨 위), collective intelligence(중간), swarm intelligence(맨 아래)의
사용빈도 추이(Google Ngram Viewer로 2017년 10월에 조사)

집단지성에 기초한 민주주의를 주장하는 대표적인 학자인 랑드모어는 "지성
(intelligence)" 보다 "지혜(wisdom)"가 더 좋은 용어라고 주장하면서 그 이유로 '지혜'
가 '지성'보다 포괄성이 더 크다는 점을 들었다. 지성이 지능을 연상시키는데 비해
지혜는 단순한 기술적 해결능력 이상의 의미를 지닌다는 것이다. 또 지혜라고 할 경
우 여러 세대에 걸쳐 축적된 경험과 기억까지를 포함하므로 시간적 지평도 포함시
킬 수 있다는 것이다(Landemore, 2012a). 현재는 '지혜(wisdom)'와 '지성(intelligence)'이
모두 사용되고 있다. 그러나 학술적으로는 지성(intelligence)이 좀 더 많이 사용되고
있는 것이 분명하다. 지혜(wisdom)이라는 용어를 사용하는 사람들 중에서도 두 단어
사이 차이를 의식하고 사용하는 경우는 많지 않다. 이런 용어의 혼란에 대한 대안으
로 톰 애틀리는 좀 더 포괄성이 큰 '공동지성(co-intelligence)'이란 용어를 주장하기
도 했지만(Atlee, 2012), 호응이 큰 편은 아니다. 현재는 집단지성(collective intelligence)
이 대표적 용어로 정착되었다고 보아도 무방할 것 같다([그림 3] 참조).

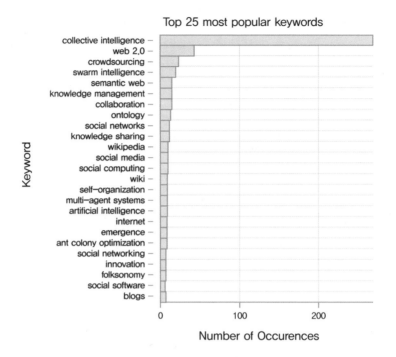

Top 25 most popular keywords

[그림 3] 학술지의 집단지성 연관 키워드 분포("web of science core collection"에서 2014년까지
집단지성 관련 논문 785개 키워드 빈도 분포. Salminen, 2015: 16)

제1절
연구주제로서 집단지성의 역사

집단지성에 대한 관심과 연구영역의 확장은 "집단지성이란 무엇인가?"라는 물음을 중요하게 만들었다. 집단지성에 대한 정의는 실용적 성격에서부터 높은 형식성의 추구에 이르기까지 연구자들의 관심에 따라 매우 다양하게 제시되고 있다. 연구대상으로 삼는 주제의 범위가 매우 넓고 또 여러 학문분야에서 각기 다른 방식으로 접근하기 때문이다.

토마스 맬런(T. Malone)에 의하면 "집단지성"이라는 용어가 학술적 의미로 사용되기 시작한 것은 1800년대부터였다고 한다.[2] 물론 이때는 분석적 개념이 아니라 어떤 현상을 표현하는 묘사적 용어로 사용된 것이다. 예를 들면, 의사인 그레이브(R. Graves)는 1842년에 집단지성이란 말을 의학적 지식이 가속적으로 발전되는 현상을 묘사하는 데 사용했고, 정치철학자인 펌로이(J. Pumroy)는 1846년의 글에서 집단지성이란 말을 국민들의 주권이 확장되는 현상을 묘사하는 데에 사용한 바 있다. 그리고 쉴즈(C. Shields)는 1889년의 저서에서 과학을 일종의 집합적 노력이라고 설명하는 맥락에서 이 말을 사용하기도 했다.[3]

집단지성이란 말을 현대적 의미와 유사하게 사용하기 시작한 것은 1906년 사회학자 레스트 와드에 의해서이다. 그는 "사회가 얼마나 진화하느냐하는 것은 집단지성에 달려있다. 집단지성이 사회에 대해 갖는 관계는 두뇌가 개인에 대해 갖는 관계와 같다."(Ward, 1906: 36)고 말한 바 있다.

제목에 "집단지성(collective intelligence)"이라는 말이 있는 최초의 학술적 글은 심리학자 데이비드 웩슬러의 연구에서 발견할 수 있다. 그는 집단지성을 "개인들이 그들의 자원을 한 곳에 모음으로써 과업의 성취수준을 높이려는 모든 협력활동"으로 정의하고, 그 원리를 정보와 생각들이 서로 얽힘으로써 새로운 것을 만들어내는 일종의 공명현상으로 보았다(Wechsler, 1971: 905, 907). 또 집단지성이 개인들의 지적 능력에 비해 반드시 효율적이지 않을 수는 있으나 일반적으로 혁신적 성격을 띠는 경우가 많다고 말함으로써 집단지성의 창발적 성격을 언급하기도 했다.

1980년과 1990년대에는 집단지성이라는 말이 곤충의 행동으로부터 로봇의 집단적 행동, 그리고 컴퓨터에 의해 연결된 인간집단의 협력을 묘사하는 데에 점점 더 많이 사용되기 시작하였다. 존 스미스, 피에르 레비, 프랜시스 헤일리겐 등이 집단지성의 문제를 본격적으로 다루기 시작했다.[4] 스미스와 레비는 책의 제목에 "집단지성(collective intelligence)"을 사용한 최초의 학자들이기도 하다. 스미스의 책은 컴퓨터를 이용한 집단적 작업에 연구의 초점을 맞추고 있고, 레비는 가상공간에서의 정보의 교환문제를 인류학적 관점에서 조망하였다는 점에 특징이 있다.

---

2   Malone & Bernstein(2015), Chapter 1. Introduction 참조.

3   Ibid. pp. 5−6. Graves(1842: 21-22), Pumroy(1846: 25), Shields(1889: 6-7) 참조.

4   Smith(1994), Levy(1994, 1997), Heylighen(1999), Hamilton(2004) 등이 여기에 해당한다.

집단지성이라는 용어가 대중화되기 시작한 것은 2000년대부터이다. 이 시기 대표적 연구로는 츠바(T. Szuba), 서로위키(J. Surowiecki), 해밀턴(C. Hamilton) 등을 들 수 있다.[5] 이 중 집단지성 개념의 확산에 특히 중요한 역할을 한 것은 레비와 서로위키의 저술이다(Landemore, 2012a; Malone & Bernstein, 2015).

집단지성에 관한 학술회의가 처음 열린 것도 이 무렵이다. 그리고 집단지성 연구를 중심 주제로 삼는 연구소가 설립되기 시작하였다. 캐나다의 오타와 대학이 2002년에 'Canada Research Chair on Collective Intelligence'를, 그리고 2006년 미국 MIT에서 'Center for Collective Intelligence'를 설치하였다.

한편 집단지성의 원류를 멀리 아리스토텔레스에서부터 찾는 랑드모어(Landemore, 2012a)의 논의도 유의할만하다. 어떤 개념의 시원을 고대의 권위 있는 사상가에서 찾는 학자들의 일반적 취향의 표출로 볼 수도 있겠지만, 아리스토텔레스의 정치사상에는 플라톤과 달리 당시 폴리스 시민들의 건전한 상식의 가치를 높이 평가하는 시각이 더러 포함되어 있는 것도 사실이다. "다수는 개인적으로는 탁월한 사람이 아니더라도 함께 모이면, 개인적으로가 아니라 집합적으로, 몇몇 뛰어난 사람들보다 더 훌륭하다. 이것은 마치 연회에 한 사람이 음식을 마련하는 것보다 많은 사람들이 준비했을 때가 더 좋은 것과 같다."(Aristotle, Politics(Translated by Ernest Barker), 1995: Ⅲ,11, 1281a39)라는 구절이 그 대표적인 예이다.

랑드모어는 그러나 아리스토텔레스의 문제의식과 현대의 집단지성 논의 사이의 차이점도 지적하고 있다. 집단의 범위, 심의에 대한 강조 여부, 그리고 네트워크와 연결성의 정도 등 세 가지를 차이점으로 들고 있다(ibid.: 1-4).

현대의 집단지성이 고대와 다른 첫 번째 점은 집단의 범위이다. 아리스토텔레스가 집단지성과 관련된 언급을 했을 때 염두에 둔 것은 고대 그리스의 도시국가 아테네의 민회였다. 그러므로 그 규모는 수천 명 정도에 불과하다고 할 수 있다. 하지만 현대는 수백만 명에서 수억 명의 규모를 지닌 집합체를 대상으로 집단지성의 문제를 연구한다. 단순히 집단의 규모가 커졌다는 것뿐만이 아니다. 웹 기반 집단지성의 경우에서 볼 수 있듯이 과거와 달리 정치적, 문화적 경계선을 넘나드는 불

---

5 Malone & Bernstein(2015) chapter 1. Introduction 참조.

특정 다수의 집합체까지도 논의대상이 되고 있다.

두 번째 차이점은 현대의 집단지성 논의에서는 심의와 같은 참여자들 간의 의식적 의사소통이 덜 강조되고 있다는 점이다. 서로위키가 "대중의 지혜"의 대표적인 예로 제시하고 있는 프랜시스 갤턴(F. Galton)의 통계적 실험이 이 점을 잘 보여주고 있다.[6] 갤턴 사례의 경우 참여자들 간의 상의가 필요하지 않다. 오히려 참여자들 간의 논의가 없어야 더 좋은 결과를 얻을 수 있다. 물론 현대에도 레비나 애틀리의 경우처럼 심의를 집단지성의 핵심 요소로 보는 견해도 있다.[7] 또 웹 공간에서 이루어지고 있는 집단지성의 대표적 예로 자주 거론되고 있는 위키피디아의 경우에는 심의 과정이 중요하게 작동한다. 하지만 많은 연구자들은 심의가 배제된 경우를 집단지성의 원형으로 보는 경향이 많다.[8]

세 번째 차이점은 네트워크와 연결성(connectivity)에 대한 인식변화이다. 네트워크나 연결성 개념은 정보가 하나의 특정 공공영역으로 집중되는 것이 아니라 다양하게 연결되어 있는 개인들 간에 전송되고 분산된다는 것을 가리킨다. 정보의 분산은 정보의 대량저장이나 대량처리와 관련해서 기술적으로도 중요한 의미를 가진다. 과거에는 분산형 네트워크보다 정보의 위계적 통합이 중요시되었지만 현대에는 분산적 연결이 정보처리 면에서 훨씬 효율적인 것으로 인식되고 있다. 또 정보의 분산성은 분권성과 쉽게 연결된다는 점에서 정치적 의의도 매우 크다.

종합하면 현대의 집단지성에 대한 관심 고조는 지난 대략 20여 년 남짓 간에 일어난 인터넷 기반 기술혁명이 초래한 인간사회의 거시적 지형 변화와 상호작용 방식의 급변을 반영한 것으로, 옛 명제의 재포장에 불과한 것이 아니라 세계상에 대한 대규모 인식의 전환이 바탕에 깔려있다는 것을 이해하는 것이 중요하다 하겠다.

물론 집단지성 기제가 정보화 이후에 새로 나타났다는 뜻은 아니다. 인터넷이 집단지성에 대한 관심을 폭증시킨 계기였긴 하지만, 앞서 언급했듯이 집단지성 현상 자체는 인류역사가 시작될 때부터, 아마도 우주가 생성된 때부터 있었던 현상이라고 말해도 무방할 것이다. 정보화 시대에 갑자기 출현한 것이 아니라 본래부터 우주 속에 내재해 있던 자연의 원리라는 뜻이다.

---

6 제6장의 1절 1항 참조.

7 Levy(1994, 1997), Atlee(2003). 이 책의 제3장 3절을 참조.

8 예컨대 Vermeule(2012)이 대표적이다.

의식했던 의식하지 않았던 인류가 출현한 시점부터 인간 사회에서도 집단지성이 작동하기 시작했다. 초기에 집단지성을 촉진한 계기는 문자의 발명이었다. 문자를 통해 소통하고 기록하며 재발견하고 평가하면서 지식이 발전하게 된 것이다. 기원전 중국 진나라시대에 재상 여불위가 3,000명의 지식을 모아 편찬하였다고 하는 '여씨춘추'와 같은 사례도 있다. 그러나 분산되어 있는 지성의 파편들을 하나로 취합하는 것은 쉬운 일이 아니다. 전통적인 모임에서 지혜를 모으는 방식은 한계가 있다. 공간적으로는 많은 사람들이 한 곳에 모이기가 쉽지 않고 시간적으로도 기록도구와 전파수단의 한계로 인해 정보의 유통과 축적에 제한이 있다.

이 아날로그 세계의 제약을 극적으로 돌파시킨 것이 디지털 환경이다. 디지털 기술은 정보의 유통을 빛의 속도로 이루어지게 하였다. 그리하여 정보나 지식의 기록, 저장, 교환, 창안 등을 엄청나게 빨리 이루어지도록 만들었다. 그 결과 이른바 '롱테일(long tail) 지성'[9]들을 필요에 따라 호출, 결합, 변형, 공유하는 것이 비약적으로 쉬워졌다. 이것이 정보화 사회 이후 집단지성의 개념이 전면에 부상한 주된 원인이다.

제2절
집단지성의 정의

다양한 분야에서 많은 사람들의 관심을 끌고 있는 "집단지성"의 개념은 어떻게 정의될 수 있을까? 집단지성은 다양한 방식으로 존재한다. 집단의 종류, 해결하고자 하는 문제, 그리고 집단지성이 만들어지는 방식 등이 천차만별이기 때문이다. 그러므로 집단지성을 어떻게 정의할 것인가에 대해 연구자들의 시각도 다양하다. 여기서는 먼저 레비와 서로위키 등 주요 이론가들의 견해를 검토해 본 후, MIT 집단

---

9 롱테일(long tail)이란 거듭제곱 그래프에서 우측의 낮게 이어지는 영역을 가리키는 말이다. 파레토 법칙에서는 다수인 80%의 인구가 차지하는 부의 크기를 뜻한다. 집단지성과 관련해서는 적은 양의 정보를 가진 다수의 사람들을 뜻한다.

지성 연구소의 창설을 주도했던 맬런(T. Malone)의 정의를 중점적으로 살펴보겠다.

집단지성 논의의 발전사에서 피에르 레비(P. Levy)는 중요한 위치를 차지한다. 그러므로 먼저 레비의 주장부터 검토해 볼 필요가 있다. 레비는 서로위키와 더불어 집단지성에 대한 관심을 대중화시키는 데 중요한 역할을 한 것으로 평가되고 있다.

레비는 "모든 것을 다 아는 사람은 없지만 누구나 어떤 무엇인가를 알고 있기 때문에 완전한 지식은 인류 전체에 퍼져 있다."(Levy, 1997: 38)는 관점에서 집단지성의 중요성을 주장했다. 이 말은 전체로서의 결합이 온전히 이루어질 때 인간의 지적 능력이 완전해질 수 있음을 시사한다.

먼저 그는 인류가 공동의 지적 능력과 자산을 서로 소통하면서 지성을 쌓아 왔다고 함으로써 집단지성을 인간의 본래적 생존방식으로 규정한다. 그러나 과거에는 시공간의 제약으로 인해 인류가 자신의 잠재성을 충분히 발휘하지 못해왔는데, 컴퓨터 기술에 기반을 둔 가상세계의 등장으로 실물세계의 한계가 비약적으로 극복됨으로써 집단지성의 가능성이 새로운 단계에 도달했다는 것이다(Levy, 2010).

그는 집단지성을 "창조, 혁신, 발명 과정에 지적으로 협력을 할 수 있는 인간 공동체의 능력"(ibid.: 38-43)으로 정의한다. 그리고 "지속적으로 가치가 부여되고, 실시간으로 조정되며, 역량의 실제적 동원에 이르는, 어디에나 분포해 있는 지성"(Levy, 1997: 13)이라는 표현에서 알 수 있듯이 인간 지성의 분산성, 분권성, 연속성 그리고 협업적 성격을 강조한다.

레비와 유사한 입장에 서 있는 사람이 톰 애틀리이다. 그는 집단지성이 "지성을 이해하기 위한 새로운 패러다임"임을 강조한다. 또한 오케스트라가 악기들의 단순한 합 이상이듯이, 개인들이 각자 개별적으로는 만들어낼 수 없는 "다양성의 응집적 통합"이 집단지성이라고 본다(Atlee, 2003: xi). 그는 집단지성이란 기존 용어가 다양한 유형의 지적 공동작업들을 모두 포괄하지 못하고 있다면서 '공동지성(co-intelligence)'이라는 새로운 용어를 제창하기도 했다(Atlee, 1999: 4-10).

애틀리는 집단지성의 의의를 주로 정치적 측면에서 파악하고 있다. 주저 『민주주의의 도』(Tao of Democracy)에서 알 수 있듯이, 그는 집단지성을 보다 성숙된 새로운 유형의 민주주의를 옹호하는 근거로 사용하고 있다. 그가 주장하는 민주주의는 개인성, 다양성, 창조성을 억압하지 않으며, 타협이 아닌 창조적 합의에의 도달을 목표로 삼는, 분산적 구성원들의 자발적인 지적 협력을 말한다.

레비와 함께 집단지성의 발전사에서 중요한 위치를 차지하는 사람이 제임스 서로위키(J. Surowiecki)이다. 레비가 "집단지성(collective intelligence)"이란 용어를 대중화시켰다면, 서로위키는 "대중의 지혜(wisdom of crowds)"에 대한 학문적 관심을 불러일으킨 기폭제적 역할을 한 인물로 평가되고 있다.[10]

서로위키는 집단지성이란 말을 쓰지 않고 그냥 "대중의 지혜(wisdom of crowds)"라고 칭했다. 그래서 집단지성에 대한 명시적 정의는 제시하지 않았다. "문제해결 방안을 찾거나 혁신을 추진하거나 현명한 의사결정을 내려야 할 때, 특히 미래를 예측할 때 소수의 엘리트보다 평범한 대중이 더 현명하다."(Surowiecki, 2005: xvi - xvii)는 표현 등에서 그의 입장을 볼 수 있다.

그 외 일찍부터 컴퓨터 기술과 집단지성의 결합 문제에 관심을 기울여 온 다테츠 츠바는 공동의 목표를 향한 개인들 노력의 교환과 취합이야말로 집단지성에 대한 진정한 정의라고 말하면서, 이 집단지성 메커니즘이 수백만 년간의 진화를 거친 뒤 현재의 모습을 띠게 되었다고 주장한다(Szuba, 2001: 491). 그는 집단지성 개념을 인간사회와 같은 실체적 집단의 집합적 생존능력 전체를 지칭하는 데 적용시키면서, "어떤 사회구조에 의해 수행되는 무의식적이고, 무작위적이며, 병렬적이고, 분산적인 자동연산 과정"이라고 하여 비의도성과 자연발생성을 특징으로 간주한다(Szuba, et al., 2012: 42).

찰스 리드비터는 위키피디아 등 웹에서의 지적 협력을 주로 분석대상으로 삼았다는 데에서 특징을 찾을 수 있다. 그는 집단지성을 "웹이 창조한 집단적 사고방식, 집단적 놀이방식, 집단적 작업방식, 그리고 집단적 혁신방식"이라고 설명한다(Leadbeater, 2009: 62).

집단지성이 구축되기 위해서는 협업적 창조성이 발휘되어야 하는데, 이것은 사람들이 서로 다른 아이디어를 공유하고 자유롭게 결합하기 쉬운 환경에서 왕성해진다고 보고, 웹이 과거에는 상상할 수 없었던 수준으로 집단 창의성을 발휘할 수 있는 토대를 제공한다는 것이다.

---

10 랜드모어(Landemore, 2012a: 1-2)는 제임스 서로위키의 뉴욕타임즈 베스트셀러 『대중의 지혜』의 성공이 집단지성에 대한 관심을 대중화시켰다고 말한다. 랜드모어는 집단지성 연구의 확산에 기폭제가 된 다른 저작들로 다음을 들고 있다. Rheingold(2003), Tapscott & Williams(2006), Sunstein(2002a), Howe(2008), Leadbeater(2008), Libert & Spector(2007).

웹에서는 창의적 상호작용 속에서 사람들이 관계를 맺을 기회가 더욱 늘어나고 또 정보의 교환이 용이하기 때문에, 집단적 창의성을 발휘할 수 있는 능력이 더욱 강력해진다고 본다. 그러나 그는 사회연결망 등을 통해 형성되는 관계가 논쟁적으로 흐르기 쉬워 협업적 사고를 위한 의식적 노력이 필요함을 강조했다.

그 외에 집단지성은 "개인들보다 더 많은 문제를 해결할 수 있는 집단의 능력"(Heylighen, 1999: 2), "서로 다른 배경이나 재능을 가진 사람들이 조직 속에서 능력을 최대한 발휘할 수 있는 최적 결합이 이루어지도록 함께 일할 수 있는 사람들의 능력"(Engelbart, 1995) 등으로 정의되기도 한다.

집단지성에 대한 가장 대표적인 정의는 MIT의 집단지성 연구소(MIT Center for Collective Intelligence) 소장이었던 토마스 맬런에게서 찾을 수 있다. 그는 연구소 개소 연설에서 집단지성의 조작적 정의를 "개인들의 집단이 지적인 것처럼 보이는 일을 집합적으로 행하는 것"(Malone et al., 2010: 2)[11]이라고 매우 간명하게 규정했다.

이 정의에서 가장 눈에 띄는 것은 "지적인 것처럼 보이는"이라는 약간은 모호한 수식어이다. 이 부분에 대해 그는 후에 글을 통해 지성을 정의하는 방식이 매우 많고, 또 사람에 따라 지성적이냐 아니냐의 판단이 다를 수 있기 때문이라고 설명했다(Malone & Bernstein, 2015).

사실 지성은 행위자의 목표나 의도가 전제되어야 하는데, 그 목표나 의도가 사람마다 다르기 때문에 지적인 행동인지 아닌지, 또 그 수준이 높다고 보아야 할지 낮은 행동이라고 보아야 할지가 일률적으로 정해질 수 있는 것은 아니다. 지성 개념의 이런 다면성과 주관적 측면을 최대한 포괄하기 위해 이런 표현을 채택했다는 것이다. 지성에 대한 특정의 정의에 제약되지 않음으로써 집단지성의 개념을 좀 더 폭넓게 적용할 수 있게 하려는 의도임을 알 수 있다.

맬런의 정의에서 "집합적으로"란 표현 역시 약간은 막연하다. 집단지성의 발생이 내생적인지 외생적인지, 또 자연적인지 의도적인지를 구분하지 않는다는 의미로 해석된다. 약간은 모호해 보이는 이 정의의 장점은 여러 가지 유형의 집단지성 현상들을 아우를 수 있는 포괄성에 있다 하겠다. 현재 이 맬런의 정의가 가장 널리 채택되고 있다.

---

11 원문은 "groups of individuals doing things collectively that seem intelligent".

제3절
집단지성의 원리

집단지성은 중지(衆智)의 잠재력을 높이 평가하고, 그것을 최대한 활용할 수 있는 방법을 모색하려는 데 목적이 있다. '다수'라는 사실이 왜 중요할까? 무거운 돌을 들어 올리는 경우에는 여럿의 힘을 합치는 것이 좋다는 것은 금방 알 수 있다. 그러나 지식의 문제에 있어서도 그럴까? 여러 사람의 중구난방을 모은다고 해서 새로운 뾰족한 지혜가 만들어질 수 있을까? 집단지성 이론가들의 대답은 "그렇다."이다.

집단지성의 원리에 대해서 랑드모어는 "중지"의 원리를 설명하는 이론모형으로서 ① "콩도르세 배심원 정리", ② "취합의 기적", 그리고 ③ "다양성이 능력을 이긴다 정리(Diversity Trumps Ability Theorem)"의 세 가지를 든 바 있다(Landemore, 2012a). 그 외 스콧 페이지는 통계모형과 인지모형 두 가지에 대해 수학적 모형을 제시한 바 있으며, 안드리안 버뮬은 통계모형, 인지모형, 진화모형의 세 가지로 나눈 바 있다(Page, 2007b; Hong & Page, 2012; Vermeule, 2012). 이 중에서 랑드모어의 세 가지 원리는 제2부 집단지성의 미시적 기초에서 자세히 다룰 것이다.

통계모형, 인지모형, 진화모형 등은 모두 구성원들의 개별지성들이 집단의 지성으로 전환되는 과정을 설명하는 데 기본목적을 두고 있다. 집단지성의 원리에 대한 통계적 설명과 인지적 설명 그리고 진화론적 설명에 대해 간단히 알아보겠다.

제1항 통계적 설명

통계적 모형은 구성원들의 분산된 지성을 통계적으로 취합하는 것이다. 이 설명모형은 가장 일찍부터 발견되었고, 또 많이 알려져 있다.

고전적인 예로는 대수의 법칙(law of large numbers)을 들 수 있다. 대수의 법칙은 표본의 크기가 증가할수록 그 통계적 결과가 모집단에 접근한다는 것을 말한다. 대수의 법칙은 유명한 콩도르세의 배심원 정리(Condorcet Jury Theorem)의 기반이 되고

있다.[12]

배심원 정리는 선택지가 양자택일일 경우, 구성원들이 정답을 택할 확률이 무작위 확률보다 조금이라도 더 높고, 투표가 독립적으로 투표하며, 공동의 목적을 위해 진지하게 투표한다면, 집단의 규모가 커질수록 다수의 결정이 옳을 확률이 높아진다는 것이다. 1785년 콩도르세가 만든 이 정리는 1950년대 던컨 블랙에 의하여 재발견되었고 그 후 많은 해석이 이루어졌다.

콩도르세 정리와 유사하지만 조금 다른 각도에서 통계적 논리로 접근한 것이 스콧 페이지(S. Page)이다. 그는 "다양성이 능력을 이긴다 정리(Diversity Trumps Ability Theorem)", 혹은 "대중이 평균을 이긴다 법칙(Crowd Beats Averages Law)" 등을 제시했다. 페이지의 논리대로 만일 인지적 다양성(cognitive diversity)이 집단지성의 핵심적 요인이라면 구성원의 수가 많은 집단일수록 인지적 다양성이 비례해서 클 가능성이 높으므로, 다른 조건이 동일할 경우, 다수가 더 현명하다는 추론이 가능하다.

그래서 랑드모어는 다양성이란 표현까지도 제거한 "숫자가 능력을 이긴다 정리(Numbers Trumps Ability Theorem)"를 주장하며 민주주의에 대한 '인식론적' 정당성의 기초를 찾으려 한 바 있다(Landemore, 2012c). 정치적 의사결정 과정에 가능한 한 많은 사람을 참여시키는 것이 집합적 의사결정의 질을 높이는 방법이므로 포용적 참여(inclusive participation)에 기반을 두고 있는 민주주의가 정당화될 수 있다는 것이다. 이들 이론들은 제2장 이하에서 자세히 다룬다.

통계적 모형은 집단지성의 원리에 대해 가장 간명하면서도 형식성 높은 이론적 근거를 제공해 준다는 점에서 그 중요성이 크다. 콩도르세 정리와 다양성 정리에 따르면 집단지성의 품질은 첫째, 구성원들의 지성 수준이 높을수록 높아지며, 둘째, 구성원들 간 다양성이 클수록 높아진다.

통계적 모형은 수학적 엄밀성으로써 집단지성의 존재가능성과 타당성을 뒷받침해 준다는 점에서 그 가치가 매우 크다고 하겠다. 그러나 몇 가지 한계가 있다. 통계모형은 무엇보다도 범주적 집단만을 대상으로 하고 있다.[13] 나른 유형, 즉 실체적 집단지성의 형성 과정에 대해서는 아무런 설명을 제공하지 못하고 있다. 뿐만 아니라 심의에 대해 긍정적인 역할을 부여할 수 없다는 점도 한계이다.

---

12 배심원의 정리에 대한 상세한 설명은 제4장 참조.
13 '범주적 집단', '실체적 집단'에 관해서는 제3장 2절 [표 4] 참조.

제2항 인지적 설명

통계모형에서는 개인들의 오류가 서로 상쇄하는 방향으로 작용함으로써 집단 차원에서 오류가 줄어드는 것으로 설명하지만, 인지적 설명모형은 통계적 원리만으로 집단지성 현상의 배후에 작용하는 비밀을 모두 설명할 수는 없다고 본다.

인지적 설명모형에서는 지성을 세계에 대한 이해 능력으로 본다. 그래서 집단지성을 단순히 대수의 법칙이 작용한 결과가 아닌 세계관의 취합으로 보는 관점에 서 있다. 세계관이라 함은 각 개인들이 가지고 있는 인지모형(cognitive model)을 말한다.

인지적 설명모형의 논리는 세 가지로 요약할 수 있다.[14] 첫째, 개인들이 가지고 있는 인지모형은 서로 다르다. 둘째, 개인들의 인지모형은 항상 불완전하다. 셋째, 집단지성은 개인들의 불완전한 인지모형들이 결합됨으로써 보다 완전한 세계상을 얻게 되는 원리에 기초해 있다.

개인의 인지모형이란 개인이 세계를 보는 인식의 틀을 가리킨다. 이 인지모형은 조금씩 다른 명칭으로 불리기도 한다. 존 홀랜드(Holland, 1995)는 "내부모형(internal model)"이라 부르며, 그것을 인지심리학에서 말하는 스키마(schema)[15]와 같은 의미라고 설명했다.

개인들이 가지고 있는 내부모형들은 각기 다를 수밖에 없다. 경험이 다르고 의도가 다르고 살아가는 방식이 다르기 때문이다. 예컨대 같은 장미꽃을 보더라도 어떤 사람은 아름답다고 생각하지만, 어떤 사람은 팔면 돈이 되겠다고 하여 사업과 연관시킬지도 모른다. 반면 멋진 시상(詩想)을 떠올릴 사람들도 있을 것이다.

---

14 Page(2007a), Vermeule(2012) 등이 인지모형을 구체적으로 다루고 있다.

15 인지심리학에서 말하는 스키마(schema, 복수형은 schemata 또는 schemas)란 받아들인 정보를 분류, 정리, 종합하는 개인들이 가지고 있는 인식의 틀을 가리킨다. 그러므로 경험적 데이터를 자신의 지식으로 전환시키는 고유의 방식, 즉 세계를 해석하는 틀이라고 말할 수 있다. 이것을 Heylighen(1999)은 "마음의 지도(mental map)", Wagner & Suh(2013)는 "세계관(world views)", Andler(2012)는 "세계에 대한 이해의 단편들(fragments of world understanding)", 그리고 Vermeule(2012)은 "관점(perspective)"이라고 불렀다.

[그림 4] 집단지성에 대한 인지적 설명

　세계에 대한 개인들의 이해가 항상 불완전하다는 것은 충분히 납득할 수 있다. 개인이 아무리 똑똑하더라도 사물들의 모든 측면을 고려할 수는 없기 때문이다. 인지적 설명모형의 원리는 장님 코끼리 만지기 우화로 쉽게 설명할 수 있다. 다리를 만진 사람은 코끼리가 기둥 같다고 하고, 몸통을 만진 사람은 코끼리가 벽과 같이 생겼을 것이라고 여긴다. 또 귀를 만진 사람은 부채같이 생겼을 것이라고 상상한다.

　개인들의 이 부정확한 인식조각들을 함께 잘 합치면 어떻게 될까? 보다 완전한 코끼리 모습을 얻을 수 있을 것이다. 인지적 설명모형에서는 개인들의 불완전한 정보나 경험으로 판단하는 휴리스틱들(heuristics)이 취합됨으로써 집단적으로 놀라운 결과가 나오는 것이 집단지성의 원리라고 주장한다.

　인지취합적 설명은 통계취합적 설명과는 몇 가지 점에서 다르다. 콩도르세 모형 등은 예컨대 항아리 속 콩의 개수를 추측하게 하는 문제와 같은 경우는 설명할 수 없다. 콩의 개수를 추정할 충분한 정보가 주어지지 않기 때문이다.

　콩도르세 정리에서는 개인들이 무작위 확률 이상의 정답가능성을 가지고 있어야 한다. 통계모형에서는 각 개인이 나름대로의 완전한 세계상을 제시하고, 그 다수의 세계상들을 겹쳐놓았을 때 중복되지 않는 부분을 제거하는 원리를 사용한다.

그러나 인지모형은 편차들을 제거하는 방식이 아니라 그것들을 조립하는 원리에 기초해 있다. 그러므로 두 모형 모두 구성원들의 다양성이 핵심적 중요성을 갖지만 그 다양성이 작용하는 방식은 다르다고 할 수 있다.

이 차이에도 불구하고 인지모형과 통계모형에는 몇 가지 공통점이 있다. 두 모형 모두에서 구성원의 수, 그들의 역량, 그리고 다양성이 집단지성의 품질을 결정하는 주요 변수이다. 그리고 두 모형 모두 개별지성들이 집단지성으로 전환되는 과정에서 취합의 동시성을 가정한다. 시간 변수가 고려되지 않는다는 뜻이다.

제3항 진화적 설명

통계모형이나 인지모형에서는 동시적 집단화(개별지성들이 동시적으로 투입되어 집단지성으로 전환되는 과정)를 상정하고 있다. 그리고 대부분의 경우 참가자들이 정확한 답을 만들기 위해 의도적으로 노력하는 것으로 가정한다. 그러나 실체적 집단지성의 경우 이 두 요건이 충족되는 경우는 드물다.

진화모형에서는 이 두 요건이 완화된다. 진화모형은 통시적(diachronic)이고 비의도적인 집단화를 상정한다.

진화모형에서는 통계모형이나 인지모형과 달리 집단구성원들이 의도적으로 정확한 집합적 결정을 추구하는 것을 상정하지 않는다. 오히려 보이지 않는 손 메커니즘과 같은 자연발생적 집단화에 의존한다. 이 경우 집단지성은 개별적 행동의 집합으로 나오기는 하나 어떤 의도적 설계에 의한 것은 아니다. "보이지 않는 손(invisible hand)" 과정이 집단 차원의 효율적인 상호작용 구조를 찾게 만드는 것으로 간주한다. 체계 내 어느 행위자도 충분한 정보를 가지고 있지 않아도 보이지 않는 손에 의해 집합적 수준에서 효율적 취합이 이루어진다는 것이다. 시장에서의 생산과 교환에 관한 분산된 정보가 가격이라는 전체 시장 차원의 정보를 만들어 내듯이, 진화모형에서도 개별지성들의 자연조화에 의해 집단지성이 출현하는 것으로 가정한다.

하지만 진화모형의 핵심은 보이지 않는 손이 아니라 통시성에 있다. 과거의 어떤 의사결정이나 선택에 대한 정보가 현재에 투입됨으로써 현재의 결정이 정교화

되는 과정에 관심을 집중시킨다. 그러므로 비동시성에 대한 고려가 진화모형의 핵심이다. 어떤 시점에서의 개인의 판단과 집단판단을 비교하는 것이 아니라 같은 문제에 대해 이전의 결정과 이후의 결정에 대한 비교가 논의의 중심을 차지한다.

다중에 의하여 모인 지식들은 오류가 있을 경우에 다른 참여자들에 의하여 수정되고 보완되면서 발전한다. 자기검증 기능이 있기 때문에 가능한 일이다. 집단지성은 따라서 시점과 종점이 뚜렷하지 않고 동적이며 순환적(circulation)이라고 할 수 있다.

칼슨과 제이콥슨은 밈(meme)의 개념을 도입하여 집단지성의 진화문제를 다룰 것을 제안하고 있다(Carlsson & Jacobsson, 2013). 이들이 주장하는 핵심은 문화적 유전자인 밈(meme)을 집단지성의 저장장치로 보자는 것이다.

밈은 주지하듯이 도킨스가 제안한 말로서, 한 시대의 사상, 종교, 이념, 관습 등 인간의 삶과 관련된 다양한 정보가 담긴 어떤 사회의 문화적 유전자를 가리키는 말이다.[16] 개체의 유전자(gene)처럼 사회의 집단 차원 정보도 밈을 통해 통시적으로 전달된다는 것이다. 그러므로 한 사회의 집단지성이 역사 속에서 어떻게 변화되어 가는지를 밈 개념을 이용하여 설명할 수 있다는 것이다. 하지만 칼슨과 제이콥슨은 진화모형을 그리 성공적으로 그려내지는 못하고 있다.

헤일리겐이 언급한 진화적 사이버네틱스 모형도 진화모형의 문제의식에서 나온 것이다. 그는 집단지성을 진화 개념만으로 설명하는 것은 한계가 있다고 본다. 집단지성의 형성도 필연적으로 협력의 문제를 해결해야 하는데, 협력의 발생을 막는 무임승차자의 문제를 진화모형 만으로는 제대로 다룰 수 없다고 비판하고, 사이버네틱스 개념을 진화모형과 결합시킬 것을 제안했다. 그 역시 밈[17] 개념을 사용한다. 밈이 집단차원 과거의 정보를 담고 있으므로, 이 밈이 통시적 피드백 기능을 담당함으로써 협력의 문제, 즉 사회적 딜레마를 해결하는 장치로서 설정할 수 있다는 것이다. 시간적 간격을 두고 일어나는 피드백을 고려하기 위해서는 사이버네틱스 모형(예컨대, 자동온도조절장치와 같이 환경이나 상황의 변화에 따라 스스로 정보를 바꾸어 시스템을

---

16 Dawkins(1976) chapter 11.11. "Memes: the new replicators" 참조.

17 헤일리겐은 밈을 "다른 사람의 기억 속으로 복제가 가능한, 개인의 기억이 보유하고 있는 정보패턴"으로 정의하고 있다(Heylighen, 2009: 3205).

제어해 나가는 모형)으로 진화를 설명해야 한다는 것이다(Heylighen, 2009; 2011).

　　밈 개념이 얼마나 실증적으로 입증될 수 있느냐의 문제는 차치하더라도, 시간적 피드백 장치를 설정하여 협력의 문제를 해결하려 하는 발상은 매우 유용해 보인다. 밈은 게임이론 용어로 말한다면 반복게임의 논지와 유사하다. 미시간대 로버트 액셀로드 교수는 그의 저서 『협력의 진화』(*The Evolution of Cooperation*)(Axelrod, 1984)에서 반복게임이 여러 가지 협력의 딜레마에 대한 유력한 해결책을 제공해 줄 수 있다고 한다. 밈이나 사이버네틱스 등을 이용해 시간적 피드백 문제를 중시한다는 점에서 진화모형의 가치를 발견할 수 있다. 특히 밈 개념은 사회규범의 문제와 쉽게 연결 지을 수 있다.[18]

18　제9장 1절 '반복게임과 협력규범의 발생' 참조.

••• ••••

제3장
집단지성의 유형

집단지성이라는 말이 지시하는 대상은 그 범위가 매우 넓다. 그래서 유형이 매우 다양하다. 맬런은 앞에서 말했듯이 집단지성을 "개인들의 집단이 집합적으로 지적인 것처럼 보이는 행동을 하는 것"으로 정의했는데, 이때 '집단'이란 두 사람 이상의 모임이면 모두 해당된다. 따라서 집단지성을 유형별로 구분하지 않고는 제대로 이해하기 어렵다.

인간의 의식적 활동 대부분이 "문제해결을 위한 행동"이고, 또 이 문제해결 행동들은 개인 단독으로 이루어지기보다는 두 사람 이상이 관여하는 경우가 일반적이다. 그러므로 인간의 활동은 거의 대부분이 집단지성의 형태로 이루어진다고 해도 과언이 아니다.

집단지성의 외연이 이처럼 넓으므로 집단지성의 원리를 이해하기 위해서는 먼저 다종다양한 집단지성을 유형화해 볼 필요가 있다. 그래서 각 유형에 따른 집단지성의 원리를 파악해야 한다. 이 장의 목적은 집단지성을 체계적으로 유형화하는 것이다.

집단지성을 하위범주로 유형화하는 방식은 여러 가지가 있다. 집단지성에 관한 기존 연구들을 종합적으로 검토한 뒤, 연구 주제들을 미시, 창발, 거시 세 수준으로 분류하고 있는 살미넨(Salminen, 2012)의 연구는 집단지성 연구의 전반적 지형을 개관하는 데 도움을 준다. 그밖에 리커렌조, 앤들러 등은 집단지성의 형성과정, 즉 분산적 지식이 집합적 지식으로 통합되는 과정의 차이에 주목하여 집단지성을 유형화한 바 있다(Lykourentzou, et al., 2011; Andler, 2012).

먼저 집단지성에 대한 기존 연구들이 주로 어떤 주제를 다루었는가를 체계적으로 분석한 살미넨의 연구결과를 살펴 본 다음, 집단지성의 유형화와 관련된 쟁점을 검토해 볼 것이다. 그리고 이들의 논의 내용을 토대로 좀 더 체계적이고 새로운 유형화 방식을 제시해 보겠다.

제1절
기존 유형화

제1항　집단지성의 연구주제 분류

살미넨은 지식웹(web of knowledge)[19]을 이용해서 집단지성에 관한 논문들을 선정한 다음 이 논문들이 다루고 있는 세부 주제들을 체계적으로 추출하고 분류했다.

19 　지식웹(web of knowledge)은 지금은 과학웹(web of science)으로 명칭이 바뀌었다. web of science는 ISI가 제공하는 인용색인 데이터베이스인 SCIE(Science Citation Index Expanded), SSCI(Social Sciences Citation Index), A & HCI(Art & Humanities Citation Index)를 WEB에서 동시에 검색할 수 있는 웹데이터베이스이다. 전자저널의 원문 정보나 저널의 소장 정보, 다른 데이터베이스 정보 등을 바로 검색할 수 있는 링크를 제공한다(위키백과, ko.wikipedia.org).

검색에 사용된 키워드는 "collective intelligence"와 "swarm intelligence" 두 개였다. 이 저술들 중에서 그는 인간의 지성 문제를 다룬 논문만을 분석대상으로 삼았다. 다루어진 주제들을 비교, 분류한 결과 크게 미시, 창발, 거시의 세 수준으로 범주화할 수 있다고 결론을 내리고 있다(Salminen, 2012).

미시수준의 범주는 집단지성을 가능하게 만드는 개인 수준의 요인들, 자질들, 속성들, 요건들에 초점을 맞추는 연구들을 가리킨다. 자주 다루어지는 주요 주제로 신뢰성, 주목성, 상호작용 능력, 커뮤니티의 존재, 인간의 본능적 사회성, 동기 등을 들고 있다(ibid.: 2-3).

한편 거시수준 주제라 함은 체계수준, 즉 전체 집단의 속성들에 대한 연구들을 가리킨다. 대중의 지혜(개별 행위자들의 분산적 지성들이 취합됨으로써 만들어진 집단지성이 왜 개별지성보다 뛰어난가의 문제), 취합, 편향, 다양성, 독립성 등을 다룬 글들이 여기에 해당된다(ibid.: 3-4).

살미넨은 또 미시수준과 거시수준의 전환과정이라는 점에 착안하여 두 수준 사이를 연결해 주는 '창발'을 별개의 수준으로 설정하고 있다. 창발의 가장 간단한 정의는 "전체는 부분의 합 이상"이다.[20]

살미넨의 분석결과는 다음 세 표에 요약되어 있다(해당 연구물은 일부만 제시하였다).

---

20 '창발'의 의미에 대해서는 다음 2절 2항, 그리고 제13장 1절을 참조.

[표 1] 집단지성 연구주제의 분류-미시수준(Salminen, 2012)

수준	주제	정의	해당 연구물
미시	사회적 동물	인간을 사회적 동물로 봄. 자아를 연결망 속으로 투입하는 것은 인간의 전형적 조건	Pentland(2006)
	지성 (지능)	개인의 지성, 자주 g−factor[21]로 측정	Woolley et al.(2011)
	상호작용 능력	다른 사람들과 상호작용할 수 있는 능력에 영향을 미치는 요인들. 예컨대 감성지능, 사회적 감수성 등	Woolley et al.(2010)
	신뢰	상대방의 능력과 선의에 대한 기대	Bosse et al.(2006)
	동기	커뮤니티에의 참여 또는 집합적 노력에의 기여에 대해 관심을 갖게 하는 영향요인들	Bonabeau(2009), Lykourentzou et al.(2010), Malone et al.(2010)
	주목성	인지자원들에 대한 주목 습관 (attention habits)	Gruber(2007)
	커뮤니티	현실 또는 가상의 커뮤니티, 실천 커뮤니티와 온라인 사회네트워크, 유명 커뮤니티	Lykourentzou et al.(2010), Brabham(2010)

21 g−factor에서 "g"는 "일반지성(general intelligence)"를 가리킨다. 일반지성이란 사람의 여러 인지적 활동들에 공통되는 지적능력을 가리킨다. 예컨대 수학에 능한 사람이 국어나 음악 등 다른 분야에서도 능한 경우가 많다고 할 경우, 이들 각 영역에서의 성취수준을 공통적으로 뒷받침해주는 인지적 요인이 있을 것으로 추정하고 그것을 가리켜 g−factor라고 한다. 보통 IQ테스트의 결과가 이것을 가리킨다. 이 일반지성 개념을 집단수준에 적용시킨 것을 c−factor(collective general intelligence factor)라고 칭한다. 예컨대 경제발전에 성공한 국가가 체육이나 다른 문화영역 등에서도 뛰어날 경우, 그 국가 또는 집단의 집합적 일반지성 수준(c-factor)은 높다고 말할 수 있다.

[표 2] 집단지성 연구주제의 분류– 창발수준(Salminen, 2012)

창발	복잡적응계	적응성, 자기조직, 창발을 보여주는 체계	Schut(2010)
	자기조직화	중앙통제 없이 구성요소들의 국지적 상호작용에 의해서만 체계 수준에서 질서가 출현하는 현상(Kauffman, 1993)	Bonabeau & Meyer(2001) Krause et al.(2009), Schut(2010)
	창발	구성요소에 존재하지 않았던 속성이 체계수준에서 나타남. "전체는 부분의 합 이상"	Woolley et al.(2010), Trianni et al.(2011)
	군집지성	인지적으로 단순한 실체들이 집합적으로는 지성적 행위를 만들어 내는 현상	Bonabeau & Meyer(2001), Krause et al.(2009)
	스티그머지	간접적 조정(coordination) 메커니즘. 원래 개미들이 집을 만드는 행위를 묘사	Bosse et al.(2006)
	분산메모리	공유되고 종종 외부에 존재하는 동적 메모리 시스템. 행위자의 인지과정의 일부를 담당	Gregg(2009), Levy(2010), Trianni et al.(2011)

[표 3] 집단지성 연구주제의 분류– 거시수준(Salminen, 2012)

거시	의사결정	개인 및 집단 차원의 의사결정이 이루어지는 과정	Bonabeau(2009), Malone et al.(2010), Krause et al.(2011)
	대중의 지혜	어떤 조건 아래서는 집단이 그 속의 가장 우수한 개인보다 더 지성적임 (Surowiecki, 2005)	Pentland(2007), Krause et al.(2009), Lykourentzou et al.(2010)
	집단화	개인들의 정보 조각들을 조합하여 단일한 종합적·집합적인 추정을 만드는 것	Krause et al.(2011)
	편향	의사결정 상황에서 개인과 집단이 체계적 오류를 만들어 내는 경향	Gregg(2009), Krause et al.(2011)
	다양성	인구학적, 교육적, 문화적 배경의 차이와 사람들이 문제를 표상하고 해결하는 방법의 차이(Hong & Page, 2012)	Brabham(2010), Krause et al.(2011)
	독립성	개인의 의사결정이 다른 사람의 의사결정에 영향을 받지 않음	Lorenz et al.(2011)

제2항　기존의 유형화 검토

　살미넌의 분석은 연구주제들을 중심으로 한 개략적 분류일 뿐 집단지성의 본질적 특성을 나눈 것은 아니다. 이와 달리 리커렌조 등의 연구 그리고 앤들러의 논의는 집단지성 현상들의 본질적 차이에 주목한다.

　리커렌조 등(Lykourentzou et al., 2011)은 분산된 지성들을 집단지성으로 전환시키는 장치를 가리켜 '집단지성 시스템'이라고 명명한다. 그리고 이 집단지성 시스템을 능동적 시스템과 수동적 시스템으로 나눈다. 수동적 시스템이란 전역적(global) 목적에 대한 자각이 없이 집단지성에 참여하는 경우를 가리킨다. 구성원들의 군중적 행위(crowd behavior)가 무의식적으로 또는 적절한 집단화 기술이 가해짐으로써 집합적 지성으로 전환되는 경우를 말한다(ibid., 2011).

　한편 능동적 시스템이란 어떤 군중적 행위가 이전에 존재하지 않았으나, 어떤 시스템을 통하여 그것이 새로이 만들어지고 조정되는 타입을 가리킨다. 능동적 집단지성 시스템의 대표적인 예로 위키피디아가 거론되고 있다. 위키피디아의 경우 사용자의 행위, 즉 사전 항목을 만드는 행위가 위키피디아라는 시스템이 만들어지기 전에는 존재하지 않았다. 이 시스템에서는 분권적 사용자들이 제각기 '기여'한 항목들에 기초해서 협업적으로 사전을 만들어 나간다.[22]

　능동적 시스템은 다시 협업형(collaborative: 개인들이 공동의 목표에 도달하기 위해 의식적으로 협력), 경쟁형(competitive: 시스템이 사용자 간의 경쟁을 촉발시켜 최상의 해법에 도달), 혼합형(hybrid: 협업과 경쟁이 복합되어 있는 유형)으로 나뉘고 있다.

22　네이버 지식iN의 경우에는 작성자 이외에는 등록된 글을 수정할 수가 없고 댓글을 쓰는 것만 가능하다. 그러나 사람들이 그 글에 대하여 추천으로 찬성을 표현할 경우에는 여러 사람들의 의견이 모아졌다고 볼 수 있고 답변도 여러 사람이 할 수 있어서 협업형 집단지성의 일종으로 볼 수 있다.

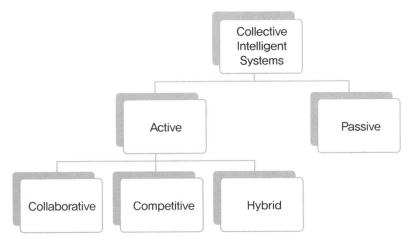

[그림 5] 집단지성 시스템의 유형(Lykourentzou, et al., 2011: 219)

한편, 앤들러(Andler, 2012)는 리커렌조 등과 달리 집단지성이 만들어지는 과정에서 행위자들 간에 심의가 존재하느냐 여부를 기준으로 집단지성을 유형화 한다. 앤들러는 개인들의 인지가 집단지성으로 전환되는 과정을 '집합적 인지 과정(collective cognitive processes)'이라고 칭한다. 그는 이 집합적 인지 과정을 서로 성격이 다른 두 유형으로 나눌 수 있다고 본다. 하나는 "얇은(thin)" 집합적 인지 과정이고 다른 하나는 "두터운(thick)" 집합적 인지 과정이다.

이 두 유형의 차이는 얇은 과정에서는 개별 행위자들 간 토론이나 심의와 같은 의견교환 과정이 없는 경우를 가리킨다. 두터운 집단인지는 상호작용 과정에서 토론이나 심의 등으로 인하여 개인들의 입장이나 견해가 수정될 수 있는 경우를 말한다. 예컨대 위키피디아 참여자들은 어떤 항목에 대해 누군가가 기고를 했을 경우 그것이 다른 사람들과의 의견교환을 통해 끊임없이 수정되는 방식으로 진행되므로 두터운 집단인지 과정에 해당된다.

리커렌조 등과 앤들러의 분류 방식은 비슷한 듯하지만 같지는 않다. 리커렌조 등의 경우는 구성원들이 하나의 집단으로 묶어지는 과정이 의식적으로 이루어지느냐, 아니면 의식하지 못하는 중에 자연적으로, 또는 구성원들이 모르는 상황에서 어떤 외부 행위자에 의해서 이루어지느냐를 기준으로 삼는다. 즉, 전환과정에 대한 구성원들의 인지여부를 중심으로 나눈 것이다. 이에 비해 앤들러는 집단화 과정 중에 행위자들 간에 의식적인 의견조정, 즉 심의가 존재하느냐의 여부를 기준으로 한 것이다.

제2절
새로운 유형화

앞에서 살펴본 몇 가지 유형화 방식은 다양한 집단지성 현상들을 종합적으로 이해하는 데 충분한 분류라고는 보기 어렵다. 특히 많은 기존 유형론들이 간과하고 있는 것 중의 하나가 집단의 실체성과 범주성의 차이이다. 실체로서의 집단과 범주로서의 집단의 차이는 복잡적응계 분야의 권위자인 홀랜드의 집단화(aggregation) 개념에 대한 설명에서 잘 나타나 있다.

> 복잡계에서 집단화(aggregation)는 두 가지가 있다. 첫 번째로는 복잡계를 단순화시키는 표준적인 방식을 말한다. 우리는 비슷한 것을 각각의 범주로 묶고(나무, 자동차, 은행), 같은 범주에 속한 것을 동등하게 취급한다. (중략) 이런 의미의 집단화는 우리가 모형을 구성할 때 사용하는 주요 기법중의 하나이다.[23] 집단화의 두 번째 의미는 첫 번째 의미와 밀접하게 연결되어 있지만, 이것은 복잡적응계를 어떻게 모형화 할 것인가라는 문제보다 그것이 어떻게 움직이는가라는 문제와 관련되어 있다.

홀랜드는 두 번째 의미의 집단화가 모든 복잡적응계의 기본적 특징이며, 집단화에 의해 나타나는 수수께끼 같은 창발현상이 연구의 중심과제라고 말하고 있다.

---

23 Holland(1995: 10-11). 홀랜드는 복잡적응계를 이해하는 데 필요한 7가지 구성요소로서 집단화(aggregation), 비선형성(nonlinearity), 흐름(flows), 다양성(diversity), 꼬리표 붙이기(tagging), 내부모형(internal models), 구성단위(building blocks)를 들고 있다. 집단화, 비선형성, 흐름, 다양성은 복잡적응계의 속성(property)이고 태깅, 내부모형, 구성단위는 메커니즘(mechanism)이라고 했다.

집단화에 의해 만들어지는 새로운 상위 집단을 그는 상위행위자(meta-agent)라고 칭하고 있다.

홀랜드가 말한 두 가지 집단화 유형 중에서 전자는 범주형, 후자는 실체형이라 칭해도 무방할 것이다. 예컨대 어떤 문제에 대해 여론조사를 하는 경우를 보자. 통계처리 과정 속에서 취합되는 데이터는 여론조사자가 임의로 선정한 범주에 해당하는 정보로 한정된다. 구글의 페이지랭크[24] 알고리즘에 투입되는 유저들의 정보는 구글이 필요로 하는 부분으로 한정된다. 범주형 집단화의 경우, 중요한 것은 데이터이지 데이터를 만든 행위자가 누구냐가 아니다.

실체형 집단화의 경우는 이와 다르다. 실체형 집단에서 집단지성은 구성원들이 살아가는 방식 그 자체이다. 구성원들이 함께 만들어내는 집단지성이 그들의 삶에 직접 재투입되기 때문이다. 범주형의 경우에는 그렇지 않다. 집단지성 참여자와 그것의 수혜자가 분리되어 있어 자동적으로 재투입되지 않는다.[25]

실체적 집단지성과 범주적 집단지성의 차이는 레비와 서로위키의 논지 차이에 대응시킬 수 있다. 레비가 문제 삼는 것은 인간사회 전체의 지성적 능력이다. 이때의 지성은 특정의 문제해결에 도움이 되는 지적 능력이 아니다. 총체로서의 인류가 발전시켜 가야 할 일반적 생존능력이다. 또 군집지성의 경우, 개미군집들이 초유기체로 간주되고 있는 이유는 어떤 개미군집의 일반적 생존능력 또는 유기체로서의 적응과 진화능력 때문이지, 특정의 문제영역에 한정해서 말하는 것은 아니다. 유기체로서의 종합적 능력을 가리키고 또 그 현상이 연구대상이 된다.

반면 서로위키가 예시한 황소의 무게 맞추기 같은 예는 "무게를 맞춘다."라는 특정의 문제에 대해서 다수 의견의 취합으로 만들어지는 집단지성이 개별 행위자

---

24 검색엔진의 성공여부는 사용자가 찾고자 하는 페이지를 얼마나 빨리 그리고 정확하게 찾아주느냐에 있다. 구글의 성공은 검색자가 찾고자하는 정보일 가능성이 높은 항목을 검색결과의 맨 앞에 배치할 수 있는 기술에서 비롯된 것이라 해도 과언이 아니다. 이 기술을 가리켜 페이지랭크(Page Rank) 시스템이라고 한다. 구글 이전의 검색엔진들은 사용자들의 검색빈도를 중심으로 검색결과를 배치하는 방식을 주로 사용해 왔다. 그러나 구글의 페이지랭크 시스템은 어떤 페이지가 다른 페이지에 얼마나 많이 링크되어 있는가를 중심으로 인기도를 매긴다. 말하자면 이용횟수가 많은 학술문헌일수록 중요한 또는 인기가 있는 글로 간주될 수 있는 것과 마찬가지 원리이다. 원리는 간단하다고 할 수 있지만 이것을 실제로 활용할 수 있으려면 많은 데이터베이스와 정교한 알고리즘이 있어야 한다. 구글 페이지랭크의 기본 아이디어에 대해서는 Brin & Page(1998) 참조.

25 구글 페이지랭크의 경우, 그것의 생성에 참여한 사람은 수많은 유저들이지만 그 직접적 수혜자는 구글이지 일반 유저들이 아니다. 물론 구글의 페이지랭크 알고리즘 덕분에 유저들이 검색의 편리를 누릴 수 있긴 하지만 그 수혜가 직접적인 것은 아니다.

들의 지성보다 얼마나 더 우수한가가 문제이지, 황소의 무게 맞추기가 열린 박람회 참여자 전체를 하나의 체계나 유기체로 보는 관점을 취하는 것은 아니다. 또 여러 형태의 웹 기반 묵시적 크라우드소싱[26]들은 기본적으로 특정의 문제해결을 목적으로 대중의 지식을 취합한다.

범주형과 실체형의 구분은 집단지성의 여러 현상들을 유형화하는 데 있어 매우 중요하다. 홀랜드가 말한 실체적 집단과 범주적 집단의 구분을 이클러(Ickler, 2011)는 좀 더 알기 쉽게 '연결된(connected)' 집단과 '연결되지 않은(unconnected)' 집단으로 표현한다.

> 이 맥락에서 집단지성은 두 가지 각도에서 생각해 볼 수 있다. (중략) 한편으로는 이른바 "연결되지 않은 개인들의 집단지성"이 존재한다. 그리고 다른 한편으로는 이른바 "연결된 개인들의 집단지성"이 존재한다. 연결되지 않은 집단지성은 집합체 내 개인들이 서로 독립적으로 행동할 때 나타난다. 이 경우 각 개인들의 행동의 결과는 취합자(aggregator)에 의해 취합된다. 취합된 결과는 보통 개인들의 결과를 단순히 합친 것보다 더 낫다. 개인들은 자신들이 집합체의 일부라는 것을 알 필요가 없다. 결과는 외부의 취합자에 의해 만들어진다. 연결된 개인들의 집단지성은 집합체의 개인들 간에 어떤 관계가 확립되어 있고 상호의존적으로 행동할 때 나타난다. 그 메커니즘은 사회적 곤충들의 이런바 군집지성 메커니즘과 유사하다. 개별 곤충들이나 개인들의 행동은 집단 내 다른 개체들의 행동에 의해 직접적으로 영향을 받는다. 그 결과는 **자기조직화이다**(Ickler, 2011: 27).

---

26 크라우드소싱에 대해서는 제10장 2절 참조.

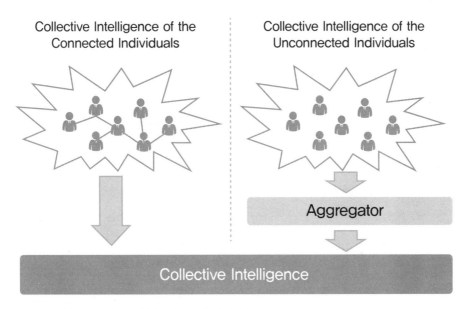

[그림 6] '연결된' 집단지성과 '연결되지 않은' 집단지성(Ickler, 2011: 28)

    이클러의 이 구분은 주로 가상공간에서의 집단지성을 대상으로 한 것이다. 그러나 실물세계에 대해서도 마찬가지로 적용될 수 있다. 하지만 '연결된 집단'과 '연결되지 않은' 집단의 구분만으로는 조금 불충분하다. 왜냐하면 연결된 집단 내에서도 구성원들의 정보가 취합되는 방식이 모두 같지 않기 때문이다.

    예컨대 동물들의 '연결된 집단'과 인간사회의 '연결된 집단'은 그 조직화 방식이 상당히 다르다. 동물들의 경우에는 심의과정이 존재하지 않는다. 그래서 동물들은 전략적 행위자라기보다 단순행위자 또는 최소행위자에 속한다.[27] 반면 사람들 사이에는 심의과정이 존재한다. 목적 달성을 위해 의식적으로 자신의 행동을 조정할 줄 아는 복잡행위자 또는 전략적 행위자이다.

    단순행위자들의 행동은 자기조직화에 의해서 개체 행동들이 집단화된다. 그러나 전략적 행위자들의 행동들은 거버넌스를 통해 집단화된다. 그러므로 '연결된' 집단지성은 단순행위자들의 집단이 만들어 내는 집단지성과 전략적 행위자들이 만들어내는 집단지성으로 구분할 필요가 있다. 전자는 보통 '군집지성(swarm intelli-

---

27 '최소 행위자', '전략적 행위자' 개념에 대해서는 제13장 2절 참조.

gence)'이라고 불린다. 후자의 경우만을 따로 지칭하는 별도의 용어는 없다. 그냥 '집단지성', '집단지혜', '대중의 지혜' 등으로 불린다. 하지만 여기서는 이것을 '협력으로서의 집단지성' 또는 '협력적 집단지성'이라고 칭할 것이다. 왜냐하면 거버넌스의 기본 목적이 협력의 창출이기 때문이다.[28]

이상의 논의를 종합하면 여러 형태의 집단지성은 다음 표와 같이 세 유형으로 나눌 수 있다.

[표 4] 집단지성의 유형화

집단 (collectives)	집단지성	행위자 (agents)	집단화 (aggregation)
범주적 (unconnected)	통계적 집단지성	랜덤(확률) 행위자	통계적 취합
실체적 (connected)	군집적 집단지성	단순(최소) 행위자	자기조직화
	협력적 집단지성	복잡(전략적) 행위자	거버넌스

집합의사의 결정방식인 투표와 심의를 예로 든다면 투표는 '통계적 집단지성', 심의는 '협력적 집단지성'에 해당한다. 또 시장은 자기조직화에 의존하는 군집지성의 유형에 넣을 수 있다.[29] 물론 이 통계적, 협력적, 그리고 군집적이라는 세 가지 유형은 그 경계를 분명히 그을 수 있는 것은 아니다. 현실의 활동들에는 세 가지 모습이 중첩되어 나타난다. 그러므로 표의 세 분류는 이념형으로 간주해야 옳을 것이다.

아래에서는 실체와 범주 그리고 창발과 결과의 구분 문제에 대해 조금 더 검토해보겠다.

---

28 거버넌스는 쉽게 말해 "집합행동의 조직화(organizing collective action)" 방식을 뜻한다. 집합행동이란 공동의 목적을 달성하기 위한 구성원들의 의도된 노력을 가리킨다. 집단지성과 거버넌스에 관해서는 제7장을 참조.

29 군집지성은 "방임적 집단지성"이라고 표현해도 좋을 것이다. 방임적 집단지성에서는 개체들의 의식 속에 전체의 구조, 질서, 결과에 대한 자각이나 설계가 없다. 다만 인접한 개체들과의 관계만 행동선택의 근거가 된다. 이 로컬규칙에서 거시적 파라미터가 저절로 생겨난다는 것이 방임적 집단지성의 특징이다. 곤충들이나 동물들의 무리행동뿐만 아니라 인간사회에서의 시장, 군중행동, 동조현상 등이 여기에 해당한다.

제1항   실체와 범주

'실체적' 집단이란 집단지성의 주체가 어떤 유기체적 집단 또는 체계로 간주될 수 있는 다수 개체들의 집합체인 경우를 가리킨다. 이 경우 대개 집단의 안과 밖을 나누는 경계, 그리고 집합적 정체성이 존재한다. 그러므로 이 경우 집단지성의 주체는 실체이다. 다수의 집합체가 하나의 독립적 행위주체, 즉 상위행위자(me-ta-agent)로 간주된다. 그러므로 이 경우 집단지성은 상위행위자의 인지적 역량을 지칭한다. 동물들의 무리, 시장, 국가 등 인간 사회, 사이버 세계에서의 커뮤니티들 등이 여기에 해당한다.

'실체적' 대 '범주적'의 구분이 현실세계 대 가상세계에 대응하는 것은 아니다. 웹에서 형성되고 있는 여러 커뮤니티들은 어느 정도 경계와 정체성 그리고 지속성을 가지므로 실체적 속성을 가지고 있다. 다만 실물 공동체에 비해 그 지속성이 약할 뿐이다. 또 실체 대 범주의 구분은 양분법적 개념이 아니라 연속선상의 양끝을 표시하는 것으로 이해해야 한다. 현실에서든 가상공간에서든 집단의 '실체성'은 매우 다양한 스펙트럼을 가지고 있다. 따라서 특정 집단은 실체와 범주 양극단의 가운데 어느 지점에 위치하게 될 것이다.

[표 5] 실체적 집단을 상정하는 집단지성 용어들

주요 용어	대표적 사용자
확장된 마음 extended mind	Clark & Chalmers(1998)
지구 두뇌 global brain	Bloom(2001) Heylighen et al.(1999)
마음의 사회 society of mind	Minsky(1985)
연결된 지성 connective intelligence	Kerckhove(1997)
지성 네트워크 intelligent networks	Barabasi(2002)
집단 기억 group memory	Trianni et al.(2011)
공유하는 확장된 마음 shared extended mind	Bosse et al.(2006)

범주적 집단지성은 집단이 임의적, 일시적 범주에 의해 설정되는 경우를 가리킨다. 이 경우 '집단'은 대개 경계나 정체성을 가지지 않는 무정형의 일시적 범주로서 나타난다. 대중의 지혜(wisdom of crowds) 그리고 묵시적 크라우드소싱(crowd-sourcing)의 경우가 범주적 집단지성에 해당한다. 하나의 실체로서 존재할 수도 있지만 그것이 영속적이지는 않다. 실체 그 자체가 상위행위자인 경우와는 달리 범주적 집단에서 상위행위자는 구성원들의 외부에 있는 통계적 자료의 취합자(aggregator)이다(Ickler, 2011).

　　범주적 집단지성은 웹에서 자주 나타난다. 물론 실물공간에서도 각종 통계분석의 형태로 나타날 수 있다. 하지만 현실 속에서는 공간적으로 분산되어 있는 지식의 파편들을 한 곳에 모으려면 많은 자원이 소요된다. 이동수단의 발달, 인쇄술이나 기타 정보 저장기술이 발달되기는 했어도 공간적 분산이라는 물리적 한계를 극복하는 데는 한계가 있다. 이 한계를 극적으로 돌파한 것이 디지털 기술이고, 그 기술에 기초해서 새로 나타난 사회적 네트워크 공간이 바로 가상공간이다. 집단지성이 개념상으로는 가상공간의 존재를 반드시 필요로 하는 것은 아니지만, 웹의 발달 이후 집단지성 용어가 주목받기 시작했다는 것은 정보와 지식의 유통공간으로서의 웹의 혁신성을 잘 보여준다.

　　범주형 집단지성은 데이터의 수집과 처리라는 관점에서 빅데이터와도 관련된다. 빅데이터란 전통적 데이터와 다른 새로운 유형의 데이터를 가리키는 말이다. '대량, 대규모 데이터'라는 의미의 빅데이터는 규모(volume), 다양성(variety), 속도(velocity)의 세 측면에서 전통적 데이터와 크게 다르다. 그 양이 엄청나게 방대하고, 그 구성이 매우 이질적이며, 나아가 데이터의 갱신 속도가 너무 빠르기 때문에 전통적인 데이터 수집이나 처리 그리고 저장의 체계로는 다루기 어렵다. 그래서 '빅데이터'라는 새로운 개념으로 이것과 관련된 여러 가지 문제들을 다룬다. 데이터의 수집(mining)과 처리(processing) 그리고 저장(storing)이 빅데이터의 주요 연구 분야이다. 빅데이터는 인터넷 등 사회적 연결망의 폭발적 증가와 컴퓨터 성능의 고도화에 바탕을 두고 있다. 거대한 사용자 집단이 끊임없이 만들어내고 있는 이 빅데이터들에서 어떤 가치를 어떻게 뽑아내느냐가 점차 웹기반 집단지성의 핵심 과제 중의 하나로 부상하고 있다(Leung, 2018; Moshirpour & Alhajj, 2018). 따라서 범주적 집단지성의 관점에서 보면 집단지성은 빅데이터의 결과물이라고 할 수 있다. 데이터의 양과 질 그리고 다양성이 중요한 이유도 여기에 있다.

제2항 창발과 결과

창발(emergence)과 결과(resultant)의 구분은 집단지성의 본질을 어떻게 보느냐에 관한 것이다.

창발 개념은 복잡계 이론에서 중심적 위치를 차지한다. 그러나 그것이 어떻게 정의될 수 있는지에 대해서는 여러 견해가 있다. 대체로 그 기본적인 의미는 "부분의 합으로 환원될 수 없는 새로운 속성이 체계수준에서 나타남"이다. 이 환원불가능성은 비선형(nonlinear)이란 말로 표현되기도 한다.

집단지성에 대한 문제의식은 구성원들이 가진 지성의 단순한 합 이상의 새로운 지적 능력이 집단차원에서 나타난다는 인식에 바탕을 두고 있다. 그러므로 개념적으로 집단지성은 창발 현상과 분리될 수 없다. 그러나 두 가지 문제가 제기될 수 있다. 하나는 창발과 비창발 사이의 경계를 어떻게 설정할 수 있느냐의 문제이고, 다른 하나는 창발이라는 개념이 근본적으로 성립할 수 있느냐라는 문제이다. '결과'를 중요시하는 입장에서는 창발 개념의 성립에 의문을 표시한다. 먼저 첫 번째 문제부터 살펴보자.

집단지성 연구에서 '창발' 개념이 가장 잘 적용될 수 있고 또 가장 많이 사용되는 경우가 군집지성의 영역이다. 지능이 부족한 개미들이 이루어내는 성과들을 보면 창발이라는 단어를 사용하지 않고서는 다른 적절한 표현방법이 없어 보일 정도이다. 그러나 인간집단의 경우는 사정이 조금 다르다. 특히 웹에서의 집단지성 현상들은 창발 여부를 경험적으로 확인할 방법이 별로 없어 보인다. 예컨대 위키피디아의 경우를 보자. 다수 행위자들의 기고로 사전이 만들어진다. 그렇다면 이 집단지성의 결과로 나타난 위키피디아라는 사전의 출현은 창발인가? 여러 영역에서 진행되고 있는 크라우드소싱은 모두 창발로 간주되어야 하는가?

집단지성을 '인지적 창발(cognitive emergence)'로 표현하는 학자들이 많다. 대개 개인 수준에서 존재하지 않았던 문제해결 능력이나 지식 등이 집단 차원에서 나타난다고 보기 때문이다. 하지만 이때의 개인 수준으로 환원될 수 없는 문제해결 능력이나 지식의 경계가 어디인지가 반드시 명확한 것은 아니다.

콘럼프와 보뮐은 집단지성의 맥락에서의 '창발' 개념은 문제해결 능력 혹은 지식이라는 관점에서 파악될 수 있으며, 따라서 창발은 개인들의 문제해결 능력의 산술적 합에서 집단지성으로 인해 더해진 부분으로 볼 수 있다고 말하고 있다(Kornrumpf & Baumöl, 2012). 이런 관점에서 보면 개인들의 능력수준이 높으면 창발현상은 잘 관찰될 수 없고, 그 반대인 경우에는 뚜렷이 관찰될 수 있을 것이다.

예컨대 개미의 경우에는 개체들 지성의 산술적 합이 적기 때문에(개미 한 마리의 지성 수준은 낮다) 창발현상이 극적으로 인식되지만, 스포츠 팀 등 인간사회의 경우 집단의 능력이 개인들의 능력의 합으로 환원될 수 있는 부분이 많기 때문에 창발이 별로 극적으로 인식되지 않을 것이다. 결국 창발은 구성원들이 집단지성의 결과를 얼마나 새로운 것으로 인식하느냐의 문제라 하겠다. 집단규모가 클수록, 그래서 한 개인이 담당하는 기여가 적을수록, 집합적 결과는 더욱 의외성을 띠게 될 것이다.

창발의 성과를 측정할 수 있을까? 스카르차우스킨 등(Skarzauskiene et al., 2015: 317)이 창발의 성과를 기본 역량(capacity), 창발 현상(emergence), 사회적 성숙도(social maturity)로 나누어 지표(index) 개발을 시도한 사례는 참고할 만하다.

그들은 기본 역량으로 창의성, 지식의 취합과 창출, 의사결정과 문제해결 역량을 들었다. 세부지표로 집단의 역동성과 개방성, 아이디어 원천의 다양성, 구성원 참여의 다양성, 구성원들의 참여정도, 상호의존과 협력 정도, 의사결정 과정에서의 독립성 정도를 제시하였다.

성과지표로 볼 수 있는 창발 현상으로는 자기조직화 정도, 창발의 강도, 적응 능력을 들었다. 이에 대한 세부지표는 자기조직화 형태의 적정성, 구조의 투명성, 조직발전의 정도, 집단지성 콘텐츠의 참신성과 경쟁력과 우수성, 사회적 적응력, 집단 내에서의 학습 가능성과 평생학습 가능성, 문제해결의 효율성 정도 등을 제시하였다.[30]

---

30 사회적 성숙도는 사회적 영향(social impact) 정도 등 거시수준의 집단지성에서 나타날 수 있는 지표를 제시하였다. 이들 지표는 집단의 성격에 따라(예컨대 학교, 회사, 공공기관 등) 각기 다르게 적용하여야 할 것이다.

창발에 대해서는 제5부 군집지성과 복잡계 이론에서 다시 검토할 것이다.

이제 창발 개념 자체를 부정하는 입장을 살펴보자. 창발과 대비되는 것이 '결과(resultant)'이다. '결과'라는 용어는 창발 개념과는 달리 비선형성, 비환원성을 인정하지 않는다. 창발 현상은 인식상의 문제일 뿐이고, 존재론적 차원에서는 부분으로 환원될 수 없는 전체 차원의 새로운 속성은 존재하지 않는다는 입장이다. 그래서 전체차원에서 나타나는 새로운 속성들은 모두 부분들의 상호작용의 '결과(resultant)'로 간주되는 것이 더 적합하다는 것이다.[31]

창발이냐 결과냐의 문제는 집단지성 연구에서 자주 다루어지지는 않는 주제이다. 이 문제는 집단지성 차원의 문제가 아닌 보다 근본적인 철학적 주제일 수 있다.

제3절
유형별 특징

[표 4]에서 제시된 통계적 집단지성, 군집지성, 그리고 협력적 집단지성이라는 세 유형 중에서 여기서는 통계적 집단지성과 협력적 집단지성의 특징을 간단히 비교해 보겠다. 군집지성에 대해서는 제12장과 제13장에서 다룰 것이다. 통계적 집단지성은 '서로위키 유형'으로, 협력적 집단지성은 '레비 유형'으로 부를 것이다.

제1항   서로위키 유형: 통계적 집단지성

서로위키 유형은 집단이 실체적이 아니라 임의로 설정되는 통계적 범주에 의해 만들어지는 형태를 가리킨다. 그리고 이 범주적 집단의 구성원들은 각기 독립적이다. 따라서 공동의 목표가 없거나 있더라도 자각하지 못하기 때문에 당연히 공동의

---

31 창발과 결과, 존재론적 창발과 인식론적 창발 사이의 차이에 대해서는 민병원과 나정민(2006)을 참조.

이익을 달성하기 위한 논의가 존재하지 않는다. 심의가 존재하지 않는 범주형 집단이 만들어 내는 집단지성이 바로 서로위키 유형에 해당한다.

서로위키 유형은 여러 가지 점에서 레비 유형과 대조적이다. 레비 유형이 실체적 관점에서 집단지성의 문제를 거론한다면 서로위키는 범주적 관점에서 이 문제를 다룬다. 또 레비 유형이 심의를 통한 구성원들 간의 합의형성을 중시하는 데 비해 서로위키 모형은 의견의 독립성을 강조한다. 서로위키는 개인들 간의 과도한 의견교환이 견해의 독립성을 해친다고 보아 심의에 부정적이다.

서로위키는 집단지성 연구의 붐을 촉발시킨 인물로 평가되고 있다(Landemore, 2012a: 1; Malone et al., 2015: 6). 레비가 서로위키에 앞서 집단지성의 문제를 논했지만 레비의 논의가 주로 인류학적 혹은 철학적 해석에 머물러 있었던데 비해 서로위키는 집단지성을 보다 과학적 관점에서 접근했기 때문에 학문적인 관심을 더욱 자극했다고 볼 수 있다.

서로위키는 『대중의 지혜』(wisdom of crowds)라는 책에서 엄밀한 형식논리를 전개하기 보다는 여러 사례들을 거론하는 예증의 방식을 주로 사용했다. 하지만 그의 주장은 매우 설득력이 있다.

'대중의 지혜'의 핵심 주장은 "어떤 상황에서 집단은 놀랄 만큼 똑똑하며, 때로는 집단 가운데 가장 똑똑한 사람보다 더 현명한 판단을 내린다."는 것이다. 서로위키는 "문제해결 방안을 찾거나 혁신을 추진하거나 현명한 의사결정을 내려야 할 때, 특히 미래를 예측할 때 소수 엘리트보다 평범한 대중이 더 현명하다."면서 "이제까지의 통념이나 상식에 반하는 주장 같지만 이는 기업 운영, 학문 연구, 경제 시스템, 일상생활에서 실제로 일어나는 일들"이라고 주장한다(Surowiecki, 2005: xi-xiv).

그가 책의 서두에서 제시하고 있는 황소의 무게 알아맞히기 대회는 서로위키 모형의 핵심을 잘 보여주고 있다.[32] 서로위키는, 그러나, 집단이 개인보다 항상 현명한 것은 아니며 "대중의 지혜"가 실현되기 위해서는 일정한 조건이 갖추어져야 한다고 본다. 다양성(diversity), 독립성(independence), 분권화(decentralization), 집단화(aggregation) 네 가지가 그 조건이다.

'집단화'란 다양한 개인들의 의견을 집단의 의견으로 전환시키는 취합 기제를

---

32 제6장 1절 1항 참조.

가리킨다. '분권화'는 개인들의 의견형성 및 의견투입의 기회가 동등해야 함을 뜻한다. '독립성'은 개인들의 의견이 각자의 경험이나 가치관에 기초해 독자적으로 형성되어야 하며, 주위 다른 사람들의 견해의 단순한 추종이어서는 안 된다는 것이다. 의견형성의 분권성과 독립성은 '다양성'이 보장되기 위한 조건이다.

서로위키 모형에서 가장 중요한 것은 의견의 다양성이다. 가령 모든 사람들의 견해가 같다면 아무리 많은 수의 견해를 모아봤자 한 사람의 견해와 다를 바 없을 것이다. 그러므로 다양성이 클수록 집단화의 가치가 더 커질 것임은 쉽게 예상할 수 있다.

서로위키는 견해의 다양성이 집단지성의 질을 결정하는 관건적 요인이라고 보기 때문에 이 다양성을 저해하는 현상들을 설명하는 데에 많은 부분을 할애하고 있다. 집단사고, 사회적 증거, 정보폭포, 순응압력, 집단양극화, 원형선회 등이 주요 예로 열거되어 있다.[33]

서로위키는 책의 후반부에서 협력의 문제를 거론하기는 하지만 그의 주된 논지와는 조금 어긋난다고 할 수 있다. 서로위키 저술의 핵심적 가치는 구성원들의 능력이라는 단위 차원의 속성보다도 개인 간 의견 분포의 다양성이라는 집단차원 속성의 중요성을 부각시킨 데 있다고 하겠다. 이 논점은 이후 많은 연구자들의 관심을 불러일으켰다. 제2부에서 이 문제를 다시 살펴보겠다.

제2항 레비 유형: 협력적 집단지성

레비 유형은 집단이 실체적이고 또 구성원 사이에 심의가 존재하는 경우를 가리킨다. 이때 심의란 구성원들이 집단의 목표를 자각하고 의식적으로 행동하며, 또 구성원들 간에 공동의 목표를 효과적으로 달성하려면 어떻게 행동해야 하는지에 대해 논의하는 것을 가리킨다.

레비 유형의 집단지성은 인간사회에만 존재한다고 할 수 있다. 사회의 여러 분야 중에서 정치 시스템이 대표적인 예에 해당한다. 심의가 존재하는 실체적 집단지

---

33 이 현상들에 대해서는 제14장 3절에서 다룰 것이다.

성을 '레비 유형'이라고 이름붙인 것은 레비의 저술이 구성원들 사이에 심의가 존재하는 집단지성을 주로 다루었기 때문이다. 레비 유형 집단지성의 특징은 레비의 저술들을 살펴봄으로써 잘 이해할 수 있다.

피에르 레비(Levy, 1997)의 집단지성에 대한 논의는 희망적 언어들로 가득 차있다. 레비 모형의 출발점은 "모든 것을 다 아는 사람은 없지만 모두가 조금씩은 무엇인가를 알고 있기 때문에, 완전한 지식은 인류 전체에 퍼져 있다."라는 명제이다. 이것은 "우리는 나보다 더 똑똑하다."라는 서로위키의 명제와 유사하지만 똑같지는 않다. 레비의 강조점은 집단이 개인보다 더 우수하다는 것이 아니라, 인류사회에 퍼져있는 이 엄청나게 풍부한 지적 자원들이 파편화되어 그 잠재적 가능성을 제대로 발휘하지 못해왔다는 자각에 놓여있다. 그러므로 이 "완전한 지식은 인류 전체에 퍼져있다."라는 인식에서 출발하여, 이 인류의 공동자산을 어떻게 그 가치를 극대화할 것인가를 고민한다. 구슬이 서 말이라도 꿰어야 보배라는 속담 속에 들어있는 문제의식, 즉 어떻게 분산되어 있는 지식자원들을 하나의 실로 꿸 것인가가 레비의 중심 주제인 것이다.

레비는 새로 등장한 가상세계가 인류의 상호작용 방식을 바꾸어 놓을 것으로 본다. 그는 가상성(virtuality)을 현실성(actuality)의 부재라는 의미로 사용하지 않는다. 그보다는 실물성이 발현되기 전 여러 가능성이 잠재적 양태로 존재하는 것을 가리킨다. 즉, 가상성이란 현실화되지 않은 실재이다. 가상(virtuality)의 어원이 힘을 의미하는 라틴어 비르투(virtu)이므로 단어 그 자체에 실재를 향한 잠재력이 들어 있다는 것이다(Levy, 1998: 23).

실재(reality)는 현실성(actuality)으로 존재할 수도 있고 가상성(virtuality)으로 존재할 수 있다. '가상'을 실재하지 않는 것으로 보는 것은 잘못된 것이다. 실재하되 다만 가상적 상태로 존재하는 것일 뿐이므로 가상성은 현실성과 대비되는 것이지 실재와 대비되는 것은 아니라고 본다(ibid.: 24ff). 현실화되지 않은 것은 여러 가지 방식으로 현실화될 가능성을 가지고 있다는 뜻도 된다. 그러므로 가상은 문제의 복합체와 같으며, 어느 방향으로 현실화되느냐는 주체들이 어떤 식으로 문제를 해결하느냐에 달려있게 된다.

한 걸음 더 나아가 레비는 모든 인류역사를 가상성이 현실화되어가는 과정으로 간주한다. 그가 보기에 디지털 시대의 의의는 파편화된 지식들을 하나로 묶는 것을 쉽게 만들었다는 데 있다. 그러므로 가상의 현실화가 용이해졌다는 것이다.

디지털 기술에 의한 새로운 네트워킹 방식의 등장은 두 가지 측면에서 지식의 결합을 용이하게 만든다. 하나는 기술적 측면이고, 다른 하나는 행태적 측면이다. 이 둘 중에서 레비가 중시하는 것은 행태적 측면이다. 사이버 세계가 가져올 탈이기성, 즉 공유와 협력의 정신을 그는 강조하고 있다.

가상세계의 독특성은 사람들로 하여금 실물세계에서와는 다른 동기에 의해 행동하게 만들 수 있다. 무엇보다도 사이버 공간에서는 소유권의 개념이 약화될 수밖에 없기 때문이다. 오직 지식이나 정보라는 무형의 자산만이 거래되고 취득될 수 있는 대상인데, 이 정보와 지식은 복제가능성, 변형가능성, 저장가능성이 높아서 개인 소유권을 설정하기가 어렵다. 또 지식에 울타리를 치기보다는 그것을 개방해서 가능한 한 많은 사람들과 교류, 교환할 때 서로의 지식자산이 증가한다는 비영합 게임의 성격이 강하다. 때문에 실물세계에서 갈등의 주요원인인 소유권을 둘러싼 다툼이 약화될 수밖에 없다.

"서로 나눌 때 각자의 몫이 더 많아진다."라는 가상공간의 특수성을 레비는 '정보 자본주의(information capitalism)'라는 말로 요약하고 있다(Levy, 2005: 194-195). 레비의 정보 자본주의 개념은 웹 상 인간관계의 비이기적, 탈소유적 성격을 잘 드러내고 있다. 그는 이 호혜적 관계에 바탕을 둔 가상세계가 정치 및 경제의 작동방식을 바꿀 것이며, 더욱 중요하게는 인간들 간의 상호작용 방식 자체를 바꾸어 놓을 것으로 본다.

사이버 민주주의, 정보 자본주의 등의 신조어는 정보화 사회가 가져올 새로운 사회적 유대 창출의 효과에 대한 기대로 가득 차있다. 새로운 사회적 유대란 간단히 말하면 "심의의 기술"이라고 할 수 있다. 주지하듯이 심의란 토의를 통한 합의 도출을 가리킨다. 이때 심의는 이해관계의 절충이라는 측면, 즉 흥정이나 협상으로서의 합의가 아니라, 문제 자체의 논리에 입각할 때 최선의 결론이 무엇인가라는 측면에서의 합의를 가리킨다. 사실 인류사회에서는 객관적 진리의 발견이라는 면에서는 합의를 이룰 수 있는데도 불구하고, 그 합의에 얽혀있는 이해관계 때문에 객관적 진실을 직시, 도출하는 데 실패하는 경우가 많았다. 이기성이 공동노력의 가능성을 억압해왔다는 것이다. 레비는 가상세계가 이 이기성의 족쇄를 풀어 줄 것으로 기대하고 있다.

레비가 집단지성을 논의하면서 자신의 관점을 잘 전달하기 위해 거론하고 있는 용어 중의 하나가 '환대(hospitality)'이다. 그가 환대의 문제를 끄집어내는 주된 이유는 집단지성이 탈이기성에 기반해야 한다고 보기 때문이다. 그는 구약성서의 창세기에 나오는 롯과 소돔성의 심판의 이야기를 언급하면서 "롯이 의인인 이유는 타자를 환대했기 때문이다."라고 설명하고, 환대를 사회적 관계의 이상형으로 본다(Levy, 1997: 23-24).

환대에는 이기성이 제거되어 있다. 자신에게 도움이 되는 어떤 가치를 얻어내기 위해 타인을 접대하는 것은 거래일뿐이지 환대는 아니다. 같이 살아가는, 아마도 같은 운명을 겪게 될, 삶의 동료에 대한 애정의 표시가 곧 환대이다. 그는 집단지성이 바로 이 "환대"에 기반을 두고 있으며, 그래서 집단지성을 '새로운 환대의 기술(new art of hospitality)'(Levy, 1998: 186)로 간주한다.

앞서 언급했듯이 집단지성에 대해 그는 "지속적으로 가치가 부여되고, 실시간으로 조정되며, 역량의 실제적 동원에 이르는, 어디에나 분포해 있는 지성"이라고 언급했다(Levy, 1997: 13). 이 진술에서 핵심은 "어디에나 분포해 있는"이라는 구절이다. "어디에나 분포해 있다."는 것은 누구나 조금씩은 가지고 있고, 또 어느 누구도 모든 지성을 자기 머릿속에 통째로 가지는 것은 불가능함을 의미한다. 이때의 지성은 특정의 문제해결에 도움이 되는 특정의 지적 능력만을 가리키지 않는다. 인류가 시시각각 부딪치게 되는 무정형의 문제들에 대한 능력을 가리킨다. 그러므로 문제가 제기될 때마다 그것의 해결에 필요한 분산되어 있는 파편적 지성들이 "실시간으로 조정되어", "역량의 실제적 동원"으로 이어지는 형태로 집단지성이 발현된다는 것이다. 그러므로 전체로서의 결합이 온전히 이루어질 때만 인간의 지적 능력이 완전해질 수 있다는 것이 레비모형의 기본 관점이다.

가상공간에서 이기성의 족쇄가 느슨해지는 이유는 여러 측면에서 이야기 할 수 있을 것이다. 특히, 그는 지적재산권이 디지털 시대에 맞게 재정립되어야 함을 강조한다. 그 이유는 창작성 또는 혁신성은 '함께' 하는 생산방식에서 보다 잘 발현된다고 보기 때문이다. 이를 위해 '퍼블릭 도메인(public domain)'이라는 공동의 영역을 설치해야 한다고도 그는 주장했다. 새로운 유대의 기술이 제공하는 인류 공동의 지적 작업에 대한 유토피아적 전망이 곧 집단지성이라는 것이다. 그는 우리가 단순히 한 문화에서 다른 문화로 넘어가는 것이 아니라 한 인류에서 다른 인류로 넘어가고 있다고 말한다. 그래서 그는 책의 부제를 '사이버 공간의 인류학'이라고 붙였다.

요컨대 집단지성의 레비모형에는 함께 살아가는 법이 새로운 단계에 진입하고 있다는 함의가 내포되어 있다. 이때 지식은 문제해결 능력이라는 측면뿐만 아니다. 궁극적으로는 함께 조화롭고 힘을 합쳐 살아갈 수 있는 능력, 간단히 말하면 유토피아를 만들어낼 수 있는 능력을 가리킨다. 요컨대 레비는 사이버 시대가 갖는 의미를 집단지성의 무한한 가능성이라는 관점에서 찾고, 그것의 인류사적 의의를 포착하려 했다.

레비의 집단지성 및 가상공간에 대한 견해는 매우 낙관적이다. 이 팡글로시안적[34] 관점으로 인해 그는 종종 비판받기도 하지만 레비 자신은 이런 비판에 대해 의연하다. 그는 '지식공간(cosmopedia)'은 유토피아이지만 실현가능한 유토피아라고 대꾸한다(Levy, 1997: 180). 어원적으로 유토피아는 "어디에도 존재하지 않는 곳"의 의미와 "가장 좋은 곳"이라는 이중의 의미를 가지고 있다. 레비는 자신의 유토피아는 "어디에나 존재할 수 있는" 유토피아임을 강조하고 있다. "가장 좋은" 유토피아가 될지는 미지수일 것이지만, 오늘날 집단지성의 활용은 레비가 이상으로 생각한 인류행복을 위한 수단으로 사용될 수 있음을 어느정도 보여주고 있다.[35]

---

34 '팡글로시안(Panglossian)'은 극단적으로 낙천적인 사람을 가리킨다. 볼테르의 『캉디드』(Candide)에 나오는 닥터 팡글로스에서 유래한 말이다.

35 예컨대, 구텐베르그(gutenberg.org)와 같은 무료 e-book 사이트, 한국에서 서비스되고 있는 유사한 사이트인 아이브러리(ibrary.co.kr), 외국 언어를 배우거나 웹페이지를 무료로 빠르게 번역할 수 있게 하는 듀오링고(duolingo.com), 커뮤니티맵핑(community mapping)을 응용한 의료봉사 사이트 SMS for Life, 우샤히디 등 많은 사례가 새롭게 나타나고 있다.

제2부

집단지성의 미시적 기초

•••• •••

제4장

민주주의와 투표

현대 민주주의에서 사회구성원들의 의사
는 주로 투표를 통해서 정치과정에 투입된
다. 그리고 투표로 표현된 개인들의 의사를
사회전체의 의사로 집약시키는 방법으로는
대체로 다수결의 원리가 사용되고 있다.

    다수결은 정치적 의사결정에서뿐만 아니라 다른 여러 유형의 집단에서도 가장
흔히 사용되는 표결규칙이다. 그러므로 투표에 의한 집단지성의 특성을 이해하기
위해서는 다수결 원리에 대한 충분한 이해가 필수적이다.
    다수결 원리는 미리 합의된 어떤 성족수 이상의 구성원들이 찬성하면 그것이
집단전체의 선택이 된다는 원칙에 기초해 있다. 이때 정족수가 어떻게 설정되느
냐에 따라 단순다수제, 과반다수제, 가중다수제, 만장일치 등 여러 가지 방식이 있

다.[1] 모두 소수(minority)가 선택한 대안보다 다수(majority)가 선택한 대안이 공동의 의사로 확정된다는 점은 모두 동일하다.

왜 다수의 선택이 집단의 선택으로 간주되어야 할까? 다시 말해 다수결 원리가 정당화될 수 있는 이론적 근거는 무엇일까? 소수의 현명한 사람들이 내리는 판단에 따르는 것이 더 낫지 않을까? 여기에 대해서는 여러 가지 견해들이 있다. 하지만 다음 두 가지 논리가 가장 중요하다.

첫째는 수용 가능성(acceptability)의 문제이다. 구성원들이 그 결정을 수긍하고 따를 수 있느냐의 측면을 가리킨다. 다수결은 이 수용 가능성을 극대화시켜준다. 가령 몇몇 사람이 임의로 공동의 문제를 결정한다면 그들이 비록 특출한 사람들이라고 할지라도 불복하는 사람이 있을 수 있다. 그러나 다수결로 정해진 사안에 대해서는 대개 자신의 의견과 다르더라도 사람들이 수용한다. 다수결의 결과를 사람들이 받아들이는 이유는 공정하다는 인식 때문일 것이다. 자신의 의견과 다른 사람들의 의견이 모두 동등한 가치를 갖고서 의사결정 과정에 투입되었기 때문에 이의를 제기하기 어렵다. 정치적으로 보면 이 수용가능성의 측면이 가장 중요하다.

둘째, 진리 가능성(trueness)의 문제이다. 결정이 정말 사실에 부합하는 가장 올바른 판단인가라는 측면을 가리킨다. 집단지성의 관점에서 다수결 문제를 다룰 때는 이 측면을 중심으로 논의가 이루어진다. 그리고 다수결의 바로 이 진리발견적(truth-tracking) 측면에 최초로 수학적 기반을 제공한 사람이 콩도르세이다.

정치제도의 관점에서 보면 수용가능성 또는 동의가능성이 우선적 중요성을 가지지만 이것만으로는 다수결 원리가 항상 정당화되기는 어렵다. 동의가능성은 갈등을 해결해 주기는 하지만 공동의 이익을 보장해 주지는 않는다. 다수의 선택이 뛰어난 몇몇 소수 사람들의 판단보다 더 좋은 결정을 한다는 믿음이 있을 때만 다수결 원리 그리고 이 원리에 기초해 있는 정치제도가 정당성을 가질 수 있거나 적

---

1 단순다수제(plurality)는 과반수 여부와 상관없이 가장 많은 득표를 한 대안이 집단의 대안으로 선택되는 표결방식을 가리킨다. 과반다수제(majority)는 과반수 이상을 득표했을 때만 최종대안으로 선택되는 방식이다. 대안이 둘인 경우에는 plurality가 곧 majority가 된다. 그래서 plurality와 majority를 엄격히 구분하지 않고 사용하는 경우가 많다. plurality는 상대다수, majority는 절대다수로 표현되기도 한다. 가중다수제(qualified majority)는 일정비율(과반수보다 더 많은 비율) 이상의 득표를 해야만 최종대안으로 선택되는 표결방식을 가리킨다. supermajority라고도 한다. 만장일치(unanimity)는 구성원 전원의 찬성을 필요로 하는 표결방식이다.

어도 정당성이 더 강화될 수 있을 것이다.[2]

이 점과 관련해서는 동물들의 집단거동에 대한 연구들이 매우 시사적이다. 다수의 선택을 따르는 행동양식은 사람들뿐만 아니라 동물들에게서 집단의 움직임을 만들어내는 데 가장 중요한 원칙이기도 하다(List, 2004). 동물들의 경우, 집단행동은 생존을 위한 방법이지 동의를 이끌어내기 위해 다수결의 원칙을 사용한다고 보기는 어려울 것이다. 이로 미루어 보면 다수결 원리의 근본적 가치는 동의확보라기보다 진리발견에 있지 않을까 싶다.

이 장에서는 콩도르세의 배심원 정리를 중심으로 다수결 원리가 과연 진리를 발견할 수 있는 의사결정 방식인지를 알아보겠다.

제1절
투표의 집단지성

다수결 원리에 최초로 수학적 기초를 부여한 사람이 바로 콩도르세[3]이다. 이것을 보통 "콩도르세의 배심원 정리(Condorcet Jury Theorem)"라고 부른다. 콩도르세가 배심원이 올바른 판단을 할 수 있으려면 어떤 조건이 필요한가를 중심으로 다수결의 문제를 논의했기 때문에 붙여진 이름이다.[4]

물론 콩도르세 이전에도 존 로크 등 여러 정치이론가들이 다수의 동의에 기초

---

2 투표와 같은 민주주의적 의사결정 방식이 진리발견적 속성도 가져야만 정당화될 수 있는지 여부에 대해서는 논의가 분분하다. 진리발견적 속성이 필수적이라고 보거나 적어도 바람직하다고 보는 입장에 서있는 주장들을 가리켜 인지 민주주의(cognitive democracy), 인식 민주주의(epistemic democracy), 집단지성 민주주의 등으로 칭한다. 이 문제에 관해서는 Estlund(1994, 1993), Landemore(2012b, 2013), Cohen(1986) 참조. 인지 민주주의에 관해서는 제5장 참조.

3 정식 이름은 Marie Jean Antoine Nicolas de Caritat, Marquis de Condorcet이다. 마르퀴 콩도르세라고도 불리기도 하고, 니콜라 콩도르세로 불리기도 한다. 1743년에 태어나 1794년에 사망했다.

4 '배심원 정리'라는 명칭은 던컨 블랙이 붙인 것이다. 아놀드 우르켄(A. Urken)에 의하면 블랙이 콩도르세의 정치철학에 대해 충분히 이해하지 못했고, 그래서 콩도르세의 사회선택 개념을 배심원에 한정하여 논의한 것으로 잘못 이해했기 때문이라고 주장했다(Landemore, 2013). 콩도르세 자신은 '정리(theorem)'라고 부르지 않고 '가설(hypothesis)'이라고만 칭했다.

하여 정치적 권위가 구성되어야 한다는 것을 주장했다. 하지만 다수결 원칙을 진리발견적 측면에서 주장한 것은 아니었다. 예컨대 로크는 집단이 다수의 의견에 따라야 하는 이유에 대해 "어떤 공동체든 그것을 움직이게 하는 것은 오직 그 구성원들의 동의뿐인데, 한 단체는 한 방향으로 나갈 수밖에 없으므로 가장 커다란 힘, 곧 다수의 동의가 그것을 이끄는 방향으로 움직이지 않을 수 없기 때문이다."라고 하였고, 또 "다수가 나머지를 구속할 수 없는 곳에서는 사회가 일체로서 행동할 수 없으며, 그 결과 즉각적으로 해체되어버리고 말 것이다."(Locke, 1998: sect.96)라고 하여, 다수결에 의한 집합의사의 결정방식을 구성원들의 순응 확보라는 관점에서 보았다. 이와 달리 콩도르세는 진리발견적 측면에서 접근함으로써 민주주의의 정당화 문제를 전혀 다른 각도에서 볼 수 있게 하였다.

콩도르세의 배심원 정리는 사실 수학적으로 보면 그리 복잡한 이론은 아니다. 그러나 콩도르세가 살았던 시기는 확률이나 통계이론이 그리 많이 발전되지 않았던 시기라는 것을 고려해야 한다.[5] 예컨대 대수의 법칙은 1835년에 푸아송이 처음 그 이름을 붙였고, 현재 사용되고 있는 확률에 대한 공리적 기초는 콜모고로프 등이 20세기에 와서 만든 것이다.

콩도르세의 정리는 게임이론에서 내시의 균형과 같은 중요한 위치를 점하는 법칙으로 평가된다. 콩도르세는 저서 『다수결의 확률에 대한 해석학의 적용에 관한 소고』(1785)[6]에서 민주주의의 기초가 되는 다수결 원리에 대해 깊이 탐구했다. 뿐만 아니라 후에 그는 인간사회가 이성의 힘을 충분히 살리면 향후 무한히 발전할 것이라는 낙관적 역사를 피력한 『인간정신의 진보에 관한 역사적 개관』(Sketch of a Historical Picture of the Progress of the Human Mind, 1795)이라는 책을 발간하기도 했다. 이 책은 프랑스 혁명의 소용돌이 속에서 옥중에 갇혀 있는 동안 서술했다는 특별함을 가지고 있다. 로베스피에르를 주축으로 한 급진파에 의해 투옥되고, 옥중에서 자살까지 한 사람이 인간사회의 미래를 장밋빛으로 그렸다는 것은 놀라운 일이

---

5 콩도르세는 확률이론에서 통계학으로 넘어가는 과도기의 인물로 평가된다. 그래서 그를 마지막 확률이론가로, 초기 조건을 모두 알면 미래를 예측할 수 있다고 주장한 라플라스를 근대 통계학의 최초 인물로 부르기도 한다.

6 불어 원문 제목은 "Essaisur l'application de l'analysea laprobability des decisions renduesa la plurite des voix"이고 영어번역본 제목은 "Essay on the Application of Analysis to the Probability of Majority Decisions"이다.

다. 이 책은 자살한지 일 년 후인 1795년에 출판되었으며, 1796년에 필라델피아에서 팔렸다고 한다. 이성과 과학과 진보에 대한 신념으로 가득 찼던 계몽주의의 마지막 작품으로 평가되고 있다(Ansart, 2009: 347).

[그림 7] 콩도르세의 동상
(프랑스, 파리)

콩도르세의 배심원 정리는 수학적 원리의 제시라는 측면에서만 의의가 있는 것이 아니라, 실제 정치사의 궤적에 큰 영향을 미쳤기 때문에 그 의의가 더 크다. 미국의 헌법을 기초한 프랭클린, 제퍼슨 등이 콩도르세에게 와서 자문을 구했다는 에피소드뿐만 아니라, 이후 선택가능한 정부형태의 하나로서 민주주의에 대한 신념의 근거를 제공했다는 점에서 엄청난 영향을 끼쳤다고 해도 과언이 아니다.

콩도르세는 계몽주의의 마지막 시기 인물이기는 하지만, 또한 새 시대 사상을 연 선구적 인물이기도 하다. 그는 사회적 현상에 수학적 방법을 적용시킨 개척자이자 다수의 지혜를 신뢰하고, 그 논리적 귀결로서 여성의 완전한 정치적 권리를 공개적으로 지지한 첫 번째 인물이다. 그는 "사회수학(social mathematics)"이라는 이름을 스스로 지었다. 이것은 확률이론과 통계학에 기초한 현대 사회과학의 발흥을 예기했다고 할 수 있다(Ansart, 2009: 347).

콩도르세는 또 "특이점 이론"의 선구자로 평가되기도 한다. 특이점 이론은 여러 갈래가 있지만 그 기본 아이디어는 지식, 기술이 급속히 발전함에 따라 인간사회의 경제적, 정치적, 사회적, 그리고 생물학적 구조가 질적으로 변하게 된다는 주장이다. 알기 쉽게 기계의 지능이 인간의 지능을 능가하는 지점을 특이점(singularity)이라고 하는 학자도 있지만 그 이상의 의미를 담고 있다. 바로 이 이론의 최초 선구자로 콩도르세가 거론되고 있다. 왜냐하면 그는 앞서 언급한 『인간성신의 신보에 관한 역사적 개관』에서 인간의 지적, 기술적, 윤리적 지식이 기하급수적으로 성장할 것이라고 주장했기 때문이다.

그는 과거 역사발전 과정을 개괄하면서 인간의 지식이 얼마나 가속적으로 발달해 왔는지를 개관하고, 앞으로도 가속적 발전을 계속할 것이라고 보았다. 그리고 이런 지적 능력의 가속적 발전이 인간의 사회적, 경제적, 정치적, 생물학적 구조를 급격히 변화시킬 것이라고 주장했다. 콩도르세의 이 주장에 대해, 당시 맬더스는 "콩도르세는 과거에 기하급수적으로 발전했다고 해서 미래에도 그렇게 되리라고 잘못 주장했다."라는 유명한 비판을 남겼다. 맬더스는 오히려 사회발전의 속도가 점차 느려질 것으로 보았다(Ansart, 2009: 347; Ball, 2004: 56).

콩도르세의 정리는 150여 년 후 던컨 블랙에 의해 재발견되었고 그 후 중요한 연구들로 이어져 왔다.[7]

제2절
콩도르세의 배심원 정리

제1항 배심원 정리의 조건

콩도르세의 배심원 정리는 "두 답안 중 하나를 고르는 문제에서 각 개인이 정답을 고를 확률이 50%보다 크면 집단의 규모가 커질수록 다수의 선택이 옳을 확률이 100%에 가까워진다."로 요약할 수 있다. 좀 더 상세히 말해보면, 두 가지 대안이 있고 그 중 하나가 정답일 경우 다음 세 조건이 충족되면 투표자의 수가 많아질수록 다수의 선택이 정답을 택할 확률이 100%에 접근한다는 것이다. 다음 세 가지가 그 조건이다(Landemore, 2013: 148).

---

7 중요한 진전을 보면 Black(1958)의 재발견 후 Grofman et al.(1983) 그리고 Ben－Yashar & Nitzan(1997)은 정확성이 알려져 있을 경우의 최적 가중투표를 찾아냈으며, Berend & Paroush(1998)는 콩도르세 정리의 점근적 성질(어느 숫자 이상이 되면 집단정확도의 증가율이 느려진다)이 이질적 개인으로 이루어진 집단의 경우에도, 만일 집단전체의 평균 정확도가 랜덤 이상이라면 유효함을 제시했다. 그리고 Karotkin & Paroush(2003)은 최적 집단규모를 연산해 낼 수 있는 알고리즘을 만들기도 했다. 제3절 배심원 정리의 확장 참조.

1) 개인이 옳은 선택을 할 확률이 랜덤보다 높다.

2) 개인들은 상호 독립적으로 투표한다.

3) 개인들은 진지하게 투표한다.

첫 번째 조건은 양자택일(binary choice) 문제일 경우 개인이 정답을 맞힐 확률이 50%보다 커야 한다는 것이다. 이 조건은 능력가정 또는 '계몽가정(enlightenment assumption)'이라 불리기도 한다(Landemore, 2010: 8). 얼핏 생각하면 너무 까다로운 조건처럼 보일 수 있다. 모든 사람들이 정답을 고를 확률이 모두 50% 이상이 되기는 어렵다고 여겨지기 때문이다. 하지만 이것은 형식적으로 따지면 전혀 까다로운 조건이 아니다. 왜냐하면 자신의 정답선택 확률이 50% 이하일 경우 동전던지기로 정하면 될 테니까. 또 달리 생각하면 가령 51%의 정확성을 가진다는 것은 100회 시행할 경우 51회 이상 정답을 택할 수 있는 능력을 가리키므로 그리 까다로운 조건이라고 볼 수 없을 것이다.

확률 0.5 이상 가정이 비현실적인 것은 아니다. 해결해야 할 문제에 대해 어느 정도의 지식과 정보를 가지고 있다면 동전던지기보다 덜 정확할 수 없기 때문이다. 그러나 콩도르세는 사람들이 전통, 편견, 감정 등 여러 가지 이유로 랜덤 이하의 확률을 가질 수도 있다고 보았다. 그래서 전반적 교육수준을 높이고, 계몽을 확산시키는 것이 민주주의 지지자들의 최우선과제가 되어야 한다고 하였다(Ansart, 2009 : 349).

두 번째 조건인 "독립적으로 투표한다."는 각 투표자의 선택이 다른 투표자의 선택에 영향을 받지 않을 것을 요구한다. 랜드모어(Landemore, 2010: 8)는 이것을 "독립성 가정(independence assumption)"이라 칭했다. 그러나 이 독립성 가정은 콩도르세 정리를 현실의 민주주의에 적용시킬 때 심각한 문제가 될 수 있다. 존 롤스는 이 정리에 대한 간략한 논의에서 "투표자 간에 완전한 독립성이 이루어지지 않는다는 점은 분명하다. 왜냐하면 각 투표자들의 견해가 토의과정에서 영향을 받을 것이고, 그래서 콩도르세 정리와 같은 단순한 확률추론은 적용되지 않는다."(Rawls, 1971: 538)라고 했다. 또 그로프만과 펠트(Grofman & Feld, 1988: 570)는 독립성 가정은 각 투표자가 집단적 심의 없이 각자 독립적으로 의사를 개진하여야 한다는 것을 뜻하므로 비현실적이라고 했다. 반면, 왈드론(Waldron, 1989)은 이 독립성의 문제가 크게 중요하지 않으며, 투표자들 간의 능력에 인과적 관계가 성립하지 않는다면 독립성은 충족된다고 보았다.

이 문제를 깊이 있게 검토한 학자는 데이비드 에스트룬트인데, 그는 여론지도자의 영향이 있더라도 그것이 반드시 독립성 조건을 위배하게 만드는 것이 아니라고 하였다. 나아가 그는 만일 여론지도자의 정확성이 높을 경우 오히려 집단적 의사결정의 정확도를 높일 수도 있음을 논증했다(Estlund, 1994). 이 주장은 독립성 조건이라는 것이 어떻게 해석되는 것이 좋을지를 보여준다는 점에서 집단지성의 과정과 결과를 평가하는 데 좋은 참고가 될 수 있다.

현대 민주주의는 여론의 정치, 정당의 정치 등으로도 불린다. 그러므로 구성원들이 직접적으로 상호 영향을 미치지는 않는다하더라도 준거집단이나 여론을 주도하는 몇몇 개인들에 의해 공통적으로 영향을 받는 것이 일반적이다. 만일 "공통적으로 영향을 미치는 제3자가 존재할 경우 다수결 원리의 독립성 조건은 지켜지지 않는다."라는 것이 사실일 경우 현대 민주주의의 여러 절차들은 진리발견적 관점에서 보면 심각한 난제에 봉착하게 될 것이다. 다행히 에스트룬트는 여론지도자와 같은 제3자의 영향이 항상 독립성 조건을 위배하는 것이 아님을 논증했다. 그의 결론은 여론지도자의 의견을 참고하더라도 그 의견에 자신의 독자적 판단을 조금이라도 첨가할 수 있으면 독립성 조건은 위배되지 않는다는 것이다. 달리말해 개인의 선택이 제3자에 대한 맹목적인 추종만 아니라면 독립성 조건은 유지된다는 것이다. 독립성 문제는 다수결 원칙의 현실성을 가름하는 매우 중요한 주제로, 현재까지도 논란이 계속되고 있다.

세 번째 조건인 "진지하게 투표한다."는 개인들의 선호가 거짓 없이 투표로 나타나야 한다는 것을 말한다. 랑드모어는 이것에 "성실투표 가정(sincere voting assumption)"이란 이름을 붙이기도 했다(Landemore, 2010: 8).

사람들은 자신의 선호를 투표에 그대로 기입하기보다는 여러 가지 이유로 자신의 선호와 다른 대안에 투표하는 경우가 많다. 전략적 투표가 그 대표적인 예이다. 예컨대 가령 A, B, C 세 당에서 후보를 낸 국회의원 선거를 생각해 보자. 그리고 어떤 유권자의 선호가 C > B > A의 순서라고 하자. 그런데 그가 분위기를 보니까 자신이 좋아하는 C 후보가 당선이 될 가능성이 없을 경우 그는 C에게 투표하기보다는 B에게 투표하여 자신이 가장 싫어하는 A의 당선을 막으려 할 수도 있다. 이런 투표방식을 전략적 투표라고 한다.

이 전략적 투표는 원래의 주제인 "우리 선거구에 가장 적합한 후보자는 누구라고 생각하십니까?"라는 질문에 '진지하게' 응하는 것이라고 볼 수 없다. 이렇게 개인들이 자신의 선호를 그대로 표현하지 않을 경우 다수결이 집단의 의사를 올바로 표현해내지 못할 것이다. 만일 이런 일이 자주 일어난다면 투표결과의 정당성이 약화될 것이고 민주주의에 대한 신뢰 역시 흔들리게 될 것이다.

제2항 배심원 정리의 증명

이제 콩도르세의 배심원 정리(이하 '콩도르세 정리', 또는 '다수결 정리'라 칭함)가 왜 성립하는가에 대해 살펴보기로 하자. 사실 현대 투표이론이나 사회적 선택(social choice) 이론 등에서는 투표의 역설이나 그것의 일반화라고 할 수 있는 케네스 애로 (K. Arrow)의 불가능성 정리(impossibility theorem)[8]에만 주목하고 배심원 정리에 대해서는 깊이 분석하지 않는 경우가 많다. 그러나 예외적 현상보다 원래의 이론을 상세히 따져보는 것이 더 중요할 것이다.

콩도르세 정리는 다음 식으로 요약할 수 있다. n인 중에서 다수의 선택이 옳을 확률은 다음 이항분포와 같다(List, 2004 : 169).

$$① \quad \sum_{k > n/2}^{n} \binom{n}{k} p^k (1-p)^{n-k}$$

식 ①에서 먼저 k는 과반수 조건을 나타낸다. 그러므로 k > n/2라는 조건이 부과되었다. 만일 총 투표자 수가 5인이라면 k > 5/2 = 2.5가 되고, 따라서 k는 3명, 4명, 5명인 경우가 된다. $\binom{n}{k}$는 과반수인 k명이 조합될 수 있는 경우의 수를 나타

---

8 애로는 구성원의 뜻을 반영하는 공정한 투표의 5가지 조건을 연구하였다(Arrow, 1963).

낸다.[9] 그래서 n = 5이고 k = {3, 4, 5}인 경우의 총 수는 k = 3, 4, 5인 경우의 수를 모두 합친 것이 된다. 즉, n = 5인 경우 다음 식이 성립한다.

과반수가 만들어지는 총 경우의 수 $= {}_5C_3 + {}_5C_4 + {}_5C_5$

각 경우의 수가 정답을 맞힐 확률은 $p^k(1-p)^{n-k}$ 이므로 k = {3, 4, 5}인 경우에 각각의 확률을 각각의 경우의 수로 곱하여 그것을 모두 합하면 과반수가 정답을 택하게 될 확률이 된다. 배심원 정리란 식 (1)에서 n ⇒ ∞으로 커지면 식의 값이 1(100%)에 수렴한다는 것을 가리킨다. 집단의 크기(n)가 커질수록 과반수(k)가 만들어지는 경우의 수가 급격히 증가하게 되므로 과반수가 정답을 맞힐 확률도 급격히 늘어나게 된다.

좀 더 쉽게 이해하기 위해 상황을 다음과 같이 설정해 보자. 먼저 깃대가 A, B 두 곳에 세워져 있다. 그리고 이 둘 중 A를 정답이 있는 깃대라고 하자. 정답 쪽 깃대를 선택할 확률이 p인 n명이 이 깃대 어느 한쪽으로 달려가 줄을 선다고 생각해 보자. 편의상 n = 3, 즉 3명이라고 생각해 보자. 3인이 양쪽으로 분포될 총 경우의 수는 다음과 같이 8가지이다.

(A, A, A) · · · · · · · · · · · · · · · · · **1가지**

(A, A, B), (A, B, A), (B, A, A) · · · · · · · · · · **3가지**

(A, B, B), (B, A, B), (B, B, A) · · · · · · · · · **3가지**

(B, B, B) · · · · · · · · · · · · · · · · · **1가지**

이제 위의 각 경우가 발생할 확률을 구해보자. 가령 (A, A, B)가 발생할 확률은 얼마일까? 각 개인이 정답인 깃대 A를 선택할 확률이 p이므로, 오답(B)을 선택할 확률은 1−p가 된다. 그러므로 (A, A, B), 즉 첫 번째 사람과 두 번째 사람은 정답(A)을 선택하고, 세 번째 사람은 오답(B)을 택하는 상황이 발생할 확률은 p × p × (1−p)가 된다.

먼저 총 경우의 수 중에서 정답 A를 선택한 사람이 과반수가 되는 경우는 다음 4가지 경우이다.

---

9 조합될 수 있는 경우의 수는 $\binom{n}{k} = {}_nC_k = \frac{n!}{k!(n-k)!}$ 이다.

(A, A, A) · · · · · · · · · · · · · · · · · · 1가지

(A, A, B), (A, B, A), (B, A, A) · · · · · · · · · · 3가지

위 두 경우가 발생할 확률의 총합은 아래와 같다.

② $p^3 + p^2 * (1-p)^1 * 3$

만일 p = 2/3이라고 가정하면 식 ②의 값은 20/27이 되고, 이는 개인의 능력 2/3(18/27)보다 큼을 알 수 있다. 즉, 최소집단 규모인 3인 집단에서도 개인의 능력 (66%)보다 집단의 능력(74%)이 상당히 높아지는 집단지성 효과를 확인할 수 있다.[10] 물론 n이 3인 이상으로 커지면 집단의 능력은 급격히 증가할 것이다. n이 증가됨에 따라 확률이 증가해 가는 양상을 그래프로 표시해 보면 다음과 같다.

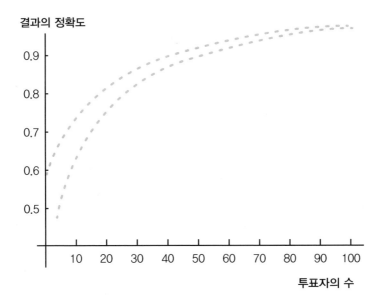

[그림 8] p = 0.6이고 n = [1, 100]인 경우, 다수결의 정확도 변화(List, 2004: 169).

___

10   집단의 능력은 정답 A를 택한 사람의 수가 2 이상인 경우의 정답확률을 합한 것이므로, 2인이 A를 택할 확률: 3 × (2/3 × 2/3 × 1/3) = 12/27, 3인이 A를 택할 확률: (2/3) × (2/3) × (2/3) = 8/27, 두 경우를 합하면 12/27 + 8/27 = 20/27이 된다.

앞 그래프는 개인의 능력 $p = 0.6$이고 $n = [1, 100]$인 경우 다수결의 정확도 변화를 표시한 것이다. y축은 다수결이 정답이 될 확률이고, x축은 구성원(1~100명)의 수이다. 두 점선 중 위쪽은 구성원의 수가 홀수인 경우이고, 아래쪽은 짝수인 경우이다. 짝수인 경우 정확도가 조금 낮게 나오는데, 그것은 찬반 동수인 경우가 제외되기 때문이다.

그래프로 그려보면 집단의 규모가 다수결의 정확성에 어떻게 영향을 미치는지를 잘 알 수 있다. 다수결의 정확도와 집단 규모 사이에 ① 단조증가(monotonically increasing), ② 점근성(asymptotic property)의 두 가지 특성이 나타남을 알 수 있다.

단조증가란 증가율이 달라지긴 해도 지속적으로 증가한다는 경향에는 변함이 없는 것을 가리킨다. 그리고 점근성이란 증가율이 점차 감소하면서 어느 한 지점으로 접근해 나가는 것을 말한다. 이 단조성과 점근성의 속성은 집단의 규모가 무한히 크지 않아도 어느 정도 이상의 규모가 되기만 하면 다수결의 결과가 매우 정확해진다는 것을 말해준다. 그래서 집단의 최적규모를 따져 볼 가능성이 생긴다. 예컨대 위 그림에서 집단의 규모가 60명인 경우와 100명인 경우의 정확도가 크게 다르지 않음을 볼 수 있다. 그러므로 100을 동원하지 않고 60명만 동원하여 비슷한 수준의 집단지성의 효과를 활용할 수 있음을 알 수 있다.

제3항 집단의 최적 규모

집단의 규모가 클수록 다수결의 정확도가 높아진다고 해도 현실적으로는 집단의 규모를 무한정 크게 할 수는 없다. 왜냐하면 집단의 규모가 클수록 사람을 동원하거나 투표를 실시하는 데 많은 비용이 들기 때문이다. 그래서 다수결의 정확도를 만족할 수준까지 높일 수 있는 최소의 집단규모가 얼마인가가 실천적인 문제로 대두된다. 사차르(Csaszar, 2014)는 바로 이 문제를 조사하고 있다.

그는 회사처럼 비용의 문제에 민감한 조직에서 대중의 지혜를 활용하려고 할 경우, 집단규모의 최적화가 어떻게 달성될 수 있는지를 검토하고 있다. 이 문제는 크라우드소싱으로 통칭될 수 있는 웹에 기반을 둔 다양한 집단지성 활용 장치들에 대해 중요한 시사점을 던져 줄 수 있다.

사차르는 우선 기업에서의 의사결정의 경우, 최선의 대안을 구하기보다는 이른바 마치와 사이먼(March & Simon)이 제시한 만족모형(satisfying model)에 따른다는 가정에서 출발한다. 만족모형은 이른바 제한된 합리성 개념에 바탕을 두고 있다. 예컨대 정확도 100%를 위해 1만 명의 대중을 동원하기 보다는 정확도가 어느 수준 이상(가령 95%)이 되는 1,000명의 집단을 구성하는 것이 기업의 입장에서 보면 훨씬 더 좋다. 시간이나 비용을 크게 절감할 수 있기 때문이다.

정확성의 결정요인

우선 그는 기업의 충원능력을 두 가지로 가정하여 살펴보고 있다. 하나는 완전한 충원능력을 가정하는 경우이고, 다른 하나는 무작위 선정으로 의사결정 집단을 구성하는 경우이다. 여기서 충원능력이라 함은 다중(crowd), 즉 "대중의 지혜"를 만들어내는 데 참여할 개인들을 얼마나 잘 선발할 수 있느냐를 가리킨다. 콩도르세 정리는 집단의 규모도 중요하지만 그에 못지않게 개인의 능력도 집합적 결과의 정확도를 높이는 데 중요한 변수로 본다. 그러므로 다수결에 참여할 구성원들을 가급적 판단능력이 뛰어난 사람들로 채우는 것이 더 좋다. 충원능력은 바로 이 "능력 있는 개인을 우선적으로 다중(crowd)에 포함시킬 수 있는 능력"을 가리킨다. 만약에 어떤 기업에 총 직원 수가 M명인데, 그 중에서 N명을 선발해서 다수결로 어떤 문제(가령 차기상품 개발의 방향설정 등)를 결정하려 한다고 하자. 이때 기업이 M명 중에서 판단능력이 뛰어난 순으로 N명을 뽑을 수 있다면 가장 좋은 다수결 결과를 얻을 수 있을 것이다.

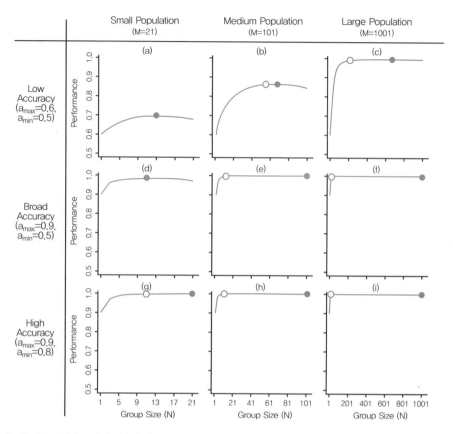

[그림 9] 집단의 크기와 집단의 성과 관계(Csazar, 2014: 13)
　　　　* ●는 최적, ○는 근사최적점

[그림 9]는 완벽한 충원을 가정했을 때 총인구(M), 다중의 규모(N), 개인의 정확성 수준(a) 등의 독립변수들과 집단결정의 질이라는 종속변수 간의 관계가 어떻게 변화하는지를 보여준다.

먼저 모집단 규모가 작은 경우를 보자(그림 a, d, g). 구성원들의 정확성이 높은 경우, 일정 수 이상이 되면 집단정확성이 상한에 도달한다. 그러므로 일정 수 이상을 더 많이 충원하는 것이 불필요함을 알 수 있다. 이러한 경향은 모집단 규모가 중간 규모, 대규모인 경우도 마찬가지로 나타난다.

최대 집단정확성에 근접하기 시작하는 최소규모의 집단 규모 지점을 근사최적(near-optimal) 점이라고 하면, 참여자들의 정확도가 높은 경우일수록 적은 수의 참여자로 근사최적의 결과를 얻을 수 있음을 위 그림은 보여주고 있다. 그러므로 다중을 동원하는 데 드는 비용이 상당히 크다면, 조직의 입장에서는 근사최적에 도달할 수 있는 집단의 규모를 택하는 것이 최선일 것이다.

요약하면, 첫째, 모집단의 규모가 문제가 되는 것은 구성원들의 정확성이 낮을 때이고, 둘째, 근사최적 결과는 완전최적 결과에 비해 훨씬 적은 수의 집단에 의해서 달성될 수 있으며, 셋째, 그러므로 모집단 전체를 집단에 포함시키는 것이 항상 최선의 정책은 아님을 알 수 있다(Csaszar, 2014).

그림에서 정확성이 높은 구성원들로 채워졌을 때는 소규모 집단에서도 빨리 근사최적점이 나타난다(g). 그러나 정확도가 매우 낮을 때는 상당히 큰 규모의 집단이 되어야 근사최적점을 얻을 수 있다(b, c). 그림 c의 경우, 최적결과를 얻기 위해서는 N = 700가량이 필요하지만 거의 비슷한 수준의 정확도를 N = 200에서도 얻을 수 있음을 보여 준다. 즉, 적은 인원으로도 다수결의 이점을 충분히 실현할 수 있음을 알 수 있다.

사차르는 또 '충원오류'라는 개념을 사용하여 불완전 충원이 미치는 영향에 대해서도 검토하고 있다(ibid.: 18-22). 여기서 '충원'이란 모집단에서 집단지성 작업에 참여할 인원을 뽑는 과정을 말한다. 지금까지는 완전충원을 가정하였다. 즉, 누가 판단력이 뛰어난 사람인지를 가릴 수 있고 그래서 판단력이 우수한 사람들을 우선적으로 참여시키는 것이 가능한 경우를 상정했다. 그러나 실제로는 이 시나리오가 비현실적이다. 현실에서는 여러 가지 이유로 충원이 능력순으로 이루어지지 못한다. 능력을 관측하는 것이 불가능하기 때문이다. 특히 전혀 새로운 문제에 대한 해결책을 모색하는 경우에는 능력의 서열화가 거의 무의미하다. 판단력이 뛰어난지를 가늠할 수 있는 기준이 없기 때문이다. 더욱이 고능력자들을 뽑을 수 있다하더라도 그들은 비용이 비싸거나 바빠서 시간이 없을 수도 있다.

충원오류의 효과와 관련해서는 모집단의 규모가 클수록, 그리고 구성원들의 능력이 높은 경우일수록, 충원이 랜덤으로 이루어지든 능력 순으로 이루어지든 그 차이가 적게 나타난다. 그래서 만일 구성원들의 능력이 낮다면 다중의 규모를 증가시켜서 충원오류의 효과를 최소화시킬 수 있음을 보여준다.[11]

---

11 충원오류에 대해서는 Csaszar(2014) 그리고 Berend & Sapir(2005)를 참조.

제3절
콩도르세 정리의 확장

콩도르세 배심원 정리는 많은 변형이 있다.[12] 니콜라스 밀러는 콩도르세 정리의 확장에 관한 연구들을 다음과 같이 7가지로 정리한 바 있다(Miller, 1996).

첫째, "모두 회색 모델(all gray model)"이다. 이 모델은 콩도르세의 원래 모델을 가리키는 것으로, 구성원들의 능력이 모두 동일한 것으로 가정하고 논리를 전개하는 경우를 가리킨다. '회색'이라고 칭한 이유는 개인들의 능력이 완전하지 않기 때문이다. 개인의 능력조건, 즉 "계몽 가정"에 의하면 개인의 능력이 랜덤보다 커야 한다는 것이 콩도르세 정리의 기본조건이다.

둘째, "회색 그림자 모델(shades of gray model)"이다. 개인들의 능력은 대개 동일하지 않다. 그러므로 능력조건을 좀 더 현실에 가깝게 맞추려면 개인의 능력이 같지 않은 경우 콩도르세 정리가 어떻게 되는지를 살펴보아야 한다. 이 모델에서는 개인들의 능력이 동일하지 않지만 구성원 전체의 평균적 능력이 랜덤 이상인 경우 콩도르세 정리가 어떻게 되는지에 대한 연구들을 가리킨다. 몇몇 연구 결과를 보면 구성원들의 평균능력이 랜덤 이상인 경우에도 배심원 정리가 적용된다는 것을 보여준다.[13]

셋째, "흑백 모델(black and white model)"이다. 능력 있는 사람과 능력 없는 사람이 확연히 구분되고, 이들이 섞여 있는 집단을 상정하는 모델이다. 다수의 개인들은 능력이 전체적으로 랜덤 이하일 수 있지만 한 사람 이상 소수의 능력 있는 사람들이 포함되어 있는 상황을 가정하는 경우이다. 이 경우에도 배심원 정리가 성립하는 것으로 밝혀졌다. 이 모델은 흔히 "취합의 기적(miracle of aggregation)" 모델로 불리기도 한다.[14]

---

12 배심원 정리의 변형 또는 확장에 관한 연구들을 체계적으로 종합하여 정리한 연구로는 Grofman et al.(1983)을 들 수 있다.

13 이와 관련해서는 Grofman et al.(1983: 273-4), Borland(1989: 185-6), 그리고 Berend & Paroush(1998) 등을 참고.

14 이 모델에 대한 초기 설명으로는 Page & Shapiro(1992), Waldron(1995), 이 모델에 대한 비판으로는 Caplan(2007) 참조.

"취합의 기적"은 군중 속에 적어도 한 사람이라도 정답을 알고 있고 모든 다른 사람들이 서로의 오류를 상쇄하게 된다면, 정답을 맞힐 확률이 높은 한 사람 또는 소수의 견해가 투표결과를 좌우하게 된다는 논리이다. 원래의 배심원 정리와 다르게 취합의 기적은 시민들의 능력을 최소한도로 요구하므로 개인능력이 랜덤 이상이어야 한다는 조건으로부터 해방되게 한다는 장점이 있다. 왜냐하면 최소한 한 사람 이상이라도 계몽된 투표자가 있으면 그 집단은 민주주의 방식을 따라도 여전히 현명한 결정을 내릴 수 있음을 보여주기 때문이다(Landemore, 2010). 모바신은 이 유형을 가리켜 "건초더미에서 바늘찾기"라고 불렀다.[15]

　넷째, "다항선택 모델(multichotomous model)"이다. 원래 콩도르세 모델은 선택지가 둘인 경우, 즉 이항선택의 상황을 가정한 것이다. 그러나 이 모델에서는 선택지가 셋 이상인 경우로 확장된다. 일부 연구에 의하면 선택지가 다항이고, 표결규칙이 단순다수인 경우에도 콩도르세 정리가 성립된다(List & Goodin, 2001). 나아가 다항선택이면서 표결규칙이 단순다수결이 아닌 다른 방식인 경우에도 콩도르세 정리가 적용될 수 있다. 이 연구결과는 콩도르세 정리가 매우 일반적으로 적용될 수 있음을 보여주는 것으로, 민주주의적 의사결정 방식에 콩도르세 정리가 갖는 함의를 대폭 확장시켜주고 있다.

　다섯째, "통계적 상호의존 모델(statistical interdependence model)"이다. 이것은 독립성 조건을 완화한 것이다. 독립성 조건은 투표자들 사이에 판단의 상관성이 없는 것으로 가정한다. 하지만 현실적으로 이 가정은 지켜지기가 매우 어렵다. 그래서 투표자들 간에 어느 정도의 상호의존이 있는 경우에 다수결의 정확성이 어떻게 변하는지에 대한 연구가 매우 필요하다.

　토의 등에 의한 투표자들 사이의 의사소통은 크게 보면 두 가지 상반된 효과를 가질 것으로 예상할 수 있다. 하나는 정보의 교환 효과로 인해 개인들이 사안에 대해 더 많이 알게 될 것이고 그래서 개인들의 능력을 전반적으로 증가시킬 것으로 예상할 수 있다. 다른 하나는 집단구성원의 수를 '사실상' 줄여주는 효과를 생각할 수 있다. 만일 구성원들이 서로 견해를 교환하고 그래서 서로의 선택에 영향을 준다면 독립적인 판단에 기초한 투표자의 수가 사실상 줄어드는 셈이 된다.

15　제6장의 '상태추정 실험' 항목에서 자세히 다룰 것이다.

앞의 정보교환으로 인한 개인능력의 향상 효과는 집단의 능력에 긍정적으로 작용하겠지만, 뒤의 경우, 즉 사실상의 투표자 수 감소효과는 집단의 능력에 부정적인 영향을 미친다. 그러므로 총 효과를 예측하기가 매우 어려워진다. 만일 투표의 대상이 되는 문제가 많은 지식을 요구하는 어려운 것인 경우에는 정보교환에 의한 개인들의 능력 향상 효과가 더 많이 작용하여 집합적 판단을 개선시킬 것으로 추측할 수 있다. 하지만 능력개선 효과가 적다면 토의 등이 상관성(correlation)을 증가시켜 집합적 결과에 부정으로 영향을 미칠 가능성이 크다.[16]

여섯째, "과소능력 모델(subminimal individual competence model)"이다. 이 모델은 '집단무지' 모델이라고도 할 수 있다. 개인들의 능력이 랜덤보다 낮을 경우 투표의 결과가 어떻게 되는지를 살펴보는 연구들이 여기에 해당한다. 만일 개인들의 능력이 랜덤보다 낮으면 콩도르세 정리의 결과는 반대가 된다. 즉, 집단 구성원의 수가 많아질수록 집단의 판단이 틀릴 가능성이 100%에 수렴한다. 이 모델이 갖는 실천적 함의는 사회구성원들로 하여금 잘못된 생각을 가지게 만드는 편향 요인이 없어야 한다는 것이다. 특히 구성원들 모두의 생각을 어느 한쪽으로 기울어지게 하는 체계편향이 존재할 경우 그 집단은 잘못된 판단을 할 뿐만 아니라 그 판단에 대한 확신도 강화되기 때문에 일종의 '집단광기' 현상을 낳게 된다.[17]

일곱째, "이해갈등 모델(the conflicting interests model)"이다. 이 모델은 투표가 판단의 취합이 아니라 선호의 취합인 경우 콩도르세의 정리가 적용될 수 없음을 주장하는 연구들을 가리킨다. 사회선택 이론들은 일반적으로 투표를 판단(judgement)의 취합이 아니라 선호(preference)의 취합 과정으로 본다. '판단'은 옳고 그름에 대한 객관적 기준이 존재하는 것을 전제하고 투표를 옳은 대안을 고르는 행위로 본다. 하지만 '선호'는 주관적인 좋고 나쁨을 표현하는 것이기 때문에 그 선택에 대해서 옳고 그름의 평가를 할 수가 없다. 그래서 다수의 연구자들은 대립하는 이해관계를 둘러싼 투표, 즉 정치적 맥락 하에서의 투표에 대해서는 콩도르세 정리가 적용될 수 없다고 주장한다(Black, 1958: 163). 반면 니콜라스 밀러 등은 콩도르세 정리가 선호취합의 경우에도 적용될 수 있다고 주장하고 있어 흥미롭다(Miller, 1986).

---

16 Shapley & Grofman(1984), Ladha(1992; 1993) 등의 연구가 여기에 해당한다.

17 편향에 대해서는 제14장 3절 참조.

밀러의 주장은 일견 단순한 논리에 기초해 있다. 즉, 다수파가 다수파에게 이익이 되는 안을 선택한다면 '올바른' 선택이 된다고 보는 것이다. 그러나 사람들은 '합리적 무지' 등의 현상으로 인해 다수파에 속한 사람들이 자신들에게 이익이 되는 대안이 무엇인지를 항상 안다고 보기는 어렵다. 그러므로 선호투표는 그 선호가 정확한가 여부를 진리의 기준으로 삼으면 콩도르세 정리가 여전히 적용될 수 있다는 것이다(ibid.: 215-6).

이 문제는 정치의 본질을 무엇으로 보느냐와 관련되어 있고, 그래서 현재도 여전히 많은 논쟁이 있다. 인지 민주주의자들[18]은 다수결을 단지 선호취합의 과정으로만 보는 견해를 비판하고 그것의 집단지성적 가치를 중요시한다.

대표적인 인지 민주주의자인 랑드모어는 다수결이 갖는 집단지성적 가치가 민주주의 이론에 중요함에도 불구하고 과소평가, 과소 사용되어 왔음을 강조한다(Landemore, 2010). 다수결이 처음에는 평등이나 자유 등과 같은 정의(justice)의 관점에서 도입되었다고 하더라도 만일 다수결이 좋은 결정을 만들어내는 능력이 없다면 이처럼 계속해서 사용될 수 없었을 것이다. 그러므로 현재 다수결이 계속 사용되고 있는 이유는 그것의 인지적인 가치, 즉 올바른 결과를 만들어낼 수 있는 능력 때문으로 보아야 한다는 것이다. 더욱이 사람 이외의 동물들도 여러 가지 형태로 다수결의 원리를 사용한다는 사실은 다수결의 인지적 가치를 뒷받침해 준다. 사회적 동물들이 평등, 자유, 정의 등의 이유로 다수결을 사용하지는 않을 것이기 때문이다. 아마도 진화적 관점에서 다수결이 유리하기 때문일 것이다.

랑드모어는 자유나 평등과 같은 다수결의 내재적 가치와 진리발견적이라는 도구적 가치 측면이 모두 중요하다고 주장한다(Landemore, 2010).

---

18 인지민주주의에 대해서는 제5장 참조.

제5장

민주주의와 심의

존 색스(J. Saxe)의 시(詩)에서 유래된 "장님과 코끼리" 이야기는 집단지성과 관련해서 많은 것을 시사해 준다. 여섯 장님들은 각각 자기가 만진 부분을 바탕으로 코끼리의 모습을 벽, 창, 뱀, 기둥, 부채, 밧줄로 다르게 판단했다. 이 중 누구의 주장이 옳을까? 아무도 완벽하게 옳지는 않지만 누구도 완전히 틀렸다고 말하기도 어렵다. 진실은 이들의 주장을 하나로 합쳐야만 드러날 수 있다.

우리가 세상을 보는 것도 장님들이 코끼리 더듬는 것과 다를 바 없다. 세상의 진면목을 모두 알아챌 수 있는 초인적 개인은 없다. 그렇지만 여러 사람의 지식들을 잘 합치면 세상의 실제 모습에 좀 더 가까이 다가갈 수 있을 것이다.

여러 사람들이 가지고 있는 정보나 지식을 하나로 합치려면 두 가지 요소가 중요하다. 첫째는 모두가 세상에 대한 독자적 지식을 조금씩은 가져야 한다는 것이고, 두 번째는 이 단편적인 지식들을 잘 합칠 수 있어야 한다는 것이다.

콩도르세 정리에서는 투표를 통해 지식의 집단화가 이루어진다. 하지만 대화를 통하여 생각을 교환하고 조정하면 더 쉽게, 더 좋은 결과를 얻을 수 있지 않을까? 사실 소통은 지식의 집단화에서 가장 편리하고 또 가장 효율적인 도구이다. 소통에 의한 의사결정을 가리켜 심의(deliberation)라고 한다. 이 장에서는 심의에 의한 집합적 의사결정이 집단지성을 만들어 낼 수 있는가의 문제를 다룬다.

제1절
심의의 집단지성

정치적 결정은 구성원 모두에게 영향을 미친다. 그러므로 집합적 결정이 정당성을 가지려면 그 결정에 구속되는 사람들이 모두 동등하게 결정과정에 참여할 수 있어야 한다. 이것이 민주주의의 출발점이다.

구성원들이 집합의사의 결정과정에 참여하는 방식에는 크게 투표와 심의 두 가지로 나눌 수 있다. 둘 중에서 투표는 최종 결정의 순간으로 참여가 한정되지만 심의는 대안이 만들어지는 과정에서부터 참여하게 된다. 그러므로 심의가 투표보다 훨씬 더 강한 참여방식이다.

하지만 현대 민주주의에서는 심의보다 투표가 더 많이 이용되어 왔다. 가장 큰 이유는 사회가 거대화됨으로써 민주적 심의가 기술적으로 어려워졌기 때문이다. 이제 투표에 의한 참여가 여러 가지 한계를 드러냄에 따라 심의에 의한 참여가 다시 강조되고 있다. 이와 더불어 소통의 기술적 한계도 빠르게 극복되고 있다.

심의에 의한 집합적 의사결정의 중요성을 강조하는 입장을 가리켜 심의 민주주의라고 한다. 현대 심의 민주주의는 원래 합의에 의한 의사결정의 필요성을 인식하면서부터 시작되었다. 다수의 의사를 구성원 전체의 의사로 전환시키는 투표에 의한 의사결정 방식이 여러 가지 문제점을 노정했기 때문이다. 그러므로 집합적 의사 결정의 정당성 강화가 심의 민주주의의 주된 목표가 되어왔다. 하지만 최근 일군의 이론가들은 정당성이라는 측면보다는 민주주의 제도의 인지적 능력의 강화라는 측 면에서 심의 민주주의를 주장하기 시작했다.

제1항   심의란 무엇인가?

먼저 "심의" 그리고 "심의 민주주의"가 어떻게 정의될 수 있는지부터 살펴보자. 영어 'deliberation'은 개인 차원에서도 사용될 수 있는 말이다. 한국어 사전에는 심 의를 "심사하고 토의함", 그리고 숙의는 "깊이 생각하여 충분히 의논함"으로 되어 있어 개인의 경우에 대해서 사용하지 않는다. 개인의 경우 숙고, 숙려 등의 말이 사 용된다. 그러나 영어에서는 두 가지 의미가 복합되어 있다. 예컨대 옥스퍼드 영어 사전에는 개인의 차원에서 사용할 경우 "마음속에서 어떤 것을 숙고하거나 저울질 하는 행동", "의사결정을 위해 주의 깊게 고려함"으로 되어 있다.

로버트 구딘은 심의를 내적—성찰적(internal- reflective)인 의미와 외적—집합적 (external-collective)인 의미로 나눈 바 있다(Goodin, 2003: 169). 개인 차원의 내적 심의 는 어떤 것을 결정하기 전에 그 시안에 대해서 심사숙고하는 것을 가리킨다. 이 내 적 심의가 집단의 경우로 확장된 것이 외적 심의라고 할 수 있다. 그러므로 집단구 성원들이 공동의 문제에 대하여 의견의 교환을 통하여 최선의 판단에 도달하려는 집합적 숙고가 곧 심의이다. 심의 민주주의에서 말하는 심의는 물론 외적—집합적 심의이다.

심의 민주주의 이론에서 우선적 쟁점은 합의도출이 심의의 목적인가 여부이다. 만일 합의가 목적이라면 어떻게 그것이 가능한가, 그리고 합의가 반드시 목적일 필요가 없다면 심의과정이 갖는 의의는 무엇인가가 논의의 주요 대상이다.

최초의 심의민주주의자[19]의 한 사람인 조슈아 코헨은 "심의의 결과가 만일 평등한 사람들 사이의 자유롭고 합리적인 의견일치로 인한 것이면, 그리고 그때에만, 그 결과가 민주적으로 정당하다."(Cohen, 1989: 22)라고 했다. '자유롭고 합리적인 의견일치'란 곧 합의를 가리키는 것으로 해석된다.

심의 민주주의에서 합의가 강조되는 것은 충분히 이해될 수 있다. 심의적 방식이 고려되기 시작한 주요 이유 중의 하나가 다수결이 갖는 견해 차이의 방치 문제를 해결하기 위한 것이었기 때문이다. 다수결은 견해의 차이를 해소하지 못한다. 다수의 의견이 공동의 의견으로 채택되는 것으로 끝나기 때문에 소수 의견에 대한 배려는 없다. 이 이견의 존속은 곧 불화의 지속을 의미하므로 사회 내부에 갈등의 요인이 계속 남아 있게 된다. 심의 과정이 이 문제를 해결할 수 있으리라는 것이 심의 민주주의가 제기된 주요 이유 중의 하나였다. 그래서 대부분의 심의 민주주의자들은 심의를 단순한 논의가 아니라 의사결정 절차로 정의한다.

앞에서 언급한 코헨을 비롯해 하버마스가 대표적이다. 하버마스는 심의를 "보다 나은 논변(arguments)에 기초한 합리적 동의나 일치"로 본다(Habermas, 1996). 또 벤슨과 마르티는 "심의를 이상으로 보면 정치적 결정은 집합적 논증의 절차를 통해서 만들어져야 한다. 이것은 자신의 정치적 선호나 욕구를 상대에게 강요하려는 전략적 참여가 아니라 이성으로 상대를 납득시키는 것을 목표로 한다. 그리고 이것이 적어도 이상적으로는 사람들을 이성적 합의에 도달하게 만들 수 있다."고 말했다(Besson & Marti, 2006: 28-29).

하지만 정치에서 합의가 쉽지 않다는 것은 주지의 사실이다. 상탈 무페(Mouffe, 2017)가 지적하고 있듯이 공적 영역에는 항상 적대적인(agonistic) 성질이 존재하고, 그래서 정치는 궁극적으로 권력과 이익을 둘러싼 경합일 수도 있기 때문이다. 경험적 연구에 의하면 실제 집단심의에서는 30% 정도만 합의에 도달한다고 한다 (Landemore, 2013: 93). 이 때문에 합의를 중시하는 고전적인 심의 개념은 퇴조하고

---

19 심의민주주의(deliberative democracy)란 용어는 1980년 조셉 베셋(Bessette, 1980)이 처음 사용하였다.

이제 합의라는 목적이 제거된 수정된 심의 개념이 일반적으로 채택되고 있다. 그러므로 심의는 "논변(arguments)에 의존하는 의사소통의 한 형태"(Landemore, 2013: 92)로 간주되고, 합의에 의한 최종적 의사결정은 가능할 수도 있고 그렇지 않을 수도 있다고 본다. 심의가 최종적 의사결정에까지 이르지 못할 때는 투표로 마무리할 수도 있겠지만 비결정(non-decision)으로 종결될 수도 있다는 것이다.

제2항 심의의 의의

합의를 도출하지 못한다면 심의가 어떤 의의를 가질 수 있을까? 대부분의 심의민주주의자들은 최종결정에 이르지 못하더라도 심의과정이 중요하다고 본다. 무엇보다도 심의는, 설사 최종결정을 표결에 맡기게 된다고 하더라도, 집합적 결정의 민주적 정당성을 높이는 데 기여한다. 이 점에 대해 마넹은 "정치적 결정이 가지는 정당성의 원천은 심의 없는 과반수 투표제에서처럼 미리 결정된 개인의 의지가 아니라 그 의지를 형성하는 과정, 즉 심의 그 자체다."라고 말할 바 있다(Manin, 1987: 351-2).

집단적 의사결정을 내리기 이전에 심의과정이 필요한 이유에 대해서 제임스 피어론은 여섯 가지를 든 바 있다(Fearon, 1998). 첫째는 정보의 합류, 둘째는 제한된 합리성의 극복, 셋째는 공적 관점의 강화, 넷째는 결과의 정당성 강화, 다섯째는 참여자의 지적 및 도덕적 교육효과, 그리고 여섯째는 효능감이다.

첫째, 심의는 사적인 정보를 드러내게 한다. 예컨대 친구들과 저녁식사를 어디서 할까에 대해 결정을 해야 한다고 생각해 보자. 투표로 결정한다면 자신이 이미 알고 있는 좁은 정보의 범위 내에서만 선택을 해야 한다. 그러나 토론을 통해서 결정한다면 다른 사람들로부터 음식의 종류나 음식점들의 장단점에 대해 자신이 몰랐던 새로운 정보를 얻게 될 것이고, 그래서 더 나은 판단을 할 수 있을 것이다.

둘째, 제한된 합리성의 효과를 줄이거나 극복할 수 있게 해 준다. "제한된 합리성(bounded rationality)"은 인간의 판단능력의 한계를 지적하는 허버트 사이먼의 유명한 용어이다. 설사 충분한 정보를 가지고 있다고 하더라도 그 정보들에서 최선의 판단을 이끌어 낼 수 있느냐하는 것은 별개의 문제이다. 토론은 여러 사람들의 상상력과 추리력 그리고 서로 다른 입장들을 공유하게 함으로써 판단의 합리성과 객관성을 높여 줄 수 있다. 이 점은 투표의 경우와 비교해보면 그 차이를 잘 알 수 있다. 투표의 경우에는 이 판단의 합리성이 다듬어질 기회가 주어지지 않는다. 하지만 토론은 정보를 공유할 수 있게 해 줄 뿐만 아니라 추론의 능력도 공유하게 해 준다. 피어론은 아마 이 점이 심의의 가장 중요한 기능일지 모른다고 말하고 있다 (Fearon, 1998: 52).

셋째, 심의는 개인들의 공적관점을 강화시킨다. 앞에서 말한 정보합류와 지식 강화 효과는 참여자들의 도구적 능력에 관한 것이다. 그러나 심의의 효과는 도구적 능력뿐만 아니라 참여자들의 도덕적 능력을 강화시키는 효과도 가질 수 있다. 이 점은 익명성에 기초를 두고 있는 투표의 경우와 비교해보면 확연히 드러난다.

투표행위는 전적으로 사적관점에 의한 선택이 가능하다. 여러 선택지들 중 하나를 고를 때 "우리에게 무엇이 가장 최선일까"에 기준을 두지 않고 "나에게 가장 유리한 것이 무엇일까"를 중심으로 선택해도 아무도 알지 못한다. 이 익명성은 장점으로 작용할 수 있지만 이해관계가 대립될 소지가 있는 사안에서 공동의 이익을 끌어내는 데는 중대한 약점으로 작용한다.

반면 토론은 이 자기이익 중심성에서 벗어나게 만든다. 그것은 토론이 관점의 공개성(publicity)을 강화해 주기 때문이다. 다른 여러 사람들에게 자신에게만 이익이 되는 주장을 펼친다면 그 주장이 설득력을 잃게 될 뿐만 아니라 그 사람의 도덕적 평판에 큰 손상을 입히게 될 것이다. 그러므로 공적 심의는 공동의 관점에 호소할 수밖에 없고, 그 결과 만들어지는 집합적 의사가 높은 공공성을 가질 수 있게 된다.

넷째, 결과의 정당성을 높여주어 순응비용을 최소화시키는 효과를 지적할 수 있다. 집합적 의사결정에서 가장 큰 어려움은 결정된 결과에 대한 승복을 어떻게 이끌어내느냐 하는 문제이다. 만일 투표로 어떤 사안에 대해 결정했을 경우 다수가 지지한 안에 대해 반대표를 던진 소수자들은 모두 자신의 의사와 어긋나는 집단의 의사에 어쩔 수 없이 따라야 하는 불편함을 감수해야 한다. 토론은 이 순응비용을 최소화시킬 수 있다. 왜냐하면 토론과정에서 의견이 다듬어지고 그래서 가능한 한 많은 구성원들이 동의할 수 있는 안이 만들어질 수 있기 때문이다. 쉽게 말해 토론은 동의의 양을 극대화시킴으로써 순응비용을 최소화시키고 그래서 결정된 안의 집행을 용이하게 만든다.

다섯째, 참여자들의 지적 및 도덕적 수준을 향상시켜주는 교육적 효과를 들 수 있다. 토론에 참여한 사람들은 일반적으로 토론의 과정에서 많은 정보를 얻고 또 미처 생각하지 못했던 많은 새로운 관점과 논리를 획득하게 된다. 또 토론을 준비하는 과정에서 스스로 더 많은 정보와 논리를 찾는 노력을 하게 만든다. 이런 노력들은 시민들의 "합리적 무지(rational ignorance)" 또는 "합리적 비합리성(rational irra-tionality)"과 같은 현상을 극복할 수 있게 해 준다.[20] 이런 도구적 역량의 증진뿐만 아니라, 공적 문제를 자기중심으로만 보던 협량에서 벗어나 공동의 관점에서 볼 수 있게 해 줌으로써 이른바 시민덕성을 키우게 된다.

마지막으로 여섯째, 참여자들의 효능감을 높여 주는 효과를 들 수 있다. 토론의 결과가 설사 자신의 입장과 많이 달라졌다고 하더라도 그것과 무관하게 참여자들은 보람 있는 일을 했다는 느낌을 가지게 될 것이다.

제2절
심의의 인지적 가치

민주주의를 집단지성을 이끌어내는 거버넌스라는 관점에서 이해하려는 입장을 인지 민주주의라고 한다.[21] 전통적 민주주의 이론에서는 절차의 공정성이나 정의(justice)가 논의의 중심을 이루고 있었다. 그러나 이제 점점 더 많은 사람들이 민주주의를 지식취합적 및 진리발견적 차원에서 접근하기 시작하고 있다(Landemore, 2017: 278). 이러한 현상을 랑드모어 등은 "인식적 전환(epistemic turn)"이라고 부르고 있다.[22] '인식적 전환'이란 민주주의를 집단지성의 관점에서 따져보기 시작했다는 뜻이다.

---

20 '합리적 무지'는 Downs(1957), '합리적 비합리성'은 Caplan(2000)의 용어이다.
21 인지 민주주의의 개념에 대해서는 제5장을 참조.
22 '인식적 전환'이란 용어에 대해서는 Landemore(2017: 278)를 참조.

민주주의가 사회구성원들로부터 집단지성을 만들어내는 기본적인 방식은 투표와 심의이다. 투표가 갖는 인지적 차원에 대해서는 앞 장에서 논의했으므로 여기서는 심의의 인지적 차원에 대해서만 살펴보겠다.

심의가 갖는 인지적 가치는 앞에서 언급한 제임스 피어론(Fearon, 1998)의 주장에 잘 요약되어 있다. 정보의 합류, 제한된 합리성의 극복, 공적 관점의 강화, 집합적 의사결정 결과의 정당성 강화, 참여자의 지적 및 도덕적 교육효과, 그리고 효능감은 전부 심의 민주주의의 인지적 장점과 직접적으로 또는 간접적으로 연결된다.

공적 관점의 강화, 결과의 정당성 강화, 그리고 효능감은 합의 도출의 가능성을 높여준다. 합의의 형성은 집단지성의 이론으로 보면 정보와 지식의 취합, 즉 집단화 과정에 해당한다. 또 정보의 합류, 제한된 합리성의 극복, 참여자의 지적 및 도덕적 교육효과는 모두 개인들의 인지적 역량을 높여줌으로써 집단지성이 요구하는 '능력 조건', 즉 "사회구성원들이 일정 수준 이상의 인지적 능력을 가지고 있어야 한다." 와 "개인들의 능력이 높을수록 더 좋은 집단지성이 만들어진다."를 갖추게 해준다.

한편 랑드모어는 심의 민주주의와 집단지성 사이의 연결고리를 포용적 의사결정(inclusive decision-making)에서 찾고 있다. 포용적 의사결정이란 집합적 의사결정 과정에 가능한 한 많은 사람을 참여시키는 것을 말한다. 이 포용적 참여로 인해 집단지성 창발의 열쇠로 간주되고 있는 인지적 다양성을 의사결정 과정에 투입시켜 주기 때문에 심의가 좋은 집단지성을 만들어낼 수 있다는 것이다.

> 심의나 투표 두 절차 모두에 있어서 인지적 다양성이 개인의 능력만큼이든 아니면 더 중요하다는 것은 분명하다. 그러므로 "심의 + 다수결"라는 인지의 체계(cognitive system)에서 핵심적인 구성요소는 인지적 다양성이다. 개인의 능력도 문제가 되지만 2차적으로만 그러하다. 어떤 집단에서 인지적 다양성을 극대화하는 가장 간단한 방법은 무엇일까? 내가 보기에 인지적 다양성을 많이 확보하는 가장 싸고 간단한 방법은 더 많은 사람을 의사결정 집단 속에 포함시키는 것이다. 나는 나아가 설사 더 많은 사람을 포함시키는 것이 구성원의 평균 능력을 어느 정도 떨어트린다 할지라도 이 논리가 여전히 타당성을 갖는다고 주장한다. 달리말해 만일 의사결정을 좀 더 참여적으로 만드는 것과 소수의 "가장 똑똑한" 사람들만 참여하게 하는 것 사이에

택해야 한다면, 직관과 확실히 다르겠지만, 숫자를 늘리는 쪽에 거는 것이 가장 안전한 선택이다(Landemore, 2012c: 6).

인지적 다양성

인지적 다양성이란 다양한 관점(상황과 문제를 표상하는 방식), 다양한 해석(관점들을 범주화하고 분할하는 방식), 다양한 휴리스틱(문제들에 대한 대책을 만들어내는 방식), 그리고 다양한 예측모형(인과관계를 추론하는 방식) 등 여러 차원을 포괄하는 개념이다(Landemore, 2012c: 3).

다양성이 왜 중요할까? 다양성은 집단지성의 질에 여러 가지 방식으로 영향을 미친다. 그 중에서 중요한 것은 두 가지이다.[23] 첫째, 입력들에 존재하는 오차를 상쇄시켜 준다. 둘째, 관점들 간에 경합이 이루어지게 만든다.

첫 번째의 오차상쇄 효과는 주로 "대수의 법칙"을 통해 나타난다. 이 효과는 콩도르세 정리와 같은 투표이론에서 잘 나타난다. 그러나 보다 중요한 다양성의 역할은 두 번째 효과인 관점들 간의 경합이다.

이런 현상의 예를 들어보자. 두 후보 중에서 누가 가장 좋은 대통령감이라고 생각하는지에 대해 사람들이 예측을 한다고 생각하자. 어떤 사람들은 누가 사회적 쟁점들을 잘 해결할지에 기준으로 두고 판단을 할 것이고, 다른 사람들은 누가 더 경제를 안정적으로 성장시킬 것인지를 중심으로 예측을 할 것이다. 사회쟁점에 근거한 예상과 경제문제 해결능력에 기초한 예측 사이에는 음의 상관관계가 있을 가능성이 높다. 그 결과 다양한 예측모델들을 취합해 만들어진 판단은 어떤 한 개인의 예측모델에 의한 판단보다 더 정확한 결과를 산출할 것이다. 달리말해 어느 한 가지 관점에 근거한 예측보다 두 관점을 취합할 때 우리가 올바른 대통령을 선택할 가능성이 더 높을 것이다(Landemore, 2012c: 4).

위의 예는 투표에서 작동하는 관점들 간의 경합이다. 그러나 심의에서는 관점들 간의 경합이 반드시 숫자의 힘에 의해서 판가름 나지는 않는다. 심의에서의 우열은 숫자가 아니라 논리이기 때문이다. 10명으로 된 집단에서 9명의 의견이 1명의 주장에게 밀려날 수도 있다. 이것이 투표가 가지지 못하는 심의만의 장점이다.

---

23 다양성의 역할에 대해서는 Page(2007a)와 Landemore(2012c; 2013) 참조.

하버마스는 이것을 "더 나은 논변의 힘(force of the better argument)"(Habermas, 1996: 182)이라 표현했다. 강제력이 없는 논리가 심의에서는 힘을 발휘한다는 뜻이다. 이 "비강제적 강제력"의 강력함은 영화 '12인의 성난 사람들(Twelve Angry Men)'에서 잘 그려져 있다(Landemore, 2012b). 한 명의 올바른 주장이 나머지 배심원 11명의 잘못된 주장을 이김으로써 사형의 위험에 처한 피고를 구한 것이다.[24]

'관점의 경합'은 그 함의가 매우 넓다. 첫째는 모든 사람들이 충분한 능력을 가지지 않아도 집합적으로 좋은 결과를 낳을 수 있게 해준다. 둘째, 집단의 규모가 작아도 집단지성이 나타날 수 있게 해준다. 왜냐하면 세 사람으로 된 집단이라도 그중 한 사람만 좋은 판단을 가지고 있어도 집단지성이 발휘될 수 있기 때문이다.

심의의 병리

심의가 중요시 되는 주된 이유는 심의를 통해서 좀 더 현명한 판단을 내릴 수 있다는 점일 것이다. 물론 다른 이유도 있을 수 있다. 교육적 효과라든가 자기계발에의 기여 등도 중요한 이유가 된다. 또 더 중요한 것은 심의를 통한 합의는 구성원들의 동의를 확보할 수 있기 때문에 결정의 정당성을 높여 준다. 이 정당화 효과는 결정이 옳은지 여부와 관계없이 심의의 매우 중요한 기능이다. 하지만 여기서는 심의가 집단적 판단의 질을 높여주는가 아니면 반대로 낮추는가의 문제에만 초점을 맞추기로 한다.

앞에서 보았듯이 포용적 참여에 기초한 민주적 심의는 인지적 다양성이 만들어내는 효과 때문에 집단지성에 긍정적인 효과를 가진다. 하지만 이 긍정적 효과가 항상 나타날 수 있는 것은 아니다. 선스타인은 심의로 인해 오히려 의사결정의 질이 떨어지는 것을 '심의의 실패(failure of deliberation)'라고 부르고, 그 원인은 크게 두 가지로 나누고 있다(Sunstein, 2005a: 196).

첫 번째 원인은 '정보적 영향(informational influence)'이다. 이것은 다른 사람의 행동이나 견해가 자신에게 정보 시그널로 작용한다는데 있다. 예컨대 서울에 가보지 않은 사람들 다수가 남대문 현판에 '남대문'이라고 적혀있다고 주장하면 서울에 가본 사람은 자신이 알고 있는 진실을 굳이 밝힐 필요를 느끼지 못할 수도 있다. 더욱

---

24 자세한 내용은 제14장 3절 참조.

이 자신도 서울에 가보지 않았다면 설사 생각이 다르다고 하더라도 이견을 말하기가 어렵다. 대부분의 경우 사람들은 다수가 말하는 정보를 그대로 받아들이는 경우가 많다. 미심쩍은 면이 있어도 자신의 견해를 내놓지 않으려 한다. 다수와 맞서려면 자신이 가진 정보에 대한 확신이 커야 하고 또 수반될 수도 있는 비용을 감당할 용기가 있어야 한다. 그러므로 자신의 이익이 걸려있지 않은 이상 생각을 자유롭게 말하지 않는 것이 보통이다.

두 번째 원인은 '사회적 압력(social pressure)'이다. 사회적 압력이란 다른 사람들에 의한 평판적 제재를 가리킨다. 이 경우 침묵은 정보적 영향처럼 자신의 생각이 틀렸다고 생각해서 말하지 않는 것이 아니라, 여러 종류의 사회적 제재를 우려하기 때문이다. 따돌림이나 비난, 조소 등을 초래할 가능성이 있는데도 불구하고 이견을 내놓을 용기를 가진 사람은 그리 많지 않다.

정보적 영향과 사회적 압력 때문에 토론이 있다고 해서 모든 의견이 자유롭게 개진되는 것은 아니다. 그 결과 심의과정으로 거침으로써 집단은 종종 개인의 오류를 바로잡기보다는 증폭시키게 된다(Sunstein, 2005a). 개별적 정보보다 모두가 의견을 같이하는 공유정보가 강조된다. 그 결과 심의 이전보다 한층 더 극단화된 입장을 취하게 만든다. 만일 심의과정이 구성원들 간의 차이를 줄이고 확신은 강화시켜준다면 다양성이 취합되기 보다는 제거되는 결과를 낳을 것이다.

제3절
공론조사

현대국가에서 포용적 심의(inclusive deliberation)를 어렵게 만드는 가장 큰 장애물은 사회규모이다. 가능한 한 많은 구성원들이 심의과정에 참여하는 것이 바람직하지만 수백만 명에서 수억 명에 이르는 구성원들이 동시에 참여하는 심의는 기술적으로나 실효성 면에서 불가능하거나 바람직하다고 보기 어렵다. 그래서 포용적 참여라는 이상과 거대사회라는 현실을 최대한 양립시킬 수 있는 제도의 설계가 필요하다. 이 문제와 관련해서 가장 주목받고 있는 제안은 제임스 피시킨이 내놓은 심의적 여론조사(deliberative opinion poll), 즉 공론조사라는 아이디어다(Fishkin, 1991: 1995).

여기서는 먼저 피시킨이 제안한 공론조사의 원리와 의의를 살펴본 다음, 사례를 통해 심의에 의한 집단지성의 의의와 활용가능성을 검토해보겠다.

제1항　이론적 배경

피시킨이 제안한 공론조사, 즉 심의적 여론조사는 단순히 국민들의 생각을 확인하는 과정이 아니다. 공론 또는 여론을 사회구성원들이 만들어내는 집단지성이라고 보고 이를 이끌어내기 위한 장치이다. 소수의 전문가 집단을 구성하여 해답을 구하는 방법도 있으나 사회적 갈등이 첨예한 의제들에 대해서는 전문가 집단의 구성단계에서 편향성을 배제하기 어렵고, 전문가들 간 이견이 있을 때 이를 조정하기는 매우 어렵다.

사람들의 생각을 알아내기 위한 여론조사는 이미 오래 전부터 실시되어왔다. 매우 정교한 이론적 기반도 갖추고 있다. 그러나, 여론조사에 대해서 우리는 이런 의문을 제기할 수 있다. 여론조사로써 국민들의 생각을 정확하게 알아낼 수 있다면 왜 정책결정을 여론조사로 하지 않는가? 인구가 많아서 직접민주주의라는 이상이 실현되기 어렵다면 여론조사로 직접적 참여를 대신하면 될 것 아닌가?

기존 여론조사의 가장 큰 한계는 숙고되지 않은 피상적이고 즉흥적 의견의 수렴에 그치고 있다는 점이다. 가령 한국의 장기적 에너지 정책을 원자력 발전을 중심으로 추진해야 할지 아니면 자연에너지 개발에 중점을 두어야 할지에 대해 여론조사를 한 후 그 결과를 가지고 정부의 에너지 정책을 결정한다고 하자. 좋은 정책결정이 이루어질 수 있을까? 피시킨은 기존 여론조사의 문제점으로 다음 네 가지를 지적한 바 있다(Fishkin, 1991: 122).

첫째, 합리적 무지(rational ignorance)의 문제이다. 사람들은 보통 자신과 직접 관련이 없는 문제에 대해 많은 시간과 노력을 투자해서 정보와 지식을 얻으려 하지 않는다. 앤서니 다운스는 이것이 개인의 입장에서 보면 합리적인 선택이라고 보아 '합리적 무지'라고 이름 붙였다(Downs, 1957). 기업 법인세를 얼마나 매기는 것이 좋을지, 원자력 발전소를 몇 개나 짓는 것이 장기적으로 바람직할지 등등에 대해서 자료를 모으고 외국의 사례를 살펴보고 이리저리 따져서 올바른 지식을 갖추려고 노력할 사람이 몇 명이나 있을까? 이처럼 정보와 지식이 거의 없는 사람들에게 의견을 묻고 그것을 바탕으로 정책결정을 해도 괜찮을까?

둘째, 유령여론(phantom opinions)의 문제이다(Converse, 1964). 이것은 여론조사 문항에 대해 자신이 전혀 알지 못하는데도 불구하고 알고 있는 것처럼 응답을 하는 현상을 가리킨다. 특히 많은 배경지식을 요구하는 복잡한 정책적 사안인 경우 응답자들은 대부분 생각나는 대로 아무렇게나 답할 가능성이 높다. 이런 허위의 응답들을 국민의 뜻으로 볼 수 있을까?

셋째, 선택적 정보원(selectivity of sources)의 문제이다. 설사 사람들이 어떤 쟁점에 대해 관심을 가지고 있고 그래서 정보의 획득에 시간과 비용을 투자한다고 하더라도, 대개의 경우 자신의 입맛에 맞는 정보만 취하거나 아니면 쉽게 얻을 수 있는 정보로 한정되기 쉽다. 이처럼 확증편향이나 가용성 편향에 기반을 둔 지식이 정책적 문제에 대해 올바른 판단을 만들어내기는 어렵다.

넷째, 조작에 대해 취약(vulnerability to manipulation)하다는 문제가 있다. 정책들 중에서 다수는 여론이 결정과정에 영향을 미친다. 그래서 이런 현안들의 이해당사자들은 언론이나 사회연결망을 이용하여 자신들에게 유리한 정보만을 퍼뜨리려 한다. 통신수단이 발달한 현대사회는 이런 조작을 쉽게 할 수 있게 해준다. 다른 사람들이 일방적으로 주는 의도적으로 편향된 정보만을 가지고 있는 응답자들로부터 유용한 정책지침을 찾아내기는 어려울 것이다.

위의 네 가지 이외에도 여론조사에는 많은 문제점이 있다. '국민의 뜻'에 따른 정치가 민주주의의 규범적 이상이기는 하지만 사람들의 숙고되지 않은 피상적인 생각들의 취합인 여론조사의 결과를 '국민의 참뜻'이라고 보기는 어렵다. 공론조사의 핵심은 피상적 여론이 아니라 균형 잡힌 충분한 정보를 가지고 심사숙고한 국민들의 생각을 모으자는 것이다.

요컨대 공론조사의 특징은 투표의 장점과 심의의 장점을 결합시킨다는 데 있다. 공론조사의 원래 이름은 '심의적 여론조사'이다. 여론조사는 일정한 문항에 대한 응답의 빈도를 알아내는 것이기 때문에 집단지성을 취합하는 원리는 투표와 동일하다. 그러나 투표에 의한 취합이 집단지성을 만들어내려면 구성원들의 능력이 "랜덤 이상"이어야 한다. 심의는 바로 이 능력조건을 갖추기 위한 장치이다. 학습과 심의를 통해 일정수준 이상의 판단능력을 갖추게 한 뒤 여론조사를 하면 제대로 된 여론의 판단을 얻을 수 있을 것이라는 것이 공론조사의 논리적 배경이다.

애커먼과 피시킨은 여론의 형성과정에 참여하는 사람들의 범위와 숙의를 거친 의견인지의 여부를 중심으로 다음과 같이 네 유형으로 나누어 자신의 주장을 뒷받침하고 있다.

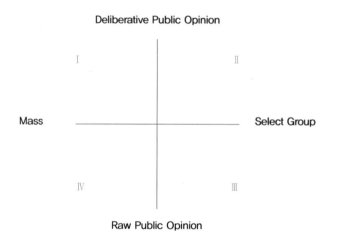

[그림 10] 여론의 유형(Fishkin & Laslett, 2003: 28)

Ⅳ 사분면은 '숙고되지 않은 대중의 여론(raw mass opinion)'이다. 국민투표 민주주의(plebiscitary democracy)가 여기에 해당한다. 모든 사회구성원들의 심의되지 않은 여론이 정책결정 과정에 직접 투입된다.

Ⅲ 사분면은 '숙고되지 않은 표본의 여론(raw opinion of a select group)'이다. 이것은 전통적인 여론조사가 대상으로 하는 영역이다. 전통적 여론조사는 전수조사를

하는 것이 아니라 표본을 선정하여 이들을 대상으로 여론을 얻는다. 이 방법은 통계적 기법에 의해 대표성은 확보될 수 있으나 앞에서 지적했듯이 심의되지 않은 피상적 여론만을 알아낼 수 있다는 데 근본적인 한계가 있다.

Ⅱ 사분면은 '숙고된 표본의 여론(deliberative opinion of a select group)'이다. 공론조사처럼 대중을 대표할 수 있는 집단을 선정하여 심의를 하게 한 후 만들어지는 여론이다. 물론 공론조사 이외의 방법도 있을 수도 있다. 공론조사라고 하더라도 여러 가지 조금씩 다른 방식이 적용될 수도 있다. 이 영역은 선정된 집단이 얼마나 대표성을 가지느냐와 심의가 얼마나 충분히 이루어지느냐가 관건이 된다. 국회를 비롯한 여러 대의장치들도 본래의 취지로 보면 여기에 해당한다.

Ⅰ 사분면은 '숙고된 대중의 여론(deliberative mass opinion)'이다. 이것은 민주주의가 지향해야 할 이상적 영역이다. 그러나 현재의 정치상황은 이곳과 멀리 떨어져 있다.

애커먼과 피시킨은 심사숙고된 대중의 여론이라는 이상을 지향하기 위한 방편의 하나로 "심의의 날(deliberation day)"이라는 아이디어를 제시한 바 있다. 일 년 중 어느 날을 공휴일로 정해서 사람들이 모여 공공정책의 주요 쟁점에 대해 토의하고 논쟁하게 하자는 것이다(Fishkin & Luskin, 2005). 이것으로 '숙고하는 대중'을 항상 만들어 낼 수는 없겠지만 적어도 현재의 정치상황에 대한 각성은 이끌어 낼 수 있을 것이라고 본다.

제2항　공론조사의 절차

공론조사는 원래 제임스 피시킨이 1988년 한 연구보고서에서 제시한 아이디어에서 비롯되었다(Fishkin, 1988). 그 후 여러 저서를 통해 널리 알려지게 되었다. 하지만 피시킨이 공론조사의 절차를 엄격히 모형화해서 제시하고 있는 것은 아니다. 대표성을 갖는 일정 수 이상의 시민집단을 구성해서 이들에게 충분한 정보와 지식을 갖출 수 있는 기회를 제공한 후, 다시 여론조사를 해서 정제된 여론을 얻는다는 개괄적 개념만 제시하고 있을 뿐이다.

피시킨이 주도하고 있는 스탠포드 대학의 '심의민주주의 연구소(Center for Deliberative Democracy)'는 공론조사의 절차를 다음 그림과 같이 요약하고 있다.

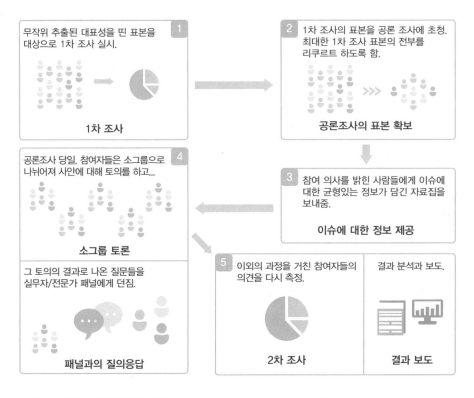

[그림 11] 공론조사의 표준적 절차(CDD, Stanford University Center for Deliberative Democracy,
Deliberative-Polling)

[그림 11]은 크게 네 단계로 구분해 볼 수 있다.

첫째는 표본선정과 1차 조사의 단계로, 숙의를 거치지 않은 사회구성원 전체의 초기 의견을 파악하는 단계이다. 이 단계에서는 대개 무작위 표본추출을 사용하나, 상황에 따라서 층화추출 등 다른 방법을 사용할 수도 있다. 이 단계에서 표본으로 선정된 사람들이 전부 또는 일부가 숙의과정에 포함되므로, 공론조사의 '첫 단추'에 해당한다.

두 번째 단계는 학습과 숙의의 과정에 참여할 대상자를 선정하는 단계이다. 진행자의 입장에서 보면 이 단계가 가장 어렵다. 참여 의향이 있는 사람을 찾기가 쉽지 않을뿐더러 대표성을 갖출 수 있도록 안배하는 것이 매우 어렵기 때문이다. 여기에 뽑힌 사람들이 심의의 주체들이다. 이 단계가 공론조사의 성패를 좌우한다고 해도 과언이 아니다.

세 번째 단계는 학습과 숙의의 단계이다. 객관적이고 충분한 정보를 제공하고 사안에 대한 지식을 갖게 해야 올바른 의견이 형성될 수 있기 때문이다. 자료집 제공은 물론이고 해당분야 전문가들의 토론 방청 및 참여자들과 전문가들의 질의응답이 필수적으로 포함되어야 한다. 그 외 분임토의나 TV토론 개최, 현장방문 등이 활용될 수 있다.

네 번째 단계는 2차 조사 단계이다. 학습과 숙의의 과정들을 거친 참석자들에게 1차 조사 때와 동일한 설문으로 조사함으로써 견해의 변화를 확인해야 한다. 이 2차 조사결과는 언론발표를 통해 국민에게 공개되고, 정책의 권고 또는 참고 안으로서 효력을 가지게 된다.

제4절
한국의 공론조사

제1항　한국의 공론조사 개관

피시킨의 제안이 처음 실행에 옮겨진 것은 1994년 4월 영국에서였다. 이 최초 공론조사의 주제는 "범죄증가 문제에 대한 대책"이었다.[25] 미국에서는 1996년 1월에 열린 "국정의제 도론회"가 최초의 공론조사였다.[26] 이후 세계 각국으로 확대되어 여러 나라에서 많은 공론조사가 실시되어 왔다. 현재는 스탠포드 대학에 있는

25　영국의 공론조사에 대해서는 Luskin & Fishkin(2002) 참조.

26　이에 앞서 1992년에 미국에서 시도되었으나 준비부족과 자금부족으로 무산되었다.

심의 민주주의 연구소(CDD)가 세계 각국의 공론조사 과정에 광범위하게 영향력을 행사하고 있다.

한국에서는 2005년에 실시된 "8·31 부동산 대책" 공론조사가 최초이다.[27] 그 후 사회적 합의가 필요한 정책들을 중심으로 수차례 간헐적으로 시도되었거나 실시되었다.

대표적인 예로는 2006년의 "한미 FTA", 2011년의 "One Korea로 가는 길", 2015년의 "사용후 핵연료", 2017년의 "신고리 5·6호기" 등이 있다. 그밖에 유사한 조사로는 "3색 신호등 도입 갈등해소를 위한 공청회 전후 시민참여 여론조사"(2011. 5), "공기업 운영 방향에 대한 시민참여 여론조사"(2013. 2) 등 다수가 있다.[28]

다음 표에서 보듯이 그동안 한국에서도 여러 차례 공론조사를 실시했었다. 지금까지의 이 공론조사들에 대하여 어떤 평가를 내릴 수 있을까?

---

27 2003년 갈등 사안이던 서울 외곽순환도로 북한산 관통 문제를 해결하는 방안으로 공론조사를 검토했지만 일부 집단의 반발로 포기했다.

28 "공기업 운영방안"이나 "신고리 5·6호기"의 경우에는 피시킨 모형과 다른 '시민참여 여론조사' 방식을 사용한다고 말하고 있다(신고리 5·6호기 공론화위원회, 공론화백서, 2017 참조). 여기서는 구별하지 않고 모두 공론조사로 간주했다.

[표 6] 한국에서 실시된 주요 공론조사
(각 기관에서 발표한 공식보고서와 언론보도를 종합하여 작성. *는 추정치임)

의제	시기	참여인원	숙의기간
8·31 부동산 대책	2005. 8	50명	1일
한미 FTA	2006. 7	200명	1일
4년 연임제 개헌	2007. 2	144명	1일
부산항 북항 재개발	2007. 6	100명	1일
유전자재조합식품(GMO)	2008. 9	100명	1일
3색 신호등 도입	2011. 5	96명	1일
One Korea로 가는 길	2011. 8	200명	1박2일
공기업 운영방안	2013. 2	211명	1일
서울대 시흥캠퍼스 유치	2014. 2	*90명	1일
2014 국민대토론회	2014. 11	280명	1일
사용후핵연료	2015. 3	175명	1박2일
2015 국민대토론회	2015. 11	150명	1박2일
신고리 5·6호기	2017. 7	500명	2박3일
2030 대북여론	2018. 5	100명	1일

피시킨 등은 좋은 공론조사가 되기 위한 핵심조건으로 균형있는 정보, 소집단 숙의, 전문가와의 질의응답, 대표성 있는 표본추출, 제3자에 의한 통제 등 다섯 가지를 들었다(Fishkin, 2009: 106ff). 또 조사결과를 평가하는 기준으로 "대표성에는 문제가 없는가(representativeness)", "여론의 변화를 이끌어 냈는가(opinion change)", "참여자들이 더 많은 정보를 갖게 되었는가(information gain)", "정보제공이나 진행과정에 왜곡은 없었는가(avoiding distortions)", "결과가 정책결정에 얼마나 영향을 주었는가(impact on policy)", "시민들이 지적으로 및 도덕적으로 계발되었는가(better citizens)" 등을 든 바 있다(Fishkin, 2009: 99ff; Fishkin & Luskin, 2005: 6; CDD, 2018).

[표 6]에서 보듯이 그동안 한국에서 실시된 공론형 조사는 몇몇 사례를 제외하고는 참석인원이 적어서 대표성이 의문시되며, 숙의기간이 짧다는 공통점이 있다. 여러 차례의 공론조사 중에서 실제 정책결정에 영향을 준 경우는 "신고리 5·6호기" 조사뿐이다. 국민대토론회나 대북인식 공론조사 등은 정책건의를 목표로 하지 않고 단순히 여론을 확인하는 데 목적을 둔 것이었다. 그 외 조사들은 정책건의를 목표로 한 조사였지만 대개 공론 도출을 통한 갈등해소라는 본래의 목표를 달성하지 못하고 마무리되었다.

그간의 한국 공론조사들이 실효를 별로 거두지 못한 가장 큰 이유는 숙의 참여자들의 대표성 확보가 충분하지 못했고 또 숙의기간이 짧아 도출된 결과의 정당성이 약했기 때문으로 보인다. 다만 2017년에 실시된 신고리 5·6호기 공론조사만 유일하게 성공적인 사례로 평가할 수 있을 듯싶다. 아래에서는 신고리 5·6호기 공론조사에 대해 더 상세히 검토해 보겠다.

제2항 사례 연구

2017년 7월에 시작된 신고리 5·6호기 공론조사는 과정과 결과 양면에서 매우 성공적으로 끝남으로써 공론조사에 대한 국민들의 기대를 새롭게 만들었다. 성공적이었다고 평가할 수 있는 이유는 무엇보다도 정책적 갈등을 공론이라는 명분으로 해소시켰기 때문이다. 그리하여 향후 다른 쟁점에 대해서도 공론조사가 사회적 합의를 이끌어내는 유력한 장치로서 고려할 수 있게 했다. 하지만 몇 가지 문제점도 눈에 띈다. 그것은 조사방법에 대한 것이 아니라 공론조사 자체가 갖는 한계에 대한 것이다. 먼저 진행과정에 대해 개괄한 다음 사회적 합의를 도출해 내는 데 있어 공론조사가 어느 정도까지 역할을 할 수 있는지에 대해 살펴보겠다.

배경과 진행

신고리 5·6호기 공론조사는 2017년 7월 24일부터 같은 해 10월 20일까지 약 3개월 동안 진행되었다. 의제는 신고리 5·6호기의 건설을 중단하느냐, 재개하느냐 여부였다. 여론조사나 전문가 공청회 등의 방법으로는 결론이 나지 않거나 대표성이 약해서 어떤 결론이 나더라도 입장 차이를 해소하기 어렵다. 또 국민투표는 강한 결정성을 지닐 수는 있지만 치러야 하는 사회적 비용이 사안에 비해 과대하다. 그러므로 최소의 비용으로 높은 대표성을 갖는 판단을 얻을 수 있는 것으로 알려진 공론조사를 택한 것은 수긍하기 어렵지 않다.

신고리 5·6호기 건설의 중단여부라는 조사 의제는 이전에 실시되었던 몇 차례 공론조사의 의제들과는 몇 가지 점에서 차이가 있다. 첫째는 두 대안 중에서 어느 쪽을 지지하는지를 분명히 밝혀야 하는 사안이라는 점, 둘째는 공정률이 약 30%에 달하는 공사를 일시 중단시킨 상태였기 때문에 수반되는 기회비용을 최소화하기 위해 최대한 빨리 결론을 내려야 했다는 점, 그리고 셋째는 대통령 공약과의 연계 등으로 인해 정치적 대립이 첨예화된 쟁점이었다는 것 등을 들 수 있다(신고리 5·6호기 공론화위원회, 공론화백서, 2017: 92-93).

한국에서 실시된 이전의 공론조사들이나 외국의 사례들은 대개 정책의 최종결정에 대한 책임으로부터 비교적 자유스러웠다. 어떤 정책에 수반되는 몇 가지 쟁점들에 대해 숙의된 국민의 의견이 어떤지를 알아보는 정도의 목적만을 지니고 있다. 이에 비해 신고리 5·6호기 공론조사는 시간적 급박함과 함께 정책결정에 대한 책임감이 높았다. 더욱이 정치적으로뿐만 아니라 사회적으로 견해가 양극화된 상황에서 어느 한쪽 안을 택해야 하는 상황이었기 때문에 참여자의 대표성과 조사과정의 중립성 그리고 사안에 대해 충분히 알고 난 후의 판단이라는 수긍을 이끌어낼 수 있을 정도의 숙의성이 필요했다. 이런 점들을 고려하여 전례와 다르게 많은 수의 참여자, 장기간의 합숙, 그리고 다양하고 균형 잡힌 정보와 학습기회 제공, 진행 상황의 수시공개 등이 강조되었다(ibid.).

1차 조사에 응한 사람은 모두 20,006명이었고, 그 중에서 500명이 시민참여단으로 선발되었다. 이중 478명이 오리엔테이션에 참석했고, 최종적으로 471명이 종합토론회에 참석했다(ibid.: 108-110). 공론조사의 전체 진행과정은 다음의 [그림 12]와 같다.

1차조사	시민참여단 선정	2차조사 오리엔테이션	학습 숙의	3차조사 종합토론회 4차조사	정책권고
통계적 절차에 기반한 표본 선정 충분한 표본 확보	의제관련 입장까지 반영한 이중 추출 향후 절차 불참자를 고려한 충분한 대상 확보	오리엔테이션 전 2차조사 진행 시민참여형조사 이해 제고 숙의와 학습 및 종합토론회 참여 관련 요청사항 수렴	자료집 학습 전용 홈페이지를 통한 이러닝 및 Q&A 위원회 홈페이지를 통한 의제 관련 일반 사항과 대국민 소통 관련 사항 학습	종합토론회 전 3차조사 종합토론회 후 4차조사 숙박 전문가 발표 분임토의 질의/응답	위원회, 정책 권고 정부, 위원회의 정책권고 수용

대국민 소통

[그림 12] 시민참여형 조사 모형(공론화백서, 2017: 96)

결과와 평가

공론화위원회가 2017년 7월 24일 공식 출범함으로써 시작된 이 공론조사는 같은 해 10월 20일 제14차 정기총회에서 결과를 발표하고 권고안을 제출함으로써 석 달간의 일정을 종결지었다. 공론화위원회가 발표한 조사결과는 "건설 공사 재개 쪽을 선택한 비율이 59.5%로 공사 중단을 택한 40.5%보다 높았다."였다(ibid.: 136).

공론조사의 결과를 근거로 공론화위원회는 정부에 대해 "현재 공사가 일시중단 중인 신고리 5·6호기에 대해 건설을 재개하도록 하는 정책결정을 정부에 권고"하는 것으로 조사를 마무리하였다. 다음 표와 그림은 공론화위원회가 밝힌 최종 찬반 비율과 그 변화과정이다.

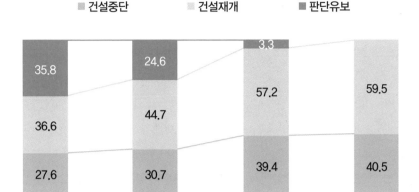

차수		응답 결과			차수별 의견 변화		
		건설재개	건설중단	판단유보	건설재개	건설중단	판단유보
1차 (20,006명)		36.6	27.6	35.8			
시민참여단 (471명)	1차	36.6	27.6	35.8			
	3차	44.7	30.7	24.6	8.1	3.1	−11.2
	4차	57.2	39.4	3.3	12.5	8.7	−21.3
	최종	59.5	40.5	−	2.3	1.1	−3.3

[그림 13]   건설재개 및 중단에 대한 의견 추이(공론화백서: 264~265)

　　공론조사의 결과를 평가할 때 가장 중요하고 또 사람들의 주목을 받는 것은 참여자들의 의견이 얼마나 달라졌느냐 하는 것이다. 그리고 이 의견의 변화(opinion change)가 얼마나 정당한가는 참여자들의 정보의 증가(information gain)와 왜곡의 회피(avoiding distortions) 여부이다. 정보의 증가는 보통 의제에 대한 관련지식을 묻는 문제를 단계별로 시험하고 그 정답률의 변화로써 가늠한다. 왜곡의 회피 여부는 참여자들에 대한 자체 설문조사 그리고 조언과 감찰을 담당하는 제3자 집단과 언론의 평가 등에 의해서 판단하게 된다. 정보의 증가와 왜곡의 회피에 대해서 '공론화백서'(2017)는 많은 부분을 할애하여 여러 가지 통계자료로 입증하고 있다.

　　참여자들의 정보증가에 의해 유의미한 의견변화를 이끌어냈다는 점은 숙의의 효과를 뒷받침 해준다. 또 공정성을 인정받았다는 것은 조사의 진행이 전반적으로 잘 설계되고 운영되었음을 말해준다. 게다가 정책에 대한 영향(impact on policy)이 매우 컸으므로, 신고리 5·6호기 문제에 관한 공론조사는 성공적이었다고 총평할 수 있다.

조사가 전반적으로 잘 진행되었음에도 불구하고 결과에 문제가 없는 것은 아니었다. 위 그림에서 보듯이 초기 건설 중단과 재개의 지지 비율은 각각 27.6%와 36.6%였다. 그리고 숙의 후 양측의 지지 비율은 40.5%와 59.5%로 둘 다 늘어났다. 다만 어느 쪽도 지지하지 않았던 사람들의 비율만 36.6%에서 0%로 줄었을 뿐이다. 이 결과는 숙의과정이 건설 중단이나 재개에 대해 이미 입장을 가지고 있었던 사람들에게는 아무런 영향을 주지 못했다는 것을 말해준다. 그러므로 어떤 사안에서 중도적 입장을 가진 사람의 비율이 낮으면 공론조사가 갈등해결에 별로 도움이 안 될 것임을 시사한다.

이 점은 공론조사의 역할과 관련해 여러 가지 함의를 가진다. 이미 사회적으로 견해가 구조적으로 분화된 사안에 대한 공론조사는 큰 효과를 발휘하기 어렵다는 것과 가급적 조기에 공론조사를 실시하는 것이 정책갈등 해소에 더 낫다는 것을 알 수 있다.

공론조사의 근본 취지는 조야한 여론이 아니라 계발된 여론을 끌어내자는 것이다. 그러므로 학습과 숙의의 과정이 공론조사에서 중심적 위치를 차지한다. 숙의를 통해 개인의 능력이 증가하면 더 나은 집단지성이 만들어질 수 있다는 것이 공론조사의 대전제이므로 숙의과정에 대한 연구의 축적과 설계의 효율화를 최우선 과제로 다룰 필요가 있다. 물론 참여자의 대표성과 과정의 중립성을 인정받는 것은 모든 조사에서 결과가 정당성을 가지기 위한 필수요건이다.

•••••• •

제6장

평균과 예측시장

개인의 판단들을 집단의 판단으로 전환시
키는 방법에는 여러 가지가 있다. 이 장에
서는 평균에 의한 방법과 시장의 원리에
의한 집단지성에 대해서 알아보겠다.

제1절
평균의 원리

통계적 집단지성에서 가장 자주 사용되는 방식은 다수결을 따르거나 아니면 의
견들을 평균해서 결정하는 방법이다. 앞 장에서 살펴보았듯이 다수결이 간단하고
또 신뢰할 만한 방법이지만 항상 다수결을 적용할 수 있는 것은 아니다. 다수결을
적용하려면 유한개의 선택지가 이미 주어져 있어야 한다. 그러나 그렇지 않은 경우
가 더 많다.

예를 들어보자. 여러 명이 함께 등산을 하다가 하산 도중에 날이 어두워져서 길을 잃었다고 하자. 물론 아래로만 내려가면 언젠가는 산을 벗어날 수 있겠지만 지형이 험한 경우에는 많은 시간을 허비해야 할지도 모른다. 이런 경우 갈래 길이 나올 때마다 어느 쪽을 선택해야 할지를 어떻게 결정하는 것이 좋을까? 집단지성의 논리에 의하면 다수결로 정하는 것이 가장 좋다. 물론 일행 중에 지형을 정확히 아는 사람이 없는 경우이다.

다수결은 선택지가 유한하고 이산적(discrete)으로 주어져 있는 경우에만 사용할 수 있다. 그렇지 않은 경우에는 다른 방식을 사용해야 한다. 다시 예를 들어보자. 한 포병 장교가 일군의 이동식 포대를 이끌고 전투를 수행하던 도중, 본대와 연락이 두절되었다고 하자. 야산 너머로 많은 적군이 이 포대를 향해 공격해 오고 있다면 빨리 포격을 해야 한다. 그런데 모든 관측장비가 분실되거나 고장이 나서 사용할 수 없다면 육안으로 목표지점의 거리를 짐작해서 사각을 정해야 한다. 이 경우 거리를 추정하는 방식으로는 몇 가지를 상정해 볼 수 있다. 첫째는 포대 지휘관이나 경험 많은 상급자가 독단으로 정해서 명령하는 것이다. 둘째는 몇몇 상급자와 고참병들이 모여서 상의하여 정할 수도 있을 것이다. 셋째는 모든 부대원들에게 각자 거리에 대한 추정값을 써내게 해서 그것을 평균할 수도 있을 것이다. 세 가지 방법 중에서 어느 것이 가장 믿을 만할까? 집단지성 이론은 세 번째 방식이 가장 좋다고 말한다. 그 이유를 알아보자.

다수의 추정을 하나의 대푯값(representative value)으로 전환시키는 방법에는 여러 가지가 있다. 평균(mean), 중위값(median), 최빈값(mode) 등이 쉽게 떠올릴 수 있는 통계적 취합방식이다. 이 중에서 다수결은 최빈값 원리에 기초한 것이라고 할 수 있다. 하지만 선택지가 주어져 있지 않은 경우에는 중위값이나 평균값을 사용할 수밖에 없다. 특별한 경우가 아니라면 대개 평균값을 대푯값으로 사용하는 것이 쉽고 또 정확한 것으로 알려져 있다.

포병부대에서 육안으로 거리를 추정하는 것처럼 선택지가 주어지지 않은 상황에서 추측값을 만들어야 하는 경우를 가리켜 "상태추정(state estimation)"의 문제라고 한다. 투표에서 다수결이 좋은 집단지성을 만들어 내듯이 상태추정의 문제에서는 평균과 같은 통계적 집단화(statistical aggregation)가 좋은 집단지성을 만들어낼 수 있다.

상태추정의 문제와 관련해서 가장 잘 알려져 있는 이론가는 "다양성 정리"를 주장한 스콧 페이지(Page)와 렌 피셔(Fisher)이다. 한편, 피셔(Fisher, 2009: 69)는 상태추정의 문제에 대해서 다음과 같이 말했다.

첫째, 상태 추정 질문에 대한 답을 구할 때, 집단은 개인 구성원들보다 항상 더 나은 결과를 낸다. 가끔 그런 것이 아니라 항상 그러하다.

둘째, 집단 구성원 대부분이 문제와 관련된 사실에 대해 충분히 잘 알고 있으면 다수의 의견은 항상 옳다. 이것은 수학적으로 입증될 수 있다.

셋째, 집단 내에서 정보를 잘 아는 사람이 거의 없을 때라도 다수의 의견이 충분히 옳을 수 있다.

평균으로 진리를 알아낼 수 있다는 주장은 통계학의 원리에 비추어보면 쉽게 납득할 수 있다. 통계학의 기본원리는 특정의 분포 특히 정규분포를 가정하는 데서 출발한다. 가령 100명이 운동장에서 줄자로 어떤 긴 거리를 측정한다고 생각해보자. 100명의 측정값이 모두 같게 나오지 않을 것이다. 그런데 실제값과 거의 차이가 나지 않는 측정값의 빈도는 높을 것이고, 많이 틀리게 재는 사람의 수는 적을 것이다. 줄자로 100미터 거리를 재는데 1미터 이상의 오차가 나게 재는 사람은 극소수이겠지만 50cm 이내의 오차로 측정하는 사람은 많을 것이다. 5cm 이내의 오차를 가진 측정값은 더욱 많을 것이다. 이 오차분포가 정규분포를 이룬다면 그 평균값이 실제값에 매우 가깝게 된다. 이것이 통계학의 출발점이 되는 "대수의 원리(law of large numbers)"이다. 만약 100명이 아니라 1,000명이 잰 값을 평균한다면 실제값과의 오차는 극히 적을 것이다. 상태추정의 원리도 이와 유사하다.

제1항 갤턴의 연구

서로위키익 책 서두(Surowiecki, 2005: xi)에 나오는 황소무게 맞추기 대회는 상태추정(state estimation)의 문제가 어떤 것인지를 잘 보여준다.

1906년 영국 서부의 플리머스에 있는 동쪽 해안 마을에서 가축 박람회가 열렸다. 이 박람회에서는 전통적으로 황소의 무게 알아맞히기 대회를 열었다고 한다. 즉

석에서 황소 한 마리를 도축해서 고기를 올려놓으면 사람들이 한 장에 6페니를 주고 산 답안카드에 자기의 추정치를 적어 제출하였다. 그 중에서 가장 정확한 답을 맞힌 사람이 상품을 타는 대회였다. 6페니의 의의에 대해 갤턴은 다음과 같이 적었다.

> 그 판단들은 정념으로 편향되지 않았고 웅변 등에 영향을 받지 않았다. 6페니를 내었기 때문에 장난삼아 써내기 어렵다. 그리고 상품에 대한 희망과 경쟁이라는 즐거움이 참가자들로 하여금 최선을 다하도록 만들었다. 참가자 중에는 도축업자, 농부 등 가축의 무게를 판단하는 데 뛰어난 사람들도 있었고, 다른 사람들도 상상이나 다른 것과 비교해서 무게를 가늠해 얻은 정보에 기초해서 적어냈을 것이다(Galton, 1907a: 450).

행사가 끝난 후 평소 대중의 능력에 대해 부정적 시각을 가지고 있었던 프란시스 갤턴[29]이 800명의 참가자들이 써낸 카드를 건네받아 그 중에서 잘못된 것을 제외한 787개의 대푯값을 내어보니 놀라울 정도로 소의 실제 무게와 일치했다는 것이 이 예화의 요지이다. 갤턴은 이 내용을 글로 남겼고, 거기에는 당시 사람들이 적어낸 수치들이 표로 제시되어 있다. 서로위키가 인용한 것은 바로 이 갤턴의 글에 바탕을 둔 것이다. 갤턴은 네이쳐(Nature)지에 기고한 글에서 다음과 같이 썼다.

> "일인일표"라는 민주주의 원칙에 따르면, 가장 가운데 있는(middlemost) 추정값이 국민의 소리(vox populi)를 나타낸다. 다수결에 의해 그 외의 것은 너무 높거나 너

---

29 프랜시스 갤턴은 다윈의 사촌으로, 생물통계학의 발전에 기여한 인물이다. 우생학의 선구자로 알려져 있다.

무 낮은 것으로 비난되는 것이다. 이제 그 중앙값이 1,207파운드로 나왔는데, 실제 도축 처리된 황소의 무게는 1,198파운드였다. 그러므로 이 경우 국민의 소리는 실제 무게보다 9파운드 또는 0.8%가 더 높았다. 추정치들의 분포는 통상의 유형과 같았다. 중앙값 주위일수록 그 차이가 적고, 멀어질수록 그 간격이 늘어났다(Galton, 1907a: 450).

Distribution of the estimates of the dressed weight of a particular living ox, made by 787 different persons.

Degrees of the length of Array 0°—100°	Estimates in lbs.	Centiles		Excess of Observed over Normal
		Observed deviates from 1207 lbs.	Normal p.e =37	
5	1074	− 133	− 90	+ 43
10	1109	− 98	− 70	+ 28
15	1126	− 81	− 57	+ 24
20	1148	− 59	− 46	+ 13
q_1 25	1162	− 45	− 37	+ 8
30	1174	− 33	− 29	+ 4
35	1181	− 26	− 21	+ 5
40	1188	− 19	− 14	+ 5
45	1197	− 10	− 7	+ 3
m 50	1207	0	0	0
55	1214	+ 7	+ 7	0
60	1219	+ 12	+ 14	− 2
65	1225	+ 18	+ 21	− 3
70	1230	+ 23	+ 29	− 6
q_3 75	1236	+ 29	+ 37	− 8
80	1243	+ 36	+ 46	− 10
85	1254	+ 47	+ 57	− 10
90	1267	+ 52	+ 70	− 18
95	1293	+ 86	+ 90	− 4

q_1, q_3, the first and third quartiles, stand at 25° and 75° respectively.
m, the median or middlemost value, stands at 50°.
The dressed weight proved to be 1198 lbs.

[그림 14] 갤턴이 기록한 787명의 답안분석표(Galton, 1907a: 450)

앞의 글에서 보듯이 갤턴이 실제로 사용한 대푯값은 평균(mean)이 아니라 중위값(median)이었다. 그 후 서로위키가 갤턴의 자료를 가지고 평균값을 대푯값으로 사용했는데, 중위값 보다 약간 더 정확한 것으로 나타났다. 실제 무게는 1,198파운드, 평균은 1,197파운드, 그리고 중위값은 1,207파운드였다(Galton, 1907a; Surowiecki, 2005).

갤턴은 평균값보다 중위값을 중요시한 것으로 유명한데, 그 이유는 평균값은 의도적으로 어떤 개별값을 높이거나 낮춤으로써 쉽게 조작될 수 있는 반면 중위값은 안정적이라고 보았기 때문이다(Galton, 1907b). 이것은 이중적으로 혁신적인 생각이었다. 첫째, 그의 중위값 중시론은 후에 호텔링(H. Hotelling)과 다운즈(A. Downs) 등의 "중위투표자 정리(median voter theorem)"[30]의 선구로 간주될 수 있기 때문이다. 둘째, 중위값의 가치에 대한 그의 생각을 선거에 적절히 결합시키면 선거결과를 전략투표에 의한 조작으로부터 막을 수 있는 유력한 방법을 시사해 주기 때문이다(Tangian, 2014: 201-206).

제2항 추정과 예측

갤턴이 분석한 황소무게 맞추기와 같은 예는 사회에서 매우 흔히 일어난다. 현재 상황을 추정하고 미래의 변화를 예측하는 것이 살아가는 일의 대부분을 차지하기 때문이다. 추정(estimation)과 예측(prediction)은 구분할 필요가 있다. 추정은 이미 일어난 사건의 진실을 추측하는 일이고 예측은 앞으로 일어날 사건에 대한 추측이다.

황소무게 맞히기의 예는 추정에 해당한다. 반면 야구 경기에서 어느 팀이 이길지, 대종상의 여우주연상을 누가 타게 될지, 누가 선거에서 당선될지를 맞히는 일은 예측에 해당한다. 추정의 경우에는 진실이 무엇인지가 이미 정해져 있지만 예측의 경우에는 진실이 아직 만들어지지 않은 상태이다. 불확실성이 제도화되어 있지 않으면 예측이 아니다. 그러므로 각각에 대해 집단지성이 작동하는 방식도 다를 것이다.

스콧 페이지(S. Page, 2007a)는 이 두 문제를 구분해서 논의하고 추정의 문제와 예측의 문제 둘 다 다양성이 핵심적 중요성을 지닌다고 주장했다. 마이클 모바신(M. Mauboussin, 2007)은 페이지의 논의를 근거로 추정과 예측의 문제를 세 유형으로 나눈다. 첫 번째는 "건초더미에서 바늘찾기 문제", 두 번째는 "상태추정 문제", 세 번째는 "미래예측 문제"라고 불렀다. 앞의 두 개는 추정, 세 번째는 예측에 해당한다.

---

30 중위투표자 정리란 다수대표제 선거에서 중위투표자(median voter)들이 원하는 결과가 선거의 결과를 결정한다는 이론이다.

건초더미에서 바늘찾기

"건초더미에서 바늘찾기 문제(needle-in-haystack problem)"는 랜드모어가 "취합의 기적(miracle of aggregation)"이라고 부른 것에 해당한다.[31]

예를 들어보자. 유명 4인조 걸그룹 K4는 갑, 을, 병, 정이라는 네 명의 뛰어난 멤버들로 구성되어 있다. 어느 한 TV쇼에서 100인의 출연자들에게 다음과 같은 문제를 내었다고 하자.[32]

다음 4인 중에서 K4의 멤버가 아닌 사람은 누구인가?
① 갑   ② 을   ③ 병   ④ 천

이제 100인의 능력을 가정하자. 보기 중에서 K4의 멤버 3인을 모두 알고 있는 사람이 7인, 2명만 알고 있는 사람이 10인, 1명만 알고 있는 사람이 15인, K4에 대해서 아무것도 모르는 사람이 68명이라고 하자. 그러면 출연자들의 투표결과가 어떻게 나올까?

능력 (정답을 택할 확률)		출연자 수	예상 정답자 수
3명 모두 안다	(1)	7명	1 × 7 = 7명
2명만 안다	(1/2)	10명	1/2 × 10 = 5명
1명만 안다	(1/3)	15명	1/3 × 15 = 5명
전혀 모른다	(1/4)	68명	1/4 × 68 = 17명
합계		100명	34명

위 표에서 보듯이 정답인 ④번을 택하게 될 사람의 수는 총 34명이다.[33] 반면 정

---

31 구체적으로는 제4장 3절 '배심원 정리의 확장'을 참조.

32 Page(2007a), p.183에서는 미국의 유명 밴드그룹 Monkees의 멤버를 이용해서 예를 구성했다. 이것을 약간 수정한 것이다.

33 정답을 택할 확률은 가령 2명을 알고 있는 사람들은 나머지 두 선택지 중에 하나를 고르면 되니까 1/2, 1명만 아는 사람들은 나머지 3 선택지 중에서 하나를 고르면 되니까 1/3이 된다.

답이 아닌 ①, ②, ③을 택할 사람의 수는 각각 22명이 된다. 만약 단순다수결로 출연자들의 답변을 통일시킨다면 정답인 ④번을 선택하게 될 것이다.

이 예에서 알 수 있는 것은 개인의 능력이 모두 뛰어나지 않아도 집합적 결과가 진리를 찾아갈 수 있다는 것이다. 이 경우 절반이 넘는 68명은 그룹 K4에 대해서 전혀 모른다. 정확히°아는 사람은 7명뿐인데도 집합적 결과가 진리를 찾아가는 것을 볼 수 있다. 콩도르세 정리는 선택지가 둘인 경우로 한정하지만 이 경우는 선택지가 셋 이상인 경우에도 적용이 된다. 그리고 집단구성원들의 평균 능력이 랜덤 이하라고 해도 정답을 아는 사람이 한 명 이상만 있으면 좋은 집합적 결과를 얻을 수 있다.[34]

상태 추정

"상태추정(state estimation)"의 문제란 황소무게 맞히기처럼 어떤 사안에 대해 진실을 추측하는 경우를 말한다. 앞에서 설명한 "건초더미에서 바늘찾기"의 경우에는 선택지가 주어져 있지만 상태추정은 그렇지 않다. 말하자면 객관식 문제와 주관식 문제의 차이라고 할 수 있다. 하지만 둘 다 이미 발생한 사실에 관한 추측이라는 점에서는 동일하다.

상태추정에 관한 실험은 매우 많다. 교실의 온도 맞추기, 순위를 매기거나 무게 맞추기, 병 속의 물건의 개수 맞추기 등등이 있다. 실험 후에 답변들을 모아서 평균값을 내고, 그것을 실제값 및 개인들의 추측값과 비교하는 식으로 논의가 이루어진다.

갤턴 이후에도 이런 실험은 계속 이어져 왔다. 1921년 나이트(H. Kinght)는 학생들에게 교실의 실내온도를 추측하게 한 결과, 학생들의 추측값 평균이 실제온도보다 0.4도 밖에 차이나지 않았다고 했다(Goldstein et al., 2014: 471). 트레이너(J. Treynor)는 학생들에게 항아리 속에 든 젤리빈의 수를 맞히게 하는 실험을 했는데, 추측의 평균은 871개였고 실제는 850개였다고 했다(ibid.: 471). 또 모바신은 10년 이상 컬럼비아 경영대학원 학생들을 대상으로 병에 든 젤리의 숫자를 알아맞히는 실험을 여러 차례 했다. 2007년의 경우 병에 든 젤리의 숫자는 1,116개였는데, 평균 추측값은 1,151이었고, 참가한 73명의 학생 중에서 단 2명만이 전체 평균이 추측한 것보다 정

---

34 단, 나머지 모르는 사람들이 랜덤으로 답을 택하거나, 서로의 오차가 충분히 상쇄될 수 있어야 한다.

답에 가깝게 대답했다(Mauboussin, 2007: 5). 맷 디컨이라는 건축가의 경우에는 1 페니 동전 421개가 든 유리병을 건축가 회의에 가져가서 106명의 참가자들한테 몇 개인지 추측해보라고 한 후 그 평균값을 내어보니 419개였다고 한다(Fisher, 2012: 128).

[그림 15] 상태추정에 사용되는 병 속의 젤리빈

실험에 대한 기록들은 이 현상이 어떤 원리에 바탕을 두고 있는지에 대한 몇 가지 통찰을 제공해 준다.

상태추정은 두 가지 요소로 구성되어 있다. 하나는 정보이고 하나는 오차이다. 직관적으로 보더라도 만일 판단들이 편향되지 않고 독립적이라면 오차는 평균되는 과정에서 대부분 사라지게 될 것이다. 그러나 이 오차상쇄가 일어나려면 몇 가지 요건이 충족되어야 한다(Goldstein et al., 2014).

첫째, 사람들이 문제를 판단하는 데 얼마간의 정보를 가지고 있어야 한다. 둘째, 사람들이 정확한 판단을 하려고 노력할 동기가 주어져야 한다. 셋째, 오차가 상쇄되려면 판단이 독립적으로 이루어져야 한다. 넷째, 개인들의 판단에 체계편향이 없어야 한다.

상태추정의 실험들을 보면 개인들의 추정을 평균한 값이 실제 값을 매우 정확하게 반영한다는 것을 보여준다. 문제는 그 이유가 무엇이냐 하는 것이다.

전통적인 설명은 '대수의 법칙'이다. 개인들의 오차가 부정적으로 상관되어 상쇄되기 때문이라는 것이다. 하지만 최근의 집단지성 연구자들은 전통적 설명만으로는 많은 상태추정의 실험결과를 해석할 수 없다고 주장한다(Hong & Page, 2008; Landemore, 2013; Goldstein et al., 2014). 오차가 상쇄되려면 사람들의 판단이 동일한 기준에 의해 이루어져야 한다. 그러나 상태추정에서는 사람들이 각자 서로 다른 기준에 의해서 추측을 하게 된다. 그러므로 대수의 법칙이 아닌 다른 설명이 있어야 한다는 것이다. 가장 새로운 설명은 페이지가 주장한 '다양성 정리'이다.

다양성 정리는 사람들이 상태추정을 할 때 각자 다른 기준을 여러 개 사용한다고 본다. 그러므로 동일 차원의 오차끼리 상관되는 것이 아니라 다른 차원의 오차들이 부정적으로 상관됨으로써 집합적 결과가 정확하게 된다는 것이다.

예를 들어보자. 5인 가족이 새 집을 사기로 했다고 하자. 이 가족 다섯 명이 원하는 집의 구조는 제각기 다를 것이다. 예컨대 아버지는 집값을 기준으로 선택하려 하고, 어머니는 주방과 침실의 깨끗함을 우선적으로 고려할지 모른다. 또 아들은 출입이 편한가 여부를, 딸은 주변 경관의 아름다움을 우선시할 수도 있다.

이처럼 서로 다른 기준으로 판단하기 때문에 이들 다섯 명의 가족이 가령 투표를 통해서 어떤 집을 살지 여부를 결정한다면 집을 잘못 구입할 가능성이 매우 낮아질 것이다. 이 경우 서로 다른 차원의 고려사항들이 연관되고 상쇄된다는 것이 중요하다. 만일 가족 다섯 명이 모두 집값만 고려하여 좋고 나쁨을 판단했다면 구입 후에 집의 결함을 발견하고 후회할 가능성이 높다.

이처럼 사실에 대한 판단의 기준들이 서로 다르게 취합되는 현상을 가리켜 "해석된 신호의 취합(aggregation of interpreted signals)", "세계관의 취합(aggregation of world views)" 등으로 표현한다.[35]

다양한 세계관의 취합이 집단지성을 낳는다는 이 관점이 가장 체계적으로 제시된 것이 페이지의 "다양성 정리"이다. 이 경우에도 개인들의 오류가 부정적으로 상관되어 제거되지만 그러나 동일한 차원끼리가 아니라 서로 다른 관점들이 상관된다고 보는 특징이 있다. 다양성의 정리는 3항에서 살펴볼 것이다.

---

35 Hong & Page(2008), Wagner & Suh(2013)에서 각각 사용한 용어이다.

미래예측

"미래예측 문제(prediction problem)"란 아직 발생하지 않은 사건을 추측하는 것을 말한다. 대통령 선거에서 누가 당선될까, 월드컵에서 어느 팀이 이길까, 새로 개발한 이 상품이 얼마나 팔릴까 등과 같은 문제를 말한다. 미래예측 문제의 가장 큰 특징은 정답을 아무도 모른다는 것이다. 아직 정답이 정해지지 않았기 때문이다.

모바신은 2007년 컬럼비아 경영대학원에서 아카데미 시상식의 수상자들을 예측하게 한 실험을 소개하고 있다. 남우주연상, 여우주연상, 감독상 등등을 적어내되, 참가자들은 1달러씩을 내도록 했다. 나중에 가장 정확히 맞힌 사람이 이 참가비를 가져가게 함으로써 정확한 예측을 하도록 노력할 동기를 부여하였다. 모바신은 이 실험에서도 다양성 정리가 작동했음을 여러 각도에서 설명하고 있다(Mauboussin, 2007: 6).

미래예측 문제는 제출한 의견들이 얼마나 옳은지를 당장 확인하지는 못한다. 해당 사건이 완료된 후에야 비교해 볼 수 있다. 이 시간적 지연은 여러 가지 흥미 있는 현상을 만들어 낼 수 있다. 미래예측에 관해서는 다음 절에서 다시 살펴볼 것이다.

제3항   다양성 정리

항아리 속 젤리빈의 숫자를 맞추는 것이나 황소의 무게를 맞히는 경우는 완전히 판단의 근거가 전혀 없는 망망대해 속 상황은 아니다. 상태추정 문제에 관해 가장 대표적인 연구자로는 스콧 페이지를 들 수 있다(Page, 2007a). 그가 제시한 설명의 핵심은 "다양성이 능력을 이긴다(diversity trumps ability)"이다.

먼저 이런 문제를 생각해 보자. N명으로 구성된 집단이 있다고 하자. 어떤 경우에 이들의 집합적 판단이 "대중의 지혜를 발휘했다."고 할 수 있을까? 가장 간명한 방법은 개인들 각가의 판단이 얼마나 틀리는지를 알아보고 그 오류의 평균을 집단의 판단(개별 판단들의 평균값)의 정확성과 비교해 보는 것이다(Page, 2007a). 판단이 정확하다는 것은 오차가 적다는 것을 뜻하므로 다음 식으로 집단지성의 발휘 여부를 말할 수 있다.

집단판단의 오차 ≤ 개인들의 평균오차

앞의 식에서 집단판단이란 개인들의 판단을 평균한 것이다. 예를 들면 갤턴의 소 무게 맞추기에서 참여자들이 적어낸 값을 평균한 것이다. 이것이 집단지성을 뜻하므로 집단지성의 오류 크기는 실제 값에서 이 평균값을 뺀 것이 된다. 한편 개인들의 오차평균은 각 개인들의 오차를 평균한 것이다.

개인들이 틀린 정도의 평균치와 집단판단이 틀린 정도와 비교했을 때 집단판단의 오류가 개인판단들의 평균오류보다 작으면 집단지성이 발휘되었다고 말할 수 있다. 실제 실험을 통해 얻은 결과들을 보면 거의 대부분 평균값이 개인들의 판단들보다 우수함을 보여주고 있다. 왜 그럴까? 스콧 페이지 등은 그 이유를 개인 판단들의 오류가 다양성의 효과에 의해서 상쇄되기 때문이라고 설명했다. 이 원리를 그는 "다양성이 능력을 이긴다 정리(Diversity Trumps Ability Theorem)", 또는 "다양성 예측정리(Diversity Prediction Theorem)"라고 불렀다(Page, 2007a). 이 글에서는 "다양성의 정리"로 약칭하겠다. 이 정리는 다음 식으로 요약된다.

집단오차 = 평균 개인오차 - 다양성

$$(c - \theta)^2 = \frac{1}{n} \sum_{i=1}^{n} (s_i - \theta)^2 - \frac{1}{n} \sum_{i=1}^{n} (s_i - c)^2$$

'집단오차'란 구성원들 평균과 진리값과의 차이를, 그리고 개인들의 '다양성'이란 각 개인들이 제시한 값들의 편차를 가리킨다. 위 식에서 개인들의 오차는 달리 말하면 개인들의 능력을 나타내는 지표이다. 그러므로 개인들의 능력이 높을수록 이 오류가 적어질 것이고 따라서 집단오류도 작아질 것이다. 이때는 다양성의 역할이 별로 많지 않다. 반면 개인들의 능력이 그리 높지 못하다면 다양성이 커야 집단오류가 적어질 수 있다. 만일 구성원들이 체계편향 등으로 인해 의견이 획일화되어버리면 다양성이 대폭 감소될 것이고 집단오차가 커질 것이다.[36]

이제 위 식을 좀 더 쉽게 설명해 보겠다. 편의상 병 속에 젤리빈이 12개가 들어

---

36 집단사고(groupthink) 등 편향에 관해서는 제14장 3절 참조.

있다고 하자. 물론 일부가 가려져 있어 시각적으로 그 전체 개수를 알기 어려운 것으로 하겠다. 그리고 3인(A, B, C)이 각각 9, 10, 14개라고 추측했다고 하자. 이때 다양성의 정리는 다음 [그림 16]과 같이 설명될 수 있다.

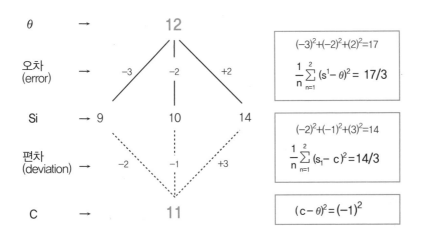

[그림 16]   다양성 정리의 해석

[그림 16]에서 집단의 오류는 실제 개수와 집단평균 간 차이를 제곱한 것이다. 부호의 효과를 없애기 위해 제곱시킨다. 위 예에서 평균이 11이므로 11 − 12 = −1의 제곱이 위 식 좌변에 해당한다. 그리고 개인오류의 평균은 각 개인들의 오류(−3, −2, 2)를 각각 제곱해서 평균을 내면 17/3이 된다. 그리고 개인들의 다양성은 평균값과 각 추측 값과의 차이(−2, −1, +3)의 제곱을 평균한 것이므로 14/3이 된다. 그래서 우변은 17/3 − 14/3 = 3/3 = 1이 되며, 이 값은 좌변의 값과 일치함을 알 수 있다.

[그림 16]의 식(다양성 정리)이 시사하는 요점은 두 가지이다. 첫째, 다양성이 음수가 될 수는 없으므로(편차는 항상 0보다 크거나 같다) 집단지성의 오류는 개인 판단들의 오류의 평균값보다 항상 작다. 둘째, 다양성이 클수록 집단지성의 오류가 적어진다.

다양성 정리의 가장 큰 의의는 통계적 취합에 의한 집단지성의 미시적 기초를 제공해 주고 있다는 점에 있다. 이는 콩도르세 정리와 다수결 원리와의 관계와 유사하다. 다양성의 정리의 또 다른 시사점은 집단을 현명하게 만드느냐 어리석게 만드느냐가 단지 개인들의 지성 수준에만 달려 있는 것이 아님을 알려준다는 것이다. 다양성의 증가를 통해 구성원들의 능력 부족을 상쇄시킬 수 있다는 것은 여러 가지 실천적 함의를 갖는다. 예컨대 어떤 정책이나 제도를 판단할 때 중요한 기준으로 사용할 수 있다.

페이지가 말하는 다양성은 어떤 단일 차원의 추측들이 서로 다르다는 것만을 가리키는 것이 아니다. 사실 단일 차원의 추측들은 그 차이가 굳이 커야할 필요는 없다. 음(-)으로 상관되기만 하면 된다. 여기서 말하는 다양성은 사용하는 기준들이 다양함을 가리킨다.

제2절
예측시장

시장은 정보를 취합하는 중요한 방법 중의 하나이다. 현대사회에서 시장이 차지하는 비중은 압도적으로 높다. 시장이 어떤 집단지성을 만들어낼까? 가장 먼저 가격을 들 수 있다.

가격은 사회전체의 자원이 효율적으로 배분되도록 개인들의 판단과 결정을 이끄는 파라미터이다. 가령 쌀, 라면, 자동차, 휴대폰의 가격을 정부의 각료들이 모여서 결정한다고 가정해보자. 수요와 공급이 어긋나지 않도록 수없이 많은 종류의 상품가격을 시시각각 조절해 나갈 수 있을까? 아마 불가능할 것이다. 반면에 시장은 이 역할을 훌륭하게 수행해 낸다. 가격은 시장이 만들어내는 가장 유용한 집단지성이다.

시장의 장점을 미래예측의 문제와 결합시킨 것이 "예측시장(prediction markets)"이다. 예측시장은 글자 그대로 "예측"이 생산되고 거래되는 시장이다. 예측시장은 "미래에 일어날 사건을 예측하기 위해, 사람들 사이에 흩어져 있는 정보를 발굴하고 취합할 목적으로 고안되고 운영되는 시장"(Berg & Rietz, 2003: 79)으로 정의될 수 있다.

예측시장의 원리

예측이란 미래에 대한 정보이다. 그래서 정보시장이라고도 불린다. 또 "의사결정 시장", "전자시장", "가상시장" 등의 이름으로도 불리며, "정치증권 시장", "정보분석 시장"처럼 연구주제에 특화된 명칭이 사용되기도 한다. 하지만 다음 [그림 17]에서 보듯이 "예측시장"과 "정보시장"이라는 말을 일반적으로 많이 사용한다.

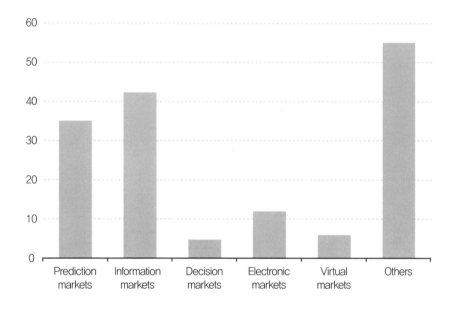

[그림 17] 학술논문에서 사용하는 용어의 빈도(Tziralis et al., 2007: 77)

예측이 시장을 형성할 수 있으려면 예측에 가격을 매길 수 있어야 한다. 예를 들어보자. 어느 나라에 대통령 선거가 곧 실시될 예정이라고 하자. 누가 대통령이 되느냐에 따라서 이해관계가 크게 달라지는 사람들이 많다. 그래서 사전에 누가 당선될지를 안다면 선거 이후를 대비하는 행동계획을 세우는 데 유리하다. 그래서 웹기반 예측시장을 열었다고 하자.

누가 대통령에 당선될지를 맞히겠다는 사람들이 그 사이트에 가서 예컨대 한 장당 만 원을 주고 어떤 표를 산다고 하자. 물론 가장 당선가능성이 높다고 생각하는 후보의 표를 살 것이다. 표의 구입은 만일 적어낸 후보가 실제로 당선된다면 표를 가진 사람에게 소정의 배당금을 주겠다는 예측계약에 해당한다.

　이제 개인들의 '예측들'이 상품이 되었으므로 예측을 거래하는 시장이 형성될 것이다. 당선 가능성이 높은 후보의 표는 여러 사람이 사려고 할 것이므로 가격이 올라간다. 대신 선거 후 얻게 될 순 배당액은 적어질 것이다. 이미 높은 가격을 치렀기 때문이다.

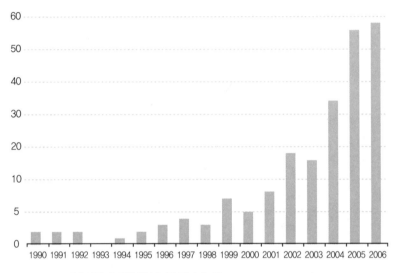

[그림 18]　예측시장에 관한 학술논문 증가 추이(Tziralis et al., 2007 : 78)

예측시장은 누가, 왜 만드나?

　가장 일찍 시작되었고 지금까지 명성을 유지해가고 있는 예측시장으로는 1988년부터 미국 아이오와 대학에서 운영하기 시작한 "아이오와 전자시장(IEM: Iowa Electronic Markets)"을 들 수 있다. 아이오와 전자시장에서 처음 개설된 시장은 미국 대통령 선거 결과에 대한 예측이었다. 이후 마이크로소프트의 주가가 얼마가 될지, 연방준비금 정책이 어떻게 바뀔지 등 다양한 주제로 확대되었다(Sunstein, 2005a: 1,029f).

　시장의 운영방식은 여러 가지가 있다. 예측한 후보가 당선되면 배당금을 받는 승자독식형 뿐만 아니라 득표비율에 따라서 배당받는 방식 등도 있다.

　아이오와 전자시장을 유명하게 만든 것은 예측시장이 엄청나게 정확한 결과를 만들어내었기 때문이다. 선거기간 내내 전문 여론조사기관보다 더 나은 예측을 했고, 선거 일주일전 예측의 오차는 평균 1.5%에 불과해, 갤럽의 최종조사 오차 2.1%를 앞질렀다고 한다(ibid.: 1030).

정확한 예측을 원하는 기관들이 예측시장 방식의 집단지성에 매력을 느낀다는 것은 미국 국방성이 이 예측시장을 통해 테러리스트의 공격과 같은 미래의 세계 사건에 대한 정보를 얻으려 했다는 일화에서 잘 나타난다. 이 정보분석시장 계획은 "핵미사일 공격으로부터 이윤을 남기려는 짓"이라는 등의 거센 도덕적 비난 때문에 곧 취소되었다.

현재 예측시장은 오스트리아의 비엔나 공대에서 운영하는 오스트리아 선거예측시장을 비롯해서 날씨, 스포츠, 경제전망, 오스카 수상자 예측 등등 다양한 분야에서 다양한 방식으로 확산되고 있다. 또 휴렛 패커드(HP) 등 기업들이 내부적으로 운영하는 예측시장도 많다. 이제 인터넷을 이용한 예측시장은 사실 전 영역에서 일어나고 있다고 해도 과언이 아니다. 사람들로 하여금 스포츠, 오락, 재정, 정치적 사건 등 모든 사건에 대해 베팅(betting)을 할 수 있게 하고 있다.

예측시장의 장점

시장의 원리에 기초한 정보의 집단화는 대부분 통계나 심의에 의한 것보다 나은 결과를 낳는다. 그 이유는 무엇일까?

첫째, 경쟁원리에 기초를 두고 있는 시장은 사람들에게 자신들이 가지고 있는 정보를 내어놓도록 동기를 부여한다. 심의에서는 사람들이 자신들이 가진 정보를 반드시 말해야 할 이유가 별로 없다. 말을 하면 다른 사람들에게 도움을 줄 수 있다 하더라도 '평판적 또는 사회적 제재' 등 여러 이유로 오히려 자신이 높은 비용을 치러야할 수도 있기 때문에 정보 내놓기를 꺼리게 된다. 그러나 정보시장은 바로 이런 문제들을 극복할 수 있게 해준다. 시장에서는 자신이 가진 사적 정보를 최대한 동원할 유인이 생긴다. 그것이 자신에게 이이으로 돌아오기 때문이다. 또 예측시장에서의 투자(가령 어느 야구팀이 승리한다는 데 돈을 건다든지 하는 것)는 대개 공개되지 않기 때문에 투자자는 자신의 선택에 대한 평판적 제재를 두려워할 필요도 없다.

둘째, 물론 가장 중요한 점은 정보시장이 개인들의 오류를 증폭시키지 않고 제거시킨다는 점이다. 이것은 마치 다수결이나 평균의 원리가 개인들의 편차를 서로 상쇄함으로써 집단적 오류가 최소화되는 것과 같다. 그래서 정보시장에서 거래의 결과로 나타나는 가격은 비록 많은 개인들이 오류를 범하더라도 집합적으로는 신뢰성을 갖게 된다. 이것이 시장 방식을 통한 정보취합의 기본적 특징이다. 이 오류의 상쇄를 낳는 것은 시장이 정보의 다양성을 극대화시켜주기 때문이다. 다양성뿐만 아니다. 시장은 개인들로 하여금 스스로 자신의 능력(정보와 추리)을 최대한 발전시켜나가게 만든다. 예측에 대한 책임이 자신들에게 돌아오기 때문이다.

다음의 그림에서 보듯이 다양성이나 능력만으로는 예측의 정확성을 높이는 데한계가 있다. 두 가지 모두를 높여야 한다. 시장은 능력과 다양성을 동시에 끌어올려 준다.

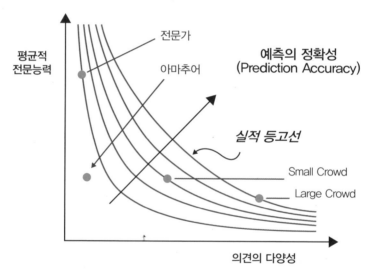

[그림 19] 예측시장에서 크라우드의 능력과 다양성의 관계(Servan-Schreiber, 2012: 21)

셋째, 시장에 의한 정보취합의 특징은 개별 정보들의 가치가 각 개인의 기호나 선호에 의해 가중치가 부여되는 방식으로 이루어진다는 점이다. 다시 말해 행위자들의 선호가 얼마나 강한가에 따라서 정보의 투입비율이 달라진다. 예를 들면 차기 선거에서 누가 당선될지를 맞추는 정보시장의 경우 자신의 판단에 대한 확신이 강한 사람은 많은 금액을 걸 것이고 적은 사람은 적은 액수를 걸 것이다. 그 결과 누가 당선될하라는 물음에 대한 다중들의 견해가 동일한 강도로 투입되는 것이 아니라 가중 평가되어 투입된다. 그러므로 다수결과 같은 단순한 정보취합 방식보다 더 정확한 결과를 만들어 낼 수 있다.

예측시장의 단점

예측시장이 좋은 점만 있는 것은 아니다. 선스타인은 예측시장의 예상되는 문제점으로 투기자들의 조작 가능성, 인지적 편향 가능성, 예측버블 등을 들고 있다 (Sunstein, 2005a: 1036f).

첫째, 시장의 조작가능성은 예측시장에 항상 존재한다. 이것은 시장이 이익극대화에 기반을 두고 있기 때문이다. 주식시장의 경우에도 조작을 통하여 주가를 등락시킴으로써 투기적 이익을 꾀하는 경우가 많다. 예측시장은 인터넷과 같은 전자매체를 기반으로 운영되기 때문에 허위 수요나 공급을 대규모로 만들어내기가 쉽다. 대통령 선거와 같이 많은 사람들의 이해가 걸려있는 사건인 경우에도 경제적 이유가 아닌 정치적 이유로 조작에 대한 유혹이 높을 수 있다.

둘째, 예측시장은 대체로 행위자들이 투기적 성향을 가지는 경우가 많다. 이 때문에 여러 가지의 인지적 편향이 나타나기 쉽다. 예컨대 선거예측에서 자신이 선호하는 후보의 당선가능성을 높게 매기는 일종의 '낙관 편향(optimism bias)'이 나타나는 것으로 알려져 있다.[37] 또 시장이 다루는 문제의 성격에 따라서는 '복병선호 편향(favorite-longshot bias)'도 존재할 가능성이 높다. 이것은 경마의 경우에 자주 볼 수 있는 현상이다.

처음 경마장에 가는 사람들은 대개 우승가능성은 낮지만 만약 우승할 경우 배당금이 매우 큰 이른바 복병마를 선택하는 경향이 높다. 예측시장에서도 이런 현상이 나타날 가능성이 많다. 예컨대 축구시합에서 이길 전망이 많은 팀에 투자하기보다 오히려 이길 전망은 낮지만 배당률이 높은 팀에 투자할 수도 있다. 낙관편향이나 복병편향은 예측시장의 정확성을 떨어뜨린다.

---

37 예를 들면 1980년 미국 선거의 경우 지미 카터 지지자들은 87%가 카터의 승리를, 레이건 지지자들은 80%가 레이건의 승리를 믿었다고 한다(Sunstein, 2005a: 1037).

셋째, '예측 버블(prediction bubbles)'의 문제도 있다. 이것은 자신의 판단이 아니라 다른 사람의 선택가능성을 기반으로 예측을 하는 경우에 나타난다. 가령 어느 후보가 당선될 가능성이 높다고 생각해서가 아니라, 다른 많은 사람들이 그 후보의 당선가능성을 높게 볼 것이라는 이유 때문에 자신도 그 후보를 선택하는 경우를 가리킨다. 이것 역시 편향의 일종이다.

향후 전망

현재 웹에서 활성화되고 있는 정보시장은 시장 방식이 뛰어난 대중의 지혜 집단화 방식임을 보여주고 있다. 현재 운영되고 있는 예측시장들은 놀라울 정도로 정확한 예측결과를 보여주고 있다. 그러므로 예측시장의 활용가능성은 매우 많다.

기업 등의 조직이 이 정보시장 방식을 어떻게 활용할 수 있을까? 내부적 형태와 공개적 형태를 생각해 볼 수 있다. 내부시장은 해당 조직의 내부 사람들에게만 시장이 개방된다. 외부시장은 외부인들도 공개적으로 투자를 할 수 있게 하는 것이다.

내부시장 방식은 조직구성원들이 체계적 편향을 가지고 있을 가능성이 높다는 단점이 있다. 반면 외부시장은 모든 결과를 외부 행위자들과 공유해야 한다는 부담이 있다. 두 가지 방식은 각각 장단점이 있지만 어느 경우든 시장 방식을 통한 정보의 집단화가 심의 방식 보다 훨씬 더 정확할 가능성이 높다는 데는 공통적이다.

사차르(Csaszar, 2014)가 지적하듯이, 최근 기업들의 관리방식은 전통적인 관리자 의존방식에서 점차 "대중의 지혜"를 이용하는 방식으로 변해가고 있다. 특히 새로운 아이디어의 발굴 그리고 추세예측에 기초한 의사결정 등이 자주 웹기반 크라우드소싱을 통해 이루어지고 있다.

차기 신상품의 출하와 관련된 문제를 웹 유저들의 투표를 통해 정한다든지, 혁신에 필요한 중요한 아이디어를 크라우드소싱을 통해 얻는 것 등이다. 새 영화에 대한 네티즌의 소감들을 모아 향후 관객수를 예측하기도 하고, 신상품의 가격, 색, 디자인 등에 대해 연령, 성별, 소득수준, 직장, 거주지 등이 각기 다른 네티즌들로부터 호감도를 조사하여 유형별 매출량을 예상할 수도 있을 것이다. 현재 진행되고 있는 이 웹 기반 크라우드소싱 중 많은 사례들이 시장의 원리에 기반을 두고 이루어지고 있다. 그러므로 예측시장은 앞으로 더욱 확대될 것으로 보인다.

제3부

집단지성과 거버넌스

•••••••

제7장

질서와 거버넌스

'협력적 집단지성'에서는 분산된 지성의 집단화가 거버넌스를 통해 일어난다. 이 장은 이 거버넌스에 대한 개괄적 설명을 제공하는 데 목적이 있다. 거버넌스는 질서 개념을 기본 구성요소로 삼고 있다. 먼저 질서를 어떻게 정의할 수 있는지에 대해서 살펴 본 다음 거버넌스의 의미에 대해서 알아보겠다.

제1절
질서

질서를 연구한다는 것은 구성요소들의 상호작용이 어떤 모습으로 귀결되는가에 대한 연구이며, 이것은 곧 집합적 문제해결 능력의 발생에 관한 연구이기도 하다.

질서에 대한 완벽한 정의는 아마 불가능할 것이다. 여기서는 질서를 "구성요소들 간의 안정적 상호작용 관계의 집합"로 정의한다. '안정적'이라는 것은 상호작용의 규칙들이 반복적으로 적용된다는 뜻이다. 자연과학에서는 질서라는 말 보다 "패턴"이라는 말을 더 많이 사용한다.[1]

사회 내에는 무수한 관계 혹은 연결(links)이 존재한다. 구성원들 간의 관계가 안정화되기 위해서는 다면적이고 중층적인 연결들이 양립될 수 있어야 한다. 예컨대 A, B, C 3인으로 구성된 사회를 가정해 보자. 이들이 모두 합리적 행위자들이라고 하자. 합리적이란 말은 각기 나름의 효용함수를 가지고 있고, 효용의 극대화를 추구한다는 말이다.

세 명으로 구성된 사회에서는 A−B, B−C, C−A의 세 연결이 존재한다. 이 세 연결 쌍은 각 쌍의 두 행위자의 합리성이 양립할 수 있을 때만 그 관계가 안정될 수 있다. 그래야 양자 관계가 반복될 수 있다. 그러나 집단 전체 수준의 안정화를 생각해보자. 전체 수준에서 관계가 안정화되기 위해서는 A−B, B−C, C−A 세 국지적(local) 양자관계가 전역적(global)으로 양립 가능해야 한다. 결국 질서란 어떤 집단의 내부의 연결들이 전역적으로 양립 가능한 방식으로 배열되었을 때의 연결방식이라고 말할 수 있다(Castelfranch, 2000).[2]

다층적, 다면적 관계에서 양립가능성은 크게 두 가지 방식으로 실현될 수 있다. 하나는 자연발생적으로 만들어지는 경우이고, 다른 하나는 인위적으로 만들어지는 경우이다. 경제학자 프리드리히 하이에크(F. Hayek)의 분류가 그 대표적인 예이다.

그는 질서를 "전체가 다양한 종류의 구성요소들 다수로 서로 연결되어 있고, 그 전체의 어떤 공간적, 시간적 일부에 대해 익숙해져서 나머지 다른 부분에 관한 기대를 올바르게 할 수 있는 상태"[3]로 정의했다. 이 정의에 기초해 그는 질서를 자생적 질서(Cosmos, 'grown' order)와 인위적 질서(Taxis, 'made' order)로 나눈 바 있다.

하이에크는 자생적 질서가 인위적 질서보다 자원배분에 더 효율적임을 강조했

---

1 배열, 배치, 조직, 패턴, 모양, 구조, 관계 등이 모두 질서와 유사한 의미를 가지고 있다(Von Baeyer, 2003: 22).

2 "여러 척도에서 효율적인 행동(efficient behavior on many scales)"이라는 개념으로 군집지성의 발생 과정을 설명하려 하고 있는 Fleischer(2005)도 유사한 주장을 펴고 있다.

3 원문은 "a state of affairs in which a multiplicity of elements of various kinds are so related to each other that we may learn from our acquaintance with some spatial or temporal part of the whole to form correct expectations concerning the rest, or at least expectations which have a good chance of proving correct."(Hayek, 1998: 36).

다. 인위적 질서가 복잡성 수준이 낮은 문제는 해결할 수 있으나, 사회가 직면하는 문제가 복잡해지면 한계를 드러낼 수밖에 없다고 본다. 그래서 그는 자연발생적 질서의 중요성을 강조했다. 그러나 자연발생적 질서가 항상 가장 효율적인 질서를 만들어낸다는 보장이 있을까?[4] 욘 엘스터(J. Elster)는 없다고 말한다.

엘스터는 질서를 "사회를 하나로 묶어줌으로써 혼돈과 전쟁 상태로 해체되는 것을 막아주는" 어떤 것으로 설명하고, '예측가능성으로서의 질서'와 '협력으로서의 질서'로 나눈다. 엘스터는 질서에 대한 자신의 입장을 다음과 같이 설명했다.

> 나는 사회질서에 대한 두 가지 개념을 논할 것이다. 하나는 안정적, 규칙적, 예측가능한 행위패턴으로서의 사회질서이고, 다른 하나는 협력적 행위로서의 사회질서이다. 따라서 무질서에도 두 가지 개념이 있다. 하나는 예측가능성의 결여로서의 무질서이고… 다른 하나는 협력의 부재로서의 무질서이다. 예측가능성과 협력이라는 말 대신 경제학자들은 균형과 파레토 최적을 이야기 한다. 나는 나중에 언급될 여러 이유로 이 용어법을 사용하지 않을 것이다(Elster, 1989: 1).

예측가능성(predictability)이란 흔히 "기대의 수렴"으로 표현되기도 한다. 엘스터의 논점은 예측가능성의 확립이 반드시 최적성(optimality)의 달성을 뜻하지는 않는다는 것이다. 사회적 딜레마가 그 대표적인 예이다.

자연발생적으로 실현되지 않는 협력은 구성원들의 의도적인 노력에 의해서 만들어질 수 있다. 물론 그렇다고 의도적 질서가 항상 최적의 질서를 만들어 낼 수 있다는 것은 아니다.

하이에크와 엘스터의 주장을 합쳐보면 다음의 표와 같다.

---

4 최적성 여부를 판정하기 위해서는 먼저 최적성이 무얼 가리키는지가 정의되어야 한다. 경제학에서는 보통 파레토 효율 개념을 '좋은 질서'를 판단하는 기준으로 사용한다. 그러나 파레토 효율 이외에 공리주의나 평등주의 등의 다른 기준이 사용될 수도 있다. 하지만 이론적 간명성을 위해서 파레토 효율을 기준으로 삼는 것이 일반적이다.

[표 7] 질서의 유형(Hayek와 Elster)

Elster ＼ Hayek	자연적 질서	인위적 질서
예측가능성	상호성, 사회규범	공식적 제도
협력가능성	－ 조정(coordination) － 사회적 딜레마	－ 협력(cooperation) － 복잡성

위 표와 같이 질서를 조정(coordination)의 문제와 협력(cooperation)의 문제로 나누어서 본다면[5] 자연적 질서는 조정의 문제를 해결할 수는 있지만 협력의 문제를 해결해 주지는 못한다는 것이 엘스터의 입장이다. 자연적 질서가 협력의 문제를 해결하지 못하는 대표적인 예가 사회적 딜레마이다. 자연적으로 생겨난 사회규범 역시 협력의 발생에 도움이 될 수 있겠지만 항상 최적의 결과를 만들어 낼 수 있는 것은 아니다(Elster, 1989: chapter 3).

인위적 질서 역시 일차적으로는 예측가능성으로서의 질서를 만들어내는 것이 목적이다. 여러 사회제도들이 이 역할을 맡고 있다. 나아가 사회제도들은 사회적 딜레마를 해소하는 데 도움이 된다는 장점이 있다. 그렇지만 하이에크는 인위적 질서가 효율성을 달성하는 데는 한계가 있다고 본다. 그 가장 큰 이유는 사회의 복잡성(complexity)이다. 복잡성을 다수 행위자들의 암묵지(tacit knowledge)[6]로 해결해 나가는 것이 자연적 질서이다. 그러나 인위적 제도들은 형식지(explicit knowledge)에만 의존하기 때문에 이 복잡성을 처리할 수 없을 것이다.[7]

하이에크의 주장은 광범위한 지지를 받고 있다. 현대의 복잡계 이론가들은 그

---

5 여기서의 '협력(cooperation)'과 '조정(coordination)'은 게임이론에서 사용하는 의미이다. 게임이론에서 협력은 죄수의 딜레마 게임처럼 파레토 열등인 균형점을 파레토 최적의 지점으로 이동시키는 것을 가리킨다. 반면 조정은 사슴사냥 게임처럼 균형점 중에 파레토 최적의 결과가 포함되어 있지만 균형점이 복수인 이유로 최적이 실현되지 못할 때 최적균형점을 확보하는 문제를 가리킨다.

6 암묵지란 마이클 폴라니(M. polanyi)의 조어이다. 언어 등을 통해 타인에게 전달 가능한 형태로 표현하기 어려운 개별경험에 의해 축적된 지식을 가리킨다. 이것과 대조되는 말이 형식지이다(Hayek, 1945).

7 하이에크는 중앙계획에 의존하는 경제체제는 개별행위자들의 암묵지를 취합할 수 없기 때문에 실패할 수밖에 없다고 주장했다. 이른바 사회주의 계산 논쟁이 이 문제와 관련되어 있다(Hayek, 1945).

를 복잡계 이론의 선구자로 보기도 한다. 하지만 하이에크가 말하는 '자연적' 질서의 장점은 '분산적' 질서의 장점으로 보아야 할 것이다.

하이에크가 말하는 자생적 질서는 주로 시장을 염두에 둔 것이다. 하지만 시장이 순전히 자연발생적으로 생겨나고 유지되는 것은 아니다. 칼 폴라니가 지적했듯이 시장의 작동은 사회제도라는 토양에 뿌리를 두고 있어서 제도가 바뀌면 시장이 움직이는 방식도 바뀌게 된다(Polanyi, 1944: chapter 5). 그러므로 시장이 발휘하고 있는 장점은 자연적 질서이기 때문이 아니라 분산적 질서이기 때문일 것이다. 자연적 질서와 분산적 질서의 관계에 대해서 두 가지 점을 더 지적할 수 있다.

첫째, 자연적 질서가 항상 분산적 질서로 귀결되지는 않는다. 많은 경우 자연적 질서가 하이어라키를 만들어내고 있지 않은가? 생명체가 그렇고 거듭제곱 법칙에 따르는 네트워크의 진화과정이 그러하다.

둘째, 모든 분산적 질서가 자연적으로 발생하는 것은 아니다. 예컨대 현대의 인공지능을 비롯한 많은 인위적 생성물들도 분산적 질서의 원리를 구현하고 있다.

이런 점으로 미루어 볼 때 질서가 '자연적'이란 말과 '분산적'이란 말은 그 결합이 필연적이라고 볼 수는 없다. 시장은 인위적으로 만들어진 '분산적' 체계로 볼 수 있을 것이다. 이런 관계는 질서의 세 가지 기본 이념형인 하이어라키, 헤테라키, 아나키 개념에 대해서도 마찬가지로 해당된다. 예컨대 아나키와 자연적 질서, 하이어라키와 인위적 질서가 동일시될 수 있는 것은 아니다. 아나키(anarchy), 헤테라키(heterarchy), 하이어라키(hierarchy)는 모두 자연적일 수도 있고 인공적일 수도 있다.

제2절
거버넌스

거버넌스란 "집합적 규칙을 만들고 집행하거나 집합재를 공급하기 위한 여러 가지 제도화된 사회적 조정양식"(Börzel and Risse, 2010: 114)이다. 조금 더 간단하게 정의한다면 "집합행동의 조직화"(Hart & Prakash, 2003: 2)이다.

거버넌스는 넓은 의미와 좁은 의미 두 가지로 나눌 수도 있다. 광의의 거버넌스는 어떤 체계 내 구성요소들 간의 상호작용 방식에 대한 모든 기본규칙들의 집합이라고 말할 수 있다. "개인 및 제도들이 공적으로 또는 사적으로 공동의 문제를 다루는 데 사용하는 모든 방식"이라는 UN의 정의가 대표적인 예이다(UN, 1995: 2). 반면 좁은 의미로 사용될 때 비정부영역 행위자들이 참여하는 거버넌스만을 가리킨다.[8] 여기서는 광의의 의미로만 사용할 것이다.

광의의 거버넌스는 아나키, 헤테라키, 하이어라키라는 세 이념형으로 나누는 것이 일반적이다. 앞에서 서술했듯이 이 셋은 자연적 질서와 인위적 질서라는 구분과 별개 차원의 개념이다. 먼저 다음 표를 보자.

[표 8] 질서와 거버넌스의 세 가지 이념형

결과 \ 과정	자연적 (자기조직화)	의도적 (거버넌스)
아나키 (분산적)	물리적 입자	시장: 본성, 신념 (self-enforcement)
헤테라키 (분권적)	신경계, 뉴런	공동체: 규범, 평판 (mutual enforcement)
하이어라키 (집권적)	생명체 (거듭제곱 법칙)	국가: 제도, 권위 (external enforcement)

[표 8]은 아나키, 헤테라키, 하이어라키가 자연적으로 나타날 수도 있고 인위적으로도 만들어질 수 있음을 나타낸다.[9]

---

8   이 경우, new governance, collaborative governance, network governance, interactive governance 등 수식어를 붙여서 새로운 유형의 거버넌스임을 표시하는 경우가 많다.

9   쿠이만(J. Kooiman)은 거버넌스를 자기거버넌스(self-governance), 공동거버넌스(co-governance), 위계거버넌스(hierarchial governance)로 나눈다. 이에 비해 제섭(B. Jessop)은 아나키, 헤테라키, 하이어라키라는 용어를 선호한다. 위 표의 우측에 있는 세 개의 칸에 각각 대응시킬 수 있다. Kooiman(2003), Jessop(1998) 참조.

하이어라키의 경우 국가가 인위적 하이어라키의 대표적인 예이다. 국가란 말 대신 흔히 리바이어던이라고 표현하기도 한다. 또 하이어라키는 자연적으로도 출현할 수 있다. 사실 생명체들은 거의 모두 하이어라키 구조를 가지고 있다.

헤테라키의 경우도 마찬가지다. 인간사회에 대해 헤테라키라는 말을 사용할 때는 공동체(community)적 방식으로 유지되는 질서들을 가리킨다. 공동체적 방식이란 집권적 권력구조가 없지만 구성원들이 평판이나 비난 등을 통해 서로의 행동을 조정함으로써 질서를 이루어 나가는 것을 가리킨다. 자연에서는 이 헤테라키적 질서를 매우 자주 볼 수 있다. 헤테라키라는 말 자체가 두뇌의 뉴런이 질서를 유지해 나가는 방식을 표현하기 위해 만들어진 것이기도 하다.

아나키 역시 자연적으로 나타날 수도 있고 인위적으로 만들어질 수도 있다. 자연적 아나키의 최초 형태는 랜덤으로 볼 수 있다. 시장질서도 보통 아나키라고 불리지만 순수한 의미에서의 아나키는 아니다. 그러므로 아나키는 분산적 체계(distributed system)라는 의미로 이해하는 것이 더 옳을 것이다. 인위적인 아나키로는 인공지능이나 MAS(multi-agent system)를 들 수 있다. 자연계에서는 많은 군집지성들이 분산적 방식에 의해 만들어진다.

위 표가 강조하고자 하는 것은 세 이념형이 자연적으로도 만들어질 수 있고 의도적으로도 만들어질 수 있다는 사실이다. 집단지성과 관련해서 거버넌스란 말을 사용할 때는 의도적 질서에 한정해서 쓸 것이라는 점도 위 표에 나타나 있다. 자연적 질서에 대해서는 자기조직화라는 말을 사용할 것이다.

이어서 하이어라키, 헤테라키, 아나키의 구체적 의미를 좀 더 자세히 검토해 보겠다. 세 용어가 각각 무엇을 뜻하는지 여러 각도에서 살펴보려는 것일 뿐 각각의 의미를 특정하려는 것은 아니다.

제1항 하이어라키

하이어라키(hierarchy)는 역사가 가장 오래되었지만 현재 가장 인기 없는 용어이기도 하다. 하지만 하이어라키는 인간사회뿐만 아니라 자연에서도 나타나는 보편적 현상이기 때문에 그 중요성은 매우 크다.

하이어라키에 대해서는 다음 질문을 제기할 수 있다. "하이어라키는 과연 가장 효율적인 방식인가, 아니면 반대로 가장 비효율적인 방식일까?", "왜 자연현상에서나 인간사회에서 하이어라키가 만연하고 있을까?"

하이어라키의 만연을 증명하기는 어렵지 않다. 몇 가지 물리적 현상들을 살펴보자. 생명체는 활동을 통제하는 두뇌를 중심으로 하이어라키 방식으로 조직되어 있다. 도서관의 자료들은 모두 대분류, 소분류 등 하이어라키 방식으로 정렬되어 있다. 인터넷 웹페이지들은 거대한 네트워크를 형성하고 있지만 노드(nod)들의 연결수가 평등한 것은 아니다. 거듭제곱 법칙(power law)[10]이 말해주듯이, 아마도 '위계적'이라고 표현해도 무방할 불균등한 연결 구조를 가진다.

하이어라키의 이 같은 만연 현상은 하이어라키 조직방식이 비효율적이라기보다 오히려 가장 효율적이기 때문이 아닐까? 그렇다면 하이어라키의 단점은 무엇일까?

인간사회에서 하이어라키 구조가 발생하고 존속되는 이유에 대해서는 대체로 세 가지 설명이 있다. 첫째, 윌리암슨을 중심으로 한 신제도주의 경제학에서는 하이어라키를 시장실패에 대한 효율적인 대응으로 가정한다. 행위자들의 제한된 합리성과 기회주의의 가능성을 고려하면 불확실성과 거래비용이 높아질수록 그 집단이 위계적으로 조직될 가능성이 높아진다고 본다. 둘째, 사회학적 제도주의에서는 하이어라키가 광범위하게 확산된 것은 그 기능 때문이 아니라 그것을 타당한 질서화 방식으로 여기는 가치관의 확산 때문이라고 본다. 셋째, 역사적 제도주의자들은 제도 발전과정의 계기와 다양한 역사에 주목하며 경로의존성이라는 개념으로 설명한다. 어떤 사회가 어떤 질서를 가지느냐가 근본적으로 상황 의존적이라는 것이다.

---

10 거듭제곱 법칙(power law)이란 종속변수가 독립변수의 거듭제곱(x^a)형태로 표시되는 관계를 말한다. 신문접기에서 접힌 면의 수가 거듭제곱의 사례이다. 예외처럼 보여야 할 큰사건이 규칙적으로 일어나는 현상이다. 사회에서도 자산이 많은 소수의 부자가 꼭 생기는 이유, 빈도는 적지만 희생자가 큰 전쟁이 나타나는 이유 등이 거듭제곱의 법칙으로 설명된다. 복잡계에서는 이 거듭제곱의 관계가 자주 나타난다. 그래서 이 법칙은 복잡계의 기본 속성 중의 하나로 중요시되고 있다(Holmdahl, 2005). 예컨대 인터넷 연결망에서 노드의 연결수 분포를 조사해 보면 거듭제곱 함수형 분포로 나타난다. 구성요소들의 연결이 무작위하게 이루어졌다면 정규분포로 나타났을 것이다. 그렇지 않다는 것은 웹페이지나 네트워크의 연결망 형성이 무작위가 아닌 다른 규칙에 의해서 일어났음을 뜻한다. 바라바시는 거듭제곱형 분포의 원인을 선호적 연결로 보았다. 선호적 연결이란 인기가 많은 노드일수록 다른 노드들이 더 많이 찾아간다는 뜻이다. 이렇게 되면 연결수에서 빈익빈 부익부 현상이 나타나고 그 결과로 거듭제곱형 분포가 나타난다는 것이다(Barabasi, 2002).

하이어라키 역시 역사적 우연성의 결과로 본다.

하지만 기존의 사회과학적 설명들은 하이어라키가 사회영역에서뿐만 아니라 왜 자연현상에서도 자주 발견되는지를 설명하지 못한다. 대체로 하이어라키를 불가피한 역기능쯤으로 여기는 경향이 많다. 이에 비해 자연과학자들은 하이어라키를 조금 달리 본다. 예컨대 사이먼은 "자연은 하이어라키를 사랑한다."(Simon, 1977: 246)라고 함으로써 자연에서 발생하는 복잡계의 대부분이 하이어라키 구조를 갖는다는 점을 지적한 바 있다.

사이먼은 복잡계를 분석하면서 하이어라키가 반드시 권위관계로 이해될 필요는 없다고 했다. 그는 하이어라키가 내포적 관계성(nestedness)이라는 개념으로 이해될 수 있다고 보았다(Simon, 1977: 128).

하이어라키는 사실 복잡한 개념이다. 데이비드 레인은 하이어라키란 말이 네 가지 다른 의미로 사용될 수 있음을 지적했다(Lane, 2006). 순서 하이어라키(order hierarchy), 포함 하이어라키(inclusion hierarchy), 통제 하이어라키(control hierarchy), 수준 하이어라키(level hierarchy)가 그것이다.

통제 하이어라키는 가장 익숙한 이해방식으로, 사회조직에서 나타나는 권위의 계층구조를 가리킨다. 포함 하이어라키는 상자 속에 작은 상자가 들어 있고 또 그 속에 다시 작은 상자가 들어있는 식의 관계가 반복되는 중국 상자(chinese boxes) 방식의 계층성을 가리킨다. 순서 하이어라키는 하나의 기준에서 다시 상위 기준으로 연결되는 도서관 목록의 분류와 같은 계층성으로 가리킨다. 수준 하이어라키는 시공간적 포함관계에서 나타나는 계층성을 가리킨다. 예컨대 세포가 모여서 기관이 되고 기관들이 모여서 유기체가 되고 유기체들이 모여서 하나의 종(species)을 이루는 관계를 가리킨다.

이 네 분류는 조금씩 중첩된다. 그래서 "하이어라키란 기본적으로 크기에 기초한 자연적 배열"(Batty, 2006: 144)이라고 일반화되기도 한다. 물론 이때 말하는 '크기'는 여러 차원에서 이야기 될 수 있다.

레인의 설명으로 보면 하이어라키가 자연과 사회 모두에서 자주 나타나는 이유는 이것이 사물들의 관계를 안정화시키는 가장 능률적인 구조이기 때문이 아닐까

싶다. 하이어라키가 구성원들 사이를 최단거리로 묶어주는 원리라는 데서 그 이유를 찾을 수 있을 것 같다. 도서관의 장서가 계층구조로 배열되어 있지 않다면 원하는 책을 찾아가기까지 엄청난 시간이 소요될 것이다. 또 네트워크에서 거듭제곱 법칙은 거대한 연결망을 '작은 세상'[11]으로 만들어 준다. 거듭제곱 연결구조가 노드(nods) 간의 거리를 최대한 단축시켜 주기 때문이다.[12] 자기조직화 등 복잡계의 주요 주제들이 하이어라키 개념을 중심으로 접근되어야 한다고 주장하는 사이먼 역시 복잡계에서 하이어라키 구조가 자주 나타나는 것은 체계로 하여금 각 부분을 나누어 통제할 수 있게 함으로써 전체의 복잡성을 줄여주기 때문이라고 보았다(Simon, 1977).

하이어라키가 인간사회뿐만 아니라 자연세계에서도 일반적 현상이지만 그렇다고 해서 하이어라키에 문제가 없는 것은 아니다. 그 가장 큰 결점은 관계의 경직성이다.

관계의 안정성은 집단이나 체계의 구성을 효율적으로 만들어주지만 그 반대급부로 환경의 변화에 따른 변신을 어렵게 만들기도 한다. 적응력의 손실은 무생물에게는 문제가 되지 않지만 끊임없이 환경의 변화에 대응해 나가야 하는 생물체에게는 치명적인 약점이 된다.

인간사회의 하이어라키도 약한 적응력이 가장 큰 문제점으로 꼽힌다. 집단지성의 측면에서 볼 때 이점은 특히 중요하다. 적응력이라는 측면에서 보자면 이상적인 체계는 환경의 변화에 즉각 반응할 수 있는 구조를 가질 때일 것이다.

복잡적응체계 관점에서 조직의 문제에 접근하고 있는 스나이더와 솜머스는 체계를 '동결된 체계(frozen system)', '준비된 체계(poised system)', '초적응 체계(hyper-adaptive system)'로 나눈 바 있다. 이들은 체계의 적응능력과 진화에 대하여 다음과 같이 언급하고 있다.

---

11 '작은 세상(small world)'이란 1967년에 사회학자 스탠리 밀그램이 실험을 통해 "지구상의 사람들은 5단계만 거치면 거의 다 알게 된다."고 하는 소위 '여섯 단계 분리(six degrees of separation)' 이론을 가리킨다. 네트워크 이론에서는 와츠와 스트로가츠의 '작은 세상 네트워크(small-world network)'을 가리킨다. 와츠와 스트로가츠는 격자형 네트워크에서 몇 개의 무작위 연결만 추가되어도 노드 간의 거리가 급격히 줄어드는 현상을 발견하고 이것을 '작은 세상 네트워크'라고 이름지었다(Watts & Strogatz, 1998).

12 거듭제곱 법칙에 따른 네트워크와 하이어라키 구조를 갖는 네트워크가 동일한 것은 아니다. 하지만 거듭제곱형 네트워크도 넓게 본다면 하이어라키의 속성을 가지고 있다.

모든 체계가 동일한 진화능력을 갖고 있는 것은 아니다. 매우 카오스적인 체계는 나비효과, 즉 작은 힘이 체계를 교란시킬 수 있으므로 패턴을 지속적으로 유지할 수 없다. 이런 체계들은 안정적인, 즉 동결된 구성요소가 극히 적어서 완충장치가 거의 없고 적응능력과 진화능력이 매우 낮아서 쉽게 무너진다. 고도로 질서화 된 체계는 너무 경직되어 있어서 새로운 행태가 나타날 경우 그것을 조정하지 못하고 마찬가지로 실패한다. 고도로 질서화 된 체계는 많은 구성요소들이 동결되어 있어서 사실상 기껏해야 체계의 작은 변화만을 감당할 수 있다. 완충과정이 너무 많고 그래서 적응능력과 진화능력이 낮다. '준비된(poised)' 체계, 즉 카오스의 가장자리에 있는 체계들은… 최적화된 진화능력을 가지고 있는 것처럼 보이기 때문에 진화에 특별히 적합할지 모른다(Schneider & Somers, 2006: 355).

환경은 항상 변화한다. 잘 짜인 구조를 가진 체계는 안정적이긴 하지만 변화를 흡수할 수 있는 적응력이 약하다. 반면 자유로운 구조를 가진 체계는 쉽게 변신할 수는 있어도 안정성이 약해 쉽게 해체될 수도 있다. 그러므로 모든 체계는 안정성과 적응성을 동시에 갖출 필요가 있다. 하이어라키 구조는 안정성이 높은 반면 적응성이 약한 '동결된 체계(frozen system)'가 되기 쉽다.

제2항   헤테라키

하이어라키도 아니고 아나키도 아닌 관계구조를 가리켜 보통 공동체나 네트워크라고 칭한다. 이때의 네트워크는 수평적이고 비위계적인 관계를 가리킨다. 하지만 현실 속의 모든 네트워크가 수평적 구조만을 가지는 것이 아님을 감안하면 네트워크를 거버넌스의 한 유형을 지시하는 용어로 사용하는 것이 부적절할 수도 있다. 그래서 헤테라키(heterarchy)라는 용어가 필요하다

헤테라키는 "서열화 되어 있지 않거나, 여러 가지 다른 방식으로 서열화 될 수 있는 가능성을 가지는 구성요소들의 관계"(Crumley, 1995: 3)로 정의된다. 어원상으로 보면 헤테라키는 그리스어 heteros(the other)와 archein(to rule)이 결합된 것이므로,

"타자에 의한 지배"를 의미한다. 이때 타자란 상하관계에 있는 타자가 아니고 나와 수평적 위치에 있는 다른 행위자를 가리킨다.

헤테라키라는 말은 원래 복잡계에서 사용되던 용어이다. 헤테라키가 현대적 의미로 처음 사용된 것은 맥컬록(McCulloch, 1945)에 의해서이다(Crumley, 1995: 3). 그는 인간두뇌의 인지구조가 상당히 질서정연하지만 하이어라키적으로 조직화되어 있지는 않은 것을 보고, 이러한 조직구조의 패턴을 지칭하기 위해 헤테라키라는 말을 사용했다. 복잡계 이론의 여러 개념들이 사회과학에도 사용될 수 있지만, 그 중에서도 가장 잘 적용될 수 있는 것이 이 헤테라키 개념이다.

집단 내 어떤 구성단위가 상황에 따라 지배하는 위치에 있을 수도 있고 또 다른 구성단위에 의해 지배받기도 할 수 있는 형태의 조직 원리를 가리키는 것이므로, 헤테라키는 결국 지배적 역할을 담당하는 구성단위가 고정되어 있지 않은 거버넌스 유형을 지시한다. 예컨대 가위 바위 보 게임에 비유할 수 있다. 바위는 가위를 이기고, 가위는 보를 이기고, 보는 다시 바위를 이긴다. 이기고 지는 관계가 없는 것이 아니라 그것이 유동적이므로 절대적 승자가 없다(Paquet, 1999: 6).

어떤 기준이 지배하느냐에 따라 위계구도가 달라지는 순환성이나, 다수의 권위가 병존하는 복수성은 사회체계에서 매우 일반적인 현상이다. 동시에 또는 교대로 나타날 수 있는 관계구조는 다양하다. 세 사람이 있다고 하자. 세 사람의 전공분야가 각각 다르다면 상황이 어떤 전문성을 필요로 하느냐에 따라 주도권을 쥐는 사람이 달라질 것이다. 세 사람이 한 팀이 되어 축구경기에 출전한다면 축구실력이 가장 뛰어난 사람이 주도권을 행사할 것이다. 상황이 달라지면 다른 사람이 우위에 설 것이다. 그러므로 세 사람의 관계는 수평적이다.

헤테라키는 구성원들이 모든 상황에서 항상 동등한 권위를 가진다는 말이 아니다. 하이어라키와 아나키가 상황에 따라 유연하게 조합, 재조합되는 것을 가리키므로 일종의 상위 거버넌스(meta-governance)로서의 성격이 강하다.

사람들은 보통 질서하면 하이어라키 구조를 먼저 떠올리지만 사실 자연에서나 사람의 역사에서 하이어라키가 모든 관계를 지배하는 경우는 거의 없다. 앞에서 검토했듯이 하이어라키가 자연과 사회에서 핵심적 중요성을 갖긴 하지만 하이어라키만으로 모든 관계가 규율되는 체계는 없다.

여러 고고학이나 인류학적 연구들은 헤테라키가 국가공동체를 포함한 모든 인간사회에서 항상 존재해 왔음을 보여주고 있다. 모든 사회에는 수직적 관계와 수평적 관계가 병존한다. 하지만 차지하는 비율로 본다면 수직적 관계보다 수평적 관계가 더 많다고 할 수 있다. 다시 말해 전체 질서구조는, 여러 가지 형태의 질서화 방식이 혼합되어 있는 경우가 일반적이므로, 오히려 헤테라키라는 용어로 더 적절히 묘사될 수 있을 것이다.

헤테라키는 사회조직의 근본적인 원칙 중의 하나이다. 어떤 사람은 민주주의 제도를 헤테라키적 권력구조의 가장 이상적인 표상이라고 보기도 한다(Crumley, 1995: 3). 권위관계가 존재하지만 그 관계가 수시로 바뀌기 때문에 모두가 평등한 것으로 간주된다.

헤테라키가 재조명되고 있는 주된 이유 중의 하나는 웹의 대두이다. 인터넷에서 이루어지고 있는 다면적, 분산적, 수평적이면서 동시에 유동적인 관계를 묘사하는 데 적합하기 때문이다. 그래서 집단지성에 관여하는 다수 행위자들의 상호작용을 설명하는 데 헤테라키가 자주 사용된다.

정보과학계의 많은 학자들은 헤테라키 구조가 하이어라키 구조보다 정보를 더 효율적으로 처리할 수 있다고 주장한다. 그 단적인 예가 위키피디아의 헤테라키적 구조와 누피디아 프로젝트의 하이어라키 구조이다.

현재는 위키피디아가 인터넷 백과사전의 대명사로 알려져 있지만 사실 위키피디아 이전에 비슷한 시도를 한 누피디아(Nupedia)라는 사이트가 있었다.

누피디아는 위키피디아와 마찬가지로 사용자들이 사전의 항목을 작성하는 웹 기반 백과사전이었다. 그러나 위키피디아와 크게 다른 점이 한 가지 있었다. 사용자가 기고한 글을 채택하느냐 마느냐의 결정을 전문가들이 했다는 점이다. 뿐만 아니라 그 검토가 7단계를 거치도록 되어 있었다. 이에 비해 위키피디아는 누구나 자유롭게 올리되 내용의 수정이나 삭제도 사용자들이 한다. 이 차이가 컸다.

1999년에 시작된 누피디아는 결국 2003년에 폐쇄되었다. 전문가가 최종결정을 하는 누피디아 방식이 하이어라키라면 사용자들이 상호 검토하는 위키방식은 헤테

라키에 해당한다.[13]

　복잡성과 변화속도가 증가함에 따라 헤테라키는 문제처리 능력 면에서 하이어라키를 압도하고 있다. 조직의 맥락에서 보면 헤테라키는 구성요소들의 기술, 지식, 작업방식 등에서의 다양성을 보존시켜 준다. 어떤 특정의 요소에 특권을 부여하지 않기 때문이다.

　네트워크 구조로 보면 하이어라키는 상위 노드를 거쳐야만 다른 노드와 연결될 수 있으나, 헤테라키에서는 상위 노드의 허락을 받을 필요 없이 직접 횡적인 연결이 가능하다는 점이 다르다.

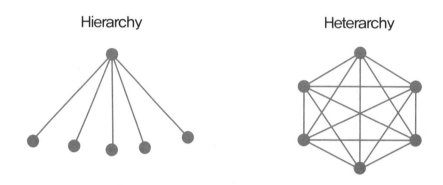

[그림 20]　하이어라키와 헤테라키의 구조 비교

　그러므로 헤테라키는 특권이나 결정권이 구성원들에게 분산되어 있는 경우를 뜻하고, 하이어라키는 상위 위치에 더 많은 특권과 결정권이 주어지는 구조라고 말할 수 있다. 헤테라키의 이런 특징은 하이어라키의 약점인 적응성의 부족과 아나키의 약점인 불안정성을 동시에 메워 줄 수 있는, 아마도 가장 이상적인 질서일 수 있다.

13　네이버 지식iN은 기본적으로 헤테라키 방식에 해당하지만 하이어라키 방식도 일부 채용하고 있다고 볼 수 있다. 의사, 한의사, 변호사, 노무사, 수의사, 약사, 세무사 등의 전문가들에게 별도로 질문하고 다수의 전문가가 답변할 수 있는 방식이 그것이다. 위키피디아와 네이버지식iN 모델의 차이는 토론과 협업문화의 차이로 설명되고 있다(황주성, 최서영, 2010).

제3항 아나키

'아나키'라는 말은 보통 두 가지로 이해되고 있다. 하나는 '무질서'의 이미지이고 다른 하나는 '무정부'의 이미지이다. 무정부가 반드시 무질서로 귀결된다고 볼 수 없기 때문에 무정부와 무질서가 같은 뜻은 아니다. 'anarchy'라는 말은 그리스어 'anarkhia'에 어원을 두고 있는 말로, 원래 의미로 보면 지배자가 없는 체제라는 뜻이다. 그러므로 '무정부'가 더 정확한 역어일 것이다. 본뜻에 더 가깝게 번역하자면 '무지배'가 된다.

무지배란 개별 행위자가 권위나 타인으로부터 아무 제약도 받지 않고 오직 자신의 판단에 따라 행동하는 상황을 말한다. 이처럼 모든 행위자가 자신의 판단대로 마음대로 행동하는데도 질서가 생겨날 수 있을까?

대체로 아나키는 일시적으로 안정된 체계를 구성할 수 있지만 그것이 지속되기는 어렵고 헤테라키나 하이어라키로 대체되기가 쉽다. 그러므로 아나키는 어쩌면 질서가 만들어지는 초기 단계를 가리키는, 잠정적인 체제로 보는 것이 옳을지 모른다(Hirshleifer, 1995).

과거 무정부주의자들은 정부가 없을수록 더 좋은 질서가 만들어진다고 주장했었다. 예컨대 프루동은 아나키 체제가 가능하고 또 더 바람직하다고 주장했고, 크로포드킨은 아나키가 왜 가능한지에 대한 생물학적 근거를 제시하고자 했었다.[14] 또한 아담 스미스의 '보이지 않는 손'이나, 하이에크의 '자생적 질서' 이론 등은 모두 아나키적 질서의 강점을 주장한 견해들이다. 그러므로 정치사상사의 측면에서 보면 아나키는 자유주의와 사회주의 모두의 궁극적 지향점이라고 할 수 있다.

아나키에 대한 인식은 역사적으로 이처럼 '무질서'와 '이상적 질서'라는 상반된 이미지가 공존해 왔었다. 이 두 견해 중에서 어느 쪽이 옳을까?

만일 지배하거나 간섭하는 사람이 없이 모두가 자율적으로 행동을 하되 집합적으로도 질서가 지속될 수 있다면 그 질서는 규범적으로 이상적인 질서임에 틀림없다. 하지만 무지배, 무제약적 행위자들이 집합적으로 어떤 규칙성을 만들어 낸다는

---

14 크로포트킨의 저서 『상호부조론』(Kropotkin. Mutual Aids, 2012)의 특징은 아나키 아래서도 질서를 유지하고 협력을 이루어 나갈 수 있는 이유를 다른 무정부주의자들과 다르게 인간의 생물학적 본성에서 찾으려 했다는 데 있다.

것은 물리학 이론으로 보더라도 원리적으로 불가능하다. 이 점은 아나키가 쉽게 다른 형태의 질서로 변화해 버린다는 것으로도 잘 알 수 있다. 복잡계 이론이 바로 이 의문과 밀접한 관련이 있다.

아나키에서 질서가 어떻게 '창발'될 수 있는가에 대한 설명은 제13장에서 다시 다룰 것이다. 여기서는 질서가 없는 상태, 즉 "무질서하다."란 것이 무얼 뜻하는지를 조금 더 살펴보겠다. 왜냐하면 무질서가 곧 질서의 출발점이자 원점이기 때문이다.

아나키가 무질서와 동의어가 아니라면 '무질서'의 본질은 무엇일까? 수학이나 물리학에서는 무질서의 본질을 무작위, 즉 랜덤(random)으로 본다. 랜덤은 정의상 결과를 사전에 예측할 수 없는 사건을 가리킨다. 달리말해 예측불가능성을 가리켜 랜덤이라 칭한다. 반면 질서는 예측가능성을 뜻한다. "모든 과학을 관통하는 핵심적 기본 이분모형은 질서와 랜덤이다."(Bennett, 1998: 164-167)라는 말이 질서와 랜덤의 이런 관계를 잘 요약하고 있다.

그러나 질서의 대척 개념인 랜덤의 정확한 의미가 무엇이냐에 대해서는 논란이 있다. 데보라 베넷은 랜덤의 의미에 대한 관점을 세 가지로 나눈바 있다(Bennett, 1998: 164-167).

첫째는 과거에 누적된 경험으로서 미래를 예측할 수 없는 사건을 가리키는 경우이다. 가령 동전 던지기와 같은 무작위 방식으로 어떤 내기를 한다고 가정해 보자. 이 경우 이전에 던진 동전이 무엇이 나왔느냐가 다음 동전던지기의 결과를 예측하는 데 아무런 도움을 주지 못한다. 이처럼 과거와 미래 사이의 인과가 끊어진 상황을 랜덤으로 해석하는 사람들이 있다.

두 번째는 랜덤을 인간의 무지 또는 무관심의 척도로 보는 관점이다. 이 견해는 랜덤의 예측불가능성이 사건 그 자체의 속성이 아니라 관찰자의 인지적 한계를 가리키는, 즉 관찰자의 속성에 대한 묘사라고 본다. 다시 동전던지기 예를 들어 보자. 사실 수학적 확률은 반반이지만, 실제로는 라플라스의 유령[15]처럼 동전을 던지는 방향과 속도, 공기의 흐름, 지면의 요철 등을 모두 계산할 수 있다면 앞면이 나올지

---

15 라플라스는 결정론적인 세계관을 굳게 믿었던 사람이다. 그는 모든 초기조건을 정확히 알면 미래를 예측할 수 있다고 믿었다. 모든 초기조건을 알 수 있는 존재를 라플라스의 유령(Laplace's demon)이라고 한다.

뒷면이 나올지를 예측할 수 있을 것이다. 그런데 예측불가능하다고 하는 것은 인간의 인지적 한계로 인해 이 모든 변수를 알 수 없기 때문이다. 그러므로 랜덤의 본질은 관찰자의 속성에 있다는 것이다.

세 번째 관점은 예측 알고리즘을 만들 수 없는 상황을 가리키는 것으로 해석하는 견해이다. 가령 100자리의 수열이 있다고 생각해 보자. 이 수열에 어떤 규칙성을 발견할 수 있으면 그 100자리 수열을 생성하는 데 필요한 알고리즘이 그만큼 압축될 것이다. 그러나 아무 규칙도 찾을 수 없다면 100자리 수 그대로를 일일이 출력하도록 알고리즘을 짜는 수밖에 없다. 그래서 수열을 출력하는 알고리즘에 압축 가능성이 0%라면 그 수열을 랜덤이고 그렇지 않다면 랜덤이 아니라는 것이다.

위 세 관점은 타협점을 찾기 어렵지만 공통적 요소를 발견할 수는 있다. 즉, "과거의 경험으로부터 미래를 예측할 수 없다."이다(Bennett, 1998: 165).

예측불가능성이 사건 그 자체의 속성 때문일까? 아니면 관찰자의 인식의 한계 때문일까? 정보이론가들 다수는 후자를 지지한다. 대부분의 무질서는 관찰자의 한정된 인식능력으로 인한 것이라고 본다.

질서와 랜덤의 구분이 이처럼 관찰자 의존적이라면 이렇게 말할 수 있을 것이다. "무질서란 지성의 한계를 가리키는 말일뿐이다." 이 관점은 집단지성에 대한 이해를 새롭게 해 준다. 즉, 집단지성은 "예측불가능성을 극복하기 위해 유기체들이 정보를 획득해 가는 한 양식"이라고 말할 수 있다.

제4항   아나키의 가격과 하이어라키의 그림자

자연계나 인간사회를 보면 아나키와 하이어라키 사이의 진동을 볼 수 있다. 어떤 때는 아나키가 더 나은 선택이 될 수 있는가 하면 하이어라키가 더 좋아 보이는 상황이 있기도 하다. 장기적으로 보면 이 둘은 교대로 세상을 지배하는 것 같다. 그 이유는 아마 아나키와 하이어라키 둘 다 밝은 면과 어두운 면을 동시에 가지고 있기 때문일 것이다.

아나키의 가격

아나키의 어두운 면을 포착하는 개념으로 "아나키의 가격(price of anarchy)"을 들
수 있다. 이 말은 게임모형에서 최악의 내시균형과 최적해 사이의 비율을 가리킨다.

아나키에서 자연발생적으로 귀착되는 질서가 내시균형이다. 이 내시균형이 최
적의 결과와 반드시 일치하는 것은 아니다. 그러므로 만약 행위자들이 약속에 의
해 더 나은 균형점으로 이동할 수 있다면, 이 두 균형점 사이의 차이는 아나키로 인
한 손실의 크기를 가리킨다고 할 수 있다. '아나키의 가격'은 다음 식으로 표시된다
(Mak & Rapoport, 2013: 144–145).

$$\frac{\text{최적해의 보수}}{\text{내시균형의 보수(여러 개일 때는 최소값)}^{16}}$$

[표 9] 죄수의 딜레마 게임

을 \ 갑	협력	배반
협력	(2, 2)	(0, 3)
배반	(3, 0)	**(1, 1)**

[표 10] 성 대결 게임

남성 \ 여성	협력	배반
협력	**(3, 1)**	(0, 0)
배반	(0, 0)	**(2, 10)**

예를 들어보자. 위 표에서 죄수의 딜레마 게임은 내시균형이 (1, 1)의 하나이다.
그리고 오른쪽 성 대결 게임[17]에서는 내시균형이 (3, 1)과 (2, 10)의 두 개가 된다. 죄

---

16 만일 보수가 비용의 크기로 표시된 것이라면 이 식은 내시균형/최적해로 바뀐다. 비용은 클수록 좋지
    않으니까.

17 성 대결(battle of sex) 게임이란 남녀 커플이 서로가 선호하는 것이 다를 때 나타날 수 있는 갈등을 모형
    화한 것이다. 예컨대 남자는 야구경기, 여자는 오페라 보기를 원할 경우 세 가지 결과가 가능하다. 남
    녀가 함께 오페라를 보러 가게 되면 여성의 만족도는 가장 높을 것이다. 반면 남성은 낮을 것이다. 야
    구경기를 보러 갔다면 그 반대가 된다. 그러나 남자는 야구장, 여자는 극장으로 따로 간다면 데이트의
    즐거움을 잃게 된다. 보수구조는 여러 방식으로 만들 수 있다. 성 대결 게임은 조정게임(coordination
    game)이라고도 불린다. 상호조정이 필요하기 때문이다.

수의 딜레마 게임에서는 최적해가 (2, 2)이므로 아나키의 가격은 $(2+2)/(1+1) = 2$가 된다. 성 대결 게임의 경우에는 두 개의 내시균형 중에서 나쁜 것은 (3, 1)이고, 최적 해는 (2, 10)이다. 그러므로 이 경우 아나키의 가격은 $(2+10)/(3+1) = 3$이 된다.

하이어라키의 그림자

아나키의 가격은 협력의 이득을 극대화하려면 어떤 이행장치(enforcement mechanism)가 필요하다는 것을 시사해준다. 가장 일반적으로 사용되는 이행장치가 하이 어라키이다. 이행의 확실성을 확보하는 면에 있어서는 하이어라키가 가장 좋은 것 으로 알려져 있지만 그럼에도 불구하고 하이어라키가 반드시 좋은 점만 있는 아니 다. 이제 하이어라키가 행사할 수 있는 강제력의 크기를 하이어라키의 강도로 개념 화하고, 어느 정도의 강도가 가장 적합한지를 살펴보자.

좋은 거버넌스가 이루어지는 데 국가와 같은 하이어라키가 얼마나 강할 필요가 있는가라는 문제를 탐구한 뵈젤과 리세는 "하이어라키의 그림자(shadow of hierarchy)"라는 개념을 사용하여 하이어라키의 강도와 행위자들의 자발적 협력 동기 사 이의 관계를 설명한 바 있다(Börzel & Risse, 2010).

원래 하이어라키의 그림자란 말은 하이어라키가 직접 개입하지는 않지만 유사 시 개입할 가능성이 있다는 사실로 인해 비정부 행위자들에 의한 거버넌스가 효력 을 발휘하게 된다는 점을 나타내기 위해 만들어진 용어이다. 실제로 많은 국가에 서 비정부 행위자들에 의한 거버넌스가 많이 시도되었지만 그 시도들 중에서 성공 한 경우는 대개 정부의 개입가능성이 뒷받침될 때인 것으로 나타난다(Börzel & Risse, 2010: 114).

이제 정부의 힘이 강해질수록 그것이 민간행위자와 정부행위자들의 협력동기 에 어떤 영향을 주는지를 살펴보자.

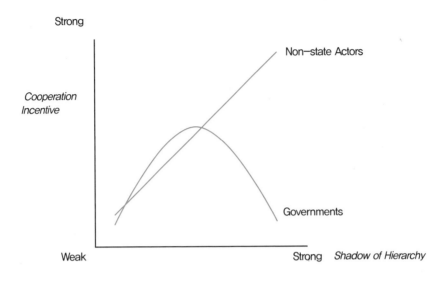

[그림 21] '하이어라키의 그림자'와 행위자들의 협력동기의 변화
(Bözel & Risse, 2010: 117)

위 그림에서 수평축은 하이어라키의 수중에 얼마나 힘이 집중되어 있는가를 나타낸다. 수직축은 그 사회 구성원들이 규칙을 얼마나 자발적으로 지킬 의향을 가지게 되는지를 표시한다.

행위자를 정부행위자와 비정부행위자, 즉 민간영역 행위자로 나누어 살펴보자. 비정부행위자는 하이어라키의 힘이 강할수록 규칙을 준수할 동기가 강해진다. 규칙을 위반할 경우 치러야 하는 비용이 커지기 때문이다. 달리 말하면 '하이어라키의 그림자'가 짙게 드리워져 있을수록 규칙을 지킬 동기가 강해진다.

하지만 하이어라키의 그림자가 강해질수록 정부행위자는 사회적으로 합의된 규칙을 준수할 동기가 약해진다. 왜냐하면 정부가 매우 강한 힘을 가지고 있다면 민간 행위자들의 눈치를 볼 필요성이 적어지기 때문이다. 그래서 정부의 일방적 행동 가능성이 늘어난다. 정부행위자의 경우 협력의 동기는 [그림 21]에서 보듯이 상승하다가 어느 지점 이후부터는 하강하는 곡선으로 나타난다.

뵈젤과 리세의 설명에 따른다면 하이어라키의 그림자가 무한정 강해지는 것이 거버넌스의 효율성과 비례하지 않는다는 것을 알 수 있다. 그러므로 필요 이상으로 하이어라키의 그림자가 강한 사회는 효율적인 상호작용이 일어나지 않을 것이다. 예컨대 독재국가와 같이 권력이 집중되어 있는 나라에서는 부패 등 정부행위자들의 배반이 쉽게 일어날 수 있다.

•••••• •

제8장

협력적 집단지성

동물들의 군집지성에서는 개체들의 행동이 자기조직화 방식으로 합쳐진다. 그러나 사람의 경우는 자신들의 행동을 의도적으로 조정함으로써 더 나은 집합적 결과를 얻으려 한다. 공동의 목적을 위해 행위자들이 자신들의 행동을 의식적으로 조정하는 과정을 가리켜 보통 협력이라고 칭한다. 집합행동, 질서, 거버넌스 등은 이 협력을 조금 다른 각도에서 표현한 용어들이다.

이 장에서는 바로 이 의식적 조정을 통한 집단지성의 창출 문제를 살펴볼 것이다. 먼저 협력문제를 다룰 때 가장 널리 사용되고 있는 합리적 선택 접근법에 대해 간략히 알아 본 다음 협력의 문제를 살펴보겠다.

제1절
합리적 선택 접근법

합리적 선택 접근법(rational choice approach)이란 사회 현상을 분석함에 있어서 그 초점을 개인의 '의도적 행동'에 맞추는 이론들을 가리킨다. 먼저 의도성에 초점을 맞춘다는 것이 어떤 의미인지 살펴보자.

욘 엘스터(J. Elster)에 의하면 과학적 설명은 세 가지 유형으로 대별될 수 있다. 첫째는 인과적 설명이고, 두 번째는 기능적 설명이며, 세 번째는 의도적 설명이다 (Elster, 2003: 30-31).

인과적 설명은 모든 학문 분야에서 사용하는 방식으로, 과학적 설명의 가장 기본적인 양식이다. 물리학에서는 인과적 설명만을 사용한다. 기능적 설명이나 의도적 설명은 사용하지 않는다. 기능이나 의도는 어떤 목적을 상정할 때만 성립될 수 있는 개념이다. 물리적 실체는 기능이나 의도를 상정하기 어렵다. 한편 생물학에서는 인과적 설명과 함께 기능적 설명을 사용한다. 기능적 설명이란 어떤 전체 구조를 상정하고 그 구조 내에서 차지하는 위치나 역할로써 개체의 행동을 이해하려는 방식을 말한다.

인간의 행동을 연구대상으로 삼는 사회과학에서는 인과적 설명과 함께 의도적 설명을 광범위하게 사용한다. 의도적 설명이란 어떤 개인이 취한 행동을 그 사람의 의도로써 설명하는 것을 말한다. 의도란 아직 발생하지 않은 미래의 사건을 사전에 통제함으로써 그 사건이 자신이 추구하는 목적에 부합되는 방식으로 진행되게 하려는 행동을 말한다. 의도적 행동은 자유의지를 전제로 한다.

엘스터는 사회과학에서 올바른 설명 패러다임이 되려면 인과적 설명과 함께 의도적 설명이 적절히 추가되어야 한다고 본다. 사람의 행동에는 행위자가 통제할 수 없는 변수와 행위자가 통제할 수 있는 변수가 동시에 작용한다. 자신이 통제할 수 없는 변수에 대해서는 인과적 설명이 적용되어야 하지만 행위자가 통제할 수 있는 변수는 의도라는 관점에서 접근해야 한다는 것이다.

바로 이 행위자의 의도에 중점을 두고 인간의 행동과 사회현상을 설명하려 하는 일군의 이론들을 가리켜 합리적 선택 접근법이라고 부른다.

사람의 행동을 합리적 선택이라는 관점에서 설명하려하는 이론들의 공통된 기본 전제는 다음 두 가지로 요약할 수 있다(Elster, 2003: 30).

(1) 구조적 제약이 개인의 행동을 모두 결정하지는 않는다.
(2) 구조적 제약이 허용하는 실현가능한 행동들 중에서 개인은 최선의 결과를 얻을 수 있다고 믿는 행동을 선택한다.

만일 구조가 개인이 취해야 할 행동을 하나로 특정 한다면 우리는 구조만을 설명변수로 채택해도 대부분의 사회적 행동을 설명할 수 있을 것이다. 그렇게 되면 인과적 설명만으로 충분하다. 그러나 구조는 실현가능한 행동의 집합을 단 하나로 압축하지는 않는다. 단지 선택의 범위를 제한할 뿐이다. 그래서 한 개 이상의 가능한 선택지들 중에서 어느 것이 선택되느냐는 개인의 판단에 맡겨지게 된다.

만일 사람이 주어진 대안들 중에서 임의로 어떤 하나를 선택할 수 있는 자유의지를 가진 존재라면, 사람의 행동을 설명하기 위해서는 개인들이 어떤 기준에 기초해서 대안을 선택하는가에 대한 가정이 필요하다. 합리적 선택이론은 이 대안 선택의 기준을 합리성으로 상정한다.

"합리적으로 행동한다."는 말이 무슨 뜻일까? 다시 말해 '합리성'은 어떻게 정의될 수 있을까? 합리성은 매우 논란이 많은 개념이다. 여기서는 합리적 선택이론에서 가장 널리 수용되고 있는 정의를 중심으로 '합리성' 및 '합리적 선택'의 의미를 요약해 보겠다.

합리적 선택의 의미

합리성 개념에 대한 가장 성공적인 정의로 평가받고 있는 것 중의 하나는 "주관적 기대효용의 극대화"라는 라인하드 젤텐의 정의이다(Selten, 1991: 3). 이 정의는 '주관적 기대효용'과 '극대화'라는 두 부분으로 이루어져 있다.

주관적 기대효용이란 쉽게 말해 행위자가 임의로 설정한 목표를 가리킨다. 행동의 목표는 개인마다 다를 수 있다. 어떤 사람은 부를 중요시하지만 어떤 사람은 명예를 더 귀중하게 생각할 수 있다. 또 어떤 사람은 남을 도우는 데에서 기쁨을 느끼지만 반대로 자기이익만을 중시하는 사람도 있을 것이다.

합리적 선택이론에서 말하는 합리성은 이 목표에 대해서는 중립적이다. 어떤 목표를 지향하느냐는 합리성 여부의 판단 대상으로 보지 않는다는 뜻이다. 합리성 개념은 오로지 각자가 주관적으로 설정한 목표를 달성하는 수단에 대해서만 적용된다. 그래서 합리적 선택이론에서 다루는 합리성을 도구적 합리성이라 부른다.

도구적 합리성이 충족되려면 어떤 조건이 필요할까? 대개 두 가지 조건이 거론된다. 하나는 선호의 안정성이고 다른 하나는 극대화의 추구이다.

선호가 안정적이란 말은 상황이 동일하고 주어진 대안들이 동일할 경우 항상 동일한 대안을 선택한다는 것을 말한다. 변덕을 부린다면 그런 행동은 일관성이 없기 때문에 과학적 설명의 대상이 될 수 없다. 선호가 일관성을 가지려면 완비성(completeness)과 이행성(transitivity)이 지켜져야 한다.[18]

완비성이라 함은 주어진 대안들에 대해 어느 것이 자신의 목표를 달성하는 데 더 좋은 수단인지에 대한 서열을 매길 수 있다는 뜻이다. 대안들에 대한 서열화가 불가능하면 어느 대안이 목표를 달성하는 데 더 좋은 대안인지를 비교할 수 없기 때문에 선택이 무의미해 질 것이다.

이행성이란 이 서열화 된 대안들을 선택함에 있어 일관성이 있음을 뜻한다. 예컨대 사과, 배, 감 중에서 사과를 배보다 좋아하고, 배를 감보다 좋아한다면 사과를 감보다 좋아해야 논리적으로 일관성이 있다. 이행성이란 이 일관성을 가리킨다.

극대화란 서열화된 대안들 중 목표를 가장 잘 달성할 수 있는 최적의 대안을 선택한다는 것을 뜻한다.

사람들은 합리적으로 행동하는가?

"인간은 합리적으로 행동한다."라는 합리적 선택이론의 행동 가정이 현실과 얼마나 부합할까? 합리적 선택이론에 대한 비판은 주로 합리성 가정의 타당성 여부를 중심으로 논의가 이루어진다. 가장 자주 거론되는 비판은 두 가지이다. 하나는 이기성의 문제이고, 다른 하나는 완전성의 문제이다.

---

18 엄밀히 규정한다면 완비성과 이행성 이외에도 연속성 등 몇 가지 조건을 더 추가할 수 있다.

이기성의 문제란 합리적 선택이론이 인간을 이기적 존재로 가정한다고 보고, 현실 속에서의 인간들은 이기적으로만 행동하는 것이 아니라 이타적으로도 행동하는 경우가 많기 때문에 합리성 가정은 적절하지 않다는 비판들을 가리킨다. 하지만 합리적 선택 이론가들은 이 비판을 수긍하지 않는다. 왜냐하면 주관적 기대효용의 극대화를 일상적 의미의 이기적 행위로 보기는 어렵기 때문이다.

앞에서 말했다시피 합리적 선택이론은 개인이 어떤 목표를 추구하느냐에 대해서는 중립적이다. 목표의 좋고 나쁨이나 옳고 그름을 판단하지 않는다. 그러므로 합리적 선택이론의 틀에서 이기적이냐 이타적이냐를 따지는 것은 무의미하다.

물론 '자기가 설정한 목표의 최대 달성'이라는 합리적 선택 이론의 전제를 '이기적'이라고 표현할 수도 있다. 왜냐하면 개인들이 공동의 목적을 추구한다고 보지 않기 때문이다. 어떤 개인이 자기목적이 아니라 공동의 목적을 우선 추구하는 행위를 한다면 그것은 당연한 것이 아니라 설명되어야 할 특별한 현상으로 간주된다. 그러나 이 방법론적 개인주의가 일상적 이기주의와 반드시 같은 것은 아니다 (Ostrom, 2015).

완전성의 문제란 인간이 주어진 대안들 중에서 최적 대안을 선택한다는 가정의 비현실성을 말한다.

많은 경우 사람들은 무엇이 최적 대안인지를 모른다. 가령 서울에서 부산으로 가려는 사람의 경우를 보자. 비행기, 고속버스, 철도, 혹은 자가용 중 어느 수단을 이용하는 것이 최선인지를 대개 완벽히 알기는 어렵다. 빨리 가기 위해 항공편을 이용했는데, 기상조건의 악화로 회항했다면 오히려 철도를 선택한 것이 나았을 것이다.

허버트 사이먼은 "인간은 전지(omniscience)하지 못하기 때문에 합리성은 제한될 수밖에 없다. 전지하지 못하기 때문에 모든 대안을 알지 못하고, 관련된 외생적 사건들이 불확실하며, 그리고 결과의 계산이 불가능하다."고 말하고, "합리적이고자 하나, 단지 제한적으로만 그러하기" 때문에 완전한 합리성(perfect rationality) 대신에 제한된 합리성(bounded rationality) 개념이 도입되어야 한다고 주장했다(Simon, 1979: 502).

정보의 불완전성을 고려할 때 사람들이 항상 최선의 대안을 선택한다고 보기는 어렵다. 그렇다면 합리성 가정을 포기해야 할까? 아마 그렇지 않을 것이다. 합리적으로 행동하려고 노력한다는 사실이 중요하지, 그 합리성이 항상 완벽히 실현되느냐 여부가 문제의 핵심이 아니기 때문이다.

적어도 인간은 합리성을 추구하는 경향을 가지고 있는 것만은 부정할 수 없다. 그러므로 인지적 한계로 인하여 완전한 합리성을 획득하기는 어렵지만 완전합리성을 지향하는 존재로 가정하는 것이 비현실적이라고 보기는 어려울 것이다. 더구나 인간을 합리적 존재로 가정할 때 사회현상을 더 잘 설명할 수 있다면 합리성 원칙은 현실과 부합하느냐 여부와 상관없이 타당성을 가질 수 있다.

인간을 합리적 목적추구자로 간주함으로써 얻을 수 있는 이득은 많다. 다른 접근법들과 비교할 때 무엇보다도 매우 엄밀한 논리를 구성할 수 있게 해준다는 것이 가장 큰 장점이다. 경제학이나 게임이론 등이 그 대표적인 예이다. 더구나 합리성을 비롯한 이론적 가정들은 현실과 부합할 수 있도록 조건을 완화시킬 수 있는 탄력성을 가지고 있다.

현재로서는 사회과학에서 합리적 선택 접근법 보다 더 정교한 이론체계를 갖춘 접근법은 찾기 어렵다고 해도 과언이 아닐 것 같다.[19]

전략적 합리성과 게임이론

사람들이 나름의 목적을 최대한 달성하기 위해 노력한다는 것이 합리적 선택 접근법의 출발점이다. 그러나 만일 동일한 목적을 추구하는 행위자가 둘 이상 있고, 이들의 목표가 서로 경합적이라면 어떻게 될까? 바로 이 의도적 행위자들 간의 상호작용을 분석대상으로 삼는 것이 게임이론이다.

게임이론은 의사결정의 상호의존성에 초점을 맞춘다. 즉, "게임이론은 사회적 상호작용을 기술하는 수학적 언어를 제공하기 위해 만들어졌다."(Camerer, 2004: 374).

의사결정의 상호의존성이란 내가 선택한 대안이 어떤 결과를 가져오느냐가 객관적 변수들에 의해서만 결정되는 것이 아니라 나와 상호작용하고 있는 상대방의

---

19 합리적 선택이론 내에서도 여러 유형이 존재한다. 가장 큰 분기점은 '강한' 합리적 선택이론과 '약한' 합리적 선택이론이다. '강한 합리적 선택이론'은 사회적, 제도적 제약을 합리적 선택의 산물로 보고, 합리적 선택에 종속적인 것으로 간주한다. '약한 합리적 선택이론'은 사회적, 제도적 제약을 주어진 것으로 보고, 그 제약 내에서 이루어지는 합리적 선택행위를 분석대상으로 삼는다. 예컨대 올슨의 집합행동이론은 강한 이론화에 해당한다. 사회제도나 제약 등이 없다고 가정했을 때 합리적 선택만 작용한다면 어떤 결과가 나올까라는 관점에서 이론을 구성했기 때문이다. 올슨은 개인적으로 합리적으로 행동하는 사람들은, "만약 강제나 다른 특별한 장치가 없다면," 무임승차하게 된다고 보았다(Miller, 1992: 24).

선택에도 달려있는 상황을 가리킨다. 쉬운 예로 가위 바위 보를 보자. 내가 가위를 냈을 때 만일 상대방이 보를 선택했다면 내가 이긴다. 그러나 상대방이 바위를 내면 내가 진다. 즉, 나의 선택이 어떤 결과를 얻을지가 상대방이 어떤 선택을 하느냐에 달려 있다. 이것이 바로 의사결정의 상호의존성이다.

이처럼 결과가 상호의존적으로 결정되는 경우의 합리성을 가리켜 전략적 합리성(strategic rationality)이라고 한다. 반면에 상호의존성이 없는 경우는 상수적 합리성(parametric rationality)이라고 불린다.[20]

전통적 경제학에서는 보통 상수적 합리성 문제만을 다루었다. 예컨대 내가 만원을 가지고서 배, 사과, 감을 산다고 할 때, 나의 효용을 극대화 하려면 배, 사과, 감을 몇 개씩 사야 하는지 등과 같은 최적화 문제에서는 배, 사과, 감에 대한 나의 선호와 그리고 각각의 가격만 고려하면 된다. 나의 선택이 가져오는 결과가 다른 행위자의 선택에 따라 달라지는 측면은 고려하지 않는다.

게임이론은 합리적 선택 접근법 내에서 가장 성공적인 이론적 자원으로 간주되고 있다. 게임이론은 협력의 문제, 사회적 딜레마, 컴퓨터 시뮬레이션 등 여러 영역에서 인간행동의 모형화를 가능하게 해주는 미시적 기반이 되어 왔다.

게임이론의 기본요소는 경기자(player), 전략(strategy), 보수(payoff)이다. 게임에서는 다수의 경기자, 즉 행위자가 있다. 각 행위자가 선택할 수 있는 행동 대안들은 전략이라 불린다. 경기자들이 전략을 선택하면 각자는 자신의 선택과 다른 사람의 선택이 상호의존적으로 결정하는 보수를 얻는다.

사회적 상호작용을 분석하는 데 있어 게임이론이 갖는 의의는 균형 개념에서 가장 잘 나타난다. 균형 개념이 왜 중요할까? 그 이유는 추론의 무한회귀를 막아주기 때문이다.

예를 들어보자. 야구에서 투수와 타자는 목표가 서로 갈등적이다. 어떤 투수가 던질 수 있는 공이 직구와 슬라이더 두 가지뿐이라고 가정하자. 타석에 들어선 타자는 투수가 어떤 공을 던질지를 미리 안다면 안타를 친 확률이 높아진다. 타자외

---

20 엘스터가 말한 '상수적 합리성'과 '전략적 합리성'의 구분은 노이만과 모르겐슈테른이 말한 '로빈슨 크루소 모형'과 '사회교환 모형', 하사니의 '개인적 결정이론'과 '사회적 배경에서의 합리적 행위 이론' 등의 개념과 유사하다. 모두 합리성이 문제시되는 두 상황의 차이에 주목한 것이다. Elster(2003: 30). Udehn(2001: 252) 참조.

추리를 보자. "전 타석에서 직구를 던져서 안타를 맞았으니까, 이번에는 슬라이더를 던질 것이다."라고 일단 생각할지 모른다. 그러나 다시 생각할지 모른다. "전 타석에서 직구를 맞았으니까 이번에는 슬라이더를 던질 것이라고 내가 예상할 것이라고 투수는 추리할 것이다. 그러므로 투수는 내 예상에 어긋나게 다시 직구를 던질 것이다. 직구에 대비하자." 이 추론은 끝없이 이어질 수밖에 없다. 그러므로 타자가 어느 단계에서 추론을 멈출지를 말하기가 어렵다.

게임이론이 등장하기 전에는 이 무한회귀를 처리할 수 있는 적절한 이론이 없었다. 따라서 사회적 상호작용에 대한 이론화가 어려웠다. 게임이론에서 균형 개념은 바로 이 무한회귀가 어느 지점에서 정지할지를 말해준다.

존 내시(J. Nash)는 모든 게임에 최소한 하나 이상의 균형점이 존재함을 증명함으로써 게임이론의 기반을 확립했다. 게임이론의 의의를 다양한 각도에서 언급하고 있는 『아름다운 수학』(A Beautiful Math)[21]라는 책에서 저자 톰 지그프리드는 이렇게 말했다. "게임이론이란 결국 최선의 혼합전략을 계산하기 위한 수학이다. 최소한 하나의 내시균형이 존재한다는 것이 게임이론의 근본원리이다."(Siegfried, 2006: 59).

제2절
사회적 딜레마와 협력의 발생

제1항 사회적 딜레마

협력은 개체들의 노력을 집합체의 성과로 결합시키는 가장 기본적인 집단화(aggregation) 양식이다. 협력은 사람에게서 뿐만 아니라 자연의 모든 집합체에서 나타난다. 많은 생물학자, 심리학자들은 협력이 진화에 핵심적 역할을 한다는 것과, 인간이 다른 동물에 비해 협력의 기술을 고도로 발달시킨 존재라는 점에 대해서 의견을 같이한다.

---

21 국내 번역본은 이정국 옮김. 2010. 『호모 루두스』. 자음과 모음.

일찍이 실증주의 철학자 허버트 스펜서(H. Spencer)는 "과학적 의미에서 사회는 개인들의 병렬적 결합에 협력이 추가될 때만 존재한다."(Durkheim, 1994: 219)고 말한 바 있다. 또 발달심리학자 마이클 토마셀로는 인간이 다른 동물들과 다른 점 두 가지로 누적적으로 진화하는 문화를 가지고 있다는 점과 사회적 제도를 만드는 능력이 있다는 점을 들었다(Tomasello, 2009: x-xi). 제도는 협력의 체계이고 문화는 협력의 성과를 전승시키는 장치이다. 결국 인간과 다른 동물들과의 차이가 협력의 기술 차이에서 비롯됨을 지적한 것이다.

사람들이 각자 자기이익 혹은 자신의 목표를 위해 열심히 노력하기만 하면 최선의 집합적 결과가 저절로 만들어질까? 만약 이것이 사실이라면 협력이라는 단어는 불필요할 것이다. 협력이 진화의 원동력이며 협력이 없으면 진화도 없다고 단언하는 진화생물학자 노왁은 협력에 대해 이렇게 언급한 바 있다.

> 새로운 수준의 조직으로 진화하기 위해서는 협력이 필요하다. 게놈, 세포, 다세포 유기체, 사회적 곤충, 그리고 인간사회는 모두 협력에 기반을 두고 있다. 협력이란 이기적 복제자가 자신의 재생산 잠재력을 일부 보류하여 서로 돕는 것을 의미한다 (Nowak, 2006: 1560).

노왁의 언급은 협력의 수준이 높아지기 위해서는 때로는 행위자들의 의도적 노력이 필요함을 암시한다. 이는 마치 생태계에서 생물들이 경쟁뿐만 아니라 협력을 통해 진화한다는 공진화(coevolution) 원리와 상통한다. 그러면 어떤 경우에 의도적 노력이 필요할까? 게임이론의 틀로써 이 문제에 접근할 수 있다.

먼저 의도적 조율이 필요 없는 경우를 생각해 보자. 모든 사회적 상호작용이 항상 인위적 조정을 필요로 하는 것은 아니다. 다시 말해 개인들이 독립적으로 자기 목표 극대화만을 추구하더라도 집합적 합리성이 '저절로' 실현되는 경우도 많다. 이에 해당하는 대표적 게임모형은 조화게임(harmony game)이다.

[표 11] 조화게임(harmony game)

	을	
	C(협력)	D(배반)
갑 C	**(4, 4)**	(2, 3)
갑 D	(3, 2)	(1, 1)

[표 11] 조화게임에서는 이익극대화의 원리에 따라 행동하더라도 집합적으로 최선인 (4, 4)에서 균형이 성립한다.[22] 전략 C가 갑과 을 모두의 우월전략이기 때문이다. 그 결과로 귀착되는 균형점 (4, 4)는 집합적으로도 최적인 점이 된다. 개인들의 이익이 자연조화 되기 때문에 협력을 만들어내기 위한 인위적 노력이 불필요하다. 조화게임은 개인의 행동이 외부성을 지니지 않거나 긍정적 외부성을 지닌 경우이다. 달리 말하면 개인의 행동이 남에게 아무런 피해를 주지 않거나 혜택을 줄 수 있어야 한다.

당연히 모든 사회적 상호작용이 자연조화 되지는 않는다. 개인의 행동은 대부분 남에게 어떤 형태로든 영향을 미치게 되고, 또 그 영향이 부정적일 가능성이 높다. 그러므로 협력이 이루어지려면 어떤 방식으로든 조정이 있어야 한다. 인위적 조정 없이는 협력이 일어날 수 없는 가장 대표적인 예로는 죄수의 딜레마 게임을 들 수 있다.

---

22 2인 게임의 내시 균형점은 다음과 같이 찾을 수 있다. [표 11]에서 먼저 갑이 어떤 전략을 택하게 되는지를 살펴보자. 만약 을이 C라는 전략을 택한다고 가정했을 때 갑이 C로 응수하면 4를, 그리고 D로 대응하면 3의 보수를 얻을 수 있다. 그러므로 이 경우 갑은 C 전략을 택할 것이다. 또 을이 D를 택했다고 가정해보자. 이 경우 갑이 C를 택하면 2를, D를 택하면 1의 보수를 얻을 수 있다. 그러므로 이 경우 갑은 C를 택하는 것이 최선이다. 결국 을이 C를 택하든 D를 택하든 관계없이 갑의 최선의 전략은 C라는 것을 알 수 있다. 게임의 보수구조가 대칭이므로 을에게 최선인 전략 역시 갑과 마찬가지로 C가 된다. 그러므로 (C, C)점에서 균형이 성립된다.

[표 12] 죄수의 딜레마 게임(2)

	을	
	C	D
갑 C	(3, 3)	(1, 4)
갑 D	(4, 1)	**(2, 2)**

[표 12] 죄수의 딜레마 게임에서는 내시균형, 즉 실제 경기결과로 귀착되는 지점이 (2, 2)이다. 전략 D가 갑과 을 모두에게 우월전략이기 때문이다. 그러나 집합적으로 최선인 점은 (3, 3)이다. 이 경우 만일 인위적 조율을 통해 균형점을 (2, 2)에서 (3, 3)으로 이동시킬 수 있다면 갑과 을 모두에게 이익이 된다. 자연적 균형점을 사회적으로 최적인 지점으로 이동시키는 것이 바로 협력의 문제이다.

개인의 이익극대화 동기에만 맡겨놓았을 때 합리성이 실현되지 못하는 상황을 사회적 딜레마(social dilemma)라고 한다. 이 '자연조화의 실패'를 낳는 사회적 딜레마는 여러 가지 유형이 있다.[23] 그러나 모든 사회적 딜레마에서 공통된 문제는 다음과 같이 요약할 수 있다. "두 행위자 사이에 공동의 이익이 있다. 그러나 그 공동의 이익은 달성될 수 없다. 그 이유는 행동의 선택권이 각 개인에게 분할되어 있기 때문이다."

제2항 협력의 기제

사회적 딜레마 상황에서는 협력이 자연발생적으로 나타나지 않는다. 그러므로

---

23 일반적으로 집합행동이 실패하는 상황, 즉 개인들이 공동의 목표를 위해 협력적으로 행동하지 못하는 경우는 불평등 문제, 불안정 문제, 조정실패, 협력실패(sub-optimal outcomes) 등 여러 유형이 있다. 이 중에서 사회적 딜레마라고 할 때는 보통 협력실패를 가리킨다.

어떤 식으로든 조율이 필요하다. 협력에 대한 연구는 대부분 이 조율의 방법에 대한 연구라고 해도 과언이 아니다.

이 조율은 누가 주체가 되느냐를 기준으로 크게 세 가지 유형으로 대별해 볼 수 있다. 첫째는 자기조율이다. 각 개인이 스스로 자신의 행동을 조정하는 경우를 말한다. 두 번째는 상호조율이다. 행위자들이 서로의 행동을 견제, 제어하는 경우를 말한다. 세 번째는 외부조율을 들 수 있다. 외부의 권위가 행위자들의 선택을 일률적으로 통제하는 경우를 말한다.

세 유형은 각각 자기이행(self-enforcement), 상호이행(mutual enforcement), 외부이행(external enforcement)으로 불린다. 이 셋은 곧 거버넌스를 뜻하므로, 앞에서 논의한[24] 아나키, 헤테라키, 하이어라키에 각각 대응된다.

쿠이만은 이 셋을 각각 자기 거버넌스, 공동 거버넌스, 위계 거버넌스라 칭했다(Kooiman, 2003). 또 아나키 대신 시장, 헤테라키란 말 대신 공동체나 네트워크, 그리고 하이어라키 대신 국가, 정부, 리바이어던이라는 단어가 사용되기도 한다.

위 세 가지 협력 기제 중에서 현재 협력에 대한 연구들은 대부분 상호이행의 기제에 초점을 맞추고 있다. 어떻게 하면 국가와 같은 집권적 권위에 의존함이 없이 협력을 확장시킬 수 있느냐가 주된 관심사이기 때문이다. 직접적 상호성, 간접적 상호성, 공간분리, 네트워크 위상구조 등이 모두 상호이행의 기제들이다.

제3항 자기이행

자기이행(self-enforcement)이란 개인수준에서 찾을 수 있는 협력의 기제들을 가리킨다. 인간의 본성, 도덕적 규범, 그리고 사적 규범 등이 여기에 해당한다.

본성
인간의 본성이 이기적이냐 이타적이냐에 대한 논쟁은 매우 긴 역사를 가지고 있다. 이 문제가 현대 사회과학에서 재론되고 있는 이유는 협력을 이해하는 데 중

---

24 제7장 2절 표 참조

요하기 때문이다. 특히 정보화 시대 이후 인간의 이타적 본성을 지지하는 학자들이 많아졌다.

웹에서의 협력행동은 인간을 이기적 존재로 보아서는 설명하기가 어려운 경우가 많기 때문이다. 레비, 벤클러 등이 이타성을 강조해 왔다.

특히 요차이 벤클러(Y. Benkler)는 인간의 이타성을 강조하는 대표적 인물이다. 그는 근대 이후 등장한 '리바이어던'과 '보이지 않는 손' 개념이 둘 다 인간을 이기적 존재로 본다는 점에서는 공통된다고 말하고, 이것과는 달리 인간을 이타적 존재로 보는 제3의 흐름이 있다고 말한다. 그는 이 제3의 시각에 다음과 같은 이유로 '펭귄'이라는 이름을 붙였다.

> 이에 대한 주요 대안으로 서양 정치사상에서 등장한 생각은 프랑스 철학자 장자크 루소에서 시작하여 스코틀랜드 계몽주의 철학자 데이비드 흄과 애덤 스미스의 또 다른 대작 『도덕 감정론』을 거쳐 대표적인 무정부주의 철학자 피에르 조제프 프루동과 표도르 크로포트킨에 이르는 다양한 사상가들의 연구를 합쳐놓은 결과물이다. 인간에게 아첨하는 듯한 이 시각은 인간에게 근본적으로 공감 능력이 있다고 주장하면서, 인간은 단순히 이익을 위해서만 행동하는 존재가 아니라, 도덕적으로 협력하고 관대하게 행동하게 만드는 감정을 지닌 존재라고 설명한다… 리눅스의 마스코트 턱스(Tux)에게 경의를 표하는 의미에서 나는 이 대안을 '펭귄'이라고 부르겠다 (Benkler, 2011: 5).

오래 전부터 많은 사상가들은 사람이 본질적으로 선하다고 주장해 왔고 지금도 그러하다. 맹자의 사단설(四端說),[25] 아담 스미스의 공감능력(sympathy), 루소의 연민(pitié) 등이 그 대표적인 예이다.

현대 게임이론에서도 이 문제는 연구주제로 자주 다루어져 왔다. 공공재 게임, 최후통첩 게임, 독재자 게임 등의 실험은 인간의 협력적 성향을 이해하기 위한 장치들이다. 많은 연구들이 사람들에게 일정 수준 이상의 이타성이 본래부터 있음을 보여주고 있다.

---

25 맹자는 인간이 선천적으로 측은지심(惻隱之心), 수오지심(羞惡之心), 사양지심(辭讓之心), 시비지심(是非之心)을 가지고 있다고 본다. 각각을 仁義禮智라고 불렀다.

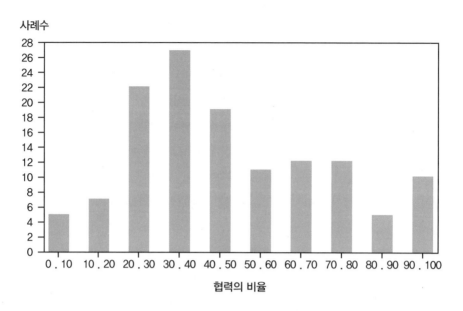

[그림 22] 죄수의 딜레마 게임 실험에서 협력의 빈도(Sally, 1995: 63)

예컨대 샐리는 1958-1995년 사이에 있었던 여러 죄수의 딜레마 게임 실험들을 종합하여 검토했다. 그 결과 반복게임에서는 20-50%(평균 47.4%) 정도로 협력이 나타났음을 확인했다. 위 그림을 보면 협력 비율이 30-40%인 경우가 가장 많다. 그 다음으로 20-30%, 40-50%의 구간이 상위를 차지하고 있음을 볼 수 있다(Sally, 1995).

또 공공재 게임, 최후통첩 게임이나 독재자 게임에서도[26] 인간의 행동이 순전히 이기적 동기에 의해서만 움직이는 것이 아님을 보여주고 있다. 여러 나라에서 대학생들을 상대로 행해진 수많은 최후통첩 게임 실험 결과를 종합해 보면, 첫째, 제안자는 대개 상당히 많은 금액을 제안하며(최빈값은 50%), 둘째, 응답자는 30% 이하의 제안은 대개 거부한 것으로 나타난다. 이러한 결과는 금액의 많고 적음이나 참가자들이 게임을 이해하는 정도와 관계없이 일관되게 나타나고 있다.

---

26 공공재 게임은 p.278 참조. 최후통첩 게임은 익명의 두 사람 중 한 사람(A)에게 일정량의 돈을 준 후 나머지 한 사람(B)과 나눠 가지게 한다. 단, A가 주는 액수를 B가 거부하면 둘 다 돈을 못가지게 된다. 독재자 게임은 A가 마음 내키는 대로 B에게 돈을 나눠 주면 된다. B가 그 돈을 받던 거부하든 상관없다.

독재자 게임의 경우도 마찬가지다. 이 게임은 제안자가 일정 금액을 제안하고 그것으로 끝난다. 응답자는 아무 권리도 없다. 그러므로 만일 순수 이기주의자라면 그는 0을 제안해야 한다. 그래야 자기이익이 극대화되기 때문이다. 하지만 대학생들을 상대로 실제 행해진 실험 결과, 제안자들은 평균 25%의 금액을 상대방에게 건네주었다(Bednar & Page, 2007: 67-68). 최후통첩 게임에 비해 '착함'이 감소하긴 하지만, 여전히 많은 수의 제안자들이 공정성에 입각해서 행동한다는 것을 보여준다.

최후통첩 게임 그리고 독재자 게임 등의 실험은 이타성이나 공정성 관념이 선천적일 수도 있음을 말해준다. 실제로 생물학자들은 인간의 이타성에 대한 생물학적 근거를 제시하기도 한다. 이런 점으로 미루어볼 때 인간 사회에서 일어나는 협력의 많은 부분은 진화 과정에서 자연선택된 협력의 유전자에서 기인하는 것일지도 모른다.

도덕적 규범

인간의 행동을 규정하는 주요 요인 중의 하나가 규범이다. 규범에는 사회적 관계를 보편적으로 규율하는 사회적 규범과 개인의 가치관을 규정하는 도덕적 규범 그리고 사적 규범 등으로 나눌 수 있다.

사적 규범이란 개인이 의도적으로 설정한 자신의 행동준칙을 가리킨다. 가령 술을 자주 마시던 사람이 건강을 이유로 "내일부터는 술을 마시지 않겠다."고 결심한다면 이것은 사적 규범이 된다.

세 가지 규범 중에서 사회적 규범은 외적 이행에 해당한다. 규범이 모든 구성원들에게 동일하게 적용되기 때문이다. 반면 도덕적 규범과 사적 규범은 자기이행에 속한다.

개인이 가지고 있는 가치관이나 도덕적 규범이 행동의 선택에 영향을 미친다는 것은 쉽게 알 수 있다. 예컨대 길을 가다가 어려운 상황에 처해있는 사람을 보았을 때 아무도 지켜보는 사람이 없는데도 불구하고 도와주는 사람이 있는가 하면 어떤 사람은 그냥 지나간다. 이때의 이타적 행동은 외적 강제로도, 인간의 본성으로도 설명하기가 어렵다. 개인들이 가지고 있는 도덕적 규범의 차이로밖에 설명할 수 없다.

개인들이 모두 동일한 도덕적 규범을 가지고 있지는 않다. 이 규범의 다양성이 협력에 긍정적으로 작용할까, 아니면 부정적으로 작용할까? 다시 말해 어떤 사회 구성원들의 도덕적 규범이 획일적으로 통일되어 있는 것이 좋을까? 아니면 그 반대일까?

　이 문제에 관해서는 엘스터의 논의가 흥미 있다. 그는 규범의 다양성이 집합행동, 즉 협력에 유리하게 작용한다고 본다. 그의 설명을 좀 더 살펴보면 다음과 같다. 욘 엘스터는 기본적으로 사람의 행동동기를 크게 합리성과 규범으로 구분해서 본다. 다시 말해 이 두 요인이 어느 하나로 환원될 수는 없다는 입장을 가진 사람이다. 집단행동과 관련해 그는 규범을 공정성 규범(fairness), 일상 속의 칸트주의(everyday Kantianism), 그리고 공리주의(utilitarianism)의 세 유형으로 대별해서 논하고 있다(Elster, 1989, chapter 5).

　공정성 규범 행위자란 다른 모든 사람 혹은 적어도 충분한 수의 다른 사람들이 협력할 때만 나도 협력한다는 규범을 가리킨다. 즉, 조건부 협력 행위자들이 여기에 해당한다. 대개의 사람들은 여기에 해당할 것이다.

　칸트주의자란 "모든 사람들이 그 일을 한다면 어떻게 될까"라는 원리에 의해서 행동하는 사람을 말한다. 즉, 자신에게 이익이 되느냐 아니냐를 기준으로 삼는 것이 아니라 모든 사람들이 협력하는 것이 모두가 배반하는 것보다 더 좋다고 생각하면, 그리고 그럴 경우에만, 협력하는 원칙주의자를 가리킨다. 일상 속에서는 "내가 아니면 누가 하겠는가"라는 정신으로 행동하는 선구자적 행위자들이 여기에 해당한다.

　공리주의자는 자신의 행동이 집단이나 사회의 총 효용을 증가시키는가 여부를 기준으로 행동하는 사람들을 가리킨다. 사회 전체의 총효용을 가늠하기는 다소 어렵지만 다음 사례를 보면 이해하기 쉽다.

　위 유형을 염두에 두고 가령 독재정치에 항의하는 데모를 하는 경우를 생각해보자. 맨 처음 데모에 나서는 사람은 진압, 구금, 조사 등 여러 가지 불이익을 받을 것이다[그림 23], 구간 G). 공정성 규범 행위자들은 이 경우 처음에는 데모에 나서지 않을 것이다. 왜냐하면 충분 수의 다른 사람들이 집단행동에 가담하지 않으므로 조건부 협력이라는 자신의 규범이 충족되지 않기 때문이다. 그는 다수가 참여해서 자신도 참여하면 그 데모가 목적을 달성할 수 있다고 판단되는 순간 가담할 것이다.

반면 칸트주의자는 만일 사회구성원 모두가 그 데모에 참여하면 그 결과 사회구성원 전체에게 더 나은 결과를 가져올 수 있다고 판단할 경우, 지금의 효용에 상관없이 그 데모를 시작할 것이다.

한편 공리주의자도 이 구간에서는 데모에 가담하지 않을 것이다. 왜냐하면 최초 가담자의 경우 많은 불이익을 받게 될 것이고, 그렇게 되면 사회전체의 효용을 감소시킬 것이기 때문이다(그래프에서 사회의 총효용이 음수로 나타난다). 그러므로 사회전체의 최대효용이라는 기준에 부합하지 않는다.

아래 그림에서 구간 G는 개인의 효용을 감소시킨다. 그러므로 이 경우 공정성 규범을 가지고 있는 조건부 행위자는 참여하지 않을 것이다. 어느 정도 자신의 기준을 만족시키는 충분 수의 다른 사람이 참여한다면(C나 D) 그 때부터 참여할 것이다. 이 참여를 결정하게 만드는 정족수는 사람에 따라 다르다.

한편 효용이 0 이상이 되는 지점부터 최대지점(E)까지는 공리주의자가 참여하게 되는 구간이다. 그는 자신의 참여가 사회전체의 효용을 증가시킬 때 참여하기 때문이다. 공리주의자는 총효용이 감소되는 E점 이후에도 참여하지 않을 것이다.

엘스터의 이 논리는 협력 혹은 집합행동의 동학에 중요한 시사점을 던져준다. 즉, 사회구성원들의 반응 정족수가 동일하면 집단행동이 일어날 수 없다는 것이다.

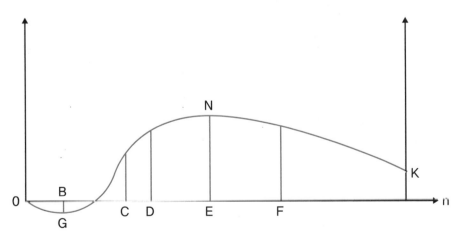

[그림 23] 참여자의 수에 따른 평균 효용의 변화.
수직축은 평균효용, 수평축은 참여자의 수(Elster, 1989: 189)

반응의 정족수라는 관점에서 엘스터의 규범들을 해석해 보면, 칸트주의는 정족수가 0인 사람, 그리고 공리주의는 정족수가 사회전체의 효용을 감소시키지 않는 최소참가자 수가 될 것이다. 그리고 공정성 규범자는 정족수의 구체적 크기는 사람들마다 다르겠지만 적어도 칸트주의자나 공리주의자 보다는 높을 것이다. 그러므로 만약 공정성 규범자만 있는 사회라면 집합행동, 즉 협력이 일어나기 어렵다고 말할 수 있다.

사회 내 협력은 이처럼 일정비율의 칸트주의자, 공리주의자, 그리고 조건부 협력자들이 섞여 있어야 쉽게 일어날 수 있다. 엘스터의 논의 역시 다양성의 중요성을 시사해 준다.

제4항 상호이행

협력에 대한 보상과 비협력에 대한 처벌이 제도에 의해서만 주어지는 것은 아니다. 상호작용하는 행위자 당사자들이 서로에 대해 보상과 처벌을 할 수도 있다. 예를 들어보자. 갑이 을에게서 돈을 빌렸을 경우 만일 제때에 갚는다면 을은 다음에도 갑에게 돈을 빌려 줄 가능성이 높다. 그러나 갑이 약속을 어길 경우 이후 을은 갑에게 돈을 빌려 주지 않을 것이다. 이처럼 을은 돈을 빌려주지 않는 행위를 통해서 갑을 '처벌'할 수 있다.

이 상호적 보상이나 처벌은 반드시 상호작용하는 당사자들 사이에서만 일어나는 것은 아니다. 만일 갑이 을에게서 빌린 돈을 갚지 않았다는 소문이 나면 다른 사람들도 갑에게 돈을 빌려주지 않을 것이다. 이것이 평판을 통한 보상과 처벌이다. 당사자에 의한 보상이나 처벌을 직접적 상호성이라 하고, 평판에 의한 보상이나 처벌을 간접적 상호성이라고 한다.

또 보울스와 긴티스는 직접적 상호성이나 간접적 상호성과는 다른 유형의 상호성이 있음을 주장한다. 어떤 사람들은 자신과 무관한 일일지라도 잘못을 저지르는 사람을 꾸짖는 등 처벌행위를 한다. 예컨대 길을 가다가 어린 학생이 구타당하는 광경을 보았다고 하자. 많은 사람들은 이 경우 자신이 피해를 볼 수도 있음에도 불구하고 약자를 보호하려 한다. 이처럼 정의감에 기초한 행동을 가리켜 보울스 등은 "강한 상호성(strong reciprocity)" 또는 "이타적 처벌(altruistic punishment)"라고 불렀다(Bowles & Gintis, 2002).

한편 공간분리나 네트워크의 위상구조는 행위자들 간의 상호작용 양상에 크게 영향을 미친다. 이 상호작용의 공간적 측면 역시 협력 수준에 영향을 미치는 중요한 변수이다. 상호이행과 관련된 문제들에 대해서는 다음 장에서 좀 더 상세히 다룰 것이다.

제5항 외부이행

외부이행은 인류 역사에서 가장 흔히 볼 수 있는 협력창출 방식이다. 외부이행이란 간단히 말해 제도(institution)에 의한 협력의 창출을 가리킨다. 먼저 제도가 무엇을 뜻하는지 이해할 필요가 있다. 제도를 정의하는 방식은 다양하다.

더글라스 노스는 제도를 '게임의 규칙'으로 간명하게 정의한 바 있다. "제도는 사회 내 게임의 규칙이다. 좀 더 형식적으로 말하면 인간의 상호작용을 모양 짓는, 인위적으로 고안된 제약들이다. 그 결과, 제도는 사람들 간 정치적, 사회적, 또는 경제적 교환에서 유인체계를 구조화한다."(North, 1990: 3-5). 호지슨(Hodgson, 2006)도 노스와 비슷하게 제도를 "사회적 상호작용을 구조화하는, 확립되고 확산되어 있는 사회적 규칙의 체계"로 정의했다.

제도에는 법률과 같은 공식적 제도뿐만 아니라 사회적 규범이나 관습과 같은 비공식 제도도 포함된다. 뿐만 아니라 사회구성원들의 행동양식에 보편적 제약을 가하는 언어, 화폐, 도량형 체계, 식탁예절, 회사 등도 모두 제도에 해당한다.[27]

제도의 가장 큰 특징은 일반성이다. 즉, 규칙이 모든 구성원들에게 동일하게 적용된다는 점에서 자기이행이나 상호이행과 구분된다.

개인의 행동에 대한 제도의 역할은 재론할 필요가 없을 것이다. 제도는 협력하

---

27 Hodgson은 공식적 제도와 비공식적 제도라는 용어보다 명시적 제도, 암묵적 제도라는 용어가 더 유용하다고 본다. 명시적이란 말은 코드화, 즉 명문화된 제도들을 가리키며, 묵시적 제도란 사회적 관행이나 규범들처럼 코드화되지 않은 것들을 가리킨다(Hodgson, 2006: 2).

는 개인에게 보상을 주고, 협력하지 않는 개인에게는 처벌을 가함으로써 개인의 효용함수를 바꾸어 놓는다. 이렇게 효용함수가 바뀌면 협력하는 행위가 비협력 행위보다 보다 더 합리적인 행동이 되므로 협력이 만들어진다. 하지만 제도에 의해 협력문제를 해결하려는 데는 몇 가지 근본적인 한계가 있다.

제도, 특히 공식적 제도에 의한 협력문제 해결은 보통 리바이어던 방식으로 불린다. 이 리바이어던 방식의 약점으로는 다음 네 가지를 지적할 수 있다.

첫째, 리바이어던을 만드는 과정 자체가 집합행동의 문제이다. 즉, 구성원들의 합의가 필요하다. 그러나 리바이어던을 만드는 단계에서는 존재하는 리바이어던이 없으므로 협력에 대한 근원적 처방이 될 수 없다.

둘째, 리바이어던은 정당화를 필요로 한다. 왜냐하면 강제력으로 구성원들을 항상 복종시키기는 어렵기 때문이다. 이 정당성은 집합적 합리성이 더 우선한다는 판단에 기초해 있다. 그러나 개인의 합리성보다 집단의 합리성이 도덕적으로 우선권을 갖는다는 것을 정당화하기는 쉽지 않다.

셋째, 리바이어던은 사회의 다원화된 복잡성에 적절히 대응하기 어렵다. 공식화된 제도는 유연하지 않기 때문이다.

넷째, 리바어어던 방식은 비효율적이고, 장기적으로 보면 구성원들의 협력적 성향을 약화시킨다. 왜냐하면 사회적 신뢰의 축적을 어렵게 만들기 때문이다. 다시 말해, 협력적 행동방식이 개인의 의식 내면에 입력되지 않고 외적 강제에 의해 행동이 규율되기만 할 뿐이기 때문이다.

제9장
반복게임과 네트워크 구조

상호이행(mutual enforcement)은 협력문제 연구에서 가장 중심적 위치를 차지하는 주제이다. 협력에 대한 연구의 대부분은 이 상호이행이 어떻게 만들어지는가에 관한 것들이다. 앞에서 언급했듯이 간접적 상호성, 직접적 상호성, 강한 상호성 등은 상호이행의 대표적 기제들이다.

상호이행은 한 차례로 끝날 수도 있지만 계속 반복될 수도 있다. 여기서는 합리적 행위자들의 반복적인 상호이행을 통하여 사회적 규범이 형성되는 반복게임에 대하여 논의한다. 나아가 상호 간 만남의 양상을 결정하기 때문에 협력의 중요한 여건 중의 하나로 작용하는 네트워크 구조에 대해서도 살펴볼 것이다.

직접적 상호성이란 게임의 당사자들이 서로를 처벌하는 것을, 간접적 상호성은 평판 등을 매개로 하여 제3자가 배반자를 응징하는 것을 가리킨다. 강한 상호성은 자신의 이익과 무관한 문제에 대해서 스스로 비용을 감수하면서 배반자를 처벌하는 행위를 가리키는 것으로, '이타적 처벌'이라고도 한다. 이처럼 상호이행에서는 모두 배반행동에 대한 처벌이 행위자들 상호 간에 일어난다.

상호이행과 관련된 주요 주제 중의 하나는 상호작용의 공간적 구조에 관한 것이다. 토마스 셸링(T. Schelling)의 거주지 분리 현상에 대한 연구를 대표해서 최근의 네트워크 구조와 협력수준과의 관계에 대한 연구 등이 모두 여기에 해당한다.[28]

협력 문제에서 네트워크의 구조가 중요한 변수가 되는 이유는 네트워크의 형태에 따라서 자주 만나게 되는 사람들이 달라지기 때문이다. 앞에서 말한 직접적, 간접적, 강한 상성은 모두 집단 구성원들 간의 상호작용이 무작위로 이루어지는 것을 전제하고 있다. 즉, 구성원들이 서로 만날 확률이 거의 비슷하다고 보는 동질성 가정에 입각해 있다. 그러나 실제 현실에서는 구성원들 간의 조우가 무작위로 이루어지는 것은 아니다. 예컨대 서울 종로구에 사는 사람들은 종로구에 사는 사람들과 만날 확률이 높다.

네트워크는 바로 이 만남의 양상을 결정해 준다. 누가 누구와 만나게 되는가, 그 만남의 빈도는 어떻게 되는가가 네트워크의 형태에 따라 달라진다. 이 조우할 가능성의 비균일성은 어떤 사회의 협력 수준에 크게 영향을 미친다. 친한 친구끼리는 협력이 쉽게 일어날 수 있다. 반면에 연결성이 약한, 길을 가다가 우연히 만난 사람과는 협력이 일어나기 어려울 것이다. 그러므로 네트워크 구조는 사회전체의 협력수준을 좌우하는 주요 변수가 된다. 이 장에서는 먼저 상호이행에서 핵심적 위치를 차지하고 있는 반복게임이 어떻게 협력을 만들어 낼 수 있는지를 알아 본 후 네트워크 구조와 협력과의 관계를 살펴보겠다.

---

28 거주지 분리에 대한 연구인 Schelling(1978)이 대표적이므로 이책을 참조.

제1절
반복게임과 협력규범의 발생

협력의 문제에서 중요한 분석 대상 중의 하나는 사회규범의 문제이다. 특히 사회적 규범이 합리성이라는 동기로 환원해서 설명할 수 있느냐 여부에 대해서는 논의가 분분하다. 여기서는 규범을 합리적 행위자들의 반복적 상호작용에서 출현한 자기조직적 질서의 한 형태로 보는 견해를 개관해 보고자 한다.

죄수의 딜레마 게임은 배반이 우월전략이 되는 상황을 모형화한 것이다. 우월전략이란 상대방이 어떤 전략을 선택하느냐에 대한 고려가 필요 없는 전략이다. 그러므로 죄수의 딜레마 상황에서는 모든 행위자가 배반을 선택할 것으로 예상할 수 있다. 그러나 앞에서 언급했듯이 현실세계에서는 죄수의 딜레마 상황에서도 협력이 일어난다. 어떻게 이것이 가능할까?

투표에의 참여, 오염 또는 쓰레기 방치, 절전 회피, 대의명분 지지 등이 죄수딜레마 게임의 대표적 예이다. 투표는 개인에게 조금은 성가신 일이다. 투표에 참여하지 않아도 아무런 처벌을 받지 않는다. 그러므로 개인의 입장에서는 투표장에 가지 않는 것이 합리적인 행동이 된다. 쓰레기를 분리수거 하는 일 역시 가외의 수고가 들어가야 하므로 만일 아무런 제재가 없다면 분리수거 하지 않는 것이 개인에게 이익이 된다. 오염 방치나 절전 회피 등도 마찬가지다. 그러나 모두가 투표를 하지 않고, 모두가 쓰레기를 아무 곳에나 버리고, 모두가 오염물질을 마음대로 배출하면 결국은 모두가 피해를 입게 된다. 이런 경우 투표에 기꺼이 참여하고, 분리수거를 하고, 오염물질을 배출하지 않는 행위가 어떻게 나타날 수 있을까?

크리스티나 비치에리는 사람들의 반복적 상호작용으로부터 협력의 규범이 발생하여 그것이 전파되기 때문이라고 본다(Bicchieri, 1990). 협력규범이 출현한다는 것은 배반보다는 협력이 더 현명한 선택이라는 인식이 사람들 사이에 확산된다는 뜻이다. 비치에리는 협력규범이 합리적 행위자들의 상호작용으로부터 어떻게 출현할 수 있는지를 반복적 죄수의 딜레마 모형을 통해 비교적 알기 쉽게 설명하고 있다.

반복게임에서 협력의 발생은 상호성 개념으로도 물론 설명할 수 있다. 가령 내가 투표장에 가지 않거나 쓰레기를 분리수거하지 않은 사실을 남들이 알면 나의 평판이 나빠질 것이다. 그래서 '미래로부터의 추방(future ostracism)'이라는 제재를 받을 수 있다는 우려 때문에 협력을 선택할 수도 있다. 하지만 이 상호성에만 기초한 협력은 논리적으로는 미래가 무한히 계속될 것이라는 믿음이 있을 경우에만 성립될 수 있다. 이런 믿음이 약한 상황임에도 불구하고 협력이 발생한다면 우리는 그 이유를 규범의 존재 때문이라고 추론할 수 있다. 그러면 협력규범이 어떻게 만들어질 수 있는지를 살펴보자.

2인 죄수의 딜레마 반복게임

일정한 횟수만큼 반복되는 2인 죄수딜레마 게임을 상정해 보자. 게임이 무한히 반복되지 않기 때문에 역추론에 의해 상호성의 기제는 논리적으로 배제된다. 경기자는 둘 다 협력하는 것이 둘 다 배반하는 것보다 더 좋다는 것을 알지만, 상대가 어떤 선택을 할지 모르기 때문에 협력을 선택하기가 어렵다. 단, '매 라운드의 경기를 마친 후 각자는 상대가 어떤 전략을 선택했는지를 알고 이 기억에 기초해서 다음 경기에서 자신의 전략을 선택한다'고 상정한다. 이 가정은 반복게임을 위해 필요하다. 이 경우 아래 표에서 보듯이 이론적으로 8가지의 선택 가능한 반복게임 규칙이 존재한다.

아래 표에서 규칙 1, 2, 3, 4는 내가 첫 라운드에서 협력(C)을 선택한 경우를 나타낸다. 규칙 5, 6, 7, 8은 첫 라운드에서 배반(D)을 택했을 때를 나타낸다.

8가지 경우 중 3, 4와 5, 7에서는 행위의 일관성을 발견할 수 없다.[29] 그러므로 고려 대상에서 제외할 수 있다. 검토 대상이 되는 규칙은 1, 2, 6, 8의 네 개다.

---

29 규칙 3과 4를 보면 1라운드에서 내가 C 또는 D를 선택하였는데, 상대가 D 또는 C를 선택하였을 때 2라운드에서 나의 선택이 하나여야 하는데 두 가지인 C와 D 또는 D와 C로 나타나 일관성이 없다.

[표 13] 2인 죄수의 딜레마 반복게임에서 가능한 전략조합(Bicchieri, 1990: 849)

규칙	나의 1라운드 선택	나의 2라운드 선택	
		상대가 1라운드에서	
		C를 선택했을 때	D를 선택했을 때
1	C	C	C
2	C	C	D
3	C	D	C
4	C	D	D
5	D	C	C
6	D	C	D
7	D	D	C
8	D	D	D

규칙 1은 상대방이 어떤 선택을 했던 상관없이 2라운드에서도 협력을 선택하는 전략을 나타낸다. 즉, '무조건 협력' 규칙이다. 규칙2는 내가 협력을 선택했을 때 상대도 협력을 선택했다면 2라운드에서 나도 다시 협력을 선택하되 만일 상대가 배반을 선택했다면 나도 배반을 선택하는 전략을 가리킨다. '조건부 협력', 즉 티포태 (tit-for-tat) 전략에 해당한다. 규칙 6은 규칙 2와 비슷하지만 최초에 배반을 선택한 경우를 나타낸다. 남에게 이용당하기를 꺼려하는 '조심스런 조건부 협력자' 전략이라고 할 수 있다. 규칙8은 항상 배반만 선택하는 '무조건 배반' 규칙이다(Bicchieri, 1990: 850).

이제, 게임의 보수구조를 다음과 같이 설정해서 이 게임을 100회 실시한다고 생각해 보자. 물론 이것은 죄수의 딜레마 게임이다.

[표 14] 반복게임의 보수구조(가정)

	을	
	C	D
C	3, 3	0, 5
갑		
D	5, 0	1, 1

경기자들이 취할 수 있는 전략선택 규칙은 앞에서 보았듯이 1, 2, 6, 8의 네 가지이다. 그러므로 두 경기자는 아래와 같은 4×4의 슈퍼게임(super game)[30]에 직면한다.

다음 표에 제시된 보수는 100회 게임에서 각 전략이 얻을 수 있는 총 보수이다.

[표 15] 100회 반복게임 후 각 전략이 얻게 되는 보수(Bicchieri, 1990: 850)

		을			
		1	2	6	8
	1	(300, 300)	(300, 300)	(297, 302)	(0, 500)
	2	(300, 300)	**(300, 300)**	(250, 250)	(99, 104)
갑	6	(302, 297)	(250, 250)	(100, 100)	(100, 100)
	8	(500, 0)	(104, 99)	(100, 100)	**(100, 100)**

이 슈퍼게임에는 두 개의 내시 균형이 있다. 전략 2×2와 전략 8×8이다. 2×2

---

30 슈퍼게임이란 반복적으로 이루어지는 게임 전체를 단일게임으로 상정하는 것을 가리킨다.

균형점은 두 행위자가 모두 '조건부 협력자'로 행동하는 경우이다. 그리고 8×8은 둘 다 '무조건 배반' 전략을 택하는 경우이다.[31]

매우 제한적 적응능력(바로 전 게임의 결과만 기억한다)을 가진 경기자임을 생각하여 경기자들이 어떤 전략을 선택하게 될지를 생각해 보자. 이제 두 개의 균형점 '조건부 협력'(2×2)의 균형과 '무조건 배반'(8×8)의 균형 중에서 어느 쪽이 현실적으로 더 일어나기 쉬울까?

비치에리는 사람들이 '조건부 협력' 균형에 도달하게 되리라고 본다. 왜냐하면 조건부 협력이 무조건 배반에 비해 안전하면서도 협력의 이득을 기대할 수 있는 전략이기 때문이다(Bicchieri, 1990: 851).

이상의 분석은 상대가 협력하면 나도 협력하고 상태가 배반하면 나도 배반하는 조건부 협력 전략이 유한반복 2인 죄수의 딜레마 게임에서 균형점으로 출현하게 된다는 것을 뜻한다. 조건부 협력은 곧 "상대가 협력하면 나도 협력한다."는 태도 이므로 일종의 협력규범이 균형점으로 등장함을 뜻한다.

경기자의 입장에서 조금 더 추론해 보자. 상대가 조건부 협력 전략을 구사하는 경기자라는 것을 알면 배반보다는 협력을 선택하는 것이 유리하다. 왜냐하면 배반을 선택하면 다음 라운드에서 상대가 배반으로 나올 것이고, 그렇게 되면 나의 보수가 적어지게 되기 때문이다. 모든 경기자들이 똑같이 생각할 것이므로 결국 보편적 협력이 균형점으로 등장할 가능성이 높다.

경기자들의 기대가 협력으로 수렴된다는 것은 일종의 협력규범의 발생으로 간주할 수 있다. 왜냐하면 사회적 규범에 대한 정의가 "기대의 수렴"이기 때문이다. 이 결론은 다른 연구자들의 실험결과와 대체로 부합한다. 액설로드가 그의 저서 『협력의 진화』(*The Evolution of Cooperation*)에서 '컴퓨터 토너먼트에서 조건부 협력 (tit-for-tat) 전략이 압도적으로 승리를 거둔다'고 분석한 것은 잘 알려진 사실이다 (Axelrod, 1984).

조건부 협력 전략은 다른 전략에 비해 큰 이전이 있다. 첫째, 규칙이 단순히고, 둘째, 배반자에게 이용당하지 않게 해준다. 액설로드는 조건부 협력, 즉 티포태 전

---

31 [표 13]에서 2번 전략은 상대가 이전에 C전략을 택했을 때 나도 C로 응하고 상대가 D였을 때 나도 D를 택하는 전략이므로 조건부협력, 즉 티포태 전략에 해당한다. 8번 전략은 항상 D만 내는 것이다.

략의 이런 특성이 컴퓨터 토너먼트에서의 압도적 성공을 가져오게 한 원인이라고 보았다(Axelrod, 1984: 53).

종합하면 조건부 협력 전략이 죄수딜레마 게임 상황에서 협력을 발생시키는 중요한 역할을 할 가능성이 많다는 것을 알 수 있다. 반복게임이 쌍방의 조건부 협력 전략으로 귀착된다는 것은 모두가 협력을 더 나은 전략으로 생각하게 된다는 것을 뜻한다. 그러므로 반복게임이 협력규범을 발생시킬 수 있다고 결론을 내려도 무방할 것이다.

제2절
네트워크 구조와 협력

협력의 문제에 대한 초기 연구들은 주로 반복게임을 중심으로 이루어졌었다. 그러나 정보화 시대 이후 네트워크 구조가 인기 있는 연구주제로 부상했다. 협력 문제와 네트워크 구조는 어떻게 연결되는 것일까?

인간의 반복적 상호작용은 대체로 장소의 동일성에 기반을 두고 일어난다. '장소'의 구조적 특성은 어떤 행위자들끼리는 자주 접촉하게 하고 다른 행위자들과는 덜 만나게 함으로써 집단 전체의 성과에 영향을 미친다. 그래서 이 장소기반의 사회적 관계가 인간의 반복적 상호작용에 어떻게 영향을 미치는지가 집합행동의 중요 연구주제 중의 하나가 되었다. 네트워크의 위상구조는 이 장소기반 사회적 상호작용의 빈도에 대한 지형도로 볼 수 있다.

1회 죄수의 딜레마 게임에서는 상호 배반이 균형점이다. 그러므로 협력이 일어나기 어렵다. 그러나 반복게임이 되면 문제는 달라진다. 앞에서 보았듯이[32] '조건부 협력'과 '항상 배반'이 슈퍼게임의 두 균형점으로 등장한다. 그러므로 협력의 발생 가능성이 열리게 되는 것이다.

---

32 앞 절 "반복게임과 협력규범의 발생" 참조.

반복게임에서 가장 중요한 것은 관계의 지속과 식별가능성이다. "앞으로 두 번 다시 보지 않을 상대"라면 어떻게 대해도 괜찮겠지만, 또 만나게 될 상대라면 협력적으로 대해야 한다. 그래서 액셀로드는 "협력의 기반은 신뢰라기보다 관계의 지속성에 있다."(Axelrod, 1984: 182)고 말했다. 식별가능성이란 상대가 협력적인 성향의 경기자인지 배반을 잘하는 경기자인지를 알아차리는 것을 말한다.

네트워크의 위상구조는 관계의 지속성과 식별가능성에 영향을 미쳐서, 선택적 상호작용을 가능하게 만든다. 선택적 상호작용은 두 가지 측면에서 이루어진다. 하나는 협력자와 배반자를 구분하여 협력에는 협력으로, 배반에는 배반으로 대응한다는 측면이고, 다른 하나는 협력자와는 빈번하게 접촉하지만 배반자와는 접촉을 억제한다는 측면이다. 선택적 상호작용이 가능해지면 협력자가 협력자를 만날 확률이 높아진다. 그러므로 어떤 유형의 네트워크가 이 선택적 상호작용을 더 잘 촉진시키는지가 중요한 관심사가 된다.

자주 연구대상이 되고 있는 네트워크 유형으로는 정규 네트워크(regular net-work), 무작위 네트워크(random network), 작은 세상 네트워크(small world network), 척도 없는 네트워크(scale-free network)의 네 가지이다.

정규 네트워크란 각 노드와 노드의 연결이 규칙적이어서 각 노드의 연결 수가 일정한 형태를 말한다. 무작위 네트워크에서는 노드와 노드의 연결이 무작위로 이루어진다. 작은 세상 네트워크란 정규 네트워크에 무작위 연결이 일부 추가된 형태를 가리킨다. '척도없는' 네트워크는 연결 수 분포가 거듭제곱 함수로 나타나는 네트워크를 가리킨다.

무작위 네트워크는 에르도스와 레니가 처음 제시한 모델이고, 작은 세상 네트워크는 와츠와 스트로가츠가 만든 모델이며, 척도없는 네트워크는 바라바시와 앨버트가 발견한 모델이다(Erdos & Renyi, 1960; Watts & Strogatz, 1998; Barabasi & Albert, 1999). 그래서 각각 ER 네트워크, WS 네트워크, BA 네트워크로 약칭되기도 한다.

ER 네트워크는 초기에 일정 수의 노드(node)[33]가 존재할 때 이 노드들 간에 링크를 임의로 추가함으로써 만들어진다.

WS 네트워크는 규칙적 연결 구조를 가지고 있는 정규 네트워크에 임의로 몇 개

---

33 네트워크 이론에서는 보통 노드(node)를 꼭지점(vertex), 링크(link)는 모서리(edge)라 칭한다.

의 링크를 추가시켜서 만들 수 있다.

BA 네트워크는 링크들 간의 연결이 연결수를 이미 많이 가진 노드들일수록 더 쉽게 새로운 연결을 만들게 된다는 '선호적 연결(preferential attachment)'의 원칙에 따라 링크를 추가해 감으로써 만들 수 있다.

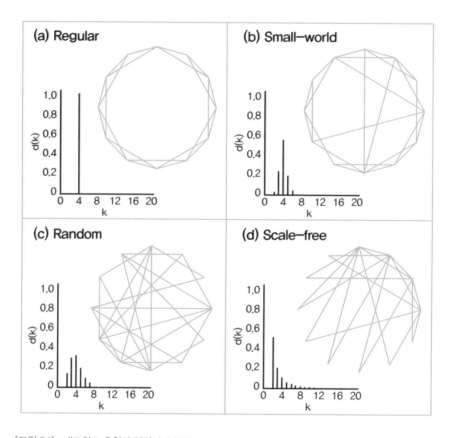

[그림 24] 네트워크 유형과 연결 수 분포(Santos & Pacheco, 2006: 727)

[그림 24]은 네트워크 유형과 연결 수(k)[34] 분포를 간략히 나타낸 것이다. 정규형 네트

---

34 연결수란 어떤 노드가 다른 노드와 얼마나 많은 연결을 갖고 있는가를 표시하기 위한 개념이다. 네트워크의 특성을 구분 짓는 데 있어 가장 기본이 되는 변수이다. 연결수는 총 연결수, 평균연결수, 연결수의 분포 등이 주요한 분석 대상이다. 네트워크의 유형은 주로 연결수의 분포형태의 차이를 중심으로 구분된다.

워크(a)는 노드들의 연결 수 분포가 동일하다. 그리고 랜덤 네트워크, 즉 ER 네트워크(c)는 연결수가 종 모양의 가우스 분포를 띤다. 척도없는 네트워크, 즉 BA 네트워크(d)에서는 연결 수가 거듭제곱형 분포로 나타난다. 작은 세상 네트워크, 즉 WS 네트워크(b)는 정규형과 랜덤형이 섞인 모양이다.

　　네트워크 구조와 협력과의 관계에 대해서는 연구자마다 의견이 엇갈린다. 여기서는 척도 없는 네트워크가 협력을 촉진시킨다는 주장과 무작위 네트워크가 협력의 진화에 더 유리하다는 견해에 대해서 살펴보겠다.

제1항　척도 없는 네트워크에서의 협력

　　산토스와 파체코(Santos & Pacheco, 2005; 2006)는 네트워크 속성이 균일하지 않을수록 협력에 유리하다는 입장을 취한다. 이때 네트워크 속성이란 주로 연결 수의 차이를 가리킨다. 모든 행위자들이 네트워크에서 서로 동등한 빈도로 상호작용하는 것은 아니다. 즉, 연결 수가 대개 균일하지 않다. 어떤 행위자는 다른 행위자에 비해 더 많이 상호작용한다.

　　사회 네트워크에서 연결수가 많은 사람은 다른 사람과 더 협력적인 사람일 것이다. 그리고 이 사람은 다른 개인들에 비해 일반적으로 더 자주 사회적 모범으로 간주된다. 협력적인 사람이 다른 사람의 모범이 되므로 협력적 행동양식이 쉽게 확산될 수 있다.

　　결국 사회적 다양성이라는 요인이 보상이나 처벌과 같은 공동체의 이행기제와 무관하게 그 집단에서 협력이 우세하도록 만들 수 있다는 것이 산토스와 파체코의 논지이다. 사회적 다양성이란 연결 수가 균등하지 않다는 것을 뜻한다.

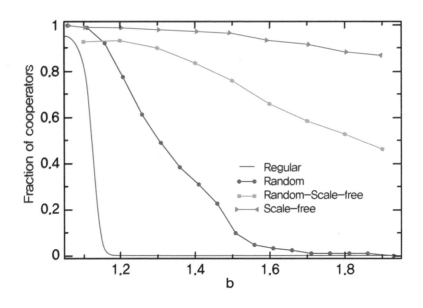

[그림 25] 그래프 유형과 협력자 집단의 비율. 세로축은 출현하는 협력자의 비율을,
가로축 b는 배반의 유혹의 크기를 나타낸다(Santos & Pacheco, 2006: 728).

산토스와 파체코의 연구 결과는 [그림 25]에 잘 요약되어 있다. 연결 수의 이질성
정도는 정규 네트워크, 무작위 네트워크, 두 종류의 척도없는 네트워크 순으로 커
진다. 그림에서 보듯이 이질적인 분포를 가진 네트워크일수록 협력수준이 높게 나
타남을 볼 수 있다. 특히 BA모델(Scale-free)은 배반의 유혹(b)이 커지더라도 협력의
비율이 별로 줄어들지 않았다.

왜 연결 수 분포의 이질성이 협력에 긍정적인 영향을 미칠까? 첫째, 앞에서 설
명했듯이 연결수가 높은 사람, 즉 협력자의 행동양식이 쉽게 전파된다는 것이 중요
한 이유이다. 둘째, 그와 더불어 행위자들 간의 상관성이 증대되기 때문이다. 상관
성이 증대된다는 말은 협력자는 협력자를, 그리고 배반자는 배반자를 만날 확률이
증가함을 가리킨다. 이렇게 되면 배반의 유혹이 억제된다. 이런 이유로 산토스와
파체코의 연구는 성장(growth)과 선호적 연결(preferential attachment)을 통해 만들어
지는 이른바 "척도없는 네트워크"가 협력을 촉진시키는 데 유리하다고 결론내리고
있다.

컴퓨터 모의실험에서 사용한 게임 모형은 죄수의 딜레마 게임과 눈치우기 게임(snowdrift game) 두 가지이다. 실험 결과 두 종류의 게임 모두에서 척도 없는 네트워크가 협력을 더 촉진시킨다는 결론을 끌어내고 있다.

눈치우기 게임이란 치킨게임과 유사하다. 두 대의 자동차가 어느 계곡에서 눈사태로 인해 길이 막힌 상황에 봉착했다고 해 보자. 이 경우 가장 이상적인 상황은 물론 두 차의 운전자가 동시에 나와 함께 눈을 치우고 길을 가는 것이다. 그러나 개인에게 가장 이득이 되는 상황은 상대방이 눈을 치워 길을 내 놓으면 자신은 눈을 치우지 않고도 통과하는 것이다. 그러나 둘 다 같은 생각을 하면 둘 다 길이 막혀 목적지에 도달하지 못할 것이다.

눈치우기 게임의 특징은 상대방이 눈을 치우지 않으면 나 혼자서라도 눈을 치우고 가는 것이 낫다는 점이다. 눈 속에 갇혀 있으면 어쨌든 불리하니까. 그래서 이 게임에서는 상대방이 협력하면 나는 배반을 택하는 것이 유리하고, 상대방이 배반하면 나는 협력을 택하는 것이 낫다. 눈치우기 게임은 이런 상황을 상정한 것이다.

[표 16] 눈치우기 게임

		을	
		C	D
갑	C	3, 3	1, 5
	D	5, 1	0, 0

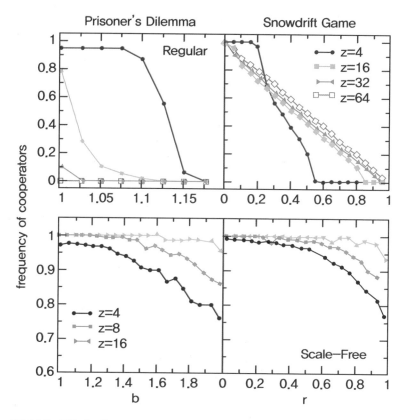

[그림 26] 정규 네트워크(위 두 그래프)와 척도없는 네트워크(아래 두 그래프)에서의 협력의
진화 양상에 대한 비교(Santos & Pacheco, 2005: 99)

이 그림은 죄수의 딜레마 게임과 눈치우기 게임 두 상황에 대하여 정규 네트워
크와 척도 없는 네트워크 간에 협력의 진화과정이 어떻게 다르게 나타나는지를 비
교한 것이다. 위쪽의 두 그래프는 정규 네트워크에서의 협력의 진화를 표시한 것이
고, 아래의 두 그래프는 척도없는 네트워크에서의 협력진화 양상을 표시한 것이다.

위 그림에서 b와 r은 게임의 보수구조를 뜻한다. 즉, b는 죄수의 딜레마 게임에
서 배반의 유혹의 크기를 나타내고, r은 눈치우기 게임에서 비용 대 편익의 비율을
나타낸다. 그리고 z는 평균 연결 수, 즉 네트워크의 촘촘함 또는 상호작용의 빈번함
을 표시하는 지수이다.

위 그림의 아래쪽 두 그래프인 척도없는 네트워크에서 협력의 수준을 보면 게

임의 구조(PD 죄수의 딜레마, SG 눈치우기 게임)와 게임의 파라미터(b, r)에 상관없이 협력이 나타남을 볼 수 있다. 물론 배반의 유혹(b)과 협력의 비용(r)이 증가함에 따라 협력수준이 감소하고 있긴 하지만 정규 네트워크에 비해 감소의 기울기가 완만함을 볼 수 있다. 척도없는 네트워크에서는 두 파라미터(b, r)가 매우 높을 때만 협력수준이 80% 이하로 떨어진다.

정규 네트워크의 경우 연결 수(z)의 증가가 협력수준의 증가로 이어지지 않는다. 정규 네트워크에서의 죄수의 딜레마 게임에서는 연결 수, 즉 상호접촉 빈도가 높을수록 협력수준이 오히려 떨어짐을 보여준다. 그러나 척도없는 네트워크에서는 두 게임 유형 모두에서 연결 수의 증가와 협력수준이 긍정적 상관관계를 보여준다. 이 현상은 정규 네트워크처럼 연결선의 분포가 균등한 경우보다 불균등한 구조가 협력을 더 촉진시킨다는 것을 말해준다.

산토스와 파체코는 이 실험 결과를 토대로 네트워크의 연결이 이질적일 때 협력의 확산이 더 잘 일어난다고 결론짓고 있다. 그리고 이것은 게임의 종류와 관계가 없이 적용된다는 것이다.

제2항 랜덤 네트워크에서의 협력

한편, 네트워크의 이질성과 협력 수준 사이는 거의 관계가 없다는 주장도 있다. 이차오 장 등(Zhang et al., 2014)은 산토스와 파체코의 결론과 달리 랜덤 네트워크 그리고 랜덤 네트워크의 변형이라고 할 수 있는 작은 세상 네트워크에서 협력이 더 잘 일어난다고 주장한다. 즉, 척도없는 네트워크 보다 랜덤 네트워크나 작은 세상 네트워크가 협력에 훨씬 더 좋은 환경을 제공해 준다는 것이다.

산토스와 파체코의 연구에서는 사람들이 협력을 하느냐 배반을 하느냐의 선택을 할 때 주위 이웃의 행동결과를 보고 그것을 판단의 근거로 삼는 것으로 가정했다. 즉, 협력이냐 배반이냐를 선택하는 전략적 원칙을 자신과 연결된 이웃 중에서 좋은 성과를 얻는 이웃의 전략을 따르는 것으로 가정했었다. 즉, 이웃이 협력을 선택하여 배신보다 더 나은 보수를 받는 것을 보면 자신도 그것을 따라한다고 보았었다.

네트워크의 연결 수가 선호적 연결의 원칙에 따라 일어난다면 네트워크의 허브는 대개 협력지향적인 사람들이 차지하게 마련이다. 이 허브의 역할로 인해 척도없는 네크워크에서는 협력이 촉진된다는 것이 산토스와 파체코의 논리였다. 그런데 이차오 장 등은 이런 갱신규칙(updating rule), 즉 전략변경 방식은 척도없는 네트워크에서는 가능해도 랜덤 네트워크에서는 작동되기 어렵다고 본다. 왜냐하면 랜덤 네트워크에서는 이웃이 무작위로 바뀌게 되기 때문이다. 그래서 이들은 전략 갱신 규칙을 이웃의 전략을 참조하는 것이 아니라 자신이 과거 게임에서 얻은 성과를 참조하는 것으로 바꾸었다. 즉, 보수에 대한 기억(payoff memory)을 전략갱신의 기준으로 삼았다. 그러므로 과거 자신의 선택이 좋은 결과를 낳았으면 차기 게임에서도 그 전략을 유지할 것이고 그 반대이면 전략을 바꾸게 된다.

이차오 장 등도 컴퓨터 시뮬레이션을 통해 결과를 도출했다. 이들은 죄수의 딜레마 게임에 대해서만 조사했다. 그리고 랜덤 네트워크, 작은 세상 네트워크, 척도없는 네트워크에서 협력수준이 어떻게 나타나는지를 비교했다. 아래 그림은 컴퓨터 모의실험의 결과이다.

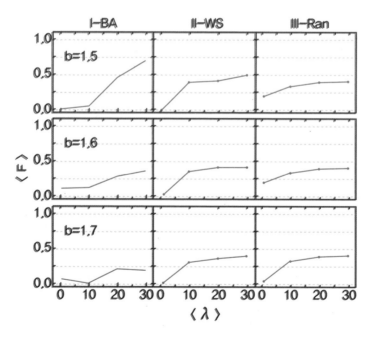

[그림 27] 네트워크 유형과 협력수준(Zhang et al., 2014: 6)

[그림 27]에서 BA, WS, Ran은 각각 척도없는 네트워크, 작은 세상 네트워크, 무작위 네트워크를 가리킨다. 그리고 <F>는 평균 협력빈도, λ는 기억의 범위(payoff memory), b는 배반의 보수를 나타낸다. λ는 몇 게임 전까지의 결과를 고려하느냐를, b는 배반의 유혹을 가리킨다. 이 파라미터들과 협력의 빈도 사이의 관계를 요약하면 다음과 같다.

첫째, 배반의 유혹(b)이 클수록 협력수준이 전반적으로 낮아짐을 보여준다. 위쪽 그래프들보다 아래쪽 그래프들의 평균 협력빈도가 낮아짐을 볼 수 있다. 그러나 그 민감도가 네트워크 구조에 따라 조금 다름을 볼 수 있다. 척도없는 네트워크(I-BA)는 배반의 유혹에 민감하게 반응하는 데 비해 다른 두 네트워크는 상대적으로 덜 민감하게 반응한다.

둘째, 보수의 기억범위(λ)가 길어질수록 협력수준이 증가함을 보여준다. 보수의 기억범위란 과거 게임의 결과를 몇 차 이전까지 기억하느냐를 말한다. 고려하는 과거 게임의 결과가 많을수록 협력이 증가한다는 것은 유의할 만하다.

이차오 장 등이 내린 결론은 다음과 같다. 첫째, 보수에 대한 기억이 중요한 역할을 한다. 척도없는 네트워크에서보다 작은 세상 네트워크와 랜덤 네트워크에서 보수에 대한 기억이 협력증진에 더 두드러진 역할을 할 수 있다. 둘째, 척도없는 네트워크의 특징인 연결수의 이질적 분포가 협력 수준에 별로 영향을 주지 못한다. 즉, 연결 수 차이가 네트워크에서 협력발생의 필요조건도 충분조건도 아니다. 즉, 척도없는 네트워크의 가장 큰 특징인 허브의 효과가 나타나지 않는다.

최종적으로 이들은 네트워크 구조가 협력수준에 미치는 영향은 미미하며 협력은 어떤 구조에서도 가능하다고 결론 내리고 있다. 그리고 배반의 유혹이 강한 게임에서는 척도없는 네트워크보다 랜덤 네트워크에서 협력이 더 쉽게 일어날 수 있다고 보고 있다.

산토스와 파체코의 연구와 이차오 장 등의 연구는 서로 다른 갱신규칙을 가정하고 있다. 산토스와 파체코의 연구에서는 이웃 행위자의 전략을 모방하는 것으로 상정한 반면, 이차오 장 등의 연구에서는 오직 자신의 과거 경험만을 근거로 삼고 있다. 행위자 가정이 서로 다르기 때문에 어느 주장이 더 타당한지를 말하기 어렵다. 어느 갱신규칙이 더 설득력이 있는지는 경험적으로 검증되어야 할 문제이다. 앞으로 더 많은 이론적 및 경험적 연구가 축적 되어야 객관성 있는 결론을 얻을 수 있을 것으로 보인다.

제4부

가상공간에서의 집단지성

제10장

웹 기반 집단지성

현대의 많은 집단지성은 가상공간을 통해 이루어지고 있다. 이제 웹 공간 그 자체가 하나의 거대한 집단지성 네트워크가 되었다고 해도 과언이 아니다. 웹기반 집단지성을 지칭하는 용어는 아래에 보는 것처럼 매우 다양하다.

크라우드소싱(Crowdsourcing)

동료생산(Peer production)

사용자 권력 시스템(User-powered systems)

사용자 생성 커텐츠(User-generated contents)

공동작업 시스템(Collaborative systems)

커뮤니티 시스템(Community systems)

사회적 검색(Social search)

클라우스 컴퓨팅(Cloud computing)

사회적 미디어(Social media)

위키노믹스(Wikinomics)

대량협업(Mass collaboration)

인간 컴퓨터화(Human computation)

협업소프트웨어(Collaborative software)

그룹웨어(Groupware)

협업테크놀로지(Collaboration technology)

물론 위 용어들이 지시하는 외연이 반드시 같은 것은 아니다. 그러나 모두 가상공간에서의 집단지성을 묘사하려는 용어라는 점은 같다.

지칭하는 용어뿐만 아니라 가상공간에서 만들어지고 있는 집단지성은 그 과정이나 구조가 매우 다양하고 또 새로운 형태가 계속 생겨나고 있어서 규정적 특징들을 체계적으로 파악하기가 쉽지 않다. 그래서 먼저 유형화 작업이 필요하다.

유형화는 문제영역을 확인할 수 있게 해 주며, 세부 연구주제에 의미를 부여해 주고, 연구의 지향점을 설정할 수 있게 해 준다. 이 장에서는 웹기반 집단지성의 유형화 문제를 다루어 보겠다.

제1절
집단지성의 게놈

MIT의 집단지성 연구소를 이끌고 있는 토마스 맬런을 중심으로 몇몇 연구자들은 집단지성 연구의 전체 문제영역들을 집단지성의 게놈(genome)이라고 칭하고 개괄적인 틀을 제시한 바 있다(Malone et al., 2010). 이들은 연구소에서 수집한 250여 개의 웹기반 집단지성 사례들을 대상으로 하여 집단지성의 문제영역들을 추출했다.

게놈이란 생물학에서 어떤 개체의 유전자의 총 염기서열을 가리키는 말이다. 한 생물의 거의 완전한 유전 정보의 총합을 표현한다. 집단지성 게놈이란 집단지성의 기본적 구성요소(building block)들을 망라하고 그것들의 관계를 유기적으로 제시하겠다는 의미이다. 이론 모형은 아니지만 모형화를 위한 고려요인과 생각의 절차를 잘 보여준다. 다양한 웹기반 집단지성 유형들을 통합적으로 이해하는 데 크게 도움을 준다.

맬런 등이 구성요소들의 추출을 위해 사용한 기본 틀은 두 가지 질문으로 구성되어 있다. "누가, 왜 과업을 수행하는가?"와 "무엇을, 어떻게 수행하는가?"이다. 이 접근방식은 기존의 조직이론에서 사용되어 온 것과 비슷하다.

집단지성의 '유전자'는 집단지성 체계가 추구하는 어떤 과업과 관련하여, "누가(who), 왜(why), 무엇을(what), 어떻게(how)라는 네 핵심 질문에 대한 답변들"로 정의된다. 이하에서는 이것을 "게놈 모형(genome model)"이라 칭하겠다.

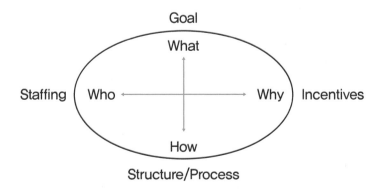

[그림 28] 집단지성 기본 구성요소('Gene')(Malone et al., 2010: 3)

제1항 '누가'와 '왜'

"누가"라는 질문은 집단지성의 주체를 가리킨다. 집단지성은 여러 가지 서로 다른 행동들이 결합됨으로써 만들어진다. 그러므로 하나의 집단지성에서도 활동의 영역에 따라서 담당하는 주체가 각기 다를 수 있다. 게놈 모형에서는 "누가"라는 질문에 대한 가능한 답변으로 "대중(crowds)"과 "위계(hierarchy)"라는 두 유형이 제시되고 있다(ibid.: 4-6).

"위계"는 사람과 자원들을 하향식으로 배치하는 권위와 권한을 가진 사람들을 가리킨다. 예컨대 리눅스의 오픈소스 시스템은 다수가 제안한 코드 수정안들을 리눅스 갱신에 포함시킬 것인가에 대해 리누스 토발즈와 그의 동료들이 최종적으로 결정한다. 반면, "대중"은 집단의 구성원들이 활동이나 의사결정의 주체가 되는 경우를 가리킨다.

웹에서 이루어지는 집단지성 시스템은 거의 모두 대중적 요소와 위계적 요소를 동시에 가지고 있다. 그러나 위계가 없는 유형은 있어도 대중 '유전자'를 하나도 포함하지 않고 있는 경우는 없다. 그럴 경우는 집단지성이라고 부를 수 없기 때문이다.

[표 17] "Who"의 게놈(Malone et al., 2010: 14)

질문	유전자	적용
누가 Who	대중 crowd	− 필요 자원이 광범위하게 분산되어 있을 때 − 활동들이 분할될 수 있을 때
	위계 hierarchy	− '대중'의 원리가 적용되기 어려울 때

둘째, "왜"라는 질문에 대해서는 금전(money), 사랑(love), 영광(glory)의 세 하위 유형이 제시되고 있다(ibid.: 6-7). "왜"는 집단 구성원들이 집단지성 시스템에 참여하는 동기에 관한 것이다. 인간 행동의 동기는 철학, 문학, 경제학, 정치학, 심리학 등 여러 학문분야에서 오랫동안 다루어 온 주제이다. 그러므로 이것을 간단히 유형화하기란 사실상 어렵다. 그러므로 여기서 제시되고 있는 세 가지는 상식적 차원에서 고려할 수 있는 항목들로 보면 되겠다.

금전(money)은 사회 속 인간 행동의 많은 부분을 설명해주는 가장 기본적인 동기이다. 당장은 아니더라도 장차 보수를 얻는 데 도움이 되는가 여부를 고려한 명성 추구 행위도 여기에 포함된다.

사랑(love)은 여러 모습으로 나타날 수 있다. 활동 그 자체를 즐기기 위해서, 다른 사람들과의 만남을 위해서, 혹은 보다 큰 명분을 위해서 참여하는 행위 등이 모두 이 유형에 포함된다. 그러므로 '사랑' 동기는 이기적이지 않은 동기 대부분을 포괄한다고 볼 수 있다. 가상공간의 가장 큰 특징은 바로 이 이타적 동기에 의한 협력이 실물공간에 비해 크게 확장되고 있다는 데 있다.

영광(glory) 또는 인정(recognition)은 이타적 동기는 아니지만 물질적 이유도 아닌 경우를 말한다. 오픈소스의 많은 프로그래머들은 자신의 실력을 동료들이나 사람들로부터 인정받고 싶어 한다. 영광 동기는 효능감이나 자율성과도 연결되어 있다.

맬런 등은 웹기반 집단지성의 새로운 특징으로서 금전 이외의 동기가 많이 작용하고 있다는 점을 지적한다(ibid.: 8). 사랑과 영광 유전자에 대한 의존성이 커졌다는 것이다. 예컨대 위키피디아의 경우 참여자들의 행동을 금전 동기로 설명할 수는 없다. 사랑 동기와 영광 동기로써 설명해야 할 것이다. 영광 동기를 이용하는 사이트도 많이 볼 수 있다. 적극적 기여자나 참여자에게 '파워 유저(power user)', '파워 셀러(power seller)', 또는 '톱 리뷰어(top reviewer)' 등의 칭호를 부여하며 순위경쟁을 유도하는 경우가 그 대표적인 예이다.

[표 18] "Why"의 게놈(Malone et al., 2010: 14)

질문	유전자	적용
왜 Why	금전 money 사랑 love 영광 glory	관련 요인들을 모두 열거하기 어려움. 두 개의 규칙이 중요 — 사랑과 영광은 종종 비용을 줄여줌 — 금전과 영광은 종종 집단의 방향성과 속도에 영향을 줌

제2항 '무엇'과 '어떻게'

세 번째 질문 "무엇(what)"은 활동의 목적에 관한 것이다. 조직이론에서 임무(mission)나 목표(goal)로 불리는 것이 여기에 해당한다. 이 "무엇" 유전자의 하위유형은 매우 다양할 것이다. 그것들을 게놈 모형에서는 어떤 것을 만들어내는 "창출(create)" 행위와 의사결정에의 참여인 "결정(decide)" 행위로 나눈다(ibid.: 9). 웹에서의 집단지성들은 소프트웨어 코드, 블로그 내용, 티셔츠 디자인 등 여러 가지를 만들어내는 일과 관련되어 있다. 또 많은 경우 집단지성은 "결정" 행위를 통해 이루어진다. 어떤 대안을 평가하거나 선택해야 한다. 리눅스 차기모형에 무엇이 포함되어야 하는지, 어떤 디자인을 선택해야 하는지, 그리고 위키피디아에서 어떤 항목이 어떻게 수정되어야 하는지 등등이 끊임없이 결정되어야 한다.

네 번째 질문 "어떻게(how)"는 조직이론에서의 조직의 구조와 과정에 관한 논의와 대응한다. 이 "어떻게"는 "무엇"과 관련해서 논의되고 있다. 즉, '창출행위에서의 어떻게'와 '결정행위에서의 어떻게'로 나누어 검토되고 있다(ibid.: 10).

[표 19] "How-Create"의 게놈(Malone et al., 2010: 14)

질문	유전자	적용
어떻게 창출 How-Create	수집 collection	- '대중' 원리 + 활동이 작은 부분들로 나누어질 수 있을 때
	경쟁 contest	- '수집' 원리 + 하나 혹은 소수의 해법만이 필요한 경우
	협업 collaboration	- 활동이 분할될 수 없을 때 - 부분 활동들 간의 관계를 효과적으로 관리할 수 있을 때

'창출행위의 어떻게'에서는 두 하위유형이 제시되고 있다. 수집(collection)과 협업(collaboration)이 그것이다.

수집(collection)이란 대중들의 기여가 서로 독립적으로 이루어지고, 그것이 어떤 사이트에 의해 모아지는 경우를 말한다. 예컨대 유튜브(youtube)에서 비디오는 개인들이 독자적으로 판단하고 만들어 올린다. 유튜브 사이트는 이 대중의 기여들을 '수집'할 뿐이다. 수집된 자료들은 어떤 새로운 정보로 재가공되지 않는다. 이미지, 즐겨찾기, 이야기 등등 수집을 기본원리로 삼는 사이트들은 매우 많다.

한편, 협업(collaboration)은 '대중'의 의도적 공동작업을 통해 집합적 결과가 만들어지는 경우를 가리킨다. 예를 들면 위키피디아의 경우가 대표적인 '협업'에 해당한다.

[표 20] "How-Decide"의 게놈(Malone et al., 2010: 14)

질문	유전자	적용
어떻게 결정 How-Decide	집단적 결정	대중 원리 + 집단 구성원들이 동일한 결정에 따를 필요가 있을 때
	표결	대중이 결정에 구속될 수 있어야 함
	평균	표결 원리 + 수치적 평가. 체계편향이 없어야 함
	합의	표결 원리 + 적절한 시간 내 합의달성 가능. 집단규모가 작거나 관점이 유사
	예측	계량적 평가일 때. 대중이 얼마간 정보를 가지고 있어야 함. 대중들 간 정보량에 차이가 있음. 추정이 계속적으로 갱신될 수 있어야 함
	개별적 결정	대중 원리 + 개인들이 독립적으로 결정할 수 있어야 함
	시장	개별결정 원리 + 금전적 동기화가 필요
	사회연결망	개별결정 원리 + - 금전적 동기화가 불필요할 때 - 다른 사람들의 견해가 유용할 때

'결정행위에서의 어떻게'도 두 하위유형이 제시되고 있다. 하나는 집단적 결정
(group decision)이고, 다른 하나는 개별적 결정(individual decision)이다. 집단적 결정
은 구성원들, 즉 '대중'에 의해 전체 의사가 결정되는 경우를 가리킨다. 반면 개별
적 결정은 '위계'에 의해 의사결정이 이루어지는 경우를 말한다.

예컨대 디자인 공모 사이트인 'Threadless'의 경우, 경합관계에 있는 여러 디자
인 제안들 중에서 최종 당선작의 결정은 두 단계를 거친다. 먼저 구성원들의 선호
투표를 거친 다음 관리자에 의해 최종 선정된다. 그러므로 '집단적 결정'과 '개별적
결정'이 복합되어 있다.

제3항 적용 사례와 평가

맬런 등은 앞의 게놈 모형을 리눅스, 위키피디아 등 여러 집단지성 사례에 적용시켜 예시해 보이고 있다. 아래 표는 위키피디아의 경우에 게놈 모형이 어떻게 적용될 수 있는지를 보여 준다.

[표 21] 위키피디아의 게놈 분석(Malone et al., 2010: 12)

예시	What		Who	Why	How
기존 항목 편집	창출	새로 작성	대중	사랑 명예	협업
	결정	기존항목 유지 여부	대중		합의
새 항목 추가	창출	새 항목	대중		수집
	결정	추가 여부 (예심)	대중		표결
	결정	추가 여부 (최종)	관리자		위계

맬런 등의 '게놈' 분석은 다양한 유형의 웹 기반 집단지성들을 공통의 기준으로 비교하고 분석할 수 있게 해 준다. 하지만 몇 가지 한계를 지적할 수 있다.

첫째, 분석대상으로 삼은 자료들이 모두 웹기반 집단지성 시스템들이라는 점이다. 그러므로 실물공간의 집단지성들에 대해서도 적용될 수 있을지는 미지수이다. 예컨대 군집지성과 같은 단순행위자에 기반을 둔 집단지성과 전략적 행위자에 의한 집단지성을 구분해 줄 수 있는 '유전자'가 설정되어 있지 않다. 둘째, 집단지성의 창발적 특성을 드러낼 수 있는 항목이 없다. '의사결정이냐 새로운 결과물의 창출이냐'라는 단순한 이분법만으로는 집단지성의 결과물들 사이에 존재하는 차이들을 충분히 드러내기는 어려울 것 같다.

이런 한계에도 불구하고 맬런의 "집단지성 게놈" 분석은 집단지성의 문제영역들을 전체적으로 조망할 수 있게 해준다는 점에서 웹기반 집단지성 논의에 좋은 출발점을 제공해 주고 있다고 하겠다.

제2절
크라우드소싱

웹기반 집단지성을 비교적 체계적으로 유형화하고 있는 다른 연구로는 도안 등 (Doan et al., 2011)의 연구를 들 수 있다. 이들은 크라우드소싱(crowdsourcing)이라는 용어를 사용해서 웹기반 집단지성을 분류한다.

크라우드소싱이라는 말은 2006년 Wired지에 발표된 제프 하우의 글(Howe, 2006)에서 비롯된 것이다. 그러나 이후 용어가 일반화됨에 따라 그 의미가 다양해졌지만 "대규모 사용자들의 기여에 기반을 둔 어플리케이션"(Singh, 2011: 979)이라는 정의가 널리 알려져 있다. 이 정의에 따르면 웹에서 이루어지는 집단지성들은 모두 크라우드소싱에 해당한다.

도안 등도 크라우드소싱을 넓은 의미로 사용하고 있다(Doan et al., 2011: 87). 이들은 크라우드소싱을 "소유자가 정의한 문제의 해결에 도움을 얻기 위해 일군의 다중을 동원하는 시스템"으로 정의한다. 이때 소유자란 사이트의 운영자를 말한다.

이들은 크라우드소싱의 하위유형을 네 가지 기준에 의해 분류하고 있다. 첫째, 어떻게 유저들을 충원, 유지할 것인가, 둘째, 유저들로부터 기대하는 기여는 무엇인가, 셋째, 어떻게 유저들의 기여를 결합할 것인가, 넷째, 어떻게 유저들과 그들의 기여를 평가할 것인가가 그것이다(ibid.: 88f). 이 네 고려사항을 기준으로 하여 그는 크라우드소싱을 체계적으로 이해할 수 있는 분류표를 제시하고 있다.

제1항 크라우드소싱의 유형 분류

가장 먼저 적용되는 분류 기준은 '묵시적' 크라우드소싱과 '명시적' 크라우드소싱이다. 묵시적이라 함은 행위자들이 비의도적으로 참여하는 경우를, 명시적이라 함은 유저들의 참여가 의도적인 경우를 가리킨다.

묵시적이냐 명시적이냐의 구분은 유저들이 사이트 운영자의 목적을 인식하고 있느냐 아니냐의 차이를 나타낸다. 이 구분이 중요한 이유는 집단지성을 바라보는 관점, 이론화 방식, 그리고 정책적 고려가 매우 달라지기 때문이다. 예컨대 묵시적 유형의 경우는 다양성이 일차적 고려사항이 될 수 있다. 반면 명시적 유형의 경우에는 행위자들의 참여를 어떻게 이끌어 내느냐가 중요한 문제가 된다.

[표 22] 웹기반 크라우드소싱 유형(Doan, et al., 2011: 88. 요약)

협력	유저충원	유저가 하는 일	예
명시적	Yes	평가	투표, 리뷰
		공유	유튜브 업로드
		네트워킹	Facebook
		인공물 제작	위키피디아
		과업수행	캠페인, 사람찾기
묵시적	Yes	게임참여 예측시장	labeling images predicting events
	No	웹 검색 키워드 검색 상품 구입	선호 사이트 파악 오자 교정 선호 상품 파악

묵시적 크라우드소싱은 사실 그 잠재력이 무궁무진하다고 할 수 있다. 웹에는 엄청난 데이터가 있다. 이 빅데이터에서 의미있는 무엇인가를 뽑아내는 것이 묵시적 크라우드소싱의 기본목적이다. 이 유형의 크라우드소싱에서 필요한 것은 행위자들이 남긴 족적, 즉 행위에 관한 데이터이지 행위자의 의도가 아니다. 그러므로 기본적인 과제는 빅데이터에서 유용한 지식을 추출해내는 알고리즘을 설계하는 일이 된다. 행위자의 동기나 의도에 대한 고려가 필요하지 않으므로 기술적 차원의 문제만 고려하면 된다. 특히 중요한 것은 집단지성 추출 메커니즘이 행위자들의 의도에 영향을 주지 않게 하는 일이다. 즉, 개별 행위자들의 독립성이 이 유형 집단지성의 질을 가름하는 중요한 요건이 된다. 이런 이유로 서로위키의 유형, 즉 대중의 지혜 논리가 이 알고리즘 설계의 근본 철학이 된다.

반면 위키피디아와 같은 명시적 크라우드소싱은 행위자의 의도가 중요한 변수가 된다. 어떻게 다수의 참여를 유도할 것인가가 핵심 과제이다. 경쟁, 물질적 인센티브와 같은 이기성에 기초한 설계도 자주 사용되고 있지만, 아마도 궁극적으로는 비이기적, 비물질적 동기에 기초한 참여의 유도가 향후 주요한 과제가 될 것이다. 위키피디아와 야후 앤서 혹은 네이버의 지식iN 사이 참여자들의 동기 비교 등에 관한 연구들[1]이 이 문제를 다루고 있다. 그러므로 이 영역의 집단지성에 관한 논의는 웹에서의 협력의 창출이라는 보다 일반적인 주제로 수렴된다고 하겠다.

'묵시적'과 '명시적'의 구분은 이클러가 말한 '연결되지 않은' 집단과 '연결된' 집단에 각각 해당된다.[2]

명시적 크라우드소싱

명시적 크라우드소싱은 유저들이 사이트의 목적을 인지하고 의식적으로 참여하여 협업하는 유형을 가리킨다. 활동 내용들은 평가, 공유, 네트워킹, 인공물 생성, 과업수행 등으로 구분된다(Doan, et al., 2011).

'평가(evaluating)'란 유저들이 책, 비디오, 웹페이지 또는 다른 사용자 등등에 대해 평가하게 만드는 경우를 말한다.

평가의 범주에 들어가는 크라우드소싱은 매우 많다. 가장 대표적인 예를 든다면 아마존(Amazon)이라는 사이트에서는 구입한 책에 대해 독자들로 하여금 평점을 매기도록 하여 다른 사람들의 구입여부 결정에 참조하도록 만든다. 의류회사 쓰레드레스(threadless)는 네티즌들이 온라인으로 제출한 티셔츠 디자인을 평가하여 상품화한다. 영화나 음악 등에 대해서도 이런 시스템은 매우 많다. 포털 사이트에서 댓글에 대해 '추천', '비추천' 등을 하게 만드는 것도 여기에 해당한다.

평가하는 방식은 리뷰와 같이 직접 글을 쓰는 경우도 있고, 숫자나 태그 등으로 간략히 평가하게 만드는 경우도 있다. 어쨌든 이 '평가'는 현재 웹에서 가장 널리 사용되고 있는 집단지성 방식이라고 하겠다.

'공유(sharing)'는 유저들로 하여금 어떤 상품, 서비스, 문서, 지식 등을 올려서

---

1 한창진(2009), 황주성과 최서영(2010) 등을 들 수 있다.
2 제3장 집단지성의 유형 참조.

다른 유저들이 사용할 수 있게 만드는 시스템을 말한다. 이 유형 역시 매우 많다. 가장 대표적인 예로는 유튜브가 있다. 유저들은 각자 판단에 의해서 동영상을 올리면 많은 다른 유저들이 그것을 볼 수 있다. '읽고 쓰기'보다 '보고 듣기'가 편리하여 공유가 확대되고 있다. 유저들 다수가 동영상을 활용하면 새로운 정보의 축적을 낳는다. 텍스트 자료나 동영상 자료뿐 아니다. 오픈소스에서는 프로그래밍 코드를 공유한다. 또 무료 소프트웨어들도 공유에 해당한다. 정부나 공공기관의 정보나 공공재는 물론 일반 회사에서도 자사 상품의 구매자와 의견을 나누는 공유를 제도화하고 있다.

'네트워킹(networking)'이란 유저들 간에 사회적 연결망을 만들게 해주는 사이트들의 기능을 말한다. 많은 사이트들이 유저들과 유저들을 연결시켜 준다. 트위터나 페이스북만이 아니라 블로그나 개인 홈페이지를 개설하게 해주는 사이트도 여기에 해당한다. 네트워킹은 SNS를 통하여 서로의 생각을 공유하게 하는 것은 물론 여론을 형성하여 지도자 없는 다수의 집합행동 또는 사회운동(social movements)으로 연결시키기도 한다.[3]

평가, 공유, 네트워킹의 공통점은 사용자의 투입을 결합시켜 어떤 새로운 정보나 가치를 만들지 않는다는 것이다. 반면 인공물 생성이나 과업수행에서는 유저들의 투입을 취합하여 새로운 어떤 정보나 가치를 만들어낸다.

'인공물 생성(building artifacts)'은 유저들이 공동작업을 통해 어떤 새로운 디지털 사물을 만들어내는 것이다. 가장 대표적인 예가 위키피디아이다. 그밖에 프로그램 코드를 만들고 공유하는 오픈소스 사이트들이 여기에 해당한다. 네이버지식iN이나 번역 사이트인 플리토(ko.flitto.com)[4]도 방식은 다르지만 명시적 크라우드소싱으로 인공물을 만드는 점에서는 같다고 할 수 있다.

'과업 수행(executing tasks)'이란 유저들로 하여금 시스템에서 지정한 어떤 과업을 하게 만드는 경우를 가리킨다. 예컨대 선거홍보를 위해 개설된 사이트에서는 유

---

3 독일 라이프치히의 니콜라이교회에서 1982년도부터 시작된 촛불평화기도회는 1989년도 독일 통일까지 오랜 기간에 걸쳐 오프라인 네트워킹을 통해 확대되었지만, 인터넷기반 SNS 네트워킹은 2008년도나 2016년도 한국의 촛불집회와 같이 단기간에 집합행동이 이루어지게 한다.

4 인공지능을 이용한 기계번역과 인간번역을 한 곳에서 이용할 수 있는 통합번역 플랫폼이다. 기계 번역만으로는 한계가 존재하므로 인간번역을 선택하여 활용하도록 한 것이다. 집단지성으로 빠르게 번역하는 방법과 수천 명의 전문번역가에게 맡기는 중요한 번역방식으로 나누어 서비스한다.

저들이 선거홍보라는 특정의 과업을 수행한다. 외계인 발견을 목적으로 운영되는 사이트들에서는 회원들로 하여금 외계인을 찾는 일을 하게 만든다. 고도의 기술이나 원리를 필요로 하지 않는 기업을 포함한 다수의 조직들은 특정 과업의 수행을 위해 R&D를 대신하여 크라우드소싱 방식의 C&D(Connect & Development)를 선호하기도 한다. 넷플릭스(Netflix)는 자사 DVD 알고리즘 보완을 위해 고객의 아이디어를 활용하였다. 고객이 시청한 영화 정보를 다른 고객이 즐기도록 추천하는 방식을 만든 후 추천시스템을 향상시켜 나가면서 가치를 증가시켰다. 우리나라를 포함한 다수 선진국의 지방자치단체에 도입된 '참여예산제도'는 지역주민들이 당해 지방자치단체의 예산편성과정에 참여하여 의견을 제시함으로써 주민들에게 필요한 사업을 추진하게 한다. 온라인에서 특정 과제를 설정하고 각 분야의 전문가들을 초청하여 자유로운 토론을 통해 해결하는 방식도 많이 활용되고 있다.

묵시적 크라우드소싱

묵시적 크라우드소싱 시스템에서는 유저들이 집단지성의 형성에 자신들이 참여하고 있다는 것을 의식하지 못한다. 사실 많은 주요 검색 사이트나 포털 사이트들은 암묵리에 유저들의 사용 흔적을 모아 그것을 가공하여 사용한다. 구글(Google)의 페이지랭크가 대표적인 예이다. 구글은 이 방식을 사용함으로써 기존의 거대 검색엔진들보다 우위를 차지하게 되었다.

묵시적 크라우드소싱의 재미있는 예로는 구글의 리캡차(reCAPTCHA)를 들 수 있다. 리캡차는 표면적으로는 로그인 하려는 유저가 자동화된 기계가 아닌 사람임을 확인하려는 절차이지만, 그러나 구글은 유저들의 이 리캡차를 모아 고문서의 문자인식(OCR)에 사용한다고 한다. 당초 이 아이디어의 개발자인 루이스 폰 안(Luis von Ahn)은 인류의 거창한 업적들은 모두 협력을 통하여 이루어졌다면서 다수의 협력을 중요시하고 있다.

묵시적 크라우드소싱은 통계적 집단지성에 해당한다.

[그림 29] 리캡차의 예. 위쪽 흐릿한 문자가 고문서에서 따온 글자라면, 다수 유저들이 타이핑한 문자로써 고문서의 이미지 문자를 정확한 텍스트로 바꿀 수 있다.

그 외에도 자신들이 참여하고 있다는 것을 의식하지 못하는 상황에서 개인들의 행위 정보를 무의식적으로 취합하는 사례는 많다. 예컨대, 맵박스(mapbox)는 이용자의 지리정보를 바탕으로 지도데이터를 작성해 주는 디지털지도 기능을 수행한다. 사회관계형서비스(SNS) 트위터에 수억개 트윗의 스마트폰 운영체제(OS)를 분석해 지도에 시각화함으로써 지역별 차이를 알 수 있으며, 우버(uber.com)와 같은 차량공유 회사에 데이터를 제공할 수도 있다.

제2항 크라우드소싱의 기본 과제

도안 등은 크라우드소싱이 성공하기 위해서 고려해야 할 사항들로 네 가지를 들고 있다(Doan et al., 2011). 첫째, "유저들을 어떻게 충원하고 유지시킬 것인가", 둘째, "유저들에게 어떤 기여를 요구할 것인가", 셋째, "어떻게 유저의 기여를 결합할 것인가", 넷째, "어떻게 유저 및 그들의 기여를 평가할 것인가"이다.

유저들의 충원과 유지는 모든 크라우드소싱 사이트들의 첫 번째 해결해야 할 과제라고 할 수 있다. 물질적이든 상징적이든 어떤 대가를 지불하는 방식이 있겠지만 이 방식으로는 유저들을 대량으로 끌어들일 수는 없다. 많은 사이트들이 자발적 참여에 의존하고 있다.

유저의 충원과 유지 전략의 수립은 "유저들에게 어떤 기여를 요구할 것인가"가 먼저 결정되어야 한다. 대부분의 경우 일반 유저들에게 복잡하고 노력이 많이 들어가는 기여를 요구하기는 어렵다. 그러므로 가능한 한 단순화해서 누구나 쉽게 참여할 수 있는 것을 요구해야 할 것이다. 리뷰, 평점매기기, 네트워킹 등은 누구나 할 수 있고 노력이 적게 드는 행위이다. 그러나 위키피디아에서 항목을 편집한다든가 하는 일은 많은 노력을 필요로 한다. 그러므로 각각의 충원전략이 다를 수밖에 없다.

"유저들의 기여를 어떻게 결합할 것인가"의 측면에서 고려해야 할 점은 유저들의 의사가 가능한 한 잘 반영될 수 있는 방식이 되어야 한다.

"유저들 및 그들의 기여를 어떻게 평가할 것인가"는 좋은 유저와 나쁜 유저들을 구분하고, 또 적극적으로 활동하는 핵심 유저와 우연히 방문하는 유저들을 구분하는 것을 말한다. 악의적인 유저들과 호의적인 유저를 구분하지 못하면 그 시스템은 오래가지 못할 것이다. 많은 사이트들은 이 유저 구분을 위한 장치를 가지고 있다. 대개 적극적으로 참여하는 유저들에게 특권을 준다든지 등의 방식으로 이 문제를 다루고 있다.

제3항   크라우드 기반 제안제도

집단 구성원들의 지성을 직접 이끌어 낼 목적으로 운영되는 대표적인 크라우드소싱 체계는 제안제도 혹은 제안체계(suggestion system)이다. 제안제도는 조직의 구성원들이나 외부의 일반 사용자들로부터 정책의 변경이나 상품의 개발 등에 대해 여러 가지 의견 혹은 아이디어를 제시받아 조직의 발전과제 설정과 문제점 개선을 꾀하는 제도이다. [표 22]에 요약된 도안 등(Doan, et al. 2011: 88)의 분류체계로 보면 명시적 크라우드소싱 중의 '평가'나 '인공물 제작' 또는 '과업수행' 등에 해당될 수도 있겠지만, '제안제도'라는 별도의 항목을 설정하는 것이 더 바람직해 보인다.

기업 등 민간부문에서는 인터넷이 보급되기 시작한 초기부터 웹기반 제안제도를 즐겨 활용해 왔다. 많은 기업들이 인터라넷을 통한 회사 내부 구성원들의 제안뿐만 아니라, 웹을 통해 외부 사용자들로부터 상품이나 과제에 대한 평가나 아이디어를 광범위하게 수집해 왔다. 예컨대 스타벅스(Starbucks)의 경우 상품에 대한 고객의 평가는 물론 사업의 발전을 위해 어떤 개선, 어떤 시도가 필요한지를 일반 유저들이 제안할 수 있도록 홈페이지에 제안 창구를 마련해 두고 있다.

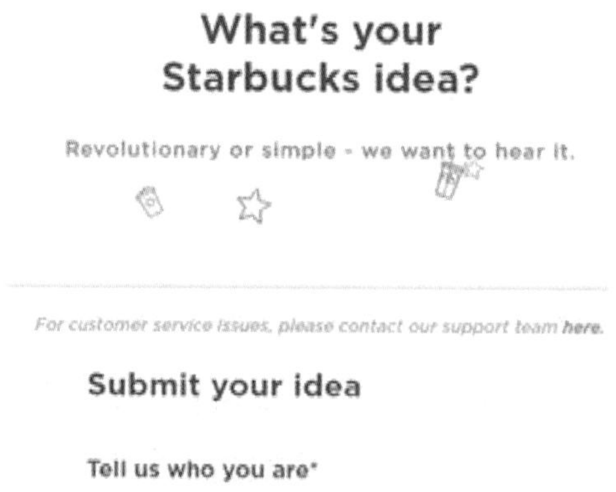

What's your Starbucks idea?

Revolutionary or simple - we want to hear it.

For customer service issues, please contact our support team here.

Submit your idea

Tell us who you are*

[그림 30]　스타벅스의 온라인 제안창구

국내의 경우 SK텔레콤이 운영하고 있는 '누구'(nugu.co.kr)는 크라우드 지성의 활용에 인공지능(AI) 관련 서비스 발전을 기대하고 있는 대표적인 제안기반 비즈니스 모델이다. 각 분야의 전문가들과 고객들이 온라인과 오프라인을 통해 소통하고, 인공지능 서비스의 진화에 대해 자유롭게 의견을 개진하는 방식으로 운영된다. 또 '두들잇'(doodle-it.com)은 불특정 다수의 사용자들로부터 의견을 제안 받아 그것을 토대로 제품을 생산하는 독특한 아이디어 기업이다. 신제품의 선정에서부터 그것의 디자인, 설계, 색상 등 모든 과정에서 크라우드의 집단지성이 중심적 역할을 한다. 델(Dell)의 Ideastorm도 유사하다.

크라우드의 아이디어를 활용할 의도로 운영되고 있는 제안제도는 민간부문에서뿐만 아니라 공공부문에서도 중요한 역할을 한다. 외국의 예로는 정책구상의 단계에서부터 시민들이 참여하여 정책의 우선순위를 선정하는 스페인의 국민제안 창구 democracyos.org, 그리고 미국의 사회문제 해결 아이디어 공모 사이트 challenge.gov 등이 중요한 예이다(행정자치부와 국민권익위원회, 2017: 1).

한국에서도 정부가 오래 전부터 국민제안 제도와 공무원제안 제도를 운영하여 왔다(권찬호, 2010). 한국 정부가 운영하고 있는 대표적인 국민제안 제도는 온라인 국민참여 포털(국민신문고, epeople.go.kr)이다. 또 사회구성원들이 자발적으로 시급한 공공문제들에 대한 토론과 제안을 할 수 있는 '국민생각함'(idea.epeople.go.kr)도 운영되고 있다. 지방자치 단체들도 각자 고유의 제안제도를 운영하고 있다. 서울시는 '민주주의서울'(democracy.seoul.go.kr)을 중심으로 웹 기반 제안제도를 운영하고 있다.

[그림 31]　국민신문고의 제안 창구

　　여러 유형의 국민제안 제도들은 국민들의 의견을 모아 정책이나 제도개선을 추진하려는 집단지성 시스템의 일종이다. 정책을 다루는 공무원들은 현장과 유리되어 있기 때문에 정책이 실제로 시행되는 과정에서 발생하는 다양한 문제들을 충분히 인지하지 못할 수 있다. 이로 인해 시대의 여건에 맞지 않은 비합리적인 규정이나 새로 발생하는 정책수요를 즉각 알아내기가 어렵다. 반면 일반 국민들은 생활현장에서 나타나는 문제들에 직접 영향을 받으므로 개선방안에 대한 의견을 많이 가지고 있다. 국민제안 제도는 정책의 입안과 실행 과정에 수반되는 이러한 난점을 해소하기 위한 것이다(권찬호, 2010: 3-4).

　　제안제도와 같이 사람들의 관심과 직접적인 참여가 요구되는 크라우드소싱 체계에서는 어떻게 크라우드의 참여를 동기화시킬 것인가가 일차적인 과제가 된다. 그러므로 좋은 제안에 대해 물질적 및 비물질적으로 응답하는 과정에 대한 면밀한 사전 검토가 있어야 한다.

　공공부문이 운영하는 제안제도는 사람들의 지성을 이끌어낸다는 일차적인 목적 이외에도 참여자들로 하여금 사회나 조직에 대한 소속감과 자긍심을 갖게 만드는 효과도 기대할 수 있다. 한국을 비롯해 여러 나라에서 '네트워크 정부'를 표방하거나 추진하는 이유는 사회구성원들의 집단지성을 활용한다는 것과 더불어 정책형성 과정에의 참여를 통해 시민들의 효능감이 강화됨으로써 정책의 수용가능성과 성공가능성이 높아질 것을 기대하기 때문이다. 이런 점으로 미루어보면 향후 다양한 형태의 크라우드 기반 제안제도가 민간부문뿐만 아니라 공공부문에서도 매우 중요한 역할을 하게 될 것으로 예상된다.

제11장

웹 공간에서의 협력

제3부 제8장과 제9장에서 거버넌스와 협력에 기반한 집단지성에 대해 집중적으로 살펴보았다. 여기서는 웹 공간에서 어떻게 협력이 쉽게 이루어지는지를 탐구할 것이다.

협력은 이타성에 기초해 있다. 이타성이란 자신의 비용으로 타인의 편익을 증가시키는 행위를 말한다. 죄수의 딜레마 게임은 이 점을 잘 보여준다. 자신의 이익 극대화만을 추구하면 협력이 일어날 수 없다. 자신의 이익을 조금 줄여서 타인의 이익이 증가하도록 해야 좀 더 나은 균형점으로 이동할 수 있다. n인 죄수의 딜레마 게임으로 표현될 수 있는 공공재 게임도 마찬가지이다. 조금 귀찮더라도 쓰레기를 분리수거할 때 모두가 더 좋은 환경에서 살 수 있다.

흔히 가상공간으로 불리는 웹 공간의 가장 큰 특징 중의 하나는 바로 이 이타성이 실물공간보다 더 풍부하다는 점이다. 많은 유저들이 아무 대가 없이 정보를 공유하고, 아무 대가 없이 어려운 작업에 동참한다.

가상공간에 대한 열렬한 예찬론자인 피에르 레비는 웹을 통한 집단지성의 의의를 단순히 문제해결 수단의 확장에서 찾지 않고 새로운 사회적 유대의 창출 가능성에서 찾았었다. 레비의 말처럼 현재 웹 공간에서는 실물세계에서 보기 어려웠던 새로운 사회적 유대가 많이 생겨나고 있다. 가상공간에 대한 또 다른 예찬론자인 하버드대학교의 요차이 벤클러는 그의 저서 『펭귄과 리바이어던』(*The Penguin and the Leviathan: How Cooperation Triumphs over Self-interest*)에서 웹이 그동안 근대세계를 지배해 왔던 이기심의 신화를 무너뜨릴 이타성의 싹을 틔우고 있다고 하였다(Benkler, 2011, chapter 1).

이 새로운 이타성의 출현을 어떻게 이해해야 할까? 웹 공간에서는 인간성이 정말 변하는 것일까? 실물공간에서 개인들 간의 교환관계를 지배해 왔던 상호성의 원리가 가상공간에서는 이타성의 원리로 변하는 것일까? 그것이 사실이라면 그 원인은 무엇일까?

제1절
웹 공간의 특징

현대사회가 급속히 발전하고 있는 주된 이유 중의 하나는 협력의 비용이 급격히 낮아졌기 때문이다. 물론 이 변화의 주된 동력은 웹 공간에서 나오고 있다. 웹을 중심으로 하는 가상공간에서 협력의 비용이 낮아지는 이유는 무엇일까? 우선 실물공간과 다른 가상공간의 특징을 몇 가지로 정리해보겠다.

가상공간의 특징에 대해서는 많은 사람들이 여러 각도에서 언급해 왔다. 여러 견해들 중에서 가장 자주 거론되고 있는 세 가지는 복잡성의 증가, 외부성의 증가, 상호성의 증가이다. 이 세 특징의 함의를 요약해 보면 다음과 같다.

첫째, 복잡성(complexity)의 증가이다. 복잡성이란 보통 구성요소들 사이의 상호작용 결과가 예측되기 어렵다는 뜻으로 사용되고 있다.[5] 어떤 요인이 초래할 결과를 함수식으로 표현하기가 어렵다는 뜻이다. 이 복잡성은 구성요소들의 숫자가 많아질수록, 상호작용의 속도가 빨라지고 종류가 다양해질수록 증가한다. 인터넷은 거의 전지구상 인류들을 하나의 연결망 속으로 통합시켰다. 그리고 상호작용의 속도와 종류를 급격히 변화시켰다. 이것들은 모두 사회의 복잡성 정도를 높이는 요인들이다.

둘째, 외부성(externality)의 증가를 지적할 수 있다. 외부성은 어떤 주체의 행위 결과가 본인의 의도와는 관계없이 다른 주체에게 의도하지 않은 혜택이나 손해를 발생시키는 현상을 가리킨다. 일반적으로 행위결과가 비배제성, 비경합성을 가질 때 외부효과가 발생한다.

웹에서의 상호작용은 정보의 교환을 통해 이루어진다. 웹에서 유통되는 정보는 배제성을 구현하기가 어렵다. 그리고 정보나 지성과 같은 추상적 재화는 한 사람이 사용하든 여러 사람이 사용하든 소모되지 않는다. 오히려 소비될수록 더 불어난다는 역설이 작용하는 경우도 많다. 그러므로 비경합적이다.

비배제성과 비경합성으로 인하여 웹에서는 사유화의 동기가 급격히 약화된다. 사유성의 약화는 이기심보다는 이타심의 발현을 쉽게 만든다. 레비가 창의성만이 유일한 희소성의 근원이라고 지적하고, 공유와 공생 정신이 새로운 시대에 더욱 풍부해질 것이라고 본 것도 웹의 이 외부효과에 주목했기 때문이다(Levy, 2005).

셋째, 웹은 또 상호성(reciprocity)을 변화시킨다. 상호성이란 상대의 행동에 비례적으로 반응한다는 의미이다. 웹은 어떤 측면에서는 상호성을 약화시키기도 하고, 또 어떤 면으로는 강화시키기도 한다.

웹 공간에서는 기여와 공유가 쉽게 일어난다. 이것은 상호성의 약화를 뜻한다. 반면 웹은 어떤 개인의 행위가 많은 사람들의 눈으로부터 벗어나기 힘들게 만든다는 측면도 있다. 그 결과 무임승차에 대한 감시효과가 발생하여, 상호제재와 규범의 강화 등의 효과를 낳는다. 이것은 상호성이 강화될 수 있음을 가리킨다.

---

5 제13장 1절 참조.

제2절
위키피디아의 집단지성

웹 공간 집단지성의 전형적인 예로 가장 많이 거론되고 있는 것이 위키피디아이다. 위키피디아는 위키 방식(Wiki Way)에 기반을 둔 시스템이다. 위키와 위키피디아는 다르다. '위키'는 유저가 공동으로 참여해서 편집해 나가는 시스템을 총칭한다. 문서의 편집 권한이 임의의 모든 사람에게 부여된 웹사이트들을 말한다. 위키피디아는 위키 방식을 사용해 성공을 거둔 한 사례이다.

위키피디아의 특징은 많은 사람들이 공동으로 참여하여 양질의 백과사전을 만들어냈다는 사실에만 있는 것이 아니다. 유저들이 모두 대가없이 참여하고 있다는 점이 더 중요한 특징이다. 단순한 집단지성이 아니라 자발적 참여에 의한 집단지성이라는 점이 위키피디아를 더 가치 있게 만들고 있다. 이 이타적 참여를 어떻게 설명할 수 있을까.

제1항 참여의 동기

위키피디아 사례에서 가장 놀라운 것은 유저들의 자발적 참여이다. 사실 위키피디아 어느 항목 하나를 작성하려면 많은 노력이 필요할 것이다. 반면에 그 유저가 되받는 물질적 보상은 없다. 그럼에도 불구하고 위키피디아는 현재 가장 거대한 백과사전의 대명사가 되었다.

많은 위키피디아 기여자들이 시간과 노력이라는 비용을 무릅쓰면서 원고작성에 참여하는 이유는 무엇일까? 기존 연구결과를 종합하고 또 새로운 경험적 조사자료를 이용해서 기고자들의 참여 동기를 분석한 쿠즈네초프는 그 동기를 이타주의, 상호성, 커뮤니티, 평판, 자율성의 다섯 가지로 정리한 바 있다(Kuznetsov, 2006). 각 동기가 뜻하는 바가 무엇인지, 그리고 그 동기들이 유의미한 설명변수가 될 수 있는지에 대해서 간략히 부연하면 다음과 같다.

첫째, 이타주의(altruism)이다. 자신의 비용으로 타인의 편익을 증가시키는 일을 하는 것이 이타주의다. 많은 연구자들은 유저들의 위키피디아 작업 참여의 동기로 이타주의를 들고 있다. 그러나 이런 설명은 "이타심 때문에 이타적으로 행동한다."라는 동어반복이 되기 쉽다. 사실 웹에서의 이타주의는 설명변수가 아니라 설명되어야 할 변수일 것이다.

둘째, 상호성(reciprocity)이다. 직접적인 보답을 기대하지 않지만 장기적 및 간접적으로 노력에 대한 보상을 받을 수 있기 때문에 참여한다는 것이다. 상호성 동기는 이타심에서 비롯되는 것은 아니다. 등가교환에 기초하므로 이기적 동기이다. 위키피디아 커뮤니티에서 동료들로부터 인정받는 등 비물질적인 보상이 있는 것은 사실이다. 그러나 이것으로 자발적 참여를 설명하기는 미흡해 보인다.

셋째, 커뮤니티(community)를 들고 있다. 유사한 가치관과 유사한 필요성을 공유하는 사람들이 정기적으로 상호작용하는 집단을 가리켜 커뮤니티라고 한다. 일반적으로 커뮤니티에는 집단자아 의식이 존재한다. 위키피디아에는 여러가지 형태의 커뮤니티가 있다. 또 토론페이지가 있어 항목에 대한 이견을 조정하고 견해를 교환한다. 이것이 집단 자아의식과 상호성을 만들어 내는데 얼마간 작용했을 수 있다. 그러나 커뮤니티 참여가 먼저인지 기고가 먼저인지 생각해 볼 필요가 있다.

넷째, 평판(reputation)이다. 사전 편집에의 참여와 활동은 동료들로부터 존경, 신뢰, 감사를 받게 된다. 위키피디아는 가입한 유저에게 아이디를 주고, 자신의 활동내역이 기록되게 한다. 또 특별히 많은 활동을 하는 사람들은 위키인들에게 알려진다. 투표에 의해서 상을 수여하기도 한다. 그러나 참여의 자발성을 이 평판 동기로 설명할 수 있는 부분이 얼마나 될지는 알 수 없다.

다섯째, 자율성(autonomy)이다. 현실세계에서는 여러 제약 때문에 개인이 행동의 자율성을 누릴 여지가 많지 않다. 그러나 웹에서는 자기가 하고 싶었던 것을 자율적으로 할 수 있는 일이 많다. 위키피디아에서 항목을 편집하는 것도 이 자율성의 욕구가 표현된 면이 강하다는 것이다. 자율 욕구가 위키피디이 참여의 힌 측면일 수는 있지만 그것이 차지하는 비중이 얼마나 될지는 미지수이다.

위 다섯 가지는 자주 거론되는 설명변수들이지만, 모두 합해도 위키피디아 기여자들의 참여를 전부 설명하기에는 뭔가 부족해 보인다. 더구나 위키피디아 참여만을 대상으로 한 설명이 아니라 웹에서의 이타적 참여 모두에 적용될 수 있는 좀 더 일반화된 설명이 필요하다.

제2항   조정비용의 증가

위키 시스템은 모든 유저가 편집자가 될 수 있다. 거의 모든 페이지 내용들을 누구나 편집할 수 있고, 그 편집결과는 바로 반영된다. 더욱이 많은 내용들이 매우 고품질이다.

위키피디아의 기적 중의 하나는 편집내용을 둘러싼 갈등이 잘 조정되고 있다는 사실이다. 위키피디아에는 예민한 주제들이 많이 포함되어 있다. 특히 정치적 주제들이나, 민족, 인종적 주제들, 그리고 학술적으로 민감한 내용들도 많다. 그런데 이 예민한 주제들을 둘러싼 갈등이 그리 표면화되지 않고 있다. 그리고 대체로 중립적인 시각이 담겨있다. 이것이 어떻게 가능할까?

위키의 발전과정에서 나타난 갈등과 조정의 전반적 특징을 경험적 자료를 통해 분석하고 있는 키터 등의 연구(Kittur et al., 2007)는 위키피디아에서 갈등이 얼마만큼 존재하고, 또 그것이 어떻게 조정되고 있는지를 경험적 자료를 통해 종합적으로 분석한 대표적인 글이다.

갈등과 조정비용의 상승은 위키피디아와 같은 분산적 협업 시스템에서는 불가피하다. 참여가 늘면 다양한 입장이 있게 마련이다. 그래서 유저들 간의 갈등을 쉽게 예상할 수 있다. 이 갈등을 조정하기 위해서는 유저들 간 소통이 증가해야 하고, 또 조정과 해결을 위한 절차와 규칙도 점차 복잡해질 수밖에 없다. 그 결과 조정비용이 점차 늘어나기 마련이다.

키터 등에 의하면 우선 위키피디아 역시 전반적으로 갈등 조정의 비용이 지속적으로 증가해 왔음을 볼 수 있다. 이 점은 위키피디아의 전체 활동에서 내용편집 작업의 비중이 줄어들고 있다는 데서 나타난다.

편집활동의 비중이 2001년에는 90%였으나 2006년 7월에는 대략 70%로 감소했다(ibid.: 455). 더욱이 새 페이지 편집의 비율이 10% 이하로 떨어지고 있다. 물론 위키가 성숙함에 따라 신규 항목을 설정하기가 어려워지고 기존 페이지의 수정이 많아졌기 때문이라고 설명할 수 있다. 하지만 이견 해소, 합의 형성, 커뮤니티 관리 등 편집과 직접 관련이 없는 활동들의 비중이 위키피디아 전 기간을 통해 계속해서 증가하고 있는 것으로 나타났다(대략 2001년 2%에서 2006년에는 12%로 증가함).

위키에서 전체 활동의 비중 변화는 다음의 그림과 같다. 그림은 직접적 활동의 감소와 간접적 활동의 비율이 어떻게 변화하고 있는지를 잘 보여준다.

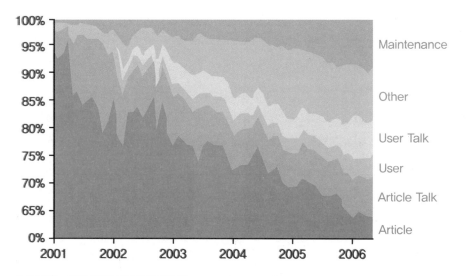

[그림 32] 위키피디아 활동의 구성변화(Kittur et al. 2007: 456)

특히 내용을 둘러싼 편집자들 간의 갈등이 점점 더 많아지고 있음을 알 수 있다. 항목 편집을 둘러싼 유저들 간의 갈등은 '되돌림(revert)'의 형태로 가장 많이 나타난다. 되돌림은 흔히 '편집전쟁'으로 불린다. 한 항목에 대해 어떤 한 유저가 편집한 내용을 다른 유저가 수정을 하면, 처음 유저가 내용을 원래대로 바꾸어 놓는 것을 말한다. 아래 그림은 이 되돌림의 비율이 계속 증가하고 있음을 보여준다.

사실 이런 이견의 발생과 편집 주도권 다툼은 충분히 예상할 수 있는 일이다. 그래서 위키시스템이 계속 유지되려면 편집활동과 사이트 유지활동 둘 다가 필요하다. 위키피디아의 지속적 성장을 단지 사전 항목의 증가나 품질로만 이야기 할 수 없음을 알 수 있다. 유저들을 조정하고 갈등을 관리할 수 있는 적절한 절차가 지속적으로 만들어져 왔다는 사실도 매우 중요하다. 더욱이 이 절차나 규칙들이 사이트 관리자에 의해서가 아니라, 참여자들 간 대화와 토론, 그리고 심의를 통해 만들어졌다는 점이다. 다시 말해 공동거버넌스의 원활한 작동이 유저들의 자발적 참여 못지않게 중요한 위키피디아의 성공요인이었다고 말할 수 있다.

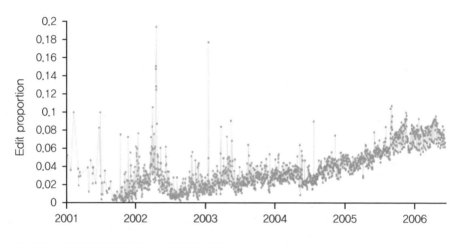

[그림 33]　편집내용 중 되돌림(revert)의 비중 변화(Kittur, et al. 2007: 456)

　이상에서 살펴보았듯이 첫째, 많은 유저들의 자발적 참여가 있었고, 둘째, 이들 간 갈등이 공동거버넌스에 의해 잘 관리되어 왔다는 것이 위키피디아의 두 가지 주된 성공요인이었다고 요약할 수 있다. 그러나 유저들의 자발적 참여에 대해서는 설명이 충분히 이루어졌다고 보기는 어렵다. 몇 가지 동기를 열거하는 것만으로는 설명력이 충분하지 않다. 좀 더 체계적인 설명이 요구된다. 계속해서 이 문제를 좀 더 검토해 보기로 한다.

제3절
웹에서의 공공재 게임

위키피디아처럼 웹에서 놀라운 협력이 쉽게 생겨나는 것을 어떻게 설명할 수 있을까? 다시 말해 가상공간에서 이타성이 증가하는 이유는 무엇일까?

온라인상의 상호작용이 대부분 익명으로 이루어진다는 점, 유저들의 상호관계를 규율하는 중앙권위가 없다는 점, 그리고 물리적 혹은 금전적 제재가 어렵거나 불가능하다는 점을 감안하면 인터넷 공간에서 '만인에 대한 만인의 투쟁'이 나타나지 않는다는 것은 놀라운 일이다. 이 거대한 공유와 협력의 세계는 현실세계와 동떨어진 별천지일까?

피터 컬록(Kollock, 1999)의 연구는 가상공간에서의 협력 증가의 원인을 이타성과 같은 행위자 속성의 변화에서 찾지 않고, 정보의 공공재적 특성 등 구조적 요인으로 설명하고 있다는 데서 관심을 끈다. 더구나 그는 합리적 선택이론의 전제를 그대로 유지해도 인터넷상의 협력행동을 설명할 수 있다고 본다. 웹에만 적용되는 별도의 이론을 만들지 않아도 된다는 뜻이다.

그는 인터넷 공간에서 만들어지고 배포되며 공유되는 정보가 공공재적 성격을 가지고 있다는 점에 주목한다. 그리고 이런 정보재의 특성으로 인해 웹상에서는 공공재 게임이 실물공간과는 전혀 다르게 나타날 수 있음을 논증하고 있다. 정보 공공재는 공급비용이 매우 낮은데 비해, 많은 유저들이 사용할 수 있기 때문에 비용편익의 함수가 극적으로 달라진다는 것이다. 그렇지만 웹에도 여전히 사회적 딜레마가 존재하며 온라인 상호작용이 항상 협력을 보장하는 것이 아님도 지적한다.

제1항 일반화된 교환

온라인상에서는 정보나 조언의 제공이 대개 무상으로 이루어진다. 그래서 하워드 라인골드는 온라인 공동체에서의 상호작용을 선물경제(gift economy) 개념으로 설명하려 한 바 있다(Rheingold, 1993).

선물에는 반드시 미래에 갚아야 한다는 의무가 들어있지 않다. 그러므로 명시적인 홍정이나 거래가 아니다. 선물을 주고받는 행위에서 교환되는 것은 물건 그 자체가 아니다. '누가 준 무엇'이라는 새로운 의미가 첨가된다. 반면 시장에서의 거래는 상품 그 자체가 중요하지, 판 사람이 누구인지는 전혀 중요하지 않다. 시장교환은 상품의 교환일 뿐이지만 선물교환은 인간관계의 교환이다. 이런 점으로 미루어보면 웹에서의 정보나 조언의 교환을 선물경제 개념으로 접근하는 것도 일리가 있는 듯 보인다.

그러나 컬록은 웹에서의 교환은 선물경제 보다는 일반화된 교환(generalized exchange) 개념으로 접근하는 것이 더 타당하다고 주장한다. 상호성의 작동방식이 선물경제와는 다르다는 것이다.

선물에도 상호성 원리가 작동한다. 당장 받은 만큼 되갚을 의무는 없지만 받기만 하고 주지 않는 경우는 생각하기 어렵다. 물론 이 상호성이 장기적이고 비구속적으로 이루어지지만 그래도 선물을 주는 사람과 받는 사람 사이에는 대략적이나마 상호성의 관계가 형성된다. 하지만 인터넷상에서의 정보 기여는 선물경제처럼 주는 사람과 받는 사람 사이에서 상호성이 작동하는 것은 아니다.

인터넷에서 교환되는 것은 주로 정보이다. 그리고 전통적 선물교환 방식과는 달리 주는 자와 받는 자가 특정되지 않는다. 받는 사람은 주는 사람이 누구인지 몰라도 되고, 주는 사람 역시 받는 사람이 누구인지를 따지지 않는다. 이처럼 웹에서의 '선물'의 교환은 익명성을 띠기 때문에 개인 간에 상호성이 작동하기가 매우 어렵다.

그렇지만 웹에서도 상호성이 작동한다. 예컨대 자신이 어떤 유용한 소스코드를 해당 토론그룹에 올린다면 수혜자로부터 보상을 직접 받지는 못하지만 다른 사람이 올린 유용한 정보를 자신도 사용할 수 있다. 그러므로 집단차원에서 보면 상호성이 실현된다.

이런 커뮤니티나 네트워크 차원에서 이루어지는 교환을 "일반화된 교환(generalized exchange)"[6] 이라 한다. 이와 대칭되는 말은 "제한된 교환(restricted exchange)"이다. 제한된 교환은 양자 간 교환이다. 그러나 일반화된 교환은 네트워크나 집단

---

6 "일반화된 교환"이라는 개념은 Ekeh(1974)에서 처음 제시되었다.

차원에서 상호성이 이루어지는 교환이다. 그래서 웹에서의 기여를 선물경제라기보다 일반화된 교환으로 보아야 한다는 컬록의 주장이 더 설득력이 있어 보인다.

일반화된 교환은 일종의 공유제도이다. 능력 있는 사람이 업로드하고 필요한 사람이 다운로드한다. 그래서 전통적 선물교환보다 더 관대하고 또 더 위험하다. 더 관대한 이유는 즉각적인 보답을 기대하지 않기 때문이다. 그러나 이 때문에 위험도 증가한다. 귀중한 정보를 모으기만 하고 자신은 기여하지 않을 가능성이 있는 것이다. 만일 모든 사람들이 이 유혹에 빠진다면 모두가 손해를 볼 것이다. 따라서 일반화된 교환은 사회적 딜레마의 구조를 가진다.

만일 개인들이 모두 받기만 하고 주지 않는다면 결국 네트워크에서의 공유체계도 무너질 것이다. 그렇게 되면 아무도 무상으로 정보나 조언을 제공하지 않으려 할 것이고, 그래서 모두가 손해를 보게 될 것이다.

제2항 정보 공공재의 특성

가상공간에서 제공되는 조언이나 정보와 같은 편익은 일단 기여가 이루어지면 누구나 그것을 이용할 수 있다. 그리고 많은 사람이 이용한다고 해서 그 정보가 줄어들거나 소모되지 않는다. 이 비배제성과 비경합성은 공공재의 특징이다. 그러므로 웹에서 공유되는 정보는 상업적으로 사용되지 않는 한 모두 공공재적 특성을 가진다(Kollock, 1999: 222).

합리적 선택이론의 관점에서 보면 공공재에는 항상 무임승차의 유혹이 따른다. 공공재가 공급되면 모두가 이익을 보지만, 기여를 하지 않고 편익을 누리는 것이 더 이익이 되기 때문이다. 이 때문에 필요한 공공재가 공급되지 않을 수 있다. 그래서 딜레마가 된다. 그런데 웹에서는 이 공공재의 딜레마가 별로 나타나지 않는다. 모든 사람이 똑같은 수준으로 기여를 하지 않더라도 많은 사람들이 계속해서 기꺼이 자신의 정보나 지식을 웹에 기여한다. 그 결과 웹에는 정보가 풍성하다. 왜 실물세계와 달리 웹에서는 딜레마가 쉽게 극복될까?

컬록은 그 주된 이유로 공공재 공급함수가 실물공간과 다르다는 점을 지적한다. 그리고 정보재의 특성 때문에 웹 네트워크나 커뮤니티가 올슨이 말한 '특권화된 집단'의 성격을 가지고 있다는 점도 지적한다(ibid.: 224).

웹에서는 공공재 공급함수가 매우 달라진다. 그것은 정보의 특성, 디지털 재화의 특성, 웹이라는 네트워크의 특성 때문이다. 가상공간에서 유통되는 것은 실물이 아니라 정보이다. 또 이 정보가 디지털화 되어 전달된다. 디지털 재화의 특징은 무한히 복제할 수 있다는 것이다. 원본과 전혀 다르지 않은 완벽한 복사본이 거의 추가비용 없이 만들어질 수 있다. 정보의 형태가 텍스트든, 프로그램 코드든, 영상이든 마찬가지다. 웹은 원자가 아니라 비트의 세계이기 때문이다.

정보재의 이 같은 특성 때문에 공공재 공급의 비용은 매우 낮아지는 반면, 기여된 재화가 만들어내는 편익은 매우 크다. 비배제성 때문에 누구나 그 정보를 이용할 수 있기 때문이다. 만일 자신이 내어놓은 작은 정보가 많은 사람에게 도움을 줄 가능성이 있다고 하면, 기여의 동기가 현저히 늘어날 것이다.

사실 자신에게는 거의 소용없는 사소한 것일지라도 다른 사람들에게는 귀중한 정보일 수도 있다. 그러므로 기여와 공유를 제약하는 이기심이 작동할 여지가 적어진다. 낮은 공급비용과 높은 사용가치로 인해 이기심에 기초한 사회적 딜레마가 작동할 여지가 대폭 줄어들게 된다.

공급비용의 감소, 사용가치의 증가라는 두 가지 획기적인 변화이외에도 가상공간에는 공공재 공급을 쉽게 만들어주는 중요한 다른 요인이 있다. 그것은 누구나가 단독으로 공공재를 공급할 수 있다는 사실이다.

공공재에서 무임승차의 유혹이 일어나는 중요한 이유는 공공재가 공동의 노력에 의해서만 공급될 수 있기 때문이다. 그러나 디지털화된 정보는 공급이 쉬워서 많은 사람이 공동으로 작업할 필요가 없는 경우가 많다.

어떤 집단이 공공재를 단독으로 공급할 능력과 의사가 있는 개인을 최소한 한 사람 이상 포함하고 있을 경우, 그 집단을 올슨은 '특권화된 집단(privileged group)'이라고 칭했다(Olson, 1965: 49-50). 특권화된 집단에서는 공공재가 쉽게 공급된다. 한 개인이 무상으로 기여하면 된다. 이 경우에는 사회적 딜레마가 없다. 그런데 웹에서의 정보재도 한 개인이 얼마든지 모든 사람에게 유용한 정보를 공급할 수 있다. 그러므로 웹은 특권화된 집단으로서의 성격이 많다. 이것 역시 공공재 공급을 용이

하게 만드는 주요 요인이라고 볼 수 있다.

온라인이 등장하기 전에는 특권화된 집단은 드물었다. 대부분의 공공재는 집합행동을 통해서만 공급이 가능했다. 하지만 디지털 공공재는 한 개인에 의해 얼마든지 공급될 수 있기 때문에 무임승차 걱정을 할 필요가 없다. 한 사람의 기여가 공공재가 될 수 있다는 사실 그 자체가 사람들로 하여금 공공재를 공급하게 만드는 긍정적 동기 역할을 한다.

정보재의 특성으로 인한 공급함수의 변화와 온라인 공간의 특권화된 집단으로서의 성격은 가상공간에서 왜 기여가 쉽게 일어나고 또 사회적 딜레마가 쉽게 극복되는지를 설명해 준다.

제3항   기여의 동기

공공재 공급비용이 낮아졌다는 것, 많은 사람이 사용할 수 있기 때문에 효용이 증가한다는 것, 그리고 한 개인이 단독으로 공급할 수 있다는 사실 등은 가상공간에서 이타적 행동이 왜 쉽게 일어날 수 있는지를 잘 설명해 준다. 그러나 약화되었다고 하지만 이기적 요소가 모두 사라진 것은 아니다. 가령 웹페이지에 한두 줄이라도 글을 쓴다는 것은 귀찮은 일일수도 있다. 그러므로 웹에서도 사회적 딜레마가 완전히 없어지는 것은 아니다.

웹에서도 여전히 이기적 동기가 작동한다면, 설사 정보나 디지털 재화의 특수성 등으로 인해 정보공유가 쉬워졌다고 하더라도 여전히 협력을 설명하는 데 행위자의 동기를 설명변수로 끌어들이지 않을 수 없다. 특히 개인이 단독으로 공급할 수 없고, 반드시 여러 유저가 협력해야만 공급될 수 있는 재화인 경우, 협력의 발생은 구조적 요인 외에도 동기적 요인들이 고려되어야 한다.

컬록은 생각할 수 있는 동기로서 상호성(reciprocation), 평판(reputation), 효능감(efficacy)의 세 가지를 들었다. 이 셋은 앞에서 설명한 쿠즈네초프의 다섯 가지 동기와 대동소이하다.

구조적 요인들 그리고 동기라는 심리적 기제들 외에 웹기반 집단지성의 성공과

밀접한 관련이 있는 것이 어떻게 유저들의 흥미를 유발할 것이냐의 측면이다. 동기 요인이 유저의 속성이라면 흥미유발은 사이트의 속성이다.

컬록은 리눅스의 창시자인 토발즈와의 인터뷰를 토대로 사이트가 성공할 수 있느냐의 여부가 얼마나 유저들의 관심을 끌 수 있는 주제를 제시하느냐에 달려 있음을 강조하고 있다(Kollock, 1999: 228f).

토발즈는 리눅스 프로젝트가 성공할 수 있었던 것은 운영체제 개발이라는 것이 프로그램 개발자들의 흥미를 유발할 수 있는 것이었다는 점을 강조했다(Torvalds, 1993). 어떤 새 집단지성 프로젝트가 만들어지더라도 그 주제가 많은 유저들의 흥미를 끌지 못하는 것이라면 자발적 참여자들을 모으기가 어려울 것이다.

위키피디아의 경우처럼 유저들의 대규모 자발적 참여를 이끌어내고 또 그것을 조직화하기 위해서는 사용자들의 동기 변화 이전에 흥미의 제공이 우선되어야 한다는 것이 토발즈의 주장이다.

동기와 흥미는 동전의 양면과 같다. 흥미를 만들어내는 것은 사이트가 해야 할 일이고, 동기의 변화는 유저가 하는 일이다. 그러므로 웹 공간에서의 협력은 사용자, 공급자, 그리고 정보재의 특성을 모두 고려할 수 있는 설명이 필요하다. 무엇보다도 웹 공간에서의 협력을 실물 공간에서의 협력과 별개의 것으로 취급하는 이론은 바람직해 보이지 않는다. 사람의 본성은 하나이니까.

제5부

군집지성과 복잡계 이론

제12장

군집지성과 군집행동

군집적 집단지성은 집단지성의 원형이다. 군집적 행위자들이 자연발생적으로 만들어내는 지적 능력을 가리켜 군집지성(swarm intelligence)이라고 한다. 중앙계획 없이 저절로 질서가 나타나는 현상을 가리켜 '자기조직화'라고 하므로 군집지성은 자기조직화의 원리에 기초해 있는 집단지성으로 정의될 수 있다.

아래에서는 먼저 군집지성의 정의를 개관한 다음, 사회적 동물들이 사용하는 대표적 소통방식인 스티그머지, 그리고 군집행동(swarm behavior)에 대해서 살펴보겠다.

제1절
군집지성

군집지성이란 행위자들(agents)이 무리(swarm)를 짓는 것 자체만으로 개별행위자들에게 없었던 어떤 특별한 지성, 즉 문제해결능력을 갖게 되는 현상을 가리키는 말이다.

아주 간단한 규칙을 따라 행동하는 개체들이 전체 규칙에 대한 지각이 없이 국지적이고 어느 정도는 무작위적인 상호작용만을 통하여 "지능적으로 보이는" 전체 행동을 창발해 낸다.

보통 동물세계에서 이루어지는 사회적 행위, 또는 그 원리에 기초해 있는 인공지능 장치들을 설명하는 데 주로 사용되고 있지만 '보이는 손'의 개입 없이 분산적 행위들이 자연조화 또는 자기조직화 되는 현상은 인간사회의 근간이기도 하다. 시장이 그 대표적인 예이다. 사람의 경우에는 군집(swarm)이라고 하지 않고 대개 군중(crowd) 또는 다중(multitude)이라는 말을 쓴다.

군집지성(swarm intelligence)이란 말이 처음 학술용어로 사용된 것은 베니와 왕(Beni & Wang, 1989)의 글에서부터이다. 이들은 '세포로봇 체계(cellular robot system)'라는 개념을 설명하면서, 단순한 기능을 가진 로봇들의 분산적 집합체가 어떤 새로운 지적 능력을 갖게 될 것이라고 주장하고, 그것을 군집지성이라고 불렀다. 세포로봇 체계란 세포자동자(cellular automata) 원리에 바탕을 두되 자동자(automata) 대신에 물리적 실체인 로봇(robot)을 대입시킨 개념이다.

이후 많은 사람들이 나름대로 군집지성에 대한 정의를 시도했다. 몇 가지 예를 들어보면 보나뷰 등은 군집지성을 "단순한 행위자들의 집단이 만들어내는 창발적 집단지성"(Bonabeau, Dorigo & Theraulaz, 1999: xi)으로, 크라우제 등은 "둘 이상의 행위자들이 독립적으로 정보를 획득하고, 이 서로 다른 정보묶음들이 사회적 상호작용을 통해 결합, 처리됨으로써 어떤 인지적 문제에 대해 개인들이 혼자서는 만들어 낼 수 없는 해법을 만들어 내는"(Krause, et al., 2009: 29) 집단지성으로 정의했다. 또 집단지성에 관한 논문들의 내용을 종합적으로 분석하여 중심적 연구주제들을 추출했던 살미넨은 군집지성을 "곤충, 로봇, 시뮬레이션 알고리즘 등 인지적으로 단순한 집단들의 창발적이고 집합적인 행위"(Salminen, 2012: 1)로 정의했다.

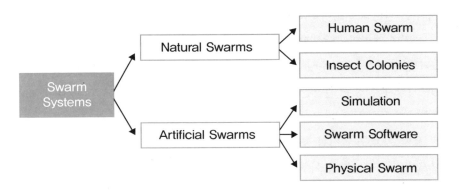

[그림 34] 군집지성의 유형(Lalbakhsh, et. al., 2008: 2)

[그림 34]에서 보듯이 군집을 이룰 수 있는 실체들은 다양하다. 자연적 군집뿐만 아니라 인공적 군집에 대해서도 집단지성에 대한 논의가 가능하다. 특히 로봇이나 인공지능 같은 물리적 군집들은 집단지성 연구에서 핵심적 위치를 차지하고 있다.

군집지성의 기본 구성요소는 단순한 인지능력을 지닌 개체(A: agents), 이들이 상호 연결됨으로써 만들어지는 무리(S: swarm), 그리고 그 무리가 만들어내는 새로운 인지적 능력(I: intelligence)의 셋을 들 수 있다.

군집지성의 구성요소

첫째, 개체(A)는 생명체뿐만 아니라 무생물도 포함될 수 있다. 왜냐하면 단순히 이웃 개체와 상호작용할 수 있는 능력만 있으면 된다. 물론 인간도 포함시킬 수 있다. 사람들은 경우에 따라서 단순한 원칙에 따라 행동하는 경우가 많다. 예컨대 극장에서 불이 났을 때의 군중행동은 출구를 빨리 빠져나오는 것만 생각하는 단순 행위자가 된다.

둘째, 연결에 의한 무리(S)의 형성은 군집지성의 핵심 연구주제이다. 개체들은 여러 가지 방식으로 '연결'될 수 있다. 소리나 몸짓 그리고 다른 매개수단을 통하여 소통한다.

군집지성에서는 이 연결망의 형성과정을 대개 '자극-반응 모델'에 기초해서 설명한다. 그래서 개체들의 행동규칙은 "어떤 자극이 오면, 어떻게 반응한다."라는 형식의 진술이 된다. 개체들의 소통능력이 매우 제한되어 있다고 전제하기 때문에 '자극'은 환경의 변화나 이웃 개체가 보내는 신호로 한정되는 경우가 많다.

예컨대 개미의 경우 "페로몬의 냄새가 강하면 그 경로를 선택한다."고 보며, 물고기의 경우 "동료로부터 멀어지면 가까이 다가간다." 등을 가정하는 것과 같다. 세포자동자의 경우 인접한 두 세포가 비활성(off)이면 해당 세포도 비활성(off)으로 변한다는 규칙 등이 바로 자극-반응 모델에 해당한다.

셋째, 새로운 인지적 능력(I)은 여러 가지 측면에서 개념화할 수 있다. 지적 능력이 얼마나 나타났느냐 여부는 매우 주관적 문제이다. 앞서 언급했듯이 지성을 문제해결 능력으로 이해할 경우 무엇이 문제인지를 규정하는 것은 행위자이거나 관찰자이다.

가령 개미집단 같은 생명체의 경우 문제는 생존능력의 확장이 될 것이다. 그래서 개체의 시각에서 지적 능력이 정의된다. 다른 생명체들의 경우도 마찬가지이다. 다만 문제의 구체적 내용만 각기 다를 뿐이다.

하지만 로봇 같은 무생물체의 경우 무엇을 지적 능력이라고 볼지는 사람이라는 외부 관찰자에 의해서 정의된다. 이런 이유로 질서나 정보 등과 같은 좀 더 보편적인 개념으로 지성 개념을 대신하는 경우가 많다.

연결에 의한 무리의 형성(S)은 내부 지휘자나 외부 설계자가 없다고 가정되므로, 단순한 '무리지음'에서 어떻게 질서나 지성과 같은 전역적 속성이 나타나는지를 설명하는 것이 군집지성 연구의 과제이다. 그러므로 군집지성의 기본 연구주제는 자기조직화 과정에 대한 이해이다.

제1항 사회성과 초유기체

사람은 어울려 산다. "어울려" 산다는 것은 단순히 어떤 공간 내에 다수가 함께 모여 산다는 뜻 이상의 의미를 갖고 있다. 어울림이 만들어내는 특별한 산출물의 혜택을 누리며 살아간다는 뜻이다.

모든 생물이 어울려 살아갈 줄 아는 것은 아니다. 다수로 존재한다는 것은 모든 생물들의 공통된 특성이겠지만, 다수성(multiplicity)이 반드시 사회성(sociality)을 의미하는 것은 아니다.

예컨대 지구상에는 무수히 많은 곤충들이 존재하지만 이 중 2% 정도만이 사회적 곤충(social Insects)으로 분류되고 있다.[1] 다시 말해 대부분 곤충들이 그냥 다수로 살아가는 데 비해 그 중 일부가 어울림의 이점을 만들어 낼 줄 안다는 뜻이다. 더구나 그 어울려 사는 방식이 각각 다르다.

개미나 벌 등 곤충들의 군집양식을 진사회성(eusociality)이라고 한다. 진사회성의 특징으로는 대개 세 가지가 꼽힌다(Hölldobler & Wilson, 2009: 8-9). 첫째, 세대 간 중첩, 둘째, 협력적 양육, 셋째, 일하는 계급의 불임성이다. 그러나 모든 사회성 곤충들이 이 세 가지 조건을 다 갖추고 있는 것은 아니다.

곤충학자들은 일반적으로 가장 사회성이 높은 곤충으로 흰개미(termites)를 꼽는다. 모든 흰개미는 진사회성 곤충이다. 하나의 흰개미 군락 안에 여러 단계의 라이프 사이클을 가진 개체들이 공존한다. 그래서 흰개미의 세대는 중첩된다. 또 양육이 협력적으로 일어난다. 개체별로 자식을 돌보는 것이 아니라 집단차원에서 공동으로 후손을 양육하고 관리한다.

흰개미는 세 계급으로 나뉜다. 번식을 책임지는 계급은 왕과 여왕이다. 암, 수 병정계급은 군락의 방어에 적합하도록 되어 있다. 미성숙한 암수개미로 구성되는 노동계급은 먹이구하기, 청소하기, 집짓기, 새끼돌보기 등 모든 잡일을 다한다. 왕과 여왕 이외에는 모두 불임이다(ibid.).

흰개미처럼 사회성 수준이 매우 높은 곤충들이 있는 반면 그 반대의 극단에는 독립성 곤충들이 있다. 독립성 곤충은 새끼를 양육하지도 않고, 다른 개체들과 집을 공유하지도 않는다. 계급제도도 없다. 대부분의 곤충들은 이 진사회성과 독립성을 양 끝으로 하는 연속선 위의 중간 어디쯤에 분포해 있다. 개미나 벌들도 종에 따

---

1 지구상의 곤충의 총 수는 대략 10^{18}으로 추정되고 있다. 사회성 곤충으로는 개미(ants), 흰개미(termites), 일부 벌(bees)과 말벌(wasps)이 해당한다. 사회성 곤충들 중에서 가장 높은 수준의 사회질서는 흰개미, 꿀벌 등 진사회성 곤충들에게서 발견할 수 있다. 진사회성 곤충은 지구상 2,600여 개에 달하는 곤충 및 절지동물 중에서 오직 15개 종 뿐이며 인간을 제외한 척추동물의 경우에는 오직 하나 벌거숭이 두더쥐(naked mole rat) 만이 진사회성을 가지고 있다고 한다(Nowak, 2011: 146).

라서 그 사회성의 수준이 제각기 다르다(Ronacher & Wehner, 1999: 278).

윌리엄 휠러(Wheeler)는 개미연구가로 유명한 사람이다. 그는 개미군집에 대한 관찰과 통찰을 토대로 하여 개미들의 집단이 단순히 다수의 개미들이 모여 있는 것에 그치는 것이 아니고 하나의 집합적 행위자, 즉 "초유기체(superorganism)"로 간주될 수 있다는 관점을 제시했다. 그가 초유기체라는 용어를 처음 사용한 것은 아니지만, 이 용어가 단지 비유적 의미로서가 아니라 실체적 의미로 사용될 수 있다는 점을 처음으로 경험적 증거와 함께 제시했다는 점에서 군집지성 개념의 선구자로 거론되기도 한다.[2]

휠러는 "하나의 유기체로서의 개미군락(The Ant Colony as an Organism)"이라는 유명한 에세이에서 "동물군집은 진짜 유기체이며, 단지 비유가 아니다."라고 말하고, 그 근거로 4가지를 들었다(Wheeler, 1911: 309). 첫째는 단일 단위로 행동한다는 점, 둘째는 집단의 행위, 크기, 구조가 개별 개미들의 속성으로 환원될 수 없는 어떤 독특성을 보여준다는 점, 셋째, 생명체처럼 집단 자체가 성장과 재생산의 주기를 겪는다는 점, 그리고 네 번째로, 생식질(여왕개미와 수캐미)과 그 외(일개미)로 생명활동의 기능이 집단 차원에서 분화되어 있다는 점이다.[3]

곤충들 중에서 사회성 수준이 가장 높은 것은 개미이다. 잘 알려져 있듯이 개미들은 대개 먹이 구하기, 창고 짓기, 동료의 장례 등을 협력적으로 처리한다. 또 번식, 방어 등에서 자기희생적 행동을 보여준다. 따라서 휠러가 말한 것처럼 개미사회는 하나의 초유기체라고 해도 과언이 아니다.

앞서 언급했듯이 개미들 중에서 흰개미는 강한 진사회성을 보여주는 동물 중의 하나이다. 번식과 생존에 필요한 모든 기능들이 계급(castes)화 되어 있다. 불임인 암수 개미는 일개미와 병정개미로 나누어진다. 지도부는 가임능력을 지닌 왕과 여왕으로 구성된다. 흰개미는 죽은 식물, 그리고 나무나 흙, 동물의 배설물에서 섬유소를 섭취하며 살아가는 대표적인 생태 쓰레기 섭취자들(detritivores)이어서 지구 생

---

2 휠러(W. M. Wheeler)는 가끔 군집지성이라는 아이디어의 선구자로 거론되는 사람이다. 그러나 휠러가 집단지성이나 군집지성이라는 용어를 사용한 적은 없다. 집단지성과 관계있는 휠러의 대표적 저술로는 Wheeler(1910, 1911)가 있다.

3 개미사회는 지리상으로 매우 널리 퍼져 있고, 숫자 면에서 굉장히 많다. 어떤 개미 종들은 6,000킬로미터에 걸쳐 퍼져있고, 수백만 개의 서식지에서 수십억 마리의 개미가 살고 있다.

태계의 선순환에 기여하는 비중이 큰 편이다(Hölldobler & Wilson, 2009).

특히 흰개미는 높은 수준의 군집지성을 보여준다. 이들이 만드는 구조물은 높이가 3미터 이상에 이른다. 사용하는 건축 재료는 진흙 알갱이에 흰개미들이 침과 배설물을 섞어서 만든 콘크리트다. 하나의 거대한 둥지 안에는 수백만 마리가 집단생활을 한다. 집 안에는 집단이 생활하는 데 필요한 작업구역이 다양하게 마련되어 있다. 왕과 여왕의 거처, 육아실, 버섯을 재배하는 방, 식량을 저장하는 곳간 등이 있다. 버섯농장은 사람으로 치면 논이나 밭에 해당한다. 이들이 버섯을 기르는 이유는 섭취한 섬유질 많은 먹이를 소화하려면 버섯을 먹어야하기 때문이라고 한다.

버섯이든 뭐든 외부로부터 운반해서 먹는 것이 아니라 경작을 한다는 것은 놀라운 일이 아닐 수 없다. 그뿐 아니다. 흰개미의 생활공간은 땅 밑에 있다. 그런데 이들은 땅위로 거대한 구조물을 만든다. 왜 그것이 필요할까? 환기와 온도조절을 해야 하기 때문이다. 지하에 있는 생활공간에서 흰개미 수십만 마리가 엄청난 양의 산소를 소비하여 이산화탄소를 배출한다. 버섯과 퇴비 역시 엄청난 양의 이산화탄소와 열을 내뿜는다. 흰개미들이 질식하지 않으려면, 그리고 필수물인 버섯이 제대로 자라게 하려면 이산화탄소와 열을 둥지 밖으로 내보내야만 한다. 또한 흰개미는 피부가 연약하므로 건조한 기후 조건에서 피부가 마르지 않으려면 습도를 적절하게 유지해야 한다. 요컨대 둥지 안의 공기와 온도를 조절하는 환기시스템이 절대적으로 요구되는 것이다. 지상으로 높이 솟은 탑이 그러한 기능을 하는 것으로 밝혀졌다.[4]

덩치도 적고 시력도 거의 없고 지능도 밑바닥인 흰개미들에게 어떤 청사진이 있을 까닭이 없다. 이산화탄소니 환기시스템이니 하는 것은 인간이 지어낸 말일 뿐이다. 요컨대 개미는 집을 지을만한 지능이 없지만 흰개미 집합체는 진흙으로 벽을 만들고 굴을 뚫어 거대한 구조물을 쌓아 올린다. 이런 놀라운 점 때문에 과학자들은 오래전부터 이 작은 곤충이 어떻게 서로 협력해서 거대한 흰개미 탑을 짓게 되는지를 연구해 왔다. 그 결과 흰개미들은 지휘나 설계가 없어도 단순한 협업을 통해 이런 구조물을 지을 수 있다는 것을 발견했다.

---

4 바깥에서 바람이 불면 찬 공기가 지표면 바로 아래에 있는 다른 관을 통해 둥지 밑의 방으로 들어와서 더운 공기를 위로 밀어 올려 바깥으로 나가도록 한다. 흰개미 집은 어느 곳, 어떤 기후에서도 온도는 섭씨 27도, 습도는 60%를 유지한다고 한다.

설계도도 지휘자도 없지만 개미들은 특유의 협동작업 방식을 가지고 있다. 처음에 개미들이 대개 흙덩어리를 물어 이리저리 옮기면서 무질서하게 돌아다니는 것을 관찰할 수 있다. 이렇게 각자 무질서하게 행동하지만 서로 간의 의사가 페로몬을 통해서 전달된다. 개미들은 움직이면서 페르몬이라는 화학물질을 방사해서 흙더미에 스며들게 한다. 이렇게 하다가 보면 작은 지능이지만 필요한 지점에 많은 페로몬이 스며있게 되고 그것이 계속해서 다른 개미들을 불러 모으게 된다. 이렇게 페로몬이 만드는 초점을 통해 협력이 이루어지면서 전체 구조가 차츰 완성되어 간다(Hölldobler & Wilson, 2009: 473f; 조용현, 2002: 30).

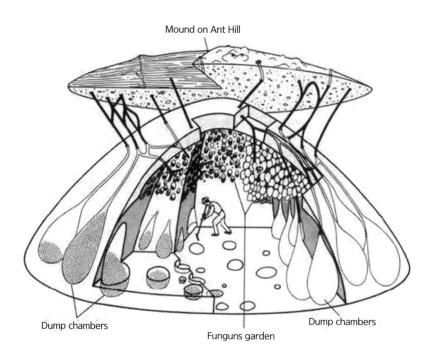

[그림 35] 잎꾼개미(leaf cutter ant)의 집 구조. 상층부는 집을 지을 때 파낸 흙이다.
버섯은 버섯정원방(fungus garden chambers)에서 경작된다.
폐기방은 사용이 끝난 것들을 버리는 곳이다(Hölldobler & Wilson, 1994: 116).

제2항   스티그머지

다수의 무리가 집단지성을 만들어 내려면 정보의 교환, 합류가 필수적이다. 언어가 없는 개미나 벌이 정보를 교환하고 결합시키는 방법을 스티그머지(stigmergy)라고 한다.

스티그머지는 1959년에 프랑스 생물학자 피에르 그라시(P. Grasse)가 흰개미의 협력작업의 원리를 설명하기 위해서 만든 말이다.[5] 그리스어 '흔적(stigma)'과 '일(ergon)'을 합성한 것으로, 개체들이 환경에 남긴 자국을 통해 정보를 교환하는 방식을 가리킨다(Bonabeau et al., 1999: 14).

월슨 등 곤충학자들이 밝혀낸, 개미들이 페로몬을 사용해 경로를 표시한다는 사실은 이제 상식이 되어 있다(Hölldobler & Wilson, 2009: 178, 479). 개미들은 먹이를 물고 집으로 돌아갈 때 배의 끝부분을 땅에 끌며 냄새의 길을 만든다. 이 긍정적 피드백 덕분에 경로가 만들어지고, 그 결과 개미집 주변에 집과 먹이의 위치 사이를 연결하는 페로몬 네트워크가 만들어지게 된다. 그 결과 새로운 음식물 소재지에 관한 정보가 개미집단 전체로 전파된다.

또 그 음식물 있는 곳을 여러 개미들이 각자 서로 다른 길을 통해 접근했다면 그 중에서 가장 짧은 경로에 페로몬 흔적이 가장 강하게 남을 것이다. 왜냐하면 한 번 왕복하는 데 걸리는 시간이 짧아서 왕복의 빈도가 늘어나기 때문이다. 개미들은 공동의 물리적 환경을 '외부기억장치(external memory)'로 활용하고 있는 셈이다.

벡커스 등은 이 개미의 먹이 찾기 행동을 좀 더 잘 이해하기 위해 실험을 실시했다(Beckers, et al., 1994). 이들은 굶주린 개미군집에서 음식과 집 사이 두개의 다리로 연결된 길을 만들어 준 후, 30분이 경과된 뒤에 두 다리를 지나는 개미의 수를 세어 보았다. 놀랍게도 80% 이상의 개미가 짧은 경로를 택한 것으로 나타났다. 페로몬에 의한 스티그머지의 위력이 나타난 것이다.

---

5   원 글은 "La Reconstruction du nid et les Coordinations Inter−Individuelles chez Bellicositerm.es Natalensis et Cubitermes sp. La theorie de la Stigmergie: Essai d'interpretation du Comportement des Termites Constructeurs"(Grasse. 1959: 41-80).

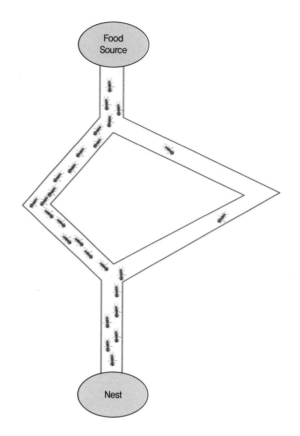

[그림 36]　개미의 페로몬을 이용한 최단경로 탐색(Kennedy & Eberhart, 2001: 107)

　　[그림 36]에서 맨 처음 두 경로가 동일한 확률로 선택된다고 생각해 보자. 긴 경로의 다리는 지나는 시간이 길다. 그러므로 짧은 경로 다리보다 페로몬의 농도가 약해질 수밖에 없다. 개미들이 페로몬 냄새가 강한 경로를 택하게 된다면 짧은 경로의 페로몬 농도는 점점 더 짙어질 것이다. 이처럼 개미군집에서 페로몬에 의한 정보의 전달은 국지적 규칙이 전역적 최적, 즉 집합적 지성을 만들어 낼 수 있음을 보여주는 예라 하겠다.

　　스티그머지는 단순한 원리에 불과한 것처럼 보이지만 매우 많은 의의를 가지고 있다.

　　첫째, 자기조직화가 어떻게 해서 일어날 수 있는지를 보여주는 최소모델로서의 의의가 있다. 둘째, 개미 사회뿐만이 아니라 인간사회에 이르기까지 이 스티그머지의 현상이 광범위하게 발견되고 있다는 점이다.

구글의 페이지랭크 시스템은 검색흔적에 기초해서 사이트의 인기도를 평가한다. 서적 판매 사이트인 아마존은 "이 책을 산 사람들이 산 다른 책"이라는 기능을 통해 독자들에게 많이 팔린 책일수록 더 알려지게 만든다. DBpia와 같은 책이나 논문 검색 사이트들도 다른 사람들의 검색 흔적을 활용하여 이용수, 피인용수, 저자의 다른 논문, 유사 참고문헌 등을 안내하고 있다. 이런 예들은 모두 흔적에 기초한 정보취합 방식이다. 알게 모르게 모든 유저들이 개미의 역할을 하고 있는 셈이다.

뿐만 아니다. 사람들이 산길을 오를 때 다른 사람이 많이 다녀서 가기 편한 곳으로 간다. 이것 역시 '흔적(stigma)'에 기초한 행동들이다. 먼저 잡목을 헤쳐서 길을 간 사람들이 나중에 오는 사람들에게 그쪽 길로 오르라고 말하지 않았지만 뒷사람들은 대개 앞 사람이간 흔적을 따라 오른다. 그 결과 여기저기 수많은 길이 '저절로' 생겨난다.

개미의 스티그머지는 많은 난해한 최적화 문제들을 해결해 주는 유용한 수단으로도 활용되고 있다.[6] '최적화'란 어떤 양(quantity)을 최소화할 수 있는 방식을 찾아내는 문제를 가리킨다.

순회외판원 문제(traveling salesman problem)처럼 경로를 최적화해야 하는 경우를 생각해 보자. 순회외판원 문제란 전국의 여러 도시들을 돌아다녀야 하는 외판원이 가장 효율적으로 이동하는 순서를 찾는 문제이다. 얼핏 단순해 보이지만 알고 보면 수학적으로 난해한 문제에 속한다. 그 이유는 도시의 수가 늘어나면 비교해야 하는 경로의 수가 급격히 늘어나기 때문이다.

도시의 수가 n개인 경우 가능한 경로조합의 수는 n!이 된다. 방문해야 하는 도시가 10개만 되어도 총 경로의 수는 10! = 3,628,800가지가 된다. 만약에 도시의 수가 20개라면 모든 경로에 대해 소요되는 시간이나 비용을 계산하고 그것을 비교하는 것이 물리적으로 불가능해진다. 이런 경우 개미 알고리즘을 사용하면 훨씬 쉽게 문제를 해결할 수 있다. 컴퓨터에 도시들이 배치된 연결망을 만들고 가상의 개미들을 풀어놓으면 된다!

---

6 순회 판매원 문제(traveling salesman problem), 이차할당 문제(quadratic assignment problem), 비결정 난해 최적화 문제(NP-hard optimization problems) 등이 그것이다(Fleischer, 2005).

이 알고리즘을 만드는 작업이 직접 계산하는 일보다 훨씬 쉽다. 곰곰 생각해 보면 일견 단순해 보이는 스티그머지의 위력은 엄청나다. 미국 하바드대학 연구팀은 로봇들이 서로 가까운 부분만 감지하는 센서를 이용하여 개미처럼 일하도록 하는 알고리즘을 개발하였고, 이들 로봇이 만들어지면 위험한 작업에 투입할 수 있다고 한다.

제3항   협력의 자기조직화

헤일리겐(Heylighen, 2013)은 스티그머지의 원리를 활용하여 집단지성의 자기조직화 과정을 알기 쉽게 설명한 바 있다. 자기조직화에서 문제의 핵심은 분산적 행동들이 집합적 목표를 향해 어떻게 결합되느냐에 있다. 개별 행동들이 공동의 목표를 향해 모두 정렬되었을 때 나타나는 추가적 에너지가 바로 하켄(Haken, 1977)이 말한 시너지이다. 물론 집단지성은 인지적 차원의 시너지를 가리킨다.

헤일리겐은 공동의 목표를 향해 구성요소들의 자기조직적 배열이 일어나는 메커니즘으로 정렬, 공간적 분업, 시간적 분업, 집단화(aggregation)의 네 가지를 들고 있다. 그는 네 가지를 자기조직화 연구의 전반적인 개념적 기반이 될 수 있다고 본다. 그런데 이 네 가지 원리는 대부분 스티그머지 방식에 기초해 있다. 헤일리겐의 설명을 좀 더 알아보면 다음과 같다.

자기정렬

정렬(alignment)은 조정(coordination)의 가장 단순한 형태이다. 이것은 서로 다른 행동들이 "동일 표적을 겨냥함"을 의미한다. 모든 행동은 암묵적 목표나 표적을 가지고 있다. 즉, 어떤 교란이나 장애에 의해 궤도를 이탈함이 없이 행동이 지속적으로 수행될 경우 만들어지게 되는 상황이 곧 목표에 해당한다.

두 사람이 어떤 무거운 물건을 치우려한다고 가정해보자. 만일 한 사람은 왼쪽으로, 다른 사람은 오른쪽으로 민다면, 두 사람의 행동은 반대가 되어 서로를 방해하게 될 것이다. 이때 자기조직화에 의해 정렬이 쉽게 일어날 수 있다. 두 사람이 서로를 볼 수 없다고, 그래서 상대가 어떤 행동을 하는지에 대한 사전적 생각이 없다고, 생각해보자. 이 경우에도 여전히 서로 상반되게 힘을 쓸 때 자신들의 움직임이 막히는 것을 느끼게 될 것이다. 그래서 자연적으로 미는 방향을 바꾸게 될 것이다. 같은 방향으로 밀고 있다고, 그래서 장애물이 움직인다고, 느끼게 되면 계속해서 그 방향으로 힘을 쓸 것이다. 약간의 시행착오를 통해 그들은 정확히 같은 방향으로 밀면 자신의 힘이 상대방의 가세로 인해 더 강해진다는 알게 될 것이다. 일단 방향을 공유하게 되면, 그들의 행동은 완전히 정렬되고, 따라서 그들의 행동은 생산성이 극대화될 것이다.

공간적 분업

행위자와 행동의 정렬은 조정되고 조직화된 작업이 이루어지기 위한 첫 번째 조건이다. 그러나 모든 행위자가 단지 동일한 방식으로 행동하기만 한다면, 그들의 결합된 행동은 잘해야 양적으로 더 강력해질 수 있을 뿐일 것이다. 예를 들면, 10명은 1명이 들 수 있는 무게보다 10배 더 무거운 물건을 들 수 있다. 그러나 벽돌공만 많이 모은다고 해서 집을 만들 수 있는 것은 아니다. 기초를 놓고, 목수 일을 하고, 전기선을 깔고, 등등 많은 분야의 전문가들을 필요로 한다. 협력의 효과를 충분히 올리려면, 각각의 행동이 서로를 보완해야 한다.

이 경우에만 전체가 단순한 부분의 합이 아닌 전체로서 행동을 할 수 있을 것이다. 이것은 각자 자기가 가장 잘 할 수 있는 일, 서로 다른 일은 한다는 것을 전제한다.

개인 각자는 그 능력이 한정되어 있으므로, 서로를 보완하고 보충함으로써 복잡한 기술을 요하는 문제들을 해결할 수 있다. 그러나 문제는 업무의 분할을 어떻게 하느냐이다. 일견 이 직무배치는 충분한 정보와 지능을 가진 관리자가 있어야 될 것처럼 보일 것이다. 그러나 이 문제 역시 단순한 자기조직화 해법이 적용될 수 있다.

행위자들이 각자 자신이 가장 능숙한 일을 선호한다고 가정해 보자. 행위자가 자기가 특별히 능한 업무가 무엇인지를 알자마자 그는 그것을 자기의 일로 택하고 자신에게 덜 적합한 다른 일들은 다른 사람들에게 맡겨놓을 것이다. 물론 이런 식의 분업이 반드시 최적의 배치를 보장하는 것은 아니지만 전반적으로 비교적 효율적인 공동작업을 가능하게 해준다.

　시장이 만들어내는 사회적 분업이나 분화(social differentiation)가 대표적인 예이다. 위키피디아의 경우에도 자기조직적 방식으로 편집자가 배치된다. 누구에게 무엇에 관해서 쓰라고 할당해주는 "편집장"이 존재하지 않는다. 각 항목에 대해 누가 "전문가"인지는 스스로가 선택한다. 모두가 개미처럼 자기가 할 수 있는 일만 스스로 판단해서 묵묵히 하면 그 결과들이 '저절로' 합쳐진다.

시간적 분업

　공간적 분업은 동시적으로 이루어지는 행위들을 조정해 준다. 시간적 분업은 공간적 분업을 보충해 준다. 일반적으로 집을 짓는 일처럼 복잡한 활동들은 여러 단계를 거치면서 이루어지기 때문에 앞 단계의 작업이 완료되지 않으면 후반 단계의 작업이 수행될 수 없다. 이같이 여러 갈래로 분기되는 상호의존적인 작업들에 대한 계획과 일정의 작성은 유능하고 지식이 풍부한, 그리고 아마도 전문적인 관리도구의 도움을 받는 감독자가 있어야 되는 것처럼 보인다. 그러나 이 경우에도 매우 효과적으로 작동하는 자기조직적 해법이 존재한다. 자연발생적 연속작업은 현대의 중앙통제적 조직에서는 드물다. 하지만 개미의 예에서 보았듯이 동물세계의 공동작업에서는 자기조직적 해법이 일반적으로 사용된다.

집단화

　우리는 개인들 행동의 다양한 결과를 모아서 응집적인 어떤 결과 속으로 통합시키는 과정을 "집단화(aggregation)"라고 정의했다. 시너지 효과를 완전히 얻으려면, 이 "집단화"라는 마지막 조정 메커니즘이 필요하다. 집단화 역시 자기조직적 방식이 가능하다.

　가장 단순한 방식은 각자의 행동 결과를 공동의 기판 위에 포개놓는 것이다. 예를 들면, 여러 건축기술자들이 행한 작업들은 건축물이라는 물리적 공간 위에 누적된다. 다시 위키피디아가 뛰어난 예를 보여주고 있다. 이 사전에 대한 여러 사람들의 기고는 자동적으로 취합된다. 왜냐하면 모두 동일한 웹사이트에 올리기 때문이다. 이 공동의 전자 매체가 없다면 수백만 건의 기고를 통합된 하나의 전체로 조립하는 일은 어마어마한 노력이 요구될 것이다.

개미사회의 조직에서도 비슷한 예를 발견할 수 있다. 음식물을 발견한 개미는 돌아오는 길에 페로몬의 흔적을 남긴다. 이렇게 해서 개미들은 자신들의 근거지와 주위에 있는 음식물 소재지를 직접 연결해 주는 광범위한 페로몬 네트워크를 점차로 확대시켜 나간다. 새로운 음식물 소재지나 단축 루트가 발견되면, 새로운 페로몬 흔적이 공동의 물리적 환경에 단순히 더해짐으로써, 자동적으로 집합적 '외부기억장치' 속으로 취합된다.

집단지성의 달성은 행위자들 간 인지적 조정의 문제이다. 헤일리겐은 이것 역시 정렬, 분업, 공정, 취합이라는 네 개의 기본적 메카니즘으로 설명될 수 있다고 본다(ibid.: 11).

정렬은 행위자들이 동일한 목표를 지향해야 하며, 따라서 상반되는 목적의 작업을 하지 않는다는 것을 뜻한다. 이것은 행위자들이 적어도 해결해야 할 문제가 무엇이며 이 문제를 집합적으로 해결하는 데 요구될 수도 있는 도구나 방법이 무엇인지에 대해 합의가 있어야 함을 뜻한다. 그러나 정렬은 행위자들이 모두 같은 행동을 해야 함을 뜻하지는 않는다. 그렇게 되면 집단지성은 나타날 수 없다.

동일한 노력을 합치는 것은 여러 사람이 무거운 물건을 같은 방향으로 미는 것과 같이 물리적 작업일 경우에만 의미가 있고 정보처리의 경우에는 의미가 없다. 어떤 정보에 동일한 정보를 하나 더 추가해도 그 정보는 늘어나지 않는다. 그러므로 개인들이 각기 다른 정보를 제공한다는 의미의 분업이 필수적이다.

시간적 분업은 당면 작업이 얼마나 복잡한가에 따라 필요할 수도 있고 필요하지 않을 수도 있을 것이다. 그러나 구성원들의 모든 기여들을 취합하는 집단화 단계는 어떤 결과물을 이루어내기 위해서는 필수적으로 거쳐야 하는 과정이다. 위키피디아에서는 웹사이트가 초점의 역할을 하므로 정보의 취합이 자기조직화 방식으로 일어날 수 있게 해준다.

제2절
군집행동

집단이 공동의 문제를 해결하기 위해 군집행동(swarm behavior)을 이끌어낼 때 군집지성이 된다(Fisher, 2009: 26). 그러므로 군집지성은 군집행동의 원리에 대한 이해를 통해서 접근할 수 있다. 군집행동은 군중행동(crowd behavior)이라고도 불린다.

집단이 다음과 같은 특징을 가질 때 군집행동이라고 부른다(Fisher, 2009; Macy & Willer, 2002).

첫째, 행위자들이 단순한 규칙에 입각해서 행동한다. 예컨대 개미흔적의 경우 "페로몬의 냄새가 진하면 그 길을 선택한다."라는 단순규칙이 개미의 행동을 집합적 목적에 기여하게 만든다. 둘째, 행위자들이 무리의 전체 상태에 대한 인식이 없으며, 단지 자신의 주변에 있는 '이웃' 행위자들의 행동을 판단의 근거로 삼는다. 이른바 로컬규칙(local rule) 원리이다. 셋째, 무리의 경계가 느슨하다. 즉, 그 군집에의 참여와 이탈이 비교적 자유롭다.

군집행동은 기본적으로 "아래로부터의 질서"에 대한 연구이다. 우리는 자칫 개미나 꿀벌 같은 진사회성 곤충들의 사회가 하이어라키 방식으로 조직화되어 있을 것으로 생각하기 쉽다. 그러나 전혀 그렇지 않다.

왕이나 여왕개미는 번식능력을 독점하는 것일 뿐 구성원들을 지휘하지는 않는다. 꿀벌의 경우도 마찬가지다. 또 사회성의 수준이 일률적이지 않다. 어떤 종류는 진사회성의 세 조건을 모두 충족시키지만 조건의 일부만 적용이 되는 부분적 사회성을 가지고 있는 종도 많다.

또 물고기 떼의 경우에는 군집적 행동을 하지만 사회성을 가지고 있는 것은 아니다. 군집행동은 단지 군집성(swarm)에 초점을 맞추는 것일 뿐 사회성 수준에 대한 연구는 아니다.

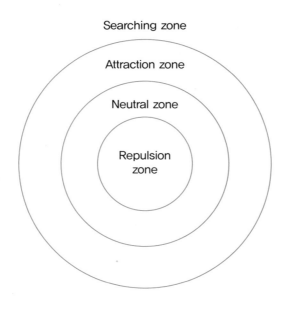

Searching zone

Attraction zone

Neutral zone

Repulsion
zone

[그림 37] 군집행동의 행동변경 반경(Tien & Rubenstein, 2004: 557)

군집행동의 가장 큰 특징은 의사소통 방식에 있다. 군집행동의 경우 개체들 사이의 소통이 매우 국지적 범위에서만 가능하다. 즉, 바로 이웃해 있는 개체들과만 정보를 받고 줄 수 있다.

물고기 떼의 경우를 보자. 큰 물고기 떼는 반경이 700m 이상이나 된다고 한다. 사람에게도 700m 거리라면 시각이나 청각을 이용한 의사소통이 어렵다. 인간의 경우라면 기계의 도움을 받아 훨씬 더 먼 거리에서도 의사소통이 가능하지만, 동물들에게는 그런 기계가 없다. 그러므로 당연히 동물들의 정보교환 가능범위는 매우 제한적일 수밖에 없다. 그런데 어떻게 일사불란하게 집단행동을 할 수 있을까?

쿠진 등(Couzin et al., 2002)은 기러기처럼 대형을 유지하면서 이동하는 새떼나 바다 속 물고기들이 만들어내는 군집적 행동에 대해 밀어냄(repulsion), 맞춤(align-ment), 당김(attraction)의 세 가지 간단한 행동규칙을 가정하는 모형으로 설명이 가능하다고 주장했다.

밀어냄이란 "동료들과 너무 가까워지면 떨어져라"이고, 맞춤이란 "이웃 동료들과 같은 방향을 취하라"이며, 당김은 "고립되는 것을 피하라"라는 행동원칙을 가리킨다. 물고기뿐 아니라 대형을 지어 이동하는 하늘의 새떼들의 행동도 이처럼 단순 규칙으로 환원해서 설명한다.

나아가 동물들의 세계에서 자주 볼 수 있는 동조화된 리듬행위도 단순규칙에만 의존하는 군집행동 모형으로 설명될 수 있다고 한다. 동조행위의 대표적인 예는 반 딧불이다. 수천 마리의 반딧불들은 서로 의사소통이 없는데도 불구하고 일시에 불 을 켜고 끄는 동조행위를 한다. 한 마리의 귀뚜라미나 매미가 울면 다른 동료들이 따라서 우는 동조행위도 군집행동의 원리로 설명할 수 있다.

사람들도 자주 군집적 행동을 하는 경우가 많다. 예컨대 야구 경기장에서의 파 도타기 응원이나 공연장에서의 박수 등도 모두 총지휘자 없이 만들어지는 자기조 직적 군집행동의 예들이다. 파도타기 응원의 경우 "옆 사람이 손을 들고 일어서면 나도 일어서라"라는 규칙만으로 설명이 가능하다. 멀리 떨어진 다른 사람들이 무엇 을 하는지를 알 필요가 전혀 없다.

사람은 생각이 복잡하고 소통의 수단이 다양하지만 집단으로 뭉쳐진 경우에는 그러한 차이가 별로 중요한 역할을 못하는 경우가 많다. 경기가 끝난 후 경기장을 빠져나오는 관중들의 움직임을 보라. 각자의 생각이 아무리 달라도 개인이 선택할 수 있는 행동방식은 매우 제한되어 버린다. 앞 사람이 한 걸음 나아가면 지체 없이 따라가는 것 외에 달리 경기장을 벗어날 방법이 없다. 이런 상황에서는 군중이 개 인들의 집합이라기보다 하나의 유체처럼 움직인다.

밀도가 대략 평방미터당 7명 이상이 되면 군중은 거의 유체질량이 된다고 한다 (Saunders, 2011: 1). 사람이 전략적 행동을 못하고 단순행위자로 변하게 되는 것이다. 인간 사회의 이러한 측면 때문에 '소프트웨어 인간' 집단을 이용해 인간들의 집단 적 행동을 시뮬레이션 해 볼 수 있는 가능성이 열리는 것이다(Johnson, 2007: 110).

군집행동은 스티그머지와 다르다. 스티그머지는 시간적 차이를 두고 일어나는 행동들이 취합되는 방식이다. 반면 군집행동은 동시적 행동의 자기조직화가 어떻 게 일어나는가에 대한 연구이다. 달리 말하면 스티그머지는 동일한 장소에 다른 시 간의 활동들이 집적되는 것이라면 군집행동은 동일한 시점에 다른 장소에서 일어 나는 행동들이 통합되는 것이다. 그러나 둘 다 개별행동들이 집단화되는 원리라는 점에서는 같다.

제13장

복잡계 이론과 집단지성

지금까지 보아왔듯이 집단지성의 연구에서는
복잡계 이론의 개념들과 모형들이 빈번히 활용
된다. 범주적 집단이 아닌 실체적 집단의 집단
지성에 대해 논의할 때는 더욱 그러하다. 실체
적 집단의 경우 집단지성은 자기조직화 아니면
거버넌스의 결과로 나타난다. 둘 중에서 특히
자기조직화는 복잡계 모형의 핵심주제이다.[7]

원래 복잡계 이론은 인지적 차원 보다는 물리적 또는 생물학적 차원의 자기조
직화 현상을 연구대상으로 삼아왔다. 그러나 복잡계 시가에서는 물질과 정신을 엄
격히 구분하는 이원론적 관점을 거부하므로 에너지나 물질과 정보 간의 구분이 애

---

[7] 집단지성에 복잡계 모형을 적용시킬 때의 일반적 고려사항들을 검토한 글로는 Schneider & Somers(2006), Heylighen(2013) 등을 들 수 있다.

매하다. 체계가 원자, 분자, 세포 등 기본 요소에서 출발하여 두뇌, 사회, 언어, 문화 등으로 진화해 나감에 따라 더 마음 같아지고 덜 물질 같아진다고 본다(Heylighen, 2013: 118).

이런 이유로 복잡계 이론에서는 원자든 세포든 개미든 사람이든 체계를 구성하는 요소들을 지칭할 때 '행위자(agents)'라는 중립적 표현을 사용한다. 물질계의 운동 원리인 인과와 정신계의 행동 원리인 의도를 본질적으로 등가로 본다.

복잡계 시각으로 보면 집단지성의 출현은 본질적으로 자기조직화 과정의 하나이다. 개체들 간의 분산적 상호작용이 어떻게 질서나 패턴 또는 정보나 지성과 같은 체계수준의 속성을 만들어내는가가 연구과제이기 때문이다.

이 장에서는 먼저 복잡계 및 자기조직화란 것이 무얼 뜻하는지에 대해 서술한 다음, 복잡계 연구에서 자주 사용되는 행위자기반 모형에 대해서 알아보겠다.

제1절
복잡계와 자기조직화

제1항 복잡계의 정의

복잡계(complex system)는 자연계를 구성하는 여러 단위들 간의 유기적인 협력에서 나타나는 복잡한 현상들의 총체를 말한다. 환경변화에 따른 적응양상을 뜻하는 복잡적응계(complex adaptive system)라고도 하며 구성 단위가 바뀌어도 전체적인 일관성은 유지된다고 본다. 예컨대 집에서 가까운 가게 하나가 문을 닫아도 이웃하는 다른 가게에서 물건을 사면 되며 전체적인 구매조달 체제는 유지된다, 우리 몸에 바이러스가 침투하여도 면역체계가 작동하여 우리 몸의 균형은 유지되는 것과 같다. 복잡계는 흔히 분명한 질서와 예측불가능한 혼돈의 중간단계로 이해되기도 한다. 그만큼 분명한 정의가 어렵다는 뜻이다.

개념의 다차원성

닐 존슨은 복잡계 이론을 가리켜 "모든 과학의 과학"[8]이라고 한 바 있다. 그만큼 여러 이론들을 통합할 수 있는 능력을 가진 이론이라는 뜻이다. 그러나 복잡계란 정확히 무엇을 뜻하느냐에 대한 합의된 정의는 존재하지 않는다. 그 이유는 복잡계의 개념이 다차원적이기 때문이다. 다차원적이란 여러 측면에서 복잡계를 이야기할 수 있다는 뜻이다.

가령 누가 '가장 아름다운' 사람인지를 정해야 한다고 하자. 무엇을 기준으로 가장 아름답다고 해야 할까? 얼굴, 마음, 신체, 됨됨이 등등 무수히 많은 차원에서 아름다움을 이야기할 수 있다. 그러므로 '아름다움'에 대한 정의가 하나로 통일되기는 어렵다.

복잡계의 경우도 마찬가지이다. "복잡하다."는 말의 의미도 여러 차원에서 이야기할 수 있다. 그래서 하나의 복잡계 개념이나 정의를 기대하기는 어렵다고 봐야 한다.

거버넌스 문제를 복잡계 개념들로 설명하고 있는 분스와 게리츠는 복잡계 이론을 무엇보다도 체계이론의 하나라는 관점에서 접근해야 한다고 본다(Boons & Gerrits, 2008). '복잡계'라는 말은 "복잡(complex)"과 "체계(system)"이라는 두 단어로 구성되어 있다.

체계(system) 혹은 계(系)라는 단어는 자연과학 및 사회과학에서 일찍부터 사용되어 왔었고, 지금도 자연과학이나 사회과학을 불문하고 널리 사용되고 있다. '체계'는 "상호작용하는 둘 이상의 구성요소들의 집합"(von Bertalanffy, 1969)으로 정의될 수 있다. 사실 복잡계 이론의 핵심적 요소는 이 정의 속에 거의 다 들어있다고 해도 과언이 아니다.

체계의 첫 번째 요건인 "둘 이상의 개체"란 부분은 이해하기가 어렵지 않다. 하나의 개체만 존재한다면 그것을 기술하는 데 군이 체계라는 새로운 용어를 사용할 필요가 없다. 둘 이상 다수의 개체들이 모여 새로운 상위행위자(meta-agent)를 만들 때 그 상위행위자를 무엇이라고 부르느냐가 문제가 되는데, '체계'는 바로 이 필요성에 대응하는 말이다.

---

8 Johnson(2007), chapter 1.5의 제목이다.

체계의 두 번째 요건인 "상호작용"은 많은 설명이 필요하다. 구성요소들 간의 상호작용은 첫째, 체계의 상태를 예측불가능하게 만들고, 둘째, 그 예측불가능성을 일정 범위 이내로 제한시키는 역할도 한다. 복잡성의 본질은 예측불가능성이다. 그러므로 이 '상호작용'은 체계를 단순체계로 만들 수도 있고 복잡체계로도 만들 수 있다. 구성요소들의 상호작용이 만들어내는 결과가 항상 예측가능하다면 그 체계는 단순체계(simple system)가 된다. 반대로 항상 예측이 불가능하다면 그것은 카오스 체계가 될 것이다. 복잡계는 대개 이 완전한 예측가능성과 완전한 예측불가능성의 중간에 위치한다.

[표 23] 복잡계의 여러 측면들(Schneider, 2012: 133)

복잡계의 측면들	설명
구성적 compositional	체계 내에 들어있는 구성요소들이 다양하고 숫자가 많다.
관계적 relational	체계 내 구성요소들 사이에 상호연결성의 종류, 빈도, 숫자가 많다.
생태적 ecological	어떤 체계가 외부환경 및 하위체계와 연결되어 있고, 내포되어(nested) 있다.
위계적 hierarchical	체계는 위계 수준에 따라 분화되어 있고 모듈화되어 있다.
기능적 functional	체계가 수행하는 기능의 수가 많고 다양하다.
기계적 mechanistic	체계 내 작동하는 메커니즘의 수가 많고 종류가 다양하다.
통계적 statistical	체계의 미래 변화를 예측하는 데 필요한 과거행동에 대한 정보의 최소량이 크다.
알고리즘적 algorithmic	체계와 무작위 사이에 나타나는 규칙성 정도의 차이(알고리즘으로 기술된다)가 있다.
열역학적 thermodynamic	체계가 손상되었을 경우 자신을 재구성하려면 열역학적 자원이 많이 필요하다.
프랙털적 fractal	세부 부분에서의 애매함과 상세함을 더 세밀한 척도로 표현할 수 있다.

상호작용과 예측가능성

이제 구성요소들의 상호작용과 체계상태의 예측가능성의 관계를 살펴보자. 구성요소들이 상호작용한다는 말은 서로 "연결되어 있다.", "상호의존적이다." 등과 같은 의미로 사용될 수 있다. 하지만 연결, 상호작용, 상호의존이 무얼 가리키는지 약간은 모호할 때가 많다. 예측가능성의 문제와 관련해서는 상호작용의 의미를 '상호제약(mutual constraints)'의 발생으로 이해하는 것이 도움이 된다.

다음과 같은 상황을 생각해 보자. 50개의 좌석이 있는 교실에 30명의 학생이 수업을 받는다고 하자. 이때 학생들이 좌석에 앉는 방법에 대해 질서라는 개념을 적용해보자.

질서가 있다는 것은 예측가능하다는 것을 의미한다. 물론 질서나 예측가능성은 모두 정도의 개념이다. 그러므로 앉는 방식에 어떤 규칙성이 생겨났을 때 그 규칙성으로 인해 예측불가능성이 감소한 만큼 질서가 증가했다고 말할 수 있다. 학생들이 앉는 방식에 규칙성이 어떻게 해서 '저절로' 생겨날 수 있을까?

질서가 없는 경우란 모든 학생들이 마음 내키는 대로, 즉 랜덤으로, 아무 좌석에나 앉는 경우이다. 30명이 50개의 좌석에 배열될 수 있는 경우의 수는 50개의 요소 중 30개를 뽑는 순열의 수와 같고, 따라서 그 수는 아래 식과 같다.

$$_{50}P_{30} = 50! \,/\, (50{-}30)!$$

위 식은 학생들이 앉는 경우의 수가 엄청나게 많음을 보여준다. 계산해보면 대략 2.4×10^{18} 정도가 되는데 어마어마한 수치이다. 달리 말하면 동일한 상태(앉는 방식)가 되풀이될 확률이 극히 작다는 것을 뜻한다. 그러므로 가령 교사의 입장에서 누가 어느 곳에 앉을지 또는 앉아 있는지를 예측해서 맞힐 확률이 0에 가깝다.

이 경우 예측가능성이 '저절로' 증가되는 상황은 어떻게 해서 생겨날 수 있을까? 물론 의자의 색깔을 달리한다든지, 아니면 교사가 학생들의 좌석배치를 지정해 준다든지, 좌석에 번호를 넣는다든지 할 경우 착석방식이 특정의 범위로 제한되고, 그래서 착석상태가 규칙적으로 재현될 수 있다. 그러나 이러한 외부제약이 전혀 없다고 할 경우, 즉 어느 좌석이든 그 속성들이 동일하고, 또 학생들의 좌석 선호도 50개 전체에 대해 동일하다고 한다면 특정의 배열이 반복될 확률은 거의 없다고 해도 과언이 아니다. 이 경우 규칙성은 어떻게 나타날 수 있을까?

바로 이 지점에서 상호작용의 역할이 나타난다. 만일 30명의 학생들 간에 서로 좋아하는 사람, 가까운 사람, 싫어하는 사람, 연인관계 등등의 "관계"가 존재한다면, 30명의 학생들이 앉는 방식의 수가 랜덤의 경우보다 훨씬 적어질 것이다. 즉, 재현되는 상태공간이 제한된다. '관계' 혹은 상호작용성이 존재함으로 인해 행위자들의 선택가능성이 일정 범위로 좁혀지고 있음을 알 수 있다. 이것이 상호제약의 의미이다.

이런 이유로 복잡계에 대한 거의 모든 정의에는 "상호작용"이 필수적으로 포함된다. 몇 가지 예를 살펴보자. 우선 닐 존슨은 복잡계 이론을 "상호작용하는 개체들의 집합에서 창발하는 현상에 관한 연구"(Johnson, 2007: 13)로 정의했다. 헤이즌은 "상호작용하는 입자들의 집합체에 에너지가 소통되면" 인상적이고 질서가 있는 구조물이 생기는데, 이러한 현상은 자연과 인간 사회 어디에나 있는 것으로서, 은하계처럼 큰 스케일일 수도 있고, 현미경 수준의 작은 스케일의 분자들일 수도 있다고 말했다(Hazen, 2005: 14). 이것 역시 상호작용이 복잡계, 나아가 만물의 변화를 일으키는 근원임을 지적하고 있다.

또 창발이나 자기조직화에 대한 많은 정의들도 상호작용의 발생을 복잡계의 기본특징으로 지적하고 있다. 예컨대 마크 뷰캐넌은 창발을 "수많은 상호작용으로 이루어진 복잡계에서 의미있는 질서가 자발적으로 돌연히 출현하는 것"으로 정의했다(Buchanan, 2003: 323).

구성요소들 간의 상호제약으로 인해 체계가 취할 수 있는 상태공간의 수가 줄어들기는 하지만 그러나 일정 수준 아래로까지 너무 줄어들어서는 안 된다. 그렇게 되면 복잡계가 아닌 단순체계가 되어 버리기 때문이다.

체계가 취할 수 있는 상태의 수는 곧 환경의 변화에 대응할 수 있는 체계의 잠재적 적응능력을 의미한다. 그러므로 체계는 취할 수 있는 상태의 수를 가능한 한 최대한 가질 수 있되 완전히 예측불가능한 수준까지에 이르러서는 안 된다.

복잡계는 이처럼 규칙성에 대한 요구와 불규칙성에 대한 요구가 모순적으로 결합되어 있는 체계이다. 환경의 변화에 즉각 적응하려면 사전에 정해진 규칙에 따라서만 움직여서는 안 된다. 임기응변의 범위를 최대한 확보하고 있어야 한다. 이 임의로 변화할 수 있는 범위가 바로 복잡계로 나타난다. 이처럼 복잡계의 일차적 특성은 예측하기 어렵다는 것이다. 그러나 예측불가능성이 지나치게 커져버리면 집합체가 응집성을 잃어버리게 될 것이다. 그러므로 환경의 변화에 즉각 대응할 수 있는 임의적 선택의 범위를 최대한 가지면서도 전체적으로는 예측가능성이 일정수준 이상 유지되어야 한다.

이 예측불가능성이라는 원심적 힘과 예측가능성이라는 구심적 힘을 동시에 키워나갈 수 있을까? 그것을 가능하게 해주는 것이 바로 집단지성이다.

지성의 양이 많다는 것은 복잡한 변화에 대한 정보를 많이 가지고 있어서 불규칙한 것처럼 보이는 현상에 대해서도 예측할 수 있는 역량이 높다는 것을 뜻한다. 정보처리 능력이 높아지면 많은 변화를 통제할 수 있기 때문이다. 아마도 침팬지는 열매가 세 개 이상만 되어도 머리를 싸맬 것이다. 그러나 인간은 천문학적 숫자도 처리해 낸다.

숫자 그 자체에는 규칙과 불규칙이 없다. 인식주체의 정보처리 능력에 따라서 동일한 현상이 어지러워 보이기도 하고 간단해 보이기도 한다. 그러므로 집단지성과 복잡성(complexity)은 분리될 수 없는 동전의 양면과도 같다.

제2항　자기조직화

외부의 어떤 질서형성자의 개입 없이 순전히 체계 구성요소들 간의 상호작용에 의해 체계 수준에서 어떤 질서가 만들어질 때 그 현상을 가리켜 "자기조직화(self-organization)"라고 한다. 집단지성에 관해 많은 연구결과를 내놓고 있는 헤일리겐은 "별도의 통제, 계획, 청사진에 근거하고 있는 조직에 대한 설명은 어떤 경우든 그 통제가 어디서 유래했는지도 설명해야 한다. 그렇지 않으면 진정한 설명이 될 수 없다. 이 무한회귀의 함정을 피하는 유일한 방법은 어느 수준에선가 자기조직화의 메커니즘을 밝히는 것뿐이다."(Heylighen, 2002: 9)라고 함으로써 자기조직화 연구가 갖는 중요성을 잘 지적한 바 있다. 중앙권위가 이미 주어져 있는 것으로 가정하는 설명들은 모두 근본적 설명이 될 수 없으므로 모든 자연현상, 사회현상에 대한 설명은 궁극적으로 자기조직화 이론에 바탕을 두어야 한다는 뜻이다. 그러므로 질서에 대한 논의의 출발점은 자기조직화가 될 수밖에 없다.

원래 '자기조직화(self-organization)'라는 말을 최초로 제시한 사람은 사이버네틱스 이론가인 로스 애쉬비(Ashby)이다.[9] 자기조직화 원리를 적용시킨 초기 예로는 두뇌 속 뉴런이 중앙통제 없이 어떻게 복잡한 작업들(학습, 분류, 패턴인식 등)을 매우 안정적으로 수행하는가에 대한 컴퓨터 시뮬레이션이었다. 그 후 1980년대, 1990년대에 와서 자기조직화 연구는 여러 수학적 모형의 등장으로 심화되었다. 비선형 역학과 카오스 이론 그리고 너무 복잡해서 분석적 모형을 만들기가 어려운 체계들에 대한 연구를 가능하게 해 주는 다수행위자(multi-agent) 컴퓨터 시뮬레이션의 등장이 그것이다. 이런 발전은 복잡적응체계의 분야를 탄생시켰다.

복잡적응체계 분야는 사회, 시장, 생태계, 그리고 인터넷 같은 많은 상호작용하는 구성요소들로 이루어진 체계들을 연구대상으로 삼는다. 최근에는 중앙통제 없이 안정적으로 작동할 수 있는 체계를 디자인 하는 수단으로서 자기조직화 개념이 컴퓨터 과학과 엔지니어링 분야에서 인기를 끌고 있다.

현재는 자기조직화 개념이 사실상 과학의 전 분야에 퍼져있다. 단순한 요소들 간의 상호작용에서 복잡한 구조가 나타나는 현상, 즉 예전에는 신비하게 여겼던 현상들을 가리키는 말로 사용되고 있다. 예를 들면, 천문학에서는 우주에서의 질서 출현을 설명하기 위해, 생태학에서는 복잡한 생태계의 진화를 이해하기 위해, 생물학에서는 개미언덕, 물고기 떼, 조류군집 등과 같은 동물들의 집합체에서 박테리아, 세포, 개체 등의 행동이 조정되는 원리를 연구하기 위해, 의학에서는 간질이나 심장질환 또는 암과 같이 복잡한 이상증세들을 설명하기 위해 자기조직화 개념을 사용하고 있다.

또, 언어학에서는 어휘, 문법, 발음 체계 등의 기원을 모형화하기 위해, 심리학에서는 높은 수준의 인지구조 출현을 설명하기 위해, 사회학과 경영학에서는 하향

---

9   Heylighen(2013: 4)은 R. Ashby의 1947년 논문 "Principles of the Self－organizing Dynamic System"에서 자기조직화라는 말이 처음 사용된 것으로 본다. Ashby(1947) 참조.

식 조직과 상향식 조직 혹은 집단을 비교하기 위해, 경제학에서는 시장의 기본원리인 "보이지 않는 손"을 더 잘 이해하기 위해, 지리학에서는 도시나 지역을 자기조직적 체계로서 연구하기 위해, 로봇연구에서는 단순한 행위자들이 협동해서 복잡한 작업을 처리하는 전략으로, 철학에서는 물질에서부터 생명, 마음, 사회에 이르기까지 전 수준을 아우를 수 있는 새로운 진화적 세계관을 만드는 토대로 자기조직화 개념을 도입하고 있다. 물론 집단지성에 대한 많은 연구들 역시 이 자기조직화 개념을 중심으로 이루어지고 있다.

자기조직화 이론의 궁극적 목표는 자기조직화 현상 일반을 설명할 수 있는 기본 원리가 무엇인지를 찾아내는 것이다. 그러나 아직 자기조직화의 일반원리가 정립되어 있는 것은 아니다.[10] 하지만 자기조직화 개념은 군집지성과 같은 실체적 집단지성의 근본원리를 발전시키는 데 중심적 역할을 맡고 있고, 그래서 많은 집단지성 연구자들이 자기조직화 현상에 대해 여러 가지 나름대로의 견해를 내놓고 있다.

제2절
행위자 기반 모형

복잡계의 자기조직화 과정을 연구할 때 가장 자주 사용되는 연구모형이 행위자 기반 모형(agent-based model)이다.

복잡계에 대한 연구는 개체들 간의 상호작용이 체계적 수준에서 어떤 현상을 창발시키는가에 주로 연구의 초점을 맞춘다. 그러나 복잡계 이론이 연구대상으로 삼는 현상들은 구성요소의 수가 매우 많고 또 그 상호작용의 양상이 매우 복잡하기 때문에 경험적 관찰이나 수학적 연역을 사용하기가 어렵다. 이 연구방법상의 한계

---

10 이 문제와 관련해서는 Fleischer(2005)를 참조. 그는 자기조직화를 진화적 관점에서 접근하고 있다. 체계를 구성하는 각 부분이 여러 척도(sacle)에서 파레토 최적을 구현하려는 경향으로 말미암아 자기조직화가 나타난다고 말하고 있다. 그래서 Fleischer는 자기조직화를 "파레토 최적의 선상이나 그것에 가깝게 작동지점(operating points)을 유지시키려는 체계의 행동"으로 정의한다. 쉽게 말하면 체계가 구성요소들의 관계를 최적화시키려는 노력의 결과로 자기조직화가 일어난다는 것이다.

를 극복하기 위해 널리 사용되고 있는 것이 모의실험이다. 특히 컴퓨터 등 여러 기기들의 발달은 매우 복잡한 모형을 세우더라도 그것을 검증해 보기가 쉬워졌다.

모의실험에 기초하여 자기조직화 메커니즘을 연구하려면 모형의 설정이 중요하다. 복잡계 연구에서는 행위자 기반 모형(agent-based model)을 주로 사용한다.[11] 행위자기반 모의실험(agent-based simulation)이라고도 한다.

행위자기반 모형의 기본 아이디어는 간단하다. 어떤 체계를 구성하는 개체들에 대해 그 개체들의 행동방식을 설정해 주는 것이다. 행동방식을 설정한다는 말은 개체들이 랜덤에 기초해 행동한다고 가정할 것인지, 어떤 몇 가지 행동규칙에 따르는 것으로 볼 것인지, 또는 스스로 목적을 설정하여 합리적으로 행동하는 행위자라고 가정할지 등을 정한다는 말이다. 행위자들의 행동방식에 대한 가정이 정해지면 체계의 몇 가지 환경변수를 설정한 후 컴퓨터 등을 이용해서 모의실험을 수행하고 그 결과가 어떻게 나오는지를 살펴보는 방식으로 연구가 진행된다.

행위자 기반 모형은 행위자의 행동방식을 어떻게 설정하느냐에 따라서 몇 가지 유형으로 나눌 수 있다. 대개 행동의 무작위성을 가정하는 랜덤 행위자 모형에서부터, 최소한의 국지적 정보에 기초해서 행동한다고 보는 최소 행위자 모형, 그리고 의도적 대안선택과 상황변화에 대한 적응능력을 가정하는 복잡 행위자 모형의 세 유형으로 대별해 볼 있다(Schweitzer, 2007: 7-8; 윤영수 등, 2005: 264-270).

랜덤 행위자 모형

랜덤 행위자(random agent) 모형은 브라운 행위자(brownian agent) 모형으로 불리기도 한다. 물리학에서의 유명한 연구대상이었던 브라운 운동에서 취한 이름이다. 그러나 이 글에서는 이 행위자들의 특징을 좀 더 잘 나타내 주는 랜덤 행위자라는 명칭을 사용하기로 한다.

랜덤 행위자의 기본 가정은 개체, 즉 행위자(agent)가 어떤 행동 대안을 선택할 때 랜덤 또는 어떤 확률로 선택한다고 보는 것이다. 랜덤 행동을 가정하는 이유는 개체들이 무수히 많아 일일이 행동규칙을 설정하기 어렵다는 측면 때문이기도 하지만, 다른 한편 이들의 행동이 모두 동일한 방식으로 이루어지는 것이 아니라는

---

11 집단지성 모의실험에 대해서는 Schut(2007) 참조.

점 때문이기도 하다. 즉, 행동의 동질적 측면과 이질적 측면을 동시에 고려하려면 랜덤 가정이 가장 편리하기 때문이다.

랜덤 행동은 행동의 독립성이 전제된다. 가령 두 가지 선택지가 있다고 가정할 경우, 시점 t에서의 대안 선택 확률이 시점 t + 1에서의 확률에 영향을 주지 않는다는 뜻이다. 동전던지기의 예를 든다면 1차 시행 시의 확률이 0.5 대 0.5인데, 2차 시행 시 확률 역시 1차 시행에서 어떤 결과가 나왔는지에 관계없이 0.5 대 0.5로 동일한 것으로 가정한다는 뜻이다.

랜덤 행위자 모형의 가장 중요한 연구관심은 체계수준에서 규칙성(질서, 패턴)이 만들어지는가에 대한 관찰이다. 즉, 개체 수준에서는 불규칙(랜덤)이 지배하지만 그 불규칙 행위자들 간의 상호작용이 거시적 수준에서 질서를 만들어 낼 수 있는가를 확인하려는 것이다.

최소행위자 모형

최소 행위자(minimalistic agent) 모형은 현재 가장 널리 사용되고 있는 모형이라고 할 수 있다. 최소행위자 모형에서는 랜덤 행위자 모형과 달리 개체들이 어떤 행동을 취할지에 대해 일정한 규칙을 미리 부여해 준다. 개체 수준에서의 행동들이 결정론적이라고 가정하는 것이다. 예컨대 세포자동자(cellular automata) 모형에서 앞뒤와 상하 인접 셀(cell)들이 모두 on이면 그 셀이 다음 시기에는 off가 되는 것으로 정한다든지, 아니면 동물들의 집단적 거동을 알아보는 실험에서 "앞 행위자와 거리가 멀어지면 접근한다."와 같은 행동의 규칙을 미리 설정해 준다. 물론 이 규칙들은 행위자들이 이용할 수 있는 정보가 매우 제한적임을 가정하는 것이다. 그러므로 대개 직접 접촉이 가능한(즉, 정보의 교환이 가능한) 공간적 이웃과의 관계를 규칙의 기반으로 삼는다. 국지적 정보에 기초해서 행동한다고 가정하는 것이다. 사회성 곤충들이나 동물들의 집단거동을 연구할 때 이 모형이 사용된다.

개체 수준에서의 행동이 결정론적이라고 하더라도 여러 개체들이 상호작용을 통하여 집합적으로 만들어 내는 체계수준의 결과는 전혀 결정적이지 않을 수가 있다. 체계 수준에서 나타나는 예측불가능한 결과를 가리켜 카오스(chaos)라고 한다. 랜덤 행위자 모형이 개체수준의 무질서한 행동이 집단수준에서 질서를 만들어내는 것에 관심을 가진다면, 그와는 반대로 최소행위자 모형은 개체수준의 규칙성이 집단수준에서 카오스를 만들어 내는 현상을 밝혀내려 하고 있다는 점에서 흥미롭다.

복잡행위자 모형

한편 복잡 행위자(complex agent)란 개체들이 각자 나름대로의 행동기준을 스스로 정하는 것으로 상정하는 모형이다. 인간사회의 경우 개인들은 랜덤으로도, 결정론적으로도 행동하지 않는다. 각자 나름대로 상황을 판단하고 행동을 결정한다. 즉, 학습을 통해 지식을 습득해 나갈 수도 있고 그래서 행동의 방식이 바뀔 수도 있는 자율적 행위자로 간주되는 모형이다. 복잡 행위자는 달리 말하면 상황 변화에 대한 피드백을 참조하는 행위자이다.

복잡 행위자 모형은 가장 현실과 가까운 설정이기는 하지만 또 가장 다루기 어려운 것이기도 하다. 복잡 행위자 모형 역시 행위자들의 행동에 대해 일정한 가정을 도입할 수밖에 없다. 예컨대 "합리적으로 행동한다." 등을 행동의 기본원칙으로 설정할 수도 있다. 그러므로 어떤 의미에서 보면 최소 행위자 모형과는 정도의 차이이지 본질적 차이가 있는 것은 아니라고도 할 수 있다. 하지만 복잡 행위자의 경우 어떤 시점(t)의 행동이 낳는 결과를 고려하여 다음 시점(t + 1)의 행동이나 전략을 수정해 나가는 것으로 상정한다는 점에서 앞의 두 모형과 큰 차이가 있다. 자신이 선택한 행동의 결과를 고려하여 다음 시점의 행동을 결정한다는 것은 학습에 의한 피드백(feedback) 메커니즘이 작동한다는 뜻이 된다. 이 피드백 효과는 체계의 변화를 매우 예측하기 어렵게 만든다.

복잡 행위자 체계의 분석에는 게임이론과 네트워크 이론이 자주 사용된다. 게임이론이나 네트워크 이론 역시 자기조직화 원리를 전제로 하고 있다. 예컨대 2인 죄수의 딜레마 게임을 보자. 이 모형에는 두 행위자의 행동을 강제하는 외부의 권위가 존재하지 않는다. 즉, 아나키 상황에서 행위자들 간의 상호작용이 집합적으로 어떤 결과를 자아내는가를 탐구한다. 아나키 상황에서의 질서형성이란 곧 자기조직화를 뜻한다. 네트워크 이론 역시 아나키 가정에 기초해 있다. 노드(nod)들 사이 연결이 이루어지느냐 마느냐가 행위자 당사자들의 판단에 따라서 일어나는 것이지, 어떤 외부의 행위자가 정해주는 것은 아니다. 그러므로 웹과 같은 네트워크의 전체 양상은 자기조직화된 것이지 설계된 것은 아니다.

제1항 랜덤행위자 모형

랜덤 행위자 모형에서는 개체들의 행동선택이 랜덤으로 이루어진다고 가정한다. 개체들이 어떤 행동을 취하느냐에 영향을 미치는 요인들은 무수히 많다. 이 많은 요인들을 모두 고려하기는 어려우므로 랜덤으로 행동한다고 가정하는 것이다. 예컨대 입자들의 집합적 상호작용의 결과를 연구하는 통계물리학의 경우를 보자. 천문학적 수효의 입자로 구성된 어떤 체계에서 입자들의 미시적 움직임을 모두 고려하는 모형은 만들기 힘들다. 그러므로 개체들의 행동이 무작위로 이루어진다고 가정한다. 랜덤 가정은 개체들의 행동이 모두 동일하다는 것을 뜻하지는 않는다. 오히려 제각기 다를 수 있다. 대안들이 랜덤으로 선택되기 때문이다.

브라운 운동

자연에서의 적응은 거의 대부분 확률적 과정을 통해서 일어난다. 다시 말해 항상 랜덤의 요소를 포함하고 있다(Kennedy, et al., 2001: 9).

랜덤 모형의 대표적인 예는 브라운 운동이다. 브라운 운동이라는 이름의 유래는 꽃가루의 움직임을 관찰한 스코틀랜드의 생물학자 로버트 브라운(Brown)에서 비롯된 것이다(Ball, 2004: 52). 1828년에 그는 현미경으로 물에 떠 있는 꽃가루가 활발하게 춤을 추고 있는 현상을 최초로 관찰했다. 그는 그런 움직임이 고대 생기론(vitalism)의 주장처럼 꽃가루에 어떤 '정령'이 들어있는 것을 보여주는 증거라고 해석했다. 하지만 스핑크스의 돌가루와 같이 '죽은' 것이 분명한 입자에서도 똑같은 움직임이 관찰되었고 그래서 다른 설명이 있어야 했다. 아인슈타인이 이 문제에 관해 최종적으로 확실한 설명을 제시하였다.

아인슈타인은 작은 꽃가루 입자가 현미경으로 볼 수 있을 정도로 크지만, 물 분자와 충돌하면 움직이는 방향이 바뀔 정도로 작다고 생각했다. 그러므로 물 위 꽃가루의 살아있는 듯한 움직임은 물 분자와의 충돌의 결과라고 보면 가장 잘 실명된다고 했다. 그러므로 물이 분자, 원자로 구성되어 있다고 보아야 한다는 것이다. 당시에는 원자론 가설이 지지되기 전이므로 아인슈타인의 이 설명은 원자론의 정당성을 지지해 주는 근거가 되었다.

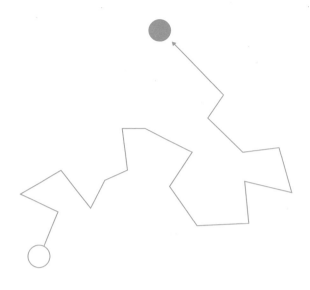

[그림 38] 기체상태의 분자가 충돌하면서 움직이는 모습. 랜덤워크에 의해
출발점으로부터 점점 멀어져간다(Ball, 2004: 50).

랜덤워크

랜덤워크(random walk, 무작위 걸음)란 무작위하게 이동하는 개체의 궤적을 수학적으로 기술한 모형을 말한다. '랜덤워크(random walk)'라는 이름은 1905년 통계학자 칼 피어슨(Pearson)이 처음 붙인 것으로 알려져 있다. 체계의 구성요소가 엄청나게 많은 분자, 원자의 세계를 다루는 물리학에서는 이 랜덤워크 모형이 필수적이다. 어떤 의미에서 보면 복잡계 이론의 출발점이기도 하다. 왜냐하면 최소행위자, 복잡행위자 모두 이 랜덤 행위자의 '랜덤 가정'을 조금씩 현실과 가까워지도록 구체화한 것으로 볼 수 있기 때문이다.

랜덤하게 움직이는 개체의 일회적 행동은 예측할 수 없다. 그러나 충분히 오랜 시간 동안에 그런 이동의 크기를 모아 보면 일정한 규칙성이 드러난다. 랜덤워크에서 설명하고자 하는 것은 걸음의 폭(L)이 일정하다고 할 때 총 N걸음을 걸은 후에 위치가 처음 지점으로부터 어느 방향으로, 얼마나 멀어지느냐 하는 것이다. 즉, 다음 사례를 보자.

총 9개 층의 계단이 있다고 해보자. 중간인 5번째 층계에 서서 동전던지기를 하되, 앞면이 나오면 위로 한 계단, 뒷면이 나오면 아래로 한 계단 간다고 정하자. 만일 총 9번 동전던지기를 한다면 최초 층으로부터 몇 층이나 멀어지게 될까? 얼핏 생각하면 확률이 반반이므로 여러 번 시행하면 결국 제자리에 있을 것으로 생각하기 쉽다. 그러나 첫 번째 동전을 던지면 위나 아래로 반드시 한 층을 이동하게 된다. 그리고 두 번째 동전던지기를 할 때는 그 이동한 위치가 출발점이 되므로 어떻게든 위치의 변동이 생길 수 있다. 즉, 시행의 결과가 누적적이 되므로 이동이 생기는 것이다.

동전을 N번 던졌을 때, 원점으로부터의 거리는 얼마나 될까? 각 시행의 평균을 내는 것은 좋은 합산방식이 아니다. 왜냐하면 0이 될 것이니까. 그래서 제곱값의 제곱근이나 절대값을 사용해서 변화를 계산한다. 동전던지기의 경우에는 앞면 아니면 뒷면이 나오므로 2항 분포에 해당한다. 이 이항분포에서 분산의 크기는 평균의 제곱근으로 나타난다. 수학적 계산에 의하면 랜덤워크에서 총 분산의 크기는 시행횟수(N)의 제곱근이 된다. 그러므로 걸음의 폭이 L이라면 N걸음 후의 이동거리는 시행횟수의 제곱근에 걸음의 폭을 곱한 값이 된다(Sethna, 2011: 15f).

이동거리 = $\sqrt{N}$ × L

이 결과는 랜덤워크에 흥미로운 성질이 담겨 있음을 알려준다. 즉, 랜덤워크에 척도무관성(scale invariance)과 보편성(universality)이 존재한다는 것이다(Sethna, 2011: 17). 척도무관성이라 함은 N걸음 후 총 이동거리가 걸음의 폭(L)과 상관없이 걸음 횟수의 일정 비율($\sqrt{N}$)이 되기 때문이다. 즉, 걸음의 폭(scale)은 상수이고 시행횟수만 유일한 변수라는 뜻이다. 걸음의 폭이 얼마이든 상관없이 동일한 변화양상을 보여준다. 보편성이라 함은 이 같은 공식이 모든 랜덤워크에 동일하게 적용될 수 있다는 뜻이다.

제2항 최소행위자 모형

최소행위자 모형은 랜덤 모형과 달리 사전적으로 행위자들의 행동선택 기준이 주어져 있다. 이 규칙을 행위자가 임의로 바꾸는 일은 없다. 말하자면 자극-반응 모형 또는 if-then 모형에 가깝다. 그렇다면 이 최소행위자들의 집합적 결과는 쉽게 예측할 수 있을까? 절대로 그렇지 않다. 여기에 최소행위자 모형의 의의가 있다. 즉, 개체들의 행동이 단순한 규칙에 의해 '결정적으로' 이루어진다고 하더라도 그 개별행동의 집합적 결과는 여러 가지 형태로 나타날 수 있다. 경우에 따라서는 예측불가능한 양상, 즉 카오스 현상을 낳는다.

세포자동자

최소 행위자 모형의 가장 단순한 형태는 세포자동자(cellular automata) 모형에서 찾아 볼 수 있다. 세포자동자의 기원은 1940년대 게임이론을 정립한 사람으로 유명한 폰 노이만(von Neumann)의 인공생명 연구이다. 그는 생명을 '합성'하는 데 관심을 가지고 있었다. 그 계획의 첫 단계로 인공적인 자기재생산(reproduction), 즉 개체의 자기증식에 대해서 연구했는데, 그때 사용한 모형이 바로 세포자동자이다. 폰 노이만 이후 많은 사람들이 약간씩 변형된 세포자동자를 선보였었다.

세포자동자는 먼저 격자들로 분할되어 있는 상태공간을 상정한다. 이것이 말하자면 생명체가 살아가는 세상이다. 이 공간에서 각 격자는 세포(cell)라고 불린다. 격자의 배열은 일차원의 직선일 수도 있고, 2차원의 평면, 그리고 가장자리가 다른 가장자리와 연결되는 토러스(torus) 구조를 상정할 수도 있다.

세포자동자를 설계할 때 기본적으로 포함되어야 하는 가정은 다음 세 가지이다 (조용현, 2002: 123-125).

(1) 세포 당 가지는 상태의 수
(2) 세포의 '이웃'(neighborhood)을 구성하는 방식
(3) 다음 세대에서 그 세포의 상태를 규정하는 진화의 규칙

첫째, 세포가 가질 수 있는 상태 수란 행위자가 취할 수 있는 행동의 종류이다. 물론 최소 행위자 모형에서는 이 행동 대안을 행위자가 임의로 선택하지 못한다. 주어진 규칙에 의해서 자동적으로 정해지기 때문이다.

세포자동자가 선택할 수 있는 대안의 수는 연구자가 임의로 정할 수 있지만 대개 세포 당 두 상태만을 가질 수 있는 2진 세포자동자가 일반적이다. 이것이 가장 다루기 쉬울 뿐만 아니라 3개 이상의 선택지들도 결국 2진 모형으로 환원시킬 수 있기 때문이다.

둘째, 세포의 '이웃'이란 어떤 세포의 다음 세대 상태에 영향을 줄 수 있는 인접한 세포를 가리킨다. 어떤 세포의 다음 상태는 그 이웃들이 어떤 값을 갖느냐에 따라 정해지므로, 이웃의 구성은 세포자동자의 동적 과정을 결정하는 핵심적 변수이다. 이웃에 의해 자신의 미래가 결정된다는 것은 복잡계의 기본가정인 "상호작용에 의한 질서의 형성" 원칙을 반영한다고도 볼 수 있다. 그리고 소통범위가 매우 제한되어 있는 상황도 가정하는 것이다.

2차원 세포자동자에서 이웃을 정의하는 가장 흔한 방식은 '폰 노이만 이웃(von Neumann neighborhood)'과 '무어 이웃(Moore neighborhood)' 두 가지이다(Zaki, 2011). 폰 노이만 이웃은 세포의 상하좌우 네 방향 인접세포들만을 이웃으로 본다. 무어 이웃은 폰 노이만 이웃에 대각선 방향에 있는 인접 격자들을 포함시킨 것이다.

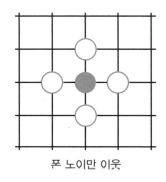 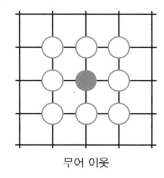

폰 노이만 이웃 　　　　　　 무어 이웃

[그림 39] 폰 노이만 이웃과 무어 이웃

셋째, 진화의 규칙이란 셀(cell)의 변화규칙을 가리킨다. 셀의 상태변화는 이웃들의 상태구성에 따라 결정되는 것으로 가정되어 있으므로, 진화의 규칙은 보통 다음과 같은 방식으로 표현된다.

이웃 세포의 현재 상태 ⇒ 해당 세포의 다음 상태

[표 24]는 진화규칙을 도표화한 것이다. 1차원 격자를 상정한 것이므로 이웃은 좌측과 우측의 셀이 된다. 좌측 이웃 L과 우측 이웃 R의 상태, 그리고 행위자의 현재상태에 따라서 행위자의 다음 상태가 정해진다. 물론 이 규칙은 연구자가 임의로 설정할 수 있다.

1차원 격자공간의 초기 상태가 아래와 같을 경우 [표 24]의 규칙을 적용시키면 그 진화과정은 [표 25]와 같이 나타난다.[12]

[표 24]   1차원 세포자동자의 진화규칙(예)

이웃 L의 현재 상태	행위자 (현재 상태)	이웃 R의 현재 상태	행위자 (다음 상태)
0 □	0 □	0 □	0 □
0 □	0 □	1 ■	1 ■
0 □	1 ■	0 □	0 □
0 □	1 ■	1 ■	0 □
1 ■	0 □	0 □	1 ■
1 ■	0 □	1 ■	0 □
1 ■	1 ■	0 □	0 □
1 ■	1 ■	1 ■	0 □

---

12 [표 24]와 [표 25]의 규칙과 진화 내용은 조용현(2002), p.129의 내용을 참고한 것이다.

[표 25]   1차원 세포자동자의 진화(예)

(1세대)	□□□□□□■□□□□□
(2세대)	□□□□□■□■□□□□
(3세대)	□□□□■□□□■□□□
(4세대)	□□□■□□□□□■□□
(5세대)	□□■□□□□□□□■□
(6세대)	□■■□□□□□□□■■□

세포자동자 모형에 의한 모의실험 결과가 보여주는 내용 중에서 가장 놀라운 것은 이처럼 단순하고 결정론적 행동원리를 가진 개체들의 세계에서 예측 불가능한 무질서가 만들어질 수도 있다는 점이다. 물론 질서가 만들어질 수도 있지만, 질서 보다는 무질서, 즉 카오스가 나타난다는 것이 가장 흥미로운 점이다. 또 질서 역시 단순한 정태적 규칙성을 갖는 질서만 만들어질 수 있는 것이 아니라 시시각각 다양한 변화가 나타난다.[13]

카오스

최소 행위자 모형을 통해 알 수 있는 가장 중요한 현상 중의 하나는 결정론적 규칙에 따르는 행위자들의 집합적 결과가 예측불가능성을 낳을 수 있다는 사실이다. 이 결정론적인 원인이 만들어내는 예측불가능성을 가리켜 카오스(chaos), 또는 결정론적 카오스(deterministic chaos)라고 한다.

카오스는 랜덤과 마찬가지로 예측불가능성을 본질로 하고 있다. 그러므로 질서의 반대상태에 해당한다. 그러나 둘 사이에는 큰 차이가 있다. 랜덤은 예측불가능성이 확률적 범위를 가지는 데 비해 카오스는 예측불가능성이 매우 불규칙적이다.

확정적 원인이 비예측성을 만들어 내기 때문에 카오스 현상은 뭔가 신비하게 보이기도 한다. 카오스를 이처럼 특별한 현상으로 보는 태도들을 가리켜 레오나드 스미스는 '카오스의 신화'라고 불렀다(Smith, 2007: 81). 하지만 그는 카오스를 신비하게 여기는 것은 잘못이라고 본다. 왜냐하면 일반적으로 예측불가능성이란 인지적

---

13 세포자동자와 관련해서는 조용현(2002)의 제2부, Kauffman(1996)의 제8장, Nowak et al.(1995), Kennedy & Eberhart(2001)의 Chapter One 참조.

차원의 불완전성에서 기인하는 것일 뿐이지 현상 그 자체의 속성에서 비롯되는 것은 아니기 때문이다. 다시 말해 카오스를 예측불가능하다고 말하지만 그 예측이 원리적으로 불가능한 것은 아니라는 뜻이다.[14]

카오스는 예측불가능한 것이고 따라서 무질서한 상태이다. 그렇다면 카오스는 나쁜 것일까? 그렇지는 않다. 많은 복잡계 이론가들은 카오스 영역이 존재하기 때문에 생명체의 진화가 가능하다고 본다. 왜냐하면 카오스가 인과관계를 단절시켜줄 수 있기 때문이다. 인과관계란 시점 t_n에서의 상태가 그 다음 시점 t_n+1의 상태를 결정하는 것을 가리킨다. 만약 우주의 모든 사건들이 이 인과법칙의 지배를 받기만 한다면 새로운 변화는 원칙적으로 발생할 수 없다. 모든 미래는 과거에 의해 결정되어 있기 때문이다. 그런데 카오스 상태에서는 이 인과관계가 단절된다. 그러므로 행위자가 새로운 길로 접어들 수 있는 가능성이 생긴다는 것이다(Smith, 2007).

베르누이 사상

이제 카오스라는 것이 무엇인지를 이해하기 위해 간단한 카오스 사상(chaotic map)을 검토해 보자. 카오스를 만들어내는 방법은 여러 가지가 있다. 그 중 가장 간명한 모형은 수학적 카오스라고 불리는 것으로, 로지스틱 사상(logistic map)이나 베르누이 사상(Bernoulli map)이 대표적이다.[15] 여기서는 가장 단순한 베르누이 사상의 예를 들어보겠다(Prigogine & Stengers, 1997: 80ff).

먼저 다음 모형으로 주어지는 운동방정식을 생각하자.

$$X_{t+1} = X_t + 1/2 \ (\text{mod } 1)$$

위 식은 $X_t + 1/2$의 값이 1보다 크면 그 나머지(소수점 이하)만 취한 값이 X_{t+1}이 된다는 것을 뜻한다. 여기서 X의 범위는 $0 \leq X \leq 1$이다. 이 식에서는 X_t의 값이 어떻게 주어지더라도 X_{t+1}의 값은 X_t의 값을 반복하게 된다. 두 단계를 지나면 첫 숫자가 다시 나타나게 된다.

---

14 이 문제와 관련해서는 여러 가지 견해가 있다.

15 로지스틱 사상은 $X_{t+1} = r \times X_t(1 - X_t)$으로 주어지는 사상이다.

Xt이 1/4인 경우

1회 : 1/4 + 2/4 = 3/4

2회 : 3/4 + 2/4 = 5/4 (1을 제하면 1/4)

→ 1/4과 3/4의 반복

Xt이 1/2인 경우

1회 : 1/2 + 1/2 = 1 (1을 제하면 0)

2회 : 0 + 1/2 = 1/2

→ 1/2과 0의 반복

Xt이 1/8인 경우

1회 : 1/8 + 4/8 = 5/8

2회 : 5/8 + 4/8 = 9/8 (1을 제하면 1/8),

→ 1/8과 5/8의 반복

앞의 경우는 카오스가 나타나지 않는다. 주기적 반복만 나타난다. 이제 앞 식을 다음과 같이 바꿔보자.

$$X_{t+1} = 2X_t \ (\text{mod } 1)$$

차기 값이 이전 값보다 항상 2배 커지는 경우이다. 단, 1보다 값이 크면 소수점 부분만 취하게 된다. 이 사상의 계산은 복잡하다. 다음 그림은 위 식의 결과를 보여준다.

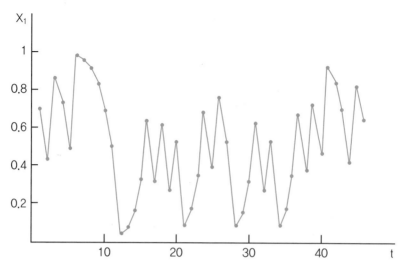

[그림 40] 카오스가 나타나는 베르누이사상의 시뮬레이션 결과(Prigogine et al., 1997: 85)

위 두 운동방정식은 모두 결정론적이다. 즉, X_t만 알면 X_{t+1}의 값이 결정된다. 그렇지만 앞의 식에서는 주기적 변동이 나타나는 데 비해 뒤의 식에서는 카오스가 나타난다. 이것이 "결정론적 카오스"이다. [그림 40]에서 보듯이 궤적이 예측불가능하게 변함을 볼 수 있다.

제3항 복잡행위자 모형

복잡 행위자(complex agent)란 개체들이 각자 나름대로의 행동기준을 스스로 정하는 것으로 상정하는 모형이다. 복잡 행위자들 간의 상호작용 분석에 사용되는 대표적인 이론은 게임이론이다. 게임이론 자체가 전략적 행위를 설명하기 위해서 고안된 이론이기 때문이다.

복잡행위자들 사이의 상호작용은 전략적으로 이루어진다. 전략적이란 말은 상대가 어떤 행동을 취하느냐에 따라서 나의 행동을 달리 선택한다는 말이다. 그러므로 나의 행동은 상대방의 행동의 함수가 된다. 상대방 역시 마찬가지이다. 이 같은 전략적 행동은 사람뿐만 아니라 모든 생명체의 기본적 특성이다. 전략적 행동은 상대가 반드시 나와 같은 생명체일 필요가 없다. 환경 역시 전략적 행동의 상대가 될 수 있다. 가령 날씨가 추워지면 나는 옷을 두껍게 입는다. 그러나 환경의 변화 같은 경우에는 나의 행동변화에 따라서 환경이 전략적으로 반응하지는 않는다. 그러므로 이 경우에는 전략적 행동이 일방적이다. 이런 경우에도 게임이론이 적용될 수 있지만 대개는 쌍방이 전략적 행위자인 경우가 게임이론의 기본적인 전제이다. 이런 전략적 행동을 생물학 등에서는 보통 적응(adaptation)이라고 칭한다.

사람은 물론 모든 생명체 나아가 입자와 같은 물리학적 개체들까지 적응이나 전략적 대응의 관점에서 이해할 수 있기 때문에 게임이론은 인간과 관련된 학문뿐만 아니라 생물학, 물리학 등 거의 모든 분야에서 사용되고 있다. 이론이란 이해와 설명을 쉽도록 상황을 단순화하는 것인데 대부분의 상황이 게임이론이 상정하는 전략적 요소를 지니고 있기 때문이다.

게임은 경기자의 수, 경기자의 목적과 능력, 택할 수 있는 전략의 수, 그리고 각 전략을 선택했을 때 얻을 것으로 기대되는 보수(payoff) 등 여러 변수들에 의해서 행위자들 사이 전략적 상호작용의 결과가 결정된다. 여기서는 모든 게임이론의 기본이 되는 2×2 게임 그리고 사회적 딜레마 개념에 대해서 간략히 알아보겠다.

2×2 게임

2×2 게임(이하 '2인 게임'으로 줄임)이란 경기자(player)가 둘이고 각 경기자가 택할 수 있는 전략이 두 가지인 경우를 가리킨다. 전략적 행위가 가능하려면 두 개 이상의 선택지를 가진 두 명 이상의 경기자가 있어야 하므로 이 2인 게임은 게임이론의 최소모형이라고 할 수 있다. 이처럼 간단하기는 하지만 그 사용빈도는 게임이론을 적용한 설명들의 대부분을 차지한다고 해도 과언이 아니다. 경기자가 셋 이상이거나 전략의 수가 세 가지 이상이 되면 수학적 풀이는 가능하지만 머릿속으로 상황을 그려보기가 매우 어렵다. 그래서 사회현상에 대한 대부분의 설명들은 2인 게임에 의존하고 있다.

행위자가 둘뿐이고 전략도 둘뿐이지만 2인 게임의 종류는 매우 많다. 게임의 종류란 보수구조(payoff structure)의 종류를 가리킨다. 물론 보수구조뿐만 아니고 행위자들 간의 의사소통이 가능한가 여부(협조게임, 비협조게임), 동일한 게임이 얼마나 반복되는가 여부(반복게임, 일회게임) 등등 다른 기준에 의해서도 분류가 가능하지만 그런 것들은 여기서 다루지 않겠다.

2인 게임은 기본적으로 비협조 게임 상황을 가정한다. 협조게임이란 두 경기자가 서로 어떤 행동을 취할지를 약정할 수 있는 경우를 말한다. 그러나 이 약정이 가능하려면 우선 의사소통 수단이 전제되어야 하고, 또 약속의 이행을 보장할 수 있는 장치도 선행되어야 한다. 우선 동물들 사이의 전략적 행동에 이런 소통에 의한 약정과 그 약정의 이행을 보장해줄 장치는 없다. 또 사람들 사이에서도 설사 어떤 합의를 한다고 하더라도 그 약속이 항상 지켜진다는 보장이 없다. 그러므로 협조게임은 전략적 상호작용의 원형으로 보기가 어렵다. 그래서 아나키 상황에서의 상호작용 양상에 대한 모형화가 게임이론의 출발점이 된다.

죄수의 딜레마 게임

죄수의 딜레마(prisoner's dilemma) 게임은 1950년에 미국 랜드연구소의 메릴 플러드와 멜빈 드레셔가 수행한 한 비공식적인 실험에서 유래한 것이다. 후에 이들의 동료였던 수학자 앨버트 터커(Tucker)가 한 논문에서 이 모델을 소개하고 '죄수의 딜레마'라는 이름을 붙임으로써 이후 수천 편의 논문을 촉발시킨 출발점이 되었다 (Kollock, 1998: 185).

두 사람의 용의자가 있다. 이들은 서로 자백하지 않기로 하고 각각 따로 조사를 받는다. 만일 한 죄수가 동료와 협력(C: cooperation)하지 않고 배반(D: defection)하여 범행사실을 자백하면 수사에 협조한 대가로 방면되거나 아주 가벼운 처벌만 받을 수 있다. 대신 동료 용의자는 중형을 받게 될 것이다. 둘 다 끝까지 자백하지 않으면 범행이 모두 입증되지 않기 때문에 둘 다 비교적 가벼운 처벌로 끝나게 된다.

문제는 상대가 자백하든 아니하든 자신으로서는 자백을 하는 것이 최선이라는 점이다. 만일 동료가 자백하지 않는다면 나는 자백함으로써 더 가벼운 벌을 받을 수 있을 것이고, 동료가 자백한다면 나 역시 자백해야 벌을 덜 받을 것이기 때문이다. 그러므로 상대가 자백을 하느냐 여부와 상관없이 나는 자백하는 것이 최선의 선택이 된다. 그래서 이 게임의 보수구조는 다음과 같이 설정된다.

[표 26] 죄수의 딜레마 게임(3)

		용의자 을	
		C(협력) 자백하지 않는다	D(배반) 자백한다
용의자 갑	C(협력) 자백하지 않는다	1년형(갑) 1년형(을)	7년형(갑) 0석방(을)
	D(배반) 자백한다	0석방(갑) 7년형(을)	**3년형(갑)** **3년형(을)**

　죄수의 딜레마 게임에서는 협력이 일어나기 어렵다. 왜냐하면 상대가 어떤 선택을 하든 상관없이 나는 배반을 하는 것이 가장 좋은 결과를 가져다주기 때문이다. 이처럼 상대가 어떻게 행동하느냐와 상관없이 항상 나에게 좋은 결과를 가져다주는 전략을 우월전략(dominant strategy)라고 부른다. 죄수의 딜레마 게임에서는 배반이 우월전략이지만 그것이 최적 상태가 아닌 파레토 열등의 결과를 낳는다.

사슴사냥 게임
　'사슴사냥' 게임(stag hunt game)이라는 이름은 18세기 계몽주의시대 프랑스의 철학자이자 저술가인 장자크 루소의 『인간불평등기원론』의 제2부에 나오는 한 구절에서 비롯된 이름이다.

> 사람들이 상호 약속에 대해, 또 그 약속을 지키는 이득에 대해, 엉성하나마 어떤 관념을 조금씩 얻을 수 있었던 것은 바로 이렇게 해서였다. 하기야 눈앞의 뚜렷한 이해관계가 약속을 지키도록 요구하는 만큼만 지켰지만. 왜냐하면 신건지명이 그늘에게는 아무것도 아니어서, 먼 앞날을 생각하기는커녕 내일 생각조차도 하지는 않았으니까. 사슴을 잡을 때는 저마다가 제자리를 충실히 지켜야 한다는 것을 제대로 깨닫고 있었다. 그러나 그들 중의 하나 곁을 토끼가 지나가기라도 하면, 그가 서슴지

않고 쫓아갔을 것은, 그리고 그것을 잡고 나서도 자기 '일행들'이 사냥감을 놓친 것을 언짢게 여기지 않았을 것은, 의심할 것도 없다(Rousseau, 『사회계약론 외』(박은수 옮김). 2012: 223-224).

이 짧은 한 구절에서 사회과학자들은 신뢰의 부족으로 인해 공동의 이득이 달성되지 못하는 상황에 대한 통찰이 들어있음을 발견하고 게임모형을 만들어 '사슴사냥' 게임이라고 이름 붙였다. 사슴사냥 게임의 모형은 다음과 같다.

[표 27] 사슴사냥 게임

		을	
		C 사슴사냥에 협력	D 토끼를 잡으려 이탈
갑	C 사슴사냥에 협력	4, 4	1, 2
	D 토끼를 잡으려 이탈	2, 1	3, 3

사슴사냥 게임의 중심주제는 신뢰이다. 첫째, 모두가 협력해서 사슴을 잡는 것(CC)이 모두에게 가장 좋은 결과를 가져다준다. 둘째, 그러나 개인의 입장에서 보면 사냥 도중에 자기 옆으로 지나가는 토끼를 잡기 위해 이탈할 이유가 있다. 왜냐하면 다른 사냥꾼들 중에서 누군가가 이탈해서 토끼를 잡으려 할지 모르기 때문이다. 그렇게 되면 사슴을 놓치게 될 뿐만 아니라 토끼도 놓치게 된다(CD). 그러므로 다른 사람들 중 아무도 이탈하지 않는다는 보장이 없는 한 토끼라도 잡아 개인의 이득을 챙기는 것이 낫다. 모두가 그렇게 생각하면 모두가 토끼를 잡는 것으로 끝나게 된다(DD).

사슴사냥 게임에서 중요한 조건은 사슴을 잡아서 나눌 때 한 사람에게 돌아오는 몫이 토끼 한 마리의 가치보다 커야 한다는 것이다. 협력하면 사슴을 여러 마리 잡을 수 있다고 생각해도 좋을 것이다. 반면 공동으로 사슴을 잡아서 나눌 때 돌아오는 몫이 토끼 한 마리 가치보다 못할 경우에는 죄수의 딜레마 게임이 된다. 물론 모두가 토끼를 잡으려 이탈하면 토끼도 놓치고 사슴도 놓친다는 것이 전제되어야 한다.

사슴사냥 게임에서는 상대가 협력하면 나도 협력하는 것이 좋고 상대가 배반하면 나도 배반해야 한다. 즉, 다른 사람 모두가 협력한다는 것이 보장만 된다면 나도 협력을 선택하는 것이 합리적이다. 물론 사람들이 약속을 얼마나 지킬지가 문제가 된다. 이 게임에서 내시균형은 CC와 DD 두 개다. 그러나 두 사람간 신뢰가 높다면 DD에서 CC로 옮겨 갈 것이다. 한 사람이 상대방의 배반에도 불구하고 지속적으로 신뢰를 보내면 상대방도 신뢰를 택하게 되어 궁극적으로 DD로 귀착될지도 모른다.[16]

사슴사냥 게임은 보장게임(assurance game) 또는 신뢰게임(trust game), 조정게임 (coordination game) 등으로도 불리며, 여러 가지 변형이 있다.

치킨게임

치킨게임(chicken game)이라는 이름은 1955년의 미국영화 "이유 없는 반항(Rebel Without a Cause)"에서 나오는 자동차 게임에서 따왔다. 이 영화에 나오는 자동차 게임은 두 사람이 마주보고 전속력으로 달리다가 충돌 직전에 누가 먼저 자동차 핸들을 꺾느냐로 겁쟁이(chicken)를 가려내는 게임이다. 만일 두 사람이 모두 이기려고 버티면 충돌로 인해 양쪽 다 죽거나 크게 다친다. 그렇다고 먼저 핸들을 꺾으면 평생 겁쟁이라는 소리를 들어야 한다.

현실에서는 이 치킨게임과 같은 상황이 자주 벌어진다. 국제정치에서 핵무기를 둘러싼 흥정, 그리고 앞에서 설명했던 '눈치우기 게임'[17] 등이 이 유형에 해당한다.

치킨게임의 특징은 상대가 배반할 때 나도 따라서 배반하는 것이 최선이 아니라는 점에 있다. 충돌해서 죽는 것보다 비겁자 소리를 들더라도 핸들을 꺾는 것이 더 낫다.

---

16 예컨대 남북관계나 북미관계의 대립상황을 게임이론으로 분석할 때 현실주의자들은 죄수의 딜레마게임이나 치킨게임을, 대화론자들은 사슴게임을 즐겨 인용해 왔다.

17 제9장 2절 1항 참조.

이 게임에서도 사슴사냥과 마찬가지로 내시균형점이 두 개다(CD, DC). 그러나 두 균형점의 보수가 불평등하기 때문에 균형점이 불안정하다. 바람직한 협력의 결과는 두 사람이 모두 핸들을 꺾는 것이다. 치킨게임의 보수행렬은 다음과 같다.

[표 28] 치킨게임

		을	
		C 핸들을 꺾는다	D 핸들을 꺾지 않는다
갑	C 핸들을 꺾는다	2, 2	1, 3
	D 핸들을 꺾지 않는다	3, 1	0, 0

2×2 게임에는 위에 설명한 죄수의 딜레마, 사슴사냥, 치킨게임 이외에도 여러 가지 변형이 존재한다. 그러나 모두 이 세 가지 기본형에서 파생된 것이라고 보아도 무방하다.

사회적 딜레마

게임이론에서 '딜레마'란 모두가 협력을 선택하면 모두가 최선의 결과를 얻을 수 있는데도 불구하고 보수구조의 특성으로 인해 협력에 도달하지 못하는 상황을 가리키는 말이다. 모든 사회적 딜레마는 적어도 하나 이상의 열등균형(deficient equilibrium)을 가지고 있다. 균형이 '열등'인 이유는 모든 행위자가 더 나아질 수 있는 균형점이 하나 이상은 있기 때문이다. 또 '균형'이기 때문에 아무도 자신의 행위를 변경할 유인을 갖지 못한다(Kollock, 1998: 184). 그러므로 사회적 딜레마란 "비협력적 행동이 더 나은 보수를 가져다주기 때문에 개인에게는 선호하는 대안이 되나, 모두가 이 비협력적 대안을 선택하면 모두가 협력하는 것보다 낮은 보수를 얻게 되는 상황"(Lange et al., 2013: 125-126)으로 정의할 수 있다.

넓은 의미로 보면 죄수의 딜레마, 사슴사냥, 치킨게임 모두 딜레마에 해당하겠지만 좁은 의미로는 우월전략이 존재하고 그 전략이 만들어내는 균형이 파레토 열등, 즉 집합적으로 최선의 결과가 아닌 경우를 가리킨다.[18] 그러므로 죄수의 딜레마 게임이 가장 전형적인 예에 해당한다.

앞에서 설명한 세 가지 2인 게임의 딜레마적 성격을 요약해 보면 다음 표와 같다.

[표 29] 2인 게임의 딜레마 구조 비교

게임의 종류	내시균형	파레토 최적	협력가능성
죄수의 딜레마	1	1	딜레마 상존
	무조건 배반하는 것이 유리		
사슴사냥	2	1	신뢰가 필요
	협력에는 협력, 배반에는 배반이 유리		
치킨게임	2	3	조정이 필요
	협력에는 배반, 배반에는 협력이 유리		

N인 게임의 딜레마

2인 게임이 아니라 경기자의 수가 더 많은 N인 게임이 되면 협력을 가로막는 장애물은 보수구조의 특성뿐만 아니라 경기자가 '다수'라는 사실에서도 발생한다. '다수'의 효과는 크게 세 가지를 들 수 있다(Kollock, 1998: 191).

> 1) 행위자가 익명화(anonymity)된다.
> 2) 외부성(externality)이 다수에게 분산된다.
> 3) 상호성(reciprocity)이 작동하기 어렵다.

첫 번째 '익명성'은 내가 배반해도 다른 사람이 그 사실을 모른다는 것이다. 그

---

18 사슴사냥이나 치킨게임은 '완화된(relaxed) 협력의 딜레마'로 불리기도 한다.

러므로 배반 전략을 선택하기가 더 쉬워진다. 2인 게임의 경우 나의 행위가 상대방에게 인지될 수밖에 없지만 N인 게임에서는 내가 무슨 행동을 했는지 잘 알려지지 않는다. 그래서 개인은 쉽게 무임승차를 할 수 있다.

둘째, '외부성의 분산'이란 나의 배반이 집단에게 주는 피해가 여러 사람들에게 분산되므로 다른 사람이 그 피해를 잘 느끼지 못하는 것을 가리킨다. 2인 게임에서는 배신으로 인한 피해가 상대방에게 전적으로 귀속된다. 하지만 N인 게임에서는 집단 전체로 분산되기 때문에 그 피해에 대해 덜 예민하게 된다. 이 효과는 집단의 규모가 커질수록 커진다.

셋째, 2인 게임의 경우 각 개인은 전략선택을 통해 상대방이 얻는 배반의 이익을 통제할 수 있지만 N인 게임의 경우 그런 통제가 불가능하다. 즉, 상호성이 잘 작동되지 않는다.

N인 게임의 이런 효과들은 "나 하나쯤이야"라는 말에 잘 압축되어 있다. N인 게임 딜레마의 두 가지 전형은 공공재의 딜레마와 공유자원의 딜레마다. 한편, 인간의 사회적 행동에 관한 연구에 활용되는 공공재 게임(public goods game)도 기본적으로 N인 게임의 일종이다.

공공재의 딜레마는 집합행동의 문제라고도 불린다.[19] 어떤 공공재를 만들 필요성에 모두가 동의하더라도 구조적으로 무임승차의 유혹이 존재하기 때문에 공공재가 공급되기 어렵다는 것을 가리킨다. 맨커 올슨(Olson, 1965)이 이것을 최초로 체계적으로 다루었다.

공공재란 비배제적(non-excludable), 비경합적(non-rival)인 재화를 가리킨다.

비배제적이란 누구에게는 사용을 허가하고 누구에게는 허용하지 않는 것이 불가능함을 말한다. 공공재를 생산하는 데 기여한 사람이든 아니든 일단 생산되면 아무나 혜택을 누릴 수 있다는 말이다. 그러므로 생산과정에 기여함이 없이 공짜로 사용하고픈 유인이 존재한다. 이때 무임승차는 개인적으로는 합리적이지만 집합적으로는 비합리적인 결과를 낳는다. 모두가 무임승차하면 그 공공재가 만들어지지 않을 것이기 때문이다.

공공재는 또 비경합성을 갖는다. 대부분의 공공재는 내가 많이 사용한다고 해

---

19 넓은 의미의 집합행동의 문제는 모든 N인 게임 딜레마를 가리킨다.

서 남이 사용할 수 있는 양이 줄어드는 것은 아니다.

순수 공공재는 이 두 속성을 완전히 갖고 있지만, 대부분의 공공재는 그 정도가 조금씩 다르다. 공공재의 딜레마란 이처럼 사유재와 다른, 공공재의 특성으로 인해 무임승차(free rider)가 발생하기 쉽고 그래서 필요한 공공재가 공급되지 않는 현상을 가리킨다.

한편 공유자원의 딜레마는 흔히 "공유지의 비극(tragedy of commons)"이라는 이름으로 불린다. 이 딜레마는 공공재 문제와 반대로 집단이 이미 가지고 있는 공유물을 남용함으로써 공동의 재산이 빠르게 소진되는 현상을 가리킨다. 개릿 하딘의 논문(Hardin, 1968)을 통해서 널리 알려졌다. 하딘은 공동의 목초지를 예로 들었다. 어떤 마을에서 공동의 방목장을 운영한다고 하자. 개인의 입장에서 보면 가능한 한 많은 가축을 이 공동 방목지에 풀어놓는 것이 이득이 된다. 그러나 그렇게 되면 공동 목초지는 빠르게 황폐화될 것이다. 현재 세계의 많은 현안들이 이 공유지의 비극 문제와 관련되어 있다. 인구과밀, 어족남획, 브라질 우림지대 파괴, 자동차에 대한 과잉의존으로 인한 온실가스의 누적 등이 그것이다.

사회적 딜레마는 사회구성원들이 협력을 통해서 만들어 낼 수 있는 잠재적 가치를 발휘하지 못하게 함으로써 집단의 발전을 어렵게 만든다. 그래서 이 사회적 딜레마를 어떻게 극복할 수 있을까가 사회과학의 주요 주제가 되고 있다.

이 문제에 대한 표준적인 해법은 아직 없다. 많은 주장들이 서로 다투고 있을 뿐이다. 이 문제에 관해서는 제8장과 제9장에서 이미 다루었다.

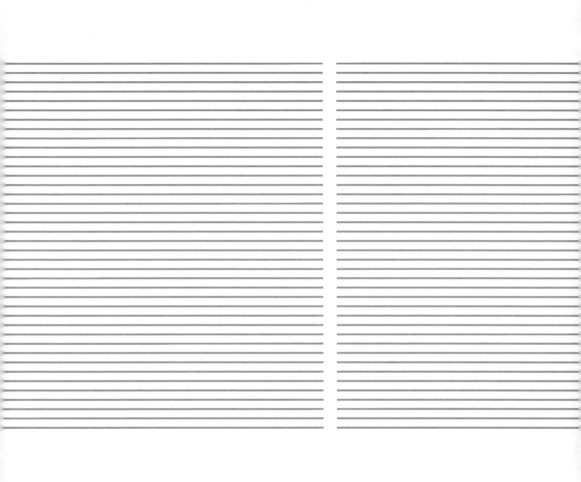

제6부

더 나은 집단지성을 위하여

••••••••

제14장

집단지성의 조건

제1절
집단지성은 항상 옳은가?

집단지성은 "나보다 '우리'가 더 똑똑하다."라는 명제를 탐구한다. 그러나 집단의 판단이면 무조건 개인의 판단 보다 항상 우수할까? 다수 학자들은 그렇지는 않다고 본다. 집단이 개인 보다 현명하다는 논리가 너무 이상화되어서는 안 된다는 것이다. 예컨대 다니엘 앤들러(Andler, 2012)는 집단지성은 어떤 필요한 조건이 충족되는 상황에서만 발생할 수 있는 것이지 무조건 다수의 판단, 주장, 견해리고 헤서 항상 최선의 결과를 보장해 주는 것은 아님을 강조한다. 또 톰 애틀리(Atlee, 2003) 역시 모든 집단적 판단이 "지성적"인 것은 아니라고 보며, "집단적 어리석음(collective stupidity)"의 가능성을 경계한다.

집단의 판단이 항상 옳은 답을 내 놓는 것은 아니다. 집단이 가장 현명한 구성원보다 더 현명할 수도 있지만, 어떤 경우에는 가장 어리석은 구성원보다 더 어리석을 수도 있다. 앞의 경우가 집단지성이라면 뒤의 경우는 집단비지성(collective un-intelligence)에 해당한다.[1] 예컨대 콩도르세의 배심원 정리에 따르면 개인들의 판단 능력이 랜덤보다 낮을 경우, 집단의 규모가 커질수록 그 집단의 주장이 틀릴 가능성이 100%에 가까워진다. 참여자의 다수가 잘못된 지식을 가지고 있다면 참여자가 늘어날수록 오류 가능성이 높아질 수도 있다는 뜻이다. 그러므로 다수의 의견이냐 아니냐가 문제의 핵심이 아니고 다수의 의견이 어떤 과정을 통해 만들어졌느냐가 중요함을 알 수 있다. 집단지성에 대한 연구도 최선의 집단지성을 기대하려면 어떤 노력이 필요한가를 알아내기 위함이다.

제2절
집단지성의 구성요소

집단지성의 질을 결정하는 요인이 무엇인지의 문제는 집단지성 연구자들의 최종 관심사이다. 그러나 이 문제에 대한 완전한 답은 아직 없다. 이 책에서 밝혀 보려는 것도 이 집단지성의 영향요인들에 관한 것이다. 이 장에서는 주요 집단지성 연구자들이 언급한 조건들을 검토한 후 좋은 집단지성을 얻기 위한 조건들을 정리해 보겠다.

먼저 집단지성이 만들어지는 과정을 요약해 보자.

---

1 집단비지성이란 말은 McGovern(2010)이 사용한 용어이다.

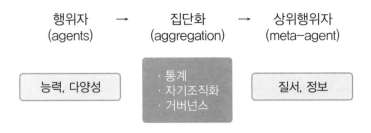

[그림 41] 집단지성의 구성요소와 형성과정

[그림 41]은 집단지성이 구성되는 과정과 관련된 요인들을 보여준다.

첫째, 투입과정에서는 다수의 행위자들이 있다. 이 행위자 수준에서 요구되는 속성으로는 능력과 다양성이 중요하며 이는 제2장 집단지성의 미시적 기초 부분을 비롯한 여러 영역에서 거론하여 왔다.

둘째, 집단화 과정이다. 개별 행위자들이 가진 정보가 취합되는 과정을 가리켜 집단화라고 한다. 정보는 취합 과정에서 수정되고 보완되며 발전한다. 집단화 방식은 크게 통계적 취합과 자기조직화에 의한 취합, 그리고 거버넌스에 의한 취합으로 나눌 수 있음을 제3장에서 논의했다.

셋째, 마지막 산출단계로 개별 정보가 결합되어 만들어진다. 산출물은 새로운 정보일 수도 있고, 새로운 질서일 수도 있다. 통계적 취합으로 나타나는 것은 새로운 정보이지만, 자기조직화나 자기 거버넌스에 의해 만들어지는 것은 새로운 질서이다. 이 산출된 정보나 질서는 개별행위자들의 속성으로 환원시킬 수 없는 새로운 속성을 가지고 있다. 그래서 창발이라고 부른다. 이 창발된 새로운 속성은 항상 개별 행위자들 보다 더 큰 문제해결 능력을 갖는다.

좋은 집단지성을 낳기 위해 인위적으로 개입할 수 있는 지점은 행위자의 속성과 집단화 과정이다. 집단화 과정 중에서 통계적 집단화 경우에는 통계적 기술이나 알고리즘의 개발 문제로 귀착된다. 자기조직화의 경우는 인위적 개입 보다는 자기조직화의 원리에 대한 연구가 선행되어야 한다. 그리고 이 원리를 활용할 수 있는 방법을 찾는 것이 과제가 된다. 인공지능 등이 그 대표적인 예이다. 거버넌스의 경우에는 전략적 행위자인 사람들 간의 협력을 어떻게 극대화하고 그것을 지속시켜 나가느냐가 중심 과제가 된다.

집단지성의 구성 과정에 대한 이상의 논의를 염두에 두고 주요 학자들이 거론하고 있는 좋은 집단지성의 요건들을 살펴보겠다. 먼저 집단지성이 작동하기 위한 전제조건에 대한 와그너 등의 주장을 살펴 볼 필요가 있다. 이들이 말한 세 가지 기본조건은 다음과 같다(Wagner & Suh, 2013).

첫째, 문제의 성격이 무작위와 관련된 것이어서는 안 된다는 점이다. 예컨대 동전 던지기의 결과를 맞추는 데는 우수한 지성과 덜 우수한 지성 간에 아무런 차이가 나타날 수 없을 것이다.

둘째, 집단의 구성원들이 해당 문제에 대해 일정수준의 정보와 능력을 가지고 있어야 한다. 예컨대 매우 어려운 수학문제에 대해 사지선다형 답을 고르는 경우를 생각해 보자. 문제에 대해 조금도 지식이 없는 사람들이라면 결국 모두가 연필 굴리기 등 무작위로 답을 고를 수밖에 없다. 이 경우 지성의 질이 선택에 관여할 수 없다. 특히 과학이나 의학과 같이 전문지식이 요구되는 분야에서는 이들 분야의 지식을 가진 자의 역할이 필요하다.

개인이 가진 정보나 지식 중에는 집단에 기여할 수 있는 것도 있고 그렇지 못한 것도 있을 것이다. 일단 개인들이 가진 정보가 많고 이를 집단에 많이 표출하면 집단에 유용한 정보가 포함될 가능성이 높다. 그것보다도 더 중요한 것은 정보가 많을수록 꼭 필요한 정보 또는 고려하여야 할 정보가 빠짐이 없이 포함되어 있을 포괄성(inclusiveness)이 높다는 점이다.

한편, 무조건 많은 정보보다는 집단의 공익에 사용될 수 있는 새로운 정보나 피시킨이 말하는 균형잡힌 정보가 필요할 것이다. 균형 잡힌 정보란 막연한 정보보다는 검증이 가능한 정보를 말한다. 개인의 선호에 입각한 주관적인 정보보다는 다수가 인정하는 객관적인 정보가 나을 것이다.

셋째, 개인들이 서로 다른 추정방식을 가지고 있어야 한다. 집단지성은 어느 누구도 문제의 답을 완전히 알고 있는 사람이 없다는 것이 기본 전제이다. 누군가가 완전히 알고 있다면 그것은 문제가 될 수 없기 때문이다. 따라서 문제에 접근하는 방식이 모두 같아서는 안 된다. 모두가 조금씩만 알고 있는 문제이기 때문에 그것들을 결합한 것이 좋은 결과를 낳으려면 서로가 조금씩이라도 다른 정보를 가지고 있어야 한다.

첫 번째와 두 번째 조건은 행위자들이 일정수준 이상의 능력을 발휘할 수 있는 상황일 때만 집단지성이 나타날 수 있다는 뜻이다. 세 번째 조건은 개인들의 능력이 동질적이지 않고 이질적일수록 집단지성이 더 잘 나타날 수 있다는 뜻이다. 개인들의 능력이 이질적이라 함은 그 수준이 달라야 한다는 것이 아니고, 사용하는 정보, 지식, 추론방식이 서로 달라야 한다는 것을 가리킨다.

위 세 가지 기본조건을 염두에 두고서 집단지성의 질에 영향을 미치는 여러 변수들에 대해서 살펴보자. 먼저 행위자 수준의 고려사항을 논의한 다음 집단수준의 요인들에 대해서 검토해 보겠다.

제3절
행위자 수준의 고려사항

행위자 수준의 변인에 대한 언급은 비교적 많은 편이다. 대부분의 집단지성 연구자들은 행위자 수준의 요인들을 중심으로 '더 나은' 집단지성을 만들려면 어떻게 해야 하는지를 말해왔다. 몇몇 사람들의 의견을 요약해 보자.

간명하면서도 가장 널리 수용되고 있는 요건으로는 서로위키의 견해를 들 수 있다. 앞에서 언급했듯이[2] 집단지성의 질이 높아지려면 다양성(diversity), 독립성(independence), 분권성(decentralization), 집단화(aggregation)의 네 가지 조건이 충족되어야 한다고 그는 말했다.

다양성이란 구성원들의 의견이 분산적이어야 한다는 뜻이다. 다양성의 필요성과 의의에 대해서는 아래에서 다시 언급할 것이다.

독립성이란 개인의 견해가 각자 자신만의 경험이나 세계관 등에 기초해서 이루어져야 함을 말한다. 다른 사람의 의견을 모방하거나 순응의 결과로 나온 견해는 독자적인 가치를 가질 수 없다. 독립성 조건은 다양성이 확보되기 위한 가장 중요

---

2 제3장 3절 1항 참조

한 전제조건이다. 그러나 정보와 지식의 교류가 끊임없이 일어나고, 또 순응압력이 알게 모르게 무수히 존재한다는 점을 감안하면 독립성의 조건은 가장 지켜지기 어려운 것일지도 모른다.

분권성은 구성원들이 각자 독자적 전문영역을 가지고 있어야 하고, 또 그 전문화된 분야들이 집단지성 형성과정에 동등한 투입기회를 가져야 한다는 뜻이다. 다양성이 아무리 풍부해도 집단의사 형성 과정에 투입될 기회를 가지지 못한다면 아무런 의미가 없게 된다. 서로위키가 말하는 분권성은 전문화와 의사결정권의 분산이라는 두 가지 의미가 복합되어 있다.

집단화는 구성원들의 지성이 취합되는 과정을 가리킨다. 집단지성이 만들어지는 과정을 가리키는 말이므로 어떤 면으로 보면 집단지성 그 자체를 가리키는 말이라고 해도 과언이 아니다. 서로위키는 어떤 방식으로 집단화가 이루어져야 하는지에 대해서는 언급하지 않았다. 적절한 집단화 방식이 있어야 한다고만 말했다. 이 책에서는 집단화 방식을 통계적 취합, 자기조직화, 그리고 거버넌스의 세 가지로 나누어 검토해 왔다.

서로위키와 유사하게 통계적 집단지성에 관심을 갖고 있는 스콧 페이지는 집단지성의 조건으로 다양성과 집단화 그리고 동기유발(incentives)을 꼽았다(Page, 2007a; 2007b). 이 셋은 서로위키가 말한 다양성, 독립성, 분권성을 다양성 하나로 묶고, 새로 동기유발을 추가한 것임을 알 수 있다. 사실 다양성이 생기기 위해서는 개인들이 독립적으로 생각, 판단, 행동을 하는 것이 필요하고, 또 이처럼 독립적인 생각 등을 할 수 있으려면 외부의 지시나 간섭으로부터 자유로워야 한다. 즉, 독립성과 분권성은 다양성을 확보하기 위한 조건이라고 할 수 있고 따라서 다양성이라는 표제로 하나로 묶는 것이 좋아 보인다. 구성원들의 정보를 취합하는 방법을 뜻하는 집단화는 이것이 없으면 집단지성이 만들어질 수 없으므로 집단지성의 필수적 구성요소로 꼽히는 것은 당연하다.

동기유발 항목을 꼽은 것에 대해서 스콧 페이지는 추정, 예상, 투표 등에서 좀 더 정확한 정보를 투입한 사람이 더 많은 보상을 받고 틀린 기대를 한 사람은 덜 보상받는 체계의 존재가 중요하기 때문이라고 말하고 있다. 선택의 결과에 대한 책임을 묻는 기제가 존재해야 한다는 것이다. 그 이유는 일단 참여를 이끌어내기 위해서도 중요하지만, 투입한 정보의 가치에 따라 보상을 달리하여 더 정확한 정보나 지식을 찾게 만들면 더 나은 집단지성이 만들어질 수 있기 때문이다. 특히 동기유발은 선호투입이 아니라 판단투입이 되도록 하기 위해서도 중요하다. 예컨대 대종상 시상식에서 누가 올해의 여우주연상을 받을지를 맞히는 질문에서 특별한 인센티브가 없으면 참가자들이 자신이 좋아하는 배우를 적어낼 가능성이 많다. 이것은 선호투표가 된다. 그러나 정답을 맞히는 사람에게 어떤 보상이 주어진다면 참가자들은 객관적인 사실에 근거해서 투표를 할 것이고 그래서 '판단'의 취합이 이루어질 수 있다. 앞에서 살펴보았듯이 예측시장처럼 시장원리에 의한 집단화가 우수한 결과를 내는 것도 이 동기유발의 기제가 잘 작동하기 때문이다. 보상의 방식은 화폐뿐만 아니라 명성, 사랑 등으로 다양할 수 있다.

한편, 레비는 좋은 집단지성이 만들어지기 위한 조건으로 성찰(reflection), 의도(intention), 역량(competence), 기억(recorded memory), 신뢰(trusted relationships), 기술적 조건(enabling technologies)을 들고, 이 여섯 기둥이 얽힘으로써 집단지성이 발현된다고 보았다(Levy, 1997). 리드비터 역시 레비와 유사하게 집단지성의 촉진 요인으로 공유(sharing), 참여(participation), 인정(recognition)의 세 가지를 지적했다(Leadbeater, 2008).

레비와 리드비터는 웹에서의 집단지성에 중점을 둔다는 공통점이 있다. 특히 리드비터는 집단지성의 본질을 협업적 창조성(collaborative creativity)으로 본다. 그러므로 지적인 '협업'을 가능하게 만들 수 있는 요건에 초점을 맞춘다. 그래서 무엇보다도 '공유'를 집단지성의 기본 동력으로 본다. "많이 공유할수록 더 부유해진다(the more we share, the richer we are)."(ibid.: 18)를 내세움과 동시에 이것이 가능해지려면 더 많은 '참여'와 더 많은 '인정'이 필요하다고 주장한다. '인정'은 사람들의 참여를 이끌어내는 핵심적 동기 중의 하나이다. 인정은 가치의 교환에 바탕을 두고 있지 않으므로 개인들이 가진 정보나 지식 등을 공유하기 쉽게 만들 수 있다고 본다.

레비와 리드비터가 든 항목들과 서로위키가 중시한 요건들은 상충되는 점이 있다. 서로위키가 행위자들 간의 독립과 분산의 중요성을 강조하는 데 비해, 레비나 리드비터는 상호 간의 교류와 협력을 중시한다. 의도, 성찰, 신뢰관계, 기록된 기억 그리고 공유, 참여, 인정 등은 구성원들 간의 상호작용 촉진에 관한 것들이다. 이처럼 견해가 나뉘는 이유는 앞서 언급했듯이 서로위키와 레비가 집단지성을 서로 다르게 파악하고 있기 때문이다. 레비 등은 집단지성을 실체적 관점에서 보고 있는 데 비해, 서로위키는 좀 더 범주적 개념으로 접근한다.

제1항 능력과 다양성

행위자 수준에서 가장 중요한 변수는 행위자의 능력과 다양성이다. 그러므로 이 두 요인에 대해서 좀 더 알아보자.

개인의 능력

개인의 능력은, 달리 말하면 개인이 세상을 해석하는 데 사용하는 인지모형의 정교성을 가리킨다(Hong & Page, 2008). 복잡계 이론가인 홀랜드(Holland, 1995)가 말한 내부모형(internal model) 개념 등이 이에 해당한다. 외부에서 주어지는 정보를 처리하는 데 사용하는 기본적인 해석의 틀이라고 할 수 있다. 이 행위자 내부의 인지모형이 정교할수록 개인이 갖고 있는 지식의 질은 높아질 것이다.

구성원들이 가진 정보를 대상으로 일정수준 이상의 판단능력, 즉 정보처리 능력이 있어야 한다는 것은 사실 집단지성의 기본 전제이다. 이 능력조건 또는 랜드모어의 표현을 빌리면 "계몽조건"은 너무나 당연해서 집단지성을 논의할 때 자주 간과하는 경우가 많다. 가령 황소무게 맞추기 대회에 아무리 많은 관광객들이 참가했다고 하더라도 그 집합적 결과가 좋을 수 없다. 마찬가지로 항아리 속에 있는 젤리빈 개수를 맞추는 것이 아니라 젤리빈 속 원자의 개수를 맞추는 실험을 했다면 인간 역시 그다지 좋은 결과를 만들어내지 못할 것이다.

실제 이와 비슷한 실험을 한 예가 있다(Sunstein, 2009: 976). 시카고 법대에서 대학 교원들에게 우주선의 연료의 무게에 대해 물었다. 답변들의 중위수는 20만 파운드, 평균은 5천 5백만 파운드였다. 그러나 실제 무게는 4백만 파운드였다. 이처럼 큰 차이가 난 이유는 한 사람이 극단적인 값을 말했기 때문이라고 한다. 하지만 그

극단 값을 제외한다고 해도 결과가 그리 좋지는 않았을 것이다.[3] 이런 문제의 경우 만일 선택지가 주어진다면 사정이 조금 달라질 수 있다.

한편, 이미 알려진 다수의 단순한 정보들보다는 단 한명이나 극소수가 알고 있는 지식이 중요할 수도 있다. 이러한 지식이 취합과 공유과정을 거쳐서 뛰어난 집단지성으로 나아가기 때문이다. 하지만 문제의 핵심은 사람들이 자신의 능력에 대해 과신하는 경우가 많다는 데 있다. 능력이 부족함을 스스로 안다면 차라리 연필 굴리기와 같은 랜덤 방식에 의존할 것이고, 그것이 오히려 더 좋은 집합적 결과를 낼 수 있다. 만일 행위자들이 충분히 '계몽'되지 못했다면 통계적 집단지성은 개인보다 더 큰 오류를 범하게 될 것이다. 그러므로 집단지성의 질을 높이기 위한 일차적 요건은 개인들의 능력이라는 것은 확실하다.

다양성의 중요성

일정수준 이상의 능력이라는 조건이 필수적이지만 사람들의 능력은 대개 비슷하고 또 그것을 금방 높일 수 있는 것은 아니다. 또 아무리 노력해도 모든 사람이 모든 문제를 척척 해결할 수 있게 만들 수는 없다. 사회가 직면하는 문제들이 너무 다양하기 때문에 만능의 개인은 존재하기 어렵다. 이 개인 차원의 한계를 극복할 수 있게 만들어 주는 것이 집단지성이다. 사람이 사회적 생활을 하는 이유도 여기에 있을 것이다.

개인의 능력 수준이 이미 일정한 분포로 주어져 있고 또 그것을 금방 바꾸기 어렵다면 집단지성의 가치를 결정하는 핵심 요건은 구성원들의 인지적 다양성이다. 더욱이 개인의 인지모형이 매우 정교하다고 해도 다양성이 없다면 다수 개인들의 정보를 취합(pooling)하는 것이 별로 새로운 결과를 만들어 내지 못할 것이다.

예를 들어 보자. 가령 북한산의 전체 모습을 알기 위해 열 명이 카메라로 촬영을 해서 합치기로 했다고 하자. 이때 카메라 성능은 개인의 능력에 해당한다. 선명한 사진을 찍을 수 있는 카메라가 있을 수도 있고 흐릿한 사진만 촬영할 수 있는 카메라도 있을 것이다. 물론 열 명이 모두 성능이 좋은 카메라를 가지고 있다면 집합적으로 더 좋은 결과를 얻을 수 있을 것이다. 그러나 아무리 성능 좋은 카메라를 가

---

3 이처럼 극단값이 있을 경우에는 중위수가 더 정확한 대푯값이 된다.

지고 있다고 하더라도 모두가 같은 방향에서 북한산의 모습을 찍는다면 집합적 결과가 그리 좋지 않을 것이다. 설사 좀 흐릿하다고 하더라도 각자 골고루 다른 각도에서 찍은 결과를 합했을 때 산의 전체 모습을 잘 알게 될 것이다. 이것이 다양성의 가치이다.

행위자의 능력과 다양성이 원칙적으로는 경합적일 필요가 없다. 능력의 증가가 필연적으로 다양성을 감소시키는 것은 아니라는 뜻이다. 하지만 종종 현실에서는 능력과 다양성이 상쇄하는 관계에 놓이는 경우가 많다. 예컨대 미국 유학생들로만 어떤 집단을 구성할 경우 그 집단의 개인능력은 조금 높아질 수 있을지 모르나 대신 다양성은 대폭 줄어들 것이다.

능력과 다양성 둘 중에서 하나를 포기해야 한다면 어느 것을 버려야 할까? 많은 연구결과들은 능력 보다는 다양성이 더 중요함을 보여준다. 행위자의 능력은 대개 대동소이하고 단시일에 향상시키기 어렵지만 다양성을 증가시키기는 상대적으로 쉽다는 사실도 능력의 측면보다는 다양성에 주목하게 만든다.

다양성이 집단지성의 품질에 왜 중요한지에 대한 형식적 논의는 앞에서 설명했듯이 스콧 페이지 등의 연구가 대표적이다.[4] 그들이 주장하는 "대중이 평균을 이긴다 법칙(Crowd Beats Averages Law)"이나 "다양성이 능력을 이긴다 정리(Diversity Trumps Ability Theorem)" 등은 다양성이 왜 중요한지에 대해 중요한 이론적 근거를 제공해 준다.[5]

특히 스콧 페이지의 실험은 다양성의 가치를 잘 보여준다(Page, 2007a). 그는 규

---

4 다양성의 중요성에 대해서는 Page(2007a; 2007b), Hong & Page(2012) 등을 참조.
5 다양성에 대한 논의는 제6장 1절 참조

모가 비슷하나 구성원의 다양성에서 차이가 나는 여러 집단들의 문제해결 능력을 비교했다. 그 결과, 현명하지만 동질적 집단보다 평균적 현명함이 떨어지지만 다양성이 높은 집단이 더 뛰어난 문제해결 능력을 보여주었다. 다양성은 그 자체로 가치가 있으며 다양한 집단을 만들면 대체로 문제해결 능력이 자동적으로 높아진다는 것이 이 실험결과의 핵심이다.

조직이론의 대가 제임스 마치(March)는 "어쩌면 지식의 발전은 생각이 부족한 사람들과 무지한 사람들을 지속적으로 유입시키는 데 달려 있는지 모른다… 반드시 적절한 교육을 받은 사람들만 경쟁에서 승리하는 것은 아니다."라고 했다(Surowieck, 2005: 31에서 재인용). 교육 수준이 높은 이른바 유식한 사람들은 각기 나름대로 세계를 보는 눈이 일정한 방향으로 편향되어 있을 수 있다. 만일 그렇다면 이런 편향을 가지지 않는 사람도 다수가 존재해야 집단전체의 지성이 증가할 수 있을 것이다. 제임스 마치는 바로 이 점을 지적한 것이다.

페이지의 모의실험 외에도 실제집단에 대한 실험 역시 다양성이 큰 집단이 고능력자들로만 구성된 집단보다 문제해결에 더 능하다는 것을 보여주었다(Krause et al., 2011). 랜드모어는 한 걸음 더 나아가 인지적 다양성이 집단지성의 열쇠라면, 다른 조건이 동일할 경우, 다수가 소수보다 더 많은 인지적 다양성을 갖게 될 것이므로 "숫자가 능력을 이긴다(Numbers Trumps Ability Theorem)."라는 좀 더 일반화된 명제가 가능하다고 말하기도 했다(Landemore, 2012b: 261). 집단 구성의 다양성은 큰 집단보다 작은 집단에게 더 중요하다. 왜냐하면 소집단은 몇몇 사람의 의견이 영향력을 행사하기 쉽고 그로인해 집단의 의사결정이 한쪽으로 치우치기 쉽기 때문이다

제2항 편향

다양성이 집단지성의 질을 가름하는 핵심변수라면 그것을 저해하는 원인들에 대한 검토가 중요해진다. 먼저 개인의 사소한 경험이나 불완전한 정보가 과장되게

일반화되는 것을 경계해야 한다.[6] 또한 사이버상에서는 여론을 유리하게 이끌기 위한 조작(manipulation)에 취약하다는 점을 인식해야 한다. 의도적으로 편향된 정보를 퍼뜨릴 경우 집단지성의 질을 저하시키고 오류를 낳게 된다. 이러한 움직임에 대한 대응은 사전 검열장치(gatekeeper)를 두거나, 집단의 자정기능에 기대하는 방법이 있을 것이다.

한편 많은 학자들은 집단지성에 대한 최대 위협을 개인들의 능력부족에서 기인되는 우연적 오류가 아니라 전체 구성원들이 공통적으로 갖는 편향, 즉 체계편향으로 본다(Wagner & Suh, 2013). 편향의 사전적 의미는 "한쪽으로 지우침"이다. 통계학에서는 실제값과 측정값의 차이를 오류(error: 오차)라고 하는데 이 오류는 크게 두 가지 유형으로 나뉜다. 하나는 무작위 오류(random error)이고 다른 하나는 체계적 오류(systematic error)이다.

무작위 오류는 우연에서 비롯된 개별 값들의 부정확함을 가리킨다. 무작위 오류는 일정한 방향이 없다. 그래서 이것들을 모두 더하면 대개 상쇄되기 때문에 결국 전체 오류는 0에 수렴하게 된다. 반면 체계적 오류는 개별 값들의 오류가 우연에 기인한 것이 아닐 때 나타난다. 예컨대 만일 어떤 측정장치나 관측장비가 잘못되었을 경우 아무리 많은 측정이나 관측을 한다고 하더라도 그 측정값들이 전부 일정한 오류를 가지게 될 것이다. 그러므로 체계적 오류는 분포곡선 전체를 이동시키거나 왜곡시켜서 잘못된 집합적 결과를 만들어내게 된다.

편향(bias) 또는 체계편향(systematic bias)이란 바로 이 체계오류(systematic error)를 가리키는 말이다.[7] 집단지성에서 문제가 되는 것은 주로 사람들의 인지활동에서 발견되는 체계적 오류, 즉 인지편향(cognitive bias)이다. 인지편향은 의견의 다양성이 억압되거나, 의견투입 경로가 특권화 됨으로써 특정 의견이 집단 전체의 의사를 지배하는 경우에 발생한다. 그 결과 집단광기(madness of crowds) 또는 집단 어리석음(collective stupidity) 현상이 나타난다.

---

6 해몬드 등은 개인이 의사결정 과정에서 오류를 범할 가능성이 높은 사례로 문제에 접근하는 틀(Frame)이 잘못된 경우, 과거의 성공 또는 실패 경험이 고정관념(Anchoring Idea)으로 작용하는 경우, 혁신을 두려워하고 현상유지(Status Quo)를 선호하는 경우, 매몰비용을 아까워하거나(Sunk-cost Trap), 보고 싶은 것만을 보려하는 확신증거 찾기(Confirming-evidence)에 주력하는 경우 등을 지적하고 있다(Hammond et al., 1998: 1-10).

7 수학적 용어로는 체계적 오류를 편향(bias)라고 부르므로 '체계편향'이란 표현은 사실 부적절하다. 그러나 인지적 편향의 문제를 주로 다루는 사회과학에서는 체계편향이란 말을 사용하는 경우가 많다. 여기서는 편향과 체계편향을 구분하지 않고 사용할 것이다.

체계편향은 집단전체를 잘못된 판단과 행동으로 나아가게하기 때문에 집단지성에 대한 가장 큰 위협이 된다. 개인들의 우연적 오류는 집단의 규모가 확대되면서로 상쇄되지만 체계편향으로 인한 개인의 편향된 판단은 집단의 규모가 클수록더 강화된다. 히틀러 치하 독일의 경우가 그 대표적인 예이다. 그러므로 집단지성에서 일차적으로 관심을 가져야 하는 것은 개인들의 지적수준 향상 등의 문제가 아니라 먼저 집단편향을 어떻게 줄일 것인가의 문제이다.

아래에서는 서로위키가 거론한 주요 체계편향 기제들인 집단사고(groupthink), 사회적 증거(social proof), 정보폭포(information cascade), 집단양극화(group polarization), 원형선회(circular mill) 등에 대해서 알아보겠다.

집단사고

집단사고(groupthink)는 널리 알려진 동조화 기제이다. 미국의 사회 심리학자 어빙 재니스가 만든 용어로, 조지 오웰의 소설 '1984년'에 나오는 '이중사고(doublethinking)'라는 단어를 본뜬 것이라고 한다(Janis, 1971: 84). 집단 구성원들이 집단 내 갈등의 최소화를 위해 비판적 생각을 하지 않으려 하거나 이견 제시를 꺼리는 현상을 가리킨다. 이렇게 되면 집단이 아무리 똑똑한 사람들로 구성되어 있고 또 다양성을 가지고 있다 하더라도 그것이 집단 속으로 투입되지 못하므로 집단지성의 질이 급격히 떨어지게 된다.

원래 사회심리학에서는 집단의 응집력이 강할수록 집단구성원들끼리의 모임에서는 서로 솔직하게 대화하는 경향이 있다고 했었다. 잘 단결된 집단의 내부회의에서는 외부에서 말하기 어려운 발언도 자유롭게 개진되는 경향이 있다고 보았었다. 그러나 집단사고는 이와 반대되는 현상이다.

집단사고는 집단의 규범이 내면화됨으로써 비판적 생각을 비고의적으로 억누르는 것으로, 사회적 처벌이라는 외적 위협에서 기인하는 고의적 억제와는 전혀 다르다. 집단의 응집성이 증가하면 불일치의 발생을 피하려는 구성원들의 내적 충동이 더 커진다. 그래서 집단의 지도자나 구성원들 다수가 추진하는 제안들은 뭐든지 옳다고 믿게 되는 경향이 있다(ibid.: 85).

집단사고는 권위의 눈치를 보기 때문에 자기의 의견을 억제하는 것이 아니다. 다른 사람의 압력 때문이 아니라 스스로 확신증폭이 일어나서 내집단 구성원들의 말에 무조건 동조하게 되는 현상을 가리킨다. 집단사고는 대안과 목적에 대한 불충분한 조사, 정책의 위험성에 대한 검토부족, 정보조사 실패, 정보처리 과정의 왜곡, 대안평가 실패 등으로 말미암아 부적절한 정책선택으로 이어질 가능성이 높다.

집단사고는 구성원 개인의 문제에서 출발하지만, 조직 내의 리더나 소집단이 전체의 의사결정 분위기를 선도하는 경우에도 집단사고에 빠질 가능성이 높을 것이다. 또한 집단전체에 정보나 경험이 많이 축적되어 있을수록 오류를 범할 가능성이 줄어들 것이다.

사회적 증거

사회적 증거(social proof)는 스탠리 밀그램(S. Milgram) 등이 제시한 용어이다. 여러 사람들이 어떤 일을 하거나 또는 어떤 견해를 믿을 경우 그럴만한 타당한 이유가 있어서일 것이라고 생각하고, 그 다수의 행동이나 생각을 따라하게 되는 현상을 가리킨다.

밀그램은 사람들은 확실한 판단근거가 없을 때 다수 사람들의 선택을 추종하는 경향이 있음을 실험을 통해 증명했다. 1968년 밀그램 등은 한 남자를 길 모퉁이에 세워놓고 6층 창문을 이유 없이 60초간 쳐다보게 했다. 처음에는 행인 중 40%가 그를 따라 쳐다보았지만, 두 사람을 세워놓자 그 비율은 60%까지 올랐다. 다섯 사람이 쳐다보게 했을 때는 80%가 따라했다(Milgram et al., 1969: 80). 많은 사람들이 하는 행동이나 믿음은 진실일 것이라고 생각하는 경향이 사람들의 규모가 커질수록 더 커진다는 것을 보여준다.

밀그램의 실험이 보여주듯이 사람들에게는 기본적으로 남의 행동을 기초로 해서 판단하고 행동하려는 성향이 내재되어 있다. 전문가의 언급이 인용되거나, 통계 자료가 제시될 경우에는 동조화 현상이 더욱 빠르게 증폭될 것이다. 불확실한 사안에 대해 의사결정을 할 때에 다른 사람의 행동을 따르는 것이 제일 낫다고 가정하는 것을 비합리적이라고 보기는 어려울 것이다. 다수의 판단일수록 옳은 판단일 가능성이 높다는 것이 집단지성의 주장이기도 하다.

하지만 문제는 모든 사람들이 자신의 독자적인 판단은 집단에게 제공하지 않은 채 다른 사람의 판단에 편승하려고만 하면 다수의 판단이 결국은 최초의 한 두 사람의 판단에 의존하는 결과가 될 것이다. 그렇게 되면 다수가 집단지성을 만들지 못하고 오히려 집단무지를 만들게 될 것이다. 그러므로 '사회적 증거'는 정보의 무임승차로 말미암아 집단지성이 최적에 이르지 못하게 되는 일종의 사회적 딜레마 현상임을 알 수 있다.

원형선회

사회적 증거와 유사한 기제가 원형선회(circular mill)이다. 이것은 윌리엄 비버(W. Beebe, 1921)라는 곤충학자가 발견한 개미의 원형선회에서 비롯된 말이다. 그는 남미 가이아나 정글에서 이상한 광경을 목격했다. 한 무리의 병정개미들이 큰 원을 지어 움직이고 있었는데 그 둘레는 400m나 됐고 개미 한 마리가 같은 자리로 돌아오는 데 두 시간 반이 걸렸다. 개미들은 보통 "앞에 가는 개미만 따른다."는 간단한 규칙을 지킨다. 대부분의 경우 개미들은 이 간단한 규칙 덕분에 길을 헤매지 않는다. 그런데 비브가 목격한 개미들은 이틀 동안 원을 그리며 돌다가 대부분 죽고 말았다고 한다. 최초의 개미가 길을 잃은 개미였기 때문이다. 수백만 마리의 개미들이 오직 한 마리의 판단만을 추종한 결과이다.

집단양극화

또 하나 중요한 기제는 집단양극화(group polarization) 현상이다. 이것은 개인이 집단 속에 들어가면 사고방식이 극단적으로 변하는 경향을 가리킨다. 집단사고의 강화버전이라고 할 수 있다. 원래 이것은 토론 이전에 개인적으로 가졌던 입장보다 토론 후에 사람들이 더 극단적 입장을 보이는 경향에 대한 관찰결과를 지칭하는 용어이다(Sunstein, 2002b).

더 극단적이란 말은 중간지점에서 더 멀어진다는 것이다. 예를 들면, 상대적으로 가혹한 판정을 내리는 성향의 배심원이 있다면, 토론 후에는 더 가혹한 판정을 내리는 경향이 있다는 것이다. 물론 온건 성향의 배심원은 더욱 온건해질 것이다. 그러므로 집단의 의견이 양 극단으로 수렴되어 다양성이 급격히 감소하게 된다.

정보폭포

정보폭포(information cascade)는 다른 사람들의 선택을 모방하는 행동이 연쇄적으로 일어남으로써 특정의 선택 또는 행위가 매우 짧은 시간 안에 집단 전체로 확산되는 현상을 가리킨다. 자신이 가지고 있는 정보나 그것에 기초한 판단을 포기하고 다른 사람의 선택을 추종한다는 데 특징이 있다. 유행의 확산 등이 그 대표적인 예이다. 의사결정이 차례차례로 이루어지며, 관찰을 통한 학습이 중요한 역할을 한다(Miller, 1992; Easley, 2010).

집단양극화와 정보폭포는 둘 다 정보와 평판이 미치는 영향 때문에 일어난다. 그러나 집단양극화가 일어나기 위해서는 토론이 있어야 하지만 정보폭포 현상은 토론과정 없이도 일어날 수 있다는 점이 다르다.

제3항   편향의 예방

체계편향은 집단지성을 집단비지성으로 바꾸어 놓는 주된 원인이다. 체계편향은 구성원들의 생각이 다양하지 못해서 생기기도 하지만, 자유롭게 표현되지 못해서 생길 수도 있다. 앞의 경우는 인지적 다양성의 문제이고, 뒤의 것은 의사소통의 문제이다.

집단사고나 집단양극화는 인지적 다양성이 있는데도 불구하고 그것이 여러 가지 심리적 및 사회적 이유로 말미암아 표출되지 못할 때 나타난다. 그러나 사회적 증거, 원형선회, 정보폭포 같은 현상은 타인의 정보나 판단에 편승함으로써 이른바 '판단의 부담(burden of judgement)'을 줄이려는 데서 비롯된 것이므로 행위자들의 인지적 다양성을 실제로 축소시킨다. 스스로 정보를 찾거나 독립적으로 추론하려는 노력을 덜하게 되기 때문이다. 이런 기제들은 대개 동조(conformity)나 순응(compliance)의 특별한 형태이다.[8]

---

8 동조(conformity)는 자신의 행동이나 생각을 집단의 표준과 일치시키는 것을 가리킨다. 예컨대 다른 사람이 발을 흔들면 자신도 따라서 발을 흔드는 것과 같은 현상이 동조이다. 동조는 자신이 충분한 정보를 못가지고 있어서 판단에 대해 확신이 없을 때 일어나기 쉽다. 반면 순응(compliance)은 다른 사람의 명시적 및 묵시적 권위나 압력을 거부하지 못해서 따라하는 것을 말한다(Cottam et al., 2010).

체계편향의 다른 중요한 원인은 의사소통이 편향되거나 억압되는 되는 경우이다. 구성원들이 다양한 인지적 자원을 가지고 있다고 하더라도 그것이 집단화 과정 속에 투입되지 못하면 무의미하다. 많은 사람들이 속으로는 여러 다양한 생각을 가지고 있다고 하더라도 토의할 때 자기가 아는 정보나 판단을 내어놓지 않으면 좋은 집단지성이 만들어질 수 없다.

경쟁과 익명성

인지적 편승 그리고 소통의 왜곡을 막기 위한 대표적 장치로는 경쟁과 익명성을 들 수 있다. 경쟁은 인지적 무임승차를 막아주는 가장 강력한 기제이다. 남보다 더 많은 정보와 더 정확한 판단을 할 수 있어야 경쟁에서 앞서나갈 수 있기 때문이다. 예측시장이 좋은 결과를 만들어내는 이유는 바로 이 경쟁이라는 강력한 동기부여 장치를 내장하고 있기 때문이다. 또 익명성은 정보의 소통을 확대시키는 데 중심적 역할을 한다.

가령 투표를 공개적으로 한다고 생각해보라. 개인의 선호가 올바로 드러나겠는가? 또 설문조사에서 응답자의 신원을 적게 한다면 의견을 솔직하게 쓸 사람이 몇이나 되겠는가? 인터넷에서의 댓글 역시 마찬가지로 익명성이 중요한 역할을 한다. 그러나 경쟁과 익명성이 장점만 가지고 있는 것은 아니다. 경쟁은 정보의 사유화를 부추겨서 사회적 유통을 제약할 수도 있다. 비물질적 유인에 의한 동기부여 그리고 이타심과 같은 도덕적 요소가 중요시되는 이유도 여기에 있다. 익명성 역시 역기능을 가지고 있다. 발신한 정보에 대한 책임이 면제되기 때문에 잘못된 정보를 의도적으로 유포할 수도 있고, 여론의 흐름을 오히려 더 편향시키려 할 수도 있다.

조정자의 역할

집단지성의 편향을 막기 위해서는 구성원들의 다양한 의견이 개진되고 토론될 수 있도록 공정한 여건을 보장해 주는 것이 중요하다. 이를 위해서는 경쟁과 익명성 보장 이외에도 전문가의 선도적 역할, 의도적 반대자의 배치 등이 도움을 준다.

본래 집단지성은 위계적 질서를 상정하지 않는다. 집단의 대표가 직위나 권위를 이용하여 앞장선다면 이미 집단지성이 아니다. 그러나, 조직 내부에 편향이 생길 때 누군가는 여론의 흐름을 살펴 균형을 잡아 주어야 한다. 편향을 바로 잡아주는 조정자(mediator)는 정해져 있지 않다. 조직의 리더나 사회자일 수도 있고, 집단지성의 기획자나 해당 분야의 전문가 또는 반대자일 수도 있다. 다만, 조직의 리더가 초기부터 개입할 경우 집단지성의 방향을 크게 왜곡할 것이다.

전문가들은 대중들에 비해 이견을 좀 더 자유롭게 말할 수 있다. 관점이 서로 다른 복수의 전문가들로 하여금 입장을 자유롭게 밝히게 하면 가용정보가 적은 대중들이 독립적 견해를 세우는 데 도움이 된다. 규모가 작은 집단인 경우에는 의도적 반대자를 배치해서 소수의견을 끌어내기도 한다. 의도적 반대자란 한 가지 견해가 토론을 지배하지 못하도록 일부러 반대의견을 내놓는 역할을 맡은 사람을 가리킨다. 이런 '악역 토론자(devil's advocate)'가 있어야 토론이나 심의 참여자들이 거리낌 없이 다른 의견을 제시할 수 있기 때문이다(Sunstein, 2005a: 1,015). 물론 근본적으로 중요한 것은 갈등과 불화를 일으킬 수 있는 것들까지도 공개적으로 자유롭게 토론할 수 있는 문화를 만드는 것이다. 사상의 자유, 언론의 자유, 결사의 자유 등이 강조되는 이유도 여기에 있다.

한편 이미 체계편향이 만들어졌을 때 그것을 바로잡아주는 역할을 할 수 있는 사람은 그 집단의 통념에 반대되는 생각을 가진 '이단(dissident)'들이다. 이들은 집단의 상식에 충격을 가함으로써 구성원들로 하여금 편향으로부터 벗어나게 만든다. 솔로몬 애쉬(S. Asch)를 비롯한 심리학자들은 집단이 동조에 빠져있을 때 만약 한 명이라도 다른 의견을 제시하는 사람이 있으면 집단동조 상태가 깨질 수 있음을 지적한 바 있다(Miller, 1992).

먼저 집단이 체계편향에 빠져 있을 때 '이단'이 어떤 역할을 할 수 있는지를 안데르센의 동화 "벌거벗은 임금님"과 영화 '12인의 성난 사람들(Twelve Angry Men)'의 예를 통해 알아보겠다. 그런 다음 나심 탈렙의 '블랙스완' 개념을 통해 이견의 의의를 살펴볼 것이다.

벌거벗은 임금님과 12인의 성난 사람들
한스 안데르센이 1837년에 쓴 "황제의 새로운 옷"[9]이라는 짧은 동화는 한국에

---

9   원제는 Kejserens nye Klæder(Emperor's New Cloth)이다.

서는 "벌거벗은 임금님"으로 잘 알려져 있다. 이 우화는 집단편향이 어떤 과정을 통해서 생기며 집단에게 어떤 영향을 미치는지, 그리고 작은 이견이 어떻게 큰 역할을 할 수 있는지를 잘 보여준다. 선스타인은 이 이야기가 동조, 모방, 순응 등 사회적 학습이 낳는 역기능의 극단적 형태를 압축적으로 표현했다고 말했다(Sunstein, 2005b: 25).

새로 지었다는 옷이 실제로는 거짓이라는 사실을 모두 알았지만 아무도 그것을 말하지 못했다. 우선 황제의 권위가 자유로운 의사표현을 막았기 때문이겠지만, 더러는 황제의 권위가 아니라 다수의 견해를 더 무서워했을 수도 있다. 황제는 자신의 눈에는 보이지 않는다는 사실을 알고 스스로를 탓했을지도 모른다. 그러므로 권위에 대한 순응, 다수에 대한 동조, 사회적 압력 등으로 인해 재단사의 거짓말을 사회적 진실로 받아들이는 집단편향이 나타났다. 이 편향을 깨트린 것은 한 소년의 작은 외침이었다. 소년의 이견이 없었더라면 황제와 주변 사람들 그리고 국민들이 모두 틀린 생각에서 벗어나지 못했을 것이다.

이 안데르센의 동화와 유사한 예를 랑드모어(Landemore, 2012b)는 영화 '12인의 성난 사람들(Twelve Angry Men)'에서 찾고 있다. 이 영화는 미국의 배심원 제도를 배경으로 삼고 있다. 뉴욕 시의 법정에 아버지를 칼로 찌른 한 소년의 살인혐의를 두고 12인의 배심원들의 평결과정이 그려지고 있다. 초기에 12인의 배심원 중 11명이 유죄라는 의견을 가지고 있었다. 그러나 1명만 무죄 의견을 가지고 있었는데, 격렬한 토론을 거치면서 12인의 배심원 모두가 무죄라는 결론에 도달해나가는 과정을 그려내고 있다. 랑드모어가 지적하는 것은 한 사람의 이질적 견해가 얼마나 중요한 역할을 하는가이다. 작은 분량일지라도 다양성이 집합적 결과에 매우 큰 역할을 할 수 있음을 보여준다.

제4항 블랙 스완

"임금님이 벌거벗었다."는 말을 한 소년이나 무죄를 주장한 배심원을 가리켜 '블랙 스완(black swan, 검은 백조)'이라 부를 수 있다. 평균적 견해에서 벗어난 주장을 함으로써 집단 전체의 인식을 바꾸어놓는 충격을 주었기 때문이다.

블랙스완은 매우 충격적이고 몹시 드문 현상을 은유적으로 표현하는 말이다.[10] 철학, 사회학, 심리학 등에서는 일찍부터 전혀 예상하지 못했던 사건의 발생을 가리켜 '블랙 스완'이라고 칭해왔다. 통계학에서는 통상적 분포에서 벗어난 극단값을 가리킨다. 그러나 이 말이 대중화되기 시작한 것은 나심 탈렙(Taleb)이 이른바 '블랙 스완 이론(black swan theory)'을 주장하면서부터이다(Taleb, 2007).

탈렙은 '블랙 스완'이라 불리기 위한 조건으로 다음 세 가지를 들었다(Taleb, 2007: xvii-xviii). 첫째, 일반적인 예상을 벗어난 사건이어야 한다. 둘째, 그 사건이 매우 충격적이어야 한다. 셋째, 사건이 발생한 후에는 사람들이 그 원인이나 이유를 말할 수 있게 된다. 세 번째 조건은 조금 미묘하다. 그 원인이 항상 밝혀질 수 있는 것은 아니기 때문이다. 그래서 보통은 첫 번째와 두 번째 조건을 블랙 스완의 핵심으로 본다(Runde, 2009: 493).

탈렙이 블랙 스완이란 용어를 통해 강조하고자하는 것은 예상 밖의 일은 늘 일어나기 마련인데 우리가 너무 고정관념이나 선입견에 젖어있어서 그런 예외적 사건의 발생가능성을 과소평가하며 살고 있다는 사실이다. 우리는 흔히 일어나는 일에 익숙해져 있다. 이것은 불가피하다. 그러나 문제는 이 익숙함에 젖어 세상이 항상 기존의 방식대로만 돌아갈 것이라고 확신하며 산다는 것이다. 예외는 자주는 아니지만 항상 일어나기 마련이다. 하지만 대개 그런 예측불가능성의 측면은 고려되지 않는다.

통념에 대한 과신은 편향된 생각으로부터 벗어나기 어렵게 만든다. 지구가 우주의 중심이라고 확신했던 중세 유럽 사람들이 지동설의 주장에 어떻게 반발했는지를 돌이켜보라. 그런 잘못된 신념이 현대사회에는 없을까? 아마 무수히 많을 것이다. 왜냐하면 우리는 대개 지식을 경험의 귀납을 통해 얻을 수밖에 없는데, 귀납에 의한 지식은 절대로 완벽할 수 없기 때문이다. 이것이 반증주의(falsificationism)라고 불리는 칼 포퍼(K. Popper) 주장의 핵심이다.

---

10 유럽인은 본래 모든 백조는 희다고 생각했다고 한다. 그 통념에 반대되는 현상을 네덜란드 탐험가 윌리엄 드 블라밍(W. de Vlamingh)이 1697년 서부 오스트레일리아에서 발견했다. 기존에 없었던 '검은 백조', 즉 블랙 스완을 관찰한 것이다. 이것이 백조에 대한 유럽인들의 생각이 영원히 바꾸어 놓았다 (Volery, 2008: 69).

포퍼는 과학이 어떤 명제에 대해서든 절대적 진리 여부를 말할 수는 없다고 본다. 가령 백조를 보자. "백조는 희다."가 불변의 진리임을 증명하려면 지구상에 사는 모든 백조의 깃털을 조사해 봐야 하고, 미래에 태어날 백조까지도 남김없이 관찰할 수 있어야 한다. 이것은 불가능하다. 그러므로 절대적 진리를 주장할 수 없다는 것이다. 하지만 과학과 비과학의 차이는 존재한다. 그 경계는 반증가능성(falsifi-ability)에 있다. 우리는 "백조는 희다."가 진리임을 밝히기 어렵지만 그것이 진리가 아님을 증명하기는 쉽다. 왜냐하면 희지 않은 백조를 한 마리만 찾으면 되니까.

탈렙은 이 포퍼의 반증주의를 중시한다. 반증주의에 따르면 우리가 진리라고 믿고 있는 것은 모두 잠정적일 수밖에 없다. 언제 반대 증거가 나올지 모르니까. 그러므로 진리라고 여기는 것이 거짓이 될 수도 있다는 것을 항상 염두에 두며 사는 것이 올바른 자세일 것이다. 모든 정보나 지식 역시 허위나 오류일 가능성을 감안하고서 받아들여야 한다. 만약 사람들이 이런 태도로 살아간다면 집단의 전체 구성원들이 동시에 잘못된 판단에 빠지는 상황은 극히 드물게 일어날 것이다.

탈렙은 어제 일어났던 일이 내일도 틀림없이 일어날 것이라고 생각하며 사는 태도나 사람을 가리켜 칠면조(turkey)라고 칭한다(Taleb, 2007: 40). 칠면조는 주인이 어제도 친절하게 먹이를 주었고 그 전에도 그랬으므로 내일도 맛있는 먹이를 가져다 줄 것으로 믿고 산다. 그런 믿음이 대개는 옳지만 추수감사절에는 사정이 달라진다. 먹이를 주러 온 줄 알았던 주인이 칼을 내밀었을 때 칠면조의 충격이 어떠했을지는 짐작하기 어렵지 않다. 사람들이 사는 방식도 아마 살찐 칠면조와 대동소이할 것이다. 대개 어제 통했던 추론이 내일도 여전히 통할 것이라고 믿으며 산다. 그러나 나의 모든 믿음이 근원적으로 잠정적일 수밖에 없음을 안다면 편향의 덫으로 부터 좀 더 자유로워 질 수 있을 것이다.

제4절
집합체 수준의 고려사항

서로위키, 페이지, 레비, 벤클러 그리고 리드비터 등이 말한 요건들은 주로 개인의 속성에 관한 것이다. 그러나 좋은 집단지성의 요건을 행위자 속성에서만 찾아서는 불충분하다. 행위자들이 서로 관계를 맺는 방식 등 구조적 요인도 마찬가지로 중요하기 때문이다. 조직 구성원들 간 쉽게 연결이 되도록 하고, 그들이 각자의 의견을 자유롭게 공유하도록 하는 것이다.

이 점과 관련해서는 우선 울리 등(Woolley et al., 2010)의 경험적 연구에 주목할 필요가 있다. 이들의 실험을 통한 연구는 사회적 감수성(social sensitivity)과 같은 관계적 요인들이 집단의 문제해결 능력과 가장 관련이 깊은 변수임을 보여주었다. 사회적 감수성이란 구성원들이 서로를 이해하고 공감하는 능력을 가리킨다. 행위자의 속성보다는 행위자들 간 상호작용의 방식이 집합적 결과를 가름하는 더 중요한 변수임을 잘 보여주고 있다는 데서 그 의의를 평가할 수 있다.

행위자들의 상호작용 방식은 위 제2절의 집단지성의 구성요소와 과정이란 그림에서 '집단화'의 영역에 해당한다. 앞에서 우리는 집단지성을 크게 세 유형으로 나누고, 각각의 집단화 방식을 첫 번째 유형인 통계적 집단지성에서는 통계적 취합, 두 번째 유형인 군집지성에서는 자기조직화, 그리고 세 번째 유형인 협력적 집단지성에서는 거버넌스로 설정했다. 그러므로 집합체 수준의 집단지성 요건에 대한 논의도 유형별로 나누어 생각할 필요가 있다.

첫째, 통계형 집단지성에서는 외부의 취합자가 주로 통계적 기법이나 컴퓨터 알고리즘을 이용해 분산되어 있는 개별적 지성들을 집단화한다. 그러므로 이 유형에서 주된 과제는 빅데이터를 어떻게 확보할 것인가와 그 데이터에서 어떻게 유용한 정보를 추출해 낼 것인가가 된다. 통계적 기법이나 적절한 알고리즘을 개발하는 것 등 주로 기술적인 문제가 현안이 된다.[11] 질문의 취합과정에서 사용되는 FAQs(frequently asked questions)도 훌륭한 취합정리 방식의 하나이다.[12]

둘째, 군집지성에서의 집단화는 자기조직화 방식으로 일어난다. 이 "저절로 생기는 질서(order for free)"의 본질을 이해하고자 하는 것이 복잡계 이론임은 앞에서 말했다. 이 자기조직화에 대한 연구는 현재 이론과 응용의 두 측면에서 이미 많은 성과를 거두고 있다. 로봇공학, 인공지능 등이 모두 이 자기조직화에 대한 연구 성과에 바탕을 두고 있다. 하지만 자기조직화나 창발의 원리가 완벽히 해명된 것은 아니다. 그러므로 이 유형의 집단지성에서는 지금까지의 연구 성과를 어떻게 잘 활용하느냐가 중심 과제가 된다.

셋째, 의식적인 협력을 통해서 만들어지는 인간세계의 집단화는 거버넌스 방식으로 이루어진다. 이 유형의 집단화에서 중심 주제는 '협력'이다. 협력을 창출하기 위한 공동의 노력들이 바로 거버넌스이기 때문이다.

동물들의 세계에서 볼 수 있는 군집지성은 대개 유전자 속에 입력되어 있는 행동의 규칙에 의존해서 만들어진다. 그래서 개미나 벌의 군집지성에 변화가 오려면 진화를 통해 유전자가 바뀌어야 한다. 이런 동물들의 군집지성은 '진화적 집단지성'이라고 부를 수 있다. 이 진화적 집단지성은 자기조직화의 원리에 기초하고 있다.

반면 인간들의 집단지성 중에서 협력적 집단지성은 의식적인 반성을 통하여 자신의 행동을 조정해 나간다. 이처럼 유전자에 의존하지 않는 의식적인 행동의 조정 양식을 가리키는 말이 거버넌스이다. 거버넌스는 "전역적 최적에 도달하기 위해 구성원들이 서로의 행동을 의도적으로 조정해 나가는 방식"으로 정의될 수 있다. 먼저 이 의도적 조정이 자연적 자기조직화와 어떻게 다른지 알아보자.

---

11 예컨대 국민제안제도를 운영할 때 청와대나 긱 부서나 기관에 제기되는 수많은 제안들을 어떻게 취합하고 분류할 것인가에 대한 깊은 연구를 거쳐 현재의 국민신문고 제안시스템이 정착되었다.

12 유저들이 자주 하는 질문에 대한 대답을 미리 정리하여 게시판에 올려놓으면 그 후에 사용하는 사람들이 그 정보를 보고 질문을 중단하거나 추가 질문을 하게하여 질문의 폭과 깊이가 더해지게 한다. FAQ는 전문가들의 답변 또는 오랫동안 이용한 유저들의 지식이 축적된 것이어서 질문 이전에 현황 파악에 큰 도움이 된다.

제1항 의도적 협력의 의의

전역적 최적 추구자로서의 인간

자기조직화에 기초한 집단지성과 거버넌스에 기초한 집단지성과의 차이는 무엇일까? 달리 말하면 사람의 집단지성과 다른 동물들의 집단지성 간의 차이는 무엇일까? 이 차이는 진화적 방식과 합리적 방식의 차이라고 할 수 있다(Elster, 2007: 275).

자연선택은 국지적 최적을 낳는다. 왜냐하면 유기체의 재생산 과정에서 유전자 변이가 무작위로 일어나기 때문이다. 만일 그 변이가 종의 번식에 유리하다면 그 종은 확산될 것이고, 따라서 그 형질은 보존될 것이다. 그러므로 국지적 최적화가 일어난다. 달리 말하면 자연선택은 유기체의 적응력을 높여주지만 그것이 최선의 적응력에 도달한다는 것을 의미하지는 않는다.

등산을 생각해보자. 아주 많은 봉우리를 가진 산악지대에서 가장 높은 봉우리로 올라가려하는 등산가를 생각해보자. 모든 올라가는 길이 최정상으로 통하지는 않는다. 한 번 길을 잘못 들어서 최고 정상이 아닌 주변의 높은 봉우리에 도달했다고 하자. 이 등산가가 최정상 봉우리로 가려면 계곡을 내려가 다시 먼 길을 돌아서 올라가야 한다. 생물에게 이것이 가능하려면 다시 태어나는 수밖에 없다.

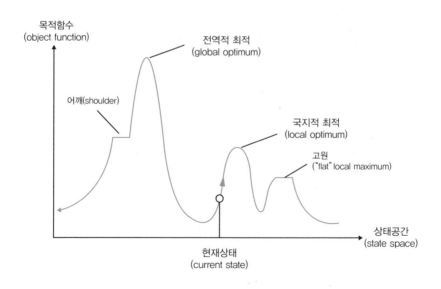

[그림 42] **국지적 최적과 전역적 최적**(Russell & Norvig, 2010: 210)

진화는 올라가기만 하는 구조이다. 그러나 최고 봉우리에 도달하려면 올라가려고만 해서는 안 된다. 때로는 내려 가기도 하고 험난한 계곡을 건널 줄도 알아야 한다. 더 높은 곳에 도달하기 위하여 기다릴 줄 알아야 하고, 간접적으로 접근할 줄 알아야 한다. 인간의 가장 중요한 특징은 바로 이 우회적 접근을 할 줄 안다는 것이다. 예컨대 지금 당장은 맛있는 것을 마음대로 먹고 마음대로 놀고 싶지만 그렇게 하면 미래는 밝지 못할 것이다. 보다 더 큰 미래의 이익을 위해 현재의 욕망들을 억제할 줄 아는 것이 인간의 특성이란 뜻이다.

동물들의 진화적 방식은 왜 전역적 최적에 도달하기 어려울까? 다시 등산을 생각해 보자. 산을 오르는 도중에 무수히 많은 갈래 길을 만나게 된다. 가령 다섯 갈래로 길이 나누어져 있다고 하자. 어느 길로 가야 최정상에 도달할 수 있는지를 모른다. 자연선택이란 이 다섯 갈래 길 중에서 하나를 무작위로 선택한다는 것을 뜻한다. 즉, 변이(variation)와 선택(selection)의 원리이다. 물론 생명체들은 다섯 갈래 중 각각 다른 길을 택하게 된다. 이 중에서 가장 적합한 길로 접어든 생명체는 높은 적합도(fitness)를 가지게 된다. 많이 증식하게 되고 그래서 진화경쟁에서 앞서게 된다. 이것이 자연선택에 의한 진화의 원리이다.

하지만 인간 사회의 발전은 다르다. 인간은 무작위로 갈래 길을 선택하는 것이 아니라 최선의 대안이 무엇인가를 숙고할 줄 안다. 즉, 합리성을 추구한다. 국지적 최적의 기계인 동물들은 환경을 주어진 상수(parametric)로 취급하고 단지 자기의 행동만을 변수로 다루지만 인간들은 환경을 전략적으로 변화시킬 수 있는 요인으로 간주하는 능력이 있다.

물론 인간 역시 항상 최선의 길을 택하기는 어렵다. 종종 잘못된 길로 접어들게 된다. 위 그림에서 국지적 최고의 봉우리를 향해 행위자가 가고 있다고 하자. 만일 어느 순간 그 길이 잘못접어든 길임을 알았다면 올라 간 길을 다시 내려가야 전역적 최적으로 향할 수 있다. 인간은 이렇게 미래의 더 큰 성취를 위해서 현재의 작은 이익을 희생할 줄 아는 능력이 있다. 이 점이 사람과 동물의 가장 중요한 차이이다.

인간은 미래의 즐거움을 위해서 현재의 즐거움을 억제할 줄 안다는 의미에서 합리적이며, 자신의 합리성이 늘 불완전하다는 것을 안다는 점에서 합리적이다. 뿐만 아니라 비합리적 행동의 유혹에 늘 노출되어 있다는 것을 안다는 점에서 합리적이다. 인간은 당장은 술을 마시고 싶지만 건강을 위해서 자제해야 된다고 판단할 줄 안다. 하지만 술의 유혹을 억제하지 못할지도 모른다는 것도 안다. 그래서 합리성은 번민과 고통의 근원이기도 하다.

협력의 문제도 이처럼 근시안적인 이익과 장기적인 이익 사이의 갈등에서 비롯된다. 인간은 합리성을 추구하지만 항상 합리적으로 행동하지는 않는다. 현재의 이익을 고려하는 본능과 미래를 고려하기를 요구하는 이성 사이에서 갈등을 하게 된다. 당장은 상대방을 속이면 큰 이득을 볼 수 있다 하더라도 그렇게 하는 것이 장기적으로는 더 큰 손해이기 때문에 배반의 유혹을 억제할 줄 안다. 이처럼 장기적 선호를 위해 단기적 선호를 억제할 줄 알 때 협력이 발생한다. 이런 이유로 엘스터는 전역적 극대화를 추구하는 존재(global maximizing machine)라는 점에서 인간의 특별함을 찾는다(Elster, 1979; Gauthier, 1983: 183f).

협력의 딜레마

협력이 문제시 되는 이유는 서로 협력하면 장기적으로 더 큰 이득을 얻을 수 있는데도 불구하고 행위자들이 여러 가지 이유 때문에 그렇게 행동하지 않기 때문이다. 장기적으로는 협력이 이득이라는 말이 무슨 뜻일까?[13]

협력의 문제에서 첫 번째로 중요한 것은 협력으로 만들어낼 수 있는 이익이 두 사람이 각각 만들어내는 결과의 산술적 합보다 크다는 것을 이해하는 것이다. 게임이론의 용어로 말하면 두 사람의 상호작용이 영합 게임이 아니라 비영합 게임(non-zero sum game)일 때 협력이 문제시될 수 있다는 뜻이다. 협력이 시너지를 만들어 내지 않는다면 굳이 협력을 문제 삼을 이유가 없을 것이다.

협력의 시너지란 무엇일까? 예를 들어 보자. 똑같은 넓이의 밭을 하나씩 가지고 있는 두 사람(갑, 을)이 있다고 하자. 그런데 그 밭에 자갈과 큰 바위 등이 많아서 생산성이 낮다고 하자. 두 사람 밭에 50kg 무게의 바위가 10개씩 있고, 200kg 무게의 바위가 5개씩 있다고 해 보자. 만약 두 사람이 각기 밭을 가꾼다면 혼자서는 200kg의 바위를 들 수 없기 때문에 50kg 바위들만 치운 후 경작을 할 것이다. 그러나 두

---

13 게임 이론에서는 이 조건을 2R > T + S라고 표현한다. 협력을 했을 때 두 사람 보수의 합이 한 사람은 협력을 하고 다른 한 사람은 배반을 했을 때 두 사람의 보수를 합한 것보다 커야 한다는 뜻이다.

사람이 힘을 합치면 200kg의 바위도 치울 수 있다. 그래서 먼저 갑의 밭에 있는 큰 바위를 함께 치운 후 다시 을의 밭에 있는 것도 없애버리면 두 사람은 협력의 시너지를 얻을 수 있다. 협력이란 산술적 합이 아니다. 혼자서는 들 수 없는 200kg 바위를 치울 수 있게 만들어 주는 것이 협력이다.

위의 경우에도 협력에 딜레마가 존재한다. 혹여 갑이 을의 도움으로 자기 밭의 바위들만 옮긴 후 을의 밭 바위를 치우는 데 협력하지 않을 수도 있기 때문이다.

마틴 노왁은 협력이 문제가 되는 상황을 다음과 같이 일반화했다(Nowak, 2012: 1).

첫째, 두 경기자가 협력하면 두 경기자가 배반하는 것보다 더 많은 보수를 받는다. 둘째, 그러나 항상 배반의 유인이 존재한다. 다음 세 가지가 배반을 유혹하는 조건이다.

1) T > R: 만일 배반의 유혹이 협력의 보수보다 크면 상대가 협력으로 나올 때 나는 배반을 택하는 것이 더 낫다.
2) P > S: 만일 협력의 위험 보수보다 배반의 처벌이 받는 보수가 더 크면 상대가 배반으로 나올 때도 나는 배반을 택하는 것이 더 낫다.
3) T > S: 만일 배반의 유혹이 협력의 위험보다 크고, 상대의 협력 또는 배반 가능성이 반반이라면, 나는 배반을 선택하는 것이 더 낫다.

[표 30] 2×2 게임의 기본 모형

	C	D
C	협력의 보상 R (Reward)	협력의 위험 S (Sucker)
D	배반의 유혹 T (Temptation)	배반의 처벌 P (Punishment)

노왁은 위의 세 조건 중에서 어느 하나라도 해당하면 협력의 딜레마가 발생한다고 말한다. 어느 것에도 해당이 없으면 딜레마는 없고 협력이 배반보다 더 나은

선택이 된다. 반대로 만일 이 세 가지 요건을 모두 갖추게 되면 가장 해결하기 어려운 상황이 되고, 그것이 바로 죄수의 딜레마 게임(위 표에서 왼쪽에 위치한 경기자가 갖는 보상의 순서, T > R > P > S)이다.

일반화된 상호성

협력의 딜레마로부터 벗어나려면 어떻게 해야 할까? 이 문제에 관해서는 엄청나게 많은 연구와 주장들이 있다. 진화문제를 연구하는 생물학에서는 대체로 직접적 상호성, 간접적 상호성, 공간선택(네트워크 상호성), 집단선택, 혈연선택 등 다섯 가지를 협력을 발생시키는 기본적 기제로 본다(Nowak et al., 2006). 그러나 이 다섯 가지 기제를 관통하는 원리가 있다. 그것은 상호성(reciprocity)이다.

'상호성'이란 간단히 말하면 원인과 결과가 상응한다는 원리이다. 원인에 상응하는 결과가 주어진다는 것은 자연의 원리이다. 콩을 심었는데 팥이 자라는 법은 없다. 자동차에 5만 원어치 기름만 주유했는데 갑자기 10만 원어치 주행을 할 수 있게 되는 일은 일어나지 않는다. 사회적 상호작용도 대체로 마찬가지이다. 가는 말이 고와야 오는 말이 곱다. 또 10시간을 열심히 일했는데, 두어 시간밖에 일하지 않은 사람과 똑같은 보수를 받는다면 그러한 관계는 오래 지속되지 못할 것이다.

하지만 사람들 사이의 관계는 이 상호성이 종종 흐트러진다. 배반을 하는 자가 더 큰 득을 본다. 정직하게 사는 사람이 잘 살 수 있게 되어야 하는데 실제 사회는 꼭 그렇게 되지만은 않는다. 협력의 문제도 마찬가지이다. 협력자는 배반자보다 더 큰 보수를 받아야 하는데, 오히려 배반자가 더 큰 이득을 얻게 되는 수가 많다.

협력에 대한 연구들의 대부분은 이 상호성이 교란되는 것을 방지하는 방법에 대한 연구이다. 위에서 언급한 직접적 상호성은 당사자가 배반을 처벌한다. 간접적 상호성은 배반자가 당사자 아닌 사람들로부터도 응징 받는다. 공간선택이나 집단선택은 믿을 수 있는 사람들 사이에서만 상호작용이 반복되도록 함으로써 상호성을 실현시켜준다.

위 다섯 가지 협력의 발생 방식은 근시안적으로 행동하는 동물의 세계에서도 나타난다. 물론 사람들이 살아가는 사회에서도 위 다섯 가지 방식이 작동하고 있음은 분명하다. 그러나 인간사회의 경우에는 또 다른 유형의 상호성이 존재한다.

직접적 상호성이나 간접적 상호성 등은 모두 사람에 따라 달리 대한다는 것을 말한다. 즉, 이전에 나에게 배반으로 대했던 사람이면 나도 배반으로 대한다. 또 나에게 배반으로 대하지 않았어도 다른 사람에게 나쁜 짓을 한 사람을 나는 상대하지 않는다. 그러므로 위 다섯 가지 기제는 모두 행위자가 어떤 사람인지에 대한 정보가 있어야 한다. 그래서 흔히 이렇게 말한다. "직접 상호성을 하려면 얼굴이 필요하다. 간접 상호성을 하려면 이름이 필요하다."(Nowak, 2011: 67). 그러나 얼굴도 이름도 필요하지 않은 상호성이 있다. 바로 일반화된 상호성(generalized reciprocity)이다.

일반화된 상호성은 상대가 과거에 어떤 선택을 한 사람인지에 대한 정보를 필요로 하지 않는다. 단지 이전 자신의 경험만이 잣대가 된다. 과거에 누구에겐가 협력으로 대했더니 좋은 결과를 얻을 수 있었다는 자신의 경험만이 전략선택의 준거가 된다(Pfeiffer et al., 2005). 그러므로 상대의 평판을 몰라도 되고, 그가 네트워크로나 공간적으로 자신과 연결되어있지 않은 사람이라도 협력이 가능하다. 이 일반화된 상호성 수준이 높아지면 그 사회의 전반적 협력의 양은 매우 많아질 것이다.

자신과 무관한 사람들과의 협력 가능성이 현대 사회가 직면하고 있는 가장 중요한 과제이다. 이 일반화된 상호성을 만들어 내는 기제를 가리켜 사회적 휴리스틱(social heuristic)이라 부른다(Jordan et al., 2015: 93). 휴리스틱이란 완벽한 추론을 거쳐 어떤 선택을 하는 것이 아니라 자신이 가지고 있는 불충분한 정보나 경험을 통해 개략적으로 어림해서 자신의 의사결정을 하는 것을 말한다. 일반화된 협력이 사회적 휴리스틱에 의존하고 있다는 말은 자신의 과거 경험상 대체로 남을 배반으로 대하는 것보다 협력으로 대할 때 더 좋은 결과를 얻는다는 것을 알게 되어, 어떤 상대를 만나든 협력을 기본 행위양식(default behavior)으로 삼게 된다는 것을 말한다.

하지만 사회적 휴리스틱이 저절로 얻어질 수 있는 것은 아니다. 사회에 배반전략을 택하는 사람이 많다면 배반당한 경험을 가진 사람이 늘어날 것이고, 그렇게 되면 사회적 휴리스틱은 배반이 좋은 전략이라고 알려 줄 것이다. 사기가 난무하고 배반자가 이득을 보기 쉬운 사회에서는 착하게 사는 것보다 악인이 되어야만 살아남을 수 있다는 경험칙이 사람들의 생각을 지배할 것이다.

장기간에 걸쳐 협력의 문화가 뿌리내린 사회에서만 사회적 휴리스틱을 통해 일반화된 상호성이 나타날 수 있다. 그러므로 협력의 문제는 결국 문화의 문제로 귀착된다. 협력의 거버넌스에 대한 위의 논의는 아래와 같이 요약할 수 있다.[14]

(1) 협력의 문제는 비영합 게임에서만 존재한다.

(2) 상호성의 확립이 협력의 기본 조건이다.

(3) 상호성의 최종적 형태는 일반화된 상호성이다.

(4) 일반화된 상호성은 사회적 휴리스틱으로 만들 수 있다.

(5) 사회적 휴리스틱은 단기간에 만들어지지 않는다.

제2항 C-Factor

지성 혹은 지능의 문제에 대해 심리학자 찰스 스피어만은 일반지성 혹은 일반지능(general intelligence)이라는 개념을 제기한 바 있다(Spearman, 1904). 개인이 가지고 있는 지적 능력을 종합적으로 표현하는 말로서, 한 분야 예컨대 수학에 능한 사람이 다른 분야 예컨대 어학 등에서도 더 뛰어난 능력을 보여준다는 뜻이다. 그래서 어떤 개인의 전반적 지적능력을 가리키는 일반지성의 지표를 g-factor라 부른다. g-factor라는 것이 실제로 존재하는지에 대해서 논란이 많지만 아직까지는 어느 정도 수긍되고 있다.

---

14 한편, 가상세계 또는 사이버세계에서 나타나는 협력의 요인, 동기의 구성요소, 작동 원리에 대한 설명은 제11장에서 충실히 논의하였다.

내부에 다수의 개별 행위자들을 포함하고 있고, 이 개별행위자들의 상호작용 네트워크에 의해 형성되는 상위행위자(meta-agent)에 대해서도 이 일반지성의 논리가 적용될 수 있을까? 집단지성에 관한 기존 연구들 중에서 이 문제를 직접 다룬 예는 많지 않다. 물론 사회, 조직, 유기체 등의 집단지성을 다룬 연구물들이 대부분이 상위행위자의 일반지성이라는 관점에서 접근한 예로 볼 수 있지만, 직접적으로 집단차원 일반지성의 존재여부를 명시적으로 다룬 연구는 거의 없다.

울리 등은 집단 수준에서도 일반지성 개념이 적용될 수 있는지를 직접 다룬 연구자로 알려져 있다(Woolley et al., 2010). 이들은 스피어만의 논리를 확장해서 집단 차원의 일반지성(c-factor: collective intelligence factor) 문제를 다루었다. c-factor란 예컨대 경제가 발전한 나라가 스포츠나 예능 등 다른 분야에서도 더 뛰어날 것이라는 함의를 갖는다. 어떤 집단, 즉 상위행위자가 가진 종합적 지적 능력을 가리키는 이 c-factor가 검출될 수 있다면 특정 집단이 얼마나 뛰어난 집단적 성과를 발휘할지를 예측할 수 있는 변수가 될 수 있을 것이다. 그리고 이 c-factor에 영향을 주는 요인이 무엇인지를 알아낸다면 집단지성 거버넌스에 대해 더 많은 것을 알 수 있을 것이다.

울리 등은 규모가 서로 다른 192개 집단을 대상으로 하여, 한 가지 부문에서 능한 집단이 다른 부문에서도 능할 것이라는 c-factor 가설을 검증했다. c-factor에 관여하는 주요 변수로 발언기회의 평등성, 사회적 감수성, 여성의 비율, 집단응집성, 구성원들의 만족도, 행동동기 등을 설정하여 이것들이 집단의 일반적 문제해결 능력과 어떻게 연관되는지를 검토했다(ibid.: 687).

연구결과를 보면 우선 집단차원의 일반지성이 존재하느냐의 문제에 대해서는 긍정적인 결과를 보여준다. 즉, 한 가지 과제에 능한 집단이 다른 과제를 집단적으로 해결하는 데도 능했다는 것이다(두 과제들 간 성취정도의 상관성이 높은 경우, r = 0.86).

일반지성과 예측변수들 간의 관계에서도 몇 가지 주목할 만한 결론을 이끌어내고 있다. 상식적으로 집단의 성취수준과 관련성이 클 것이라고 생각되는 집단응집성, 만족도, 동기 등은 집단의 일반지성에 대한 예측변수로 나타나지 않았다. 통계적 현저성이 가장 큰 변수는 사회적 감수성으로 나타났다. 사회적 감수성이라 함은 다른 사람의 관점을 수용하고 공감할 수 있는 능력을 가리킨다. 그 외 발언권의 균등성 정도 그리고 여성의 비율이 통계적으로 유의한 변수로 나타났다. 울리 등은 여성구성원의 비율은 사회적 감수성이라는 변수의 매개를 통하여 영향을 미치는 것으로 해석했다. 즉, 여성 구성원이 많을수록 상대의 입장에 대한 배려 등 집단의 평균적 사회적 감수성 수준이 높아지기 때문이라는 것이다(ibid.: 687).

사회적 감수성 그리고 발언권의 균등성은 결국 집단 내 의사소통의 원활성과 관련이 있다. 구성원들이 골고루 발언할 기회를 가지고, 게다가 자기의 의견과 다르더라도 상대방의 입장을 받아들일 수 있는 분위기가 강한 집단일 경우, 개인의 견해가 자유롭게 집단 속으로 투입될 수 있고 또 그 정보들이 빠른 속도로 유통될 수 있을 것이다.

울리 등의 연구에서 우선 중요한 것은 집단차원의 일반지성, 즉 c-factor가 존재한다는 것을 보여주었다는 사실이다. 그리고 집단의 일반지성은 집단 내 정보의 유통속도가 빠를수록 더 클 것임을 시사한다. 집단지성의 수준을 주로 결정하는 것은 집단의 동학이지, 집단의 구성원들의 속성이 아니라는 의미이다.

어떤 집단의 집단지성 수준에 관여하는 주요 변수로 보통은 구성원들의 능력과 다양성이 주목을 받아왔다. 그러나 울리 등의 연구는 구성원들 간의 상호작용 방식이 집단지성의 수준을 결정하는 주요 변수임을 시사한다. 소통의 속도나 강도가 사회의 집단지성 수준을 결정하는 핵심 변수란 뜻이다. 구성원들의 능력을 금방 끌어올리기는 쉬운 일이 아니다. 이에 비해 다양성이나 상호작용 방식 등은 정책적 개입이 가능하다.

제15장
집단지성의 미래

집단지성 연구의 최종 귀착점은 결국 함께 잘 사는 법을 찾자는 것이다. 그렇다면 민주주의 이야기로 지금까지의 집단지성 논의를 마무리 지어보자. 민주주의는 왜 좋은 제도일까? 정치제도로서의 민주주의가 '좋다'는 것은 이제 돌이킬 수 없는 역사적 현실이 되었다. 지구상 대부분의 국가들이 자국의 정치체제가 민주주의임을 내세우고 있는 것만으로도 이 점은 충분히 입증된다

제도의 좋고 나쁨을 판단하는데 사용될 수 있는 잣대는 많다. 인지민주주의 이론이 사용하는 잣대는 집단지성이다. 대표적인 집단지성 연구가이자 인지민주주의 이론가인 랑드모어는 '미로에서 길 찾기'라는 재미있는 사례로 민주주의의 '좋음'을 설명하려 했다(Landemore, 2013, p.3-5).

미로에서 길 찾기

한 무리의 사람들이 어떤 미로에서 길을 잃었다고 가정해보자. 미로에는 물론 출구가 있다. 이 집단에게 공동선은 미로로부터 벗어나는 것이다. 미로가 미로인 이유는 갈림길이 많기 때문이다. 그러므로 길이 나누어질 때마다 어느 하나를 선택해야 한다. 이제 공동의 의사를 어떻게 결정하는 것이 가장 좋을까?

일단 모든 사람들이 함께 움직여야 하고, 한 번 정해진 의사결정 규칙은 탈출할 때까지 바꾸지 않는다고 가정하자. 아울러 이 미로 속의 사람들이 현재 지구 위에 살고 있는 인류의 표본 집단이라고 생각하자. 그러므로 문화적 배경도 다양하고 개인적 속성들도 다양할 것이다.

눈이 좋은 사람과 그렇지 않은 사람, 머리가 뛰어난 사람과 그렇지 못한 사람, 체격이 좋은 사람과 약한 사람도 있고, 낙천적인 사람이 있는가 하면 염세주의자도 있을 것이다. 이 집단이 먼저 해야 하는 일은 갈림길에서 어떻게 의사결정을 할 것인지를 정하는 것이다. 의사결정 방식에 관한 의사결정이라는 이 최초의 과제는 아마도 민주적인 방식으로 진행될 것이다. 우선 모든 사람들이 수긍하고 따라야하기 때문이다. 다음 네 가지가 고려될 수 있다.

첫 번째는 동전 던지기와 같은 무작위(random) 방식이다. 갈림길이 나올 때마다 무작위로 하나를 선택하는 것이다. 이 방식은 아무에게도 특권을 주지 않기 때문에 공평함으로만 본다면 가장 뛰어날 것이다.

두 번째는 한 사람의 현인에게 집단의 운명을 맡기는 독재 방식(dictatorship)을 생각할 수 있다. 현인의 기준은 여러 가지가 있을 것이다. 가장 신심이 깊다는 이유로 뽑힐 수도 있고, 가장 똑똑하다고 하여 선택될 수도 있을 것이다. 아니면 과거에 미로에서 헤매다가 탈출한 경험이 높게 평가될 수도 있을 것이다. 얼굴이 잘생겼다거나 마음씨가 착하다는 기준은 사람들이 좋아하지 않을 것이다.

세 번째는 과두적 방식(oligarchy)이 있다. 한 사람에게 모든 짐을 지우자니 불안하고 그렇다고 모든 사람이 참여하면 시끄러울 테니까 몇몇 똑똑한 사람들이 위원회를 만들어서 집단을 이끌어 가게 하자는 것이다. 이 위원회는 임기 없이 끝까지 집단을 책임지게 된다.

네 번째는 민주주의(democracy) 방식이다. 갈림길마다 사람들이 모여서 어느 길로 가야할지를 의논해서 택하는 것이다. 먼저 토의를 하되 의견이 갈릴 때는 투표로 결정할 수도 있다. 사람 수가 너무 많으면 대표를 뽑아서 위임할 수도 있다. 그러나 이 대리인들은 주기적으로 교체되어야 한다.

이제 무작위와 독재 그리고 과두제와 직접 및 간접 민주주의라는 선택지가 있다. 어느 것을 택해야 미로를 탈출할 가능성이 가장 높을까? 랑드모어는 민주주의 방식이 무작위보다 우수한 것은 물론 가장 이상적으로 정해진 독재나 과두제보다 낫다고 주장한다.

만일 갈림길이 한 번뿐이라면 한 사람에게 결정을 맡기는 것도 나쁘지 않을 것이다. 운이 좋게도 매우 현명한 사람이 뽑힌다면 더욱 그렇다. 그러나 미로 탈출은 한 번의 결정으로 끝나지 않는다. 수없이 많은 선택의 기로에 부딪혀야 한다. 이처럼 긴 일련의 판단을 해야 하는 상황이라면 설사 뽑힌 독재자가 매우 현명한 사람이라고 할지라도 매번 최선의 선택을 할 수 있으리라고 기대하기는 어렵다.

과두제적 방식은 어떨까? 소수의 우수한 엘리트들로만 구성된 위원회가 미로의 매 고비마다 판단한다면 더 우수한 결과를 얻을 수 있지 않을까? 그러나 그들 역시 매번 좋은 결정을 기대하기는 어렵다. 그들의 우수성이 감당하기에는 미로의 갈림길이 너무 많고 각각의 고비마다 다른 우수함이 필요할 것이기 때문이다.

이처럼 길고 복잡한 미로에서 탈출하려면 한 사람의 현자나 소수의 엘리트들에게 매번 선택의 책임을 맡기기보다 구성원 전체가 모여서 의논하고 필요한 경우 투표로 결정하는 것이 미로탈출의 확률을 가장 높여 주지 않을까? 여러 유형의 사람들이 모여 있으니까 묘안이 백출할 것이고, 다양한 경험과 문화적 배경으로 인해 보통 때라면 쉽게 생각할 수 없는 해결책이 나올 수도 있다. 여러 주장 중에서 좋은 의견을 잘 가려낸다면 미로의 관문을 무사히 통과할 수 있을 것이다.

민주주의의 최대 장점은 집단지성을 이용하는 제도라는 데 있다. 집단의 지성은, 잘만 만든다면, 가장 우수한 개인의 지성보다도 뛰어나다. 양적으로뿐만 아니라 질적으로도 우수하다. 이 점은 아리스토텔레스의 말, "다중은 여러 개의 팔과 다리 그리고 여러 개의 감각기관을 가진 단일 인간"(Aristotle, Politics : III. 11)이라는 말에 선명하게 드러나 있다.

개인은 팔과 다리를 두 개씩만 가지고 있다. 만일 누가 천 개의 팔과 다리, 천 개의 눈과 귀, 그리고 용량이 천 배 큰 뇌를 가지고 있다면 그 사람을 이길 사람은 아무도 없을 것이다. 인공지능을 생각해 보면 천 개가 아닌 수억 개에 이를 수도 있다. 하지만 손발이 여러 개이면 단점도 있다. 천 개의 눈과 귀, 천 개의 손과 발이 제각각 움직인다면 차라리 두 개씩만 있는 것보다 못할 것이다. 바로 이 천 개의 손발을 가진 거인이 거인다운 힘을 내도록 만들고자 하는 것이 집단지성 이론이 추구하는 이상이자 실천적인 목표이다.

다양성과 복잡성

집단지성의 문제는 결국 다수의 개별적 판단이나 행동들을 모아서 새로운 판단이나 행동을 어떻게 만들어내느냐에 관한 것이다. 관련된 변수들을 가장 간단하게 요약해 보면 다음과 같이 표현할 수 있다.

집단지성 = f(개체의 속성, 집단화 방법, 환경변수)

그렇다면, 집단지성에 영향을 주는 변수 중 예측과 통제가 어려운 환경변수를 제외하고, 개체의 속성과 집단화 방법에 대해 논의해 보자.

첫째, 개체의 속성과 관련해서 집단지성 연구자들이 밝혀낸 일반성 있는 연구 성과 중의 하나는 '다양성의 가치'이다. '미로에서 길 찾기'에서 미로 속에 갇힌 사람들의 생각이 모두 동일하다면 갈림길에서의 의사결정이 독재, 과두제, 민주제 중에서 어떤 방식에 의해서 이루어지더라도 그 결과에 아무런 차이가 없을 것이다.

한 사람의 지성과 집단의 지성 사이에 질적인 차이가 없기 때문이다.

다양한 것이 좋다는 생각은 얼핏 평범해 보일 수도 있다. 하지만 달리 보면 매우 혁신적인 관점이다. 집단을 만들 때 사람들은 대개 단합을 중시한다. 가령 다섯 명쯤 팀을 만들어 세계일주 무전여행을 계획한다고 해보자. 어떤 사람들로 다섯 명을 채울까? 아마도 대부분은 자기와 가까운 사람이거나 비슷한 사람들로 한 팀을 만들려 할 것이다. 그래야 단합이 잘되며 어려움과 기쁨을 함께 할 수 있다고 믿을 것이다. 이렇게 비슷한 사람들로만 구성된 다섯 명이 여행 도중에 만나게 될 갖가지 난관을 잘 헤쳐 나갈 수 있을까?

다양성 이론에 의하면 서로 이질성이 큰 사람들이 한 팀이 되었을 때 문제해결 능력이 가장 높아진다고 한다. 그러나 많은 사람들은 아직도 이질성보다는 동질성에 더 가치를 둔다. 집단지성 이론은 이런 상식에서 벗어나라고 말한다.

다양성이 일차적 중요성을 지닌다는 점은 군이 복잡한 수식이나 추상적인 논리를 동원하지 않더라도 쉽게 납득할 수 있다. 요리재료로 오직 돼지고기 10kg만을 가지고 있는 사람과 돼지고기는 5kg밖에 없지만 각종 채소와 양념 등을 가지고 있는 사람 둘 중에서 누가 더 좋은 요리를 만들 수 있는지는 쉽게 알 수 있다. 또 벽돌만 잔뜩 가지고 있어서는 집을 지을 수 없다. 적당량의 철근과 나무와 종이 등 다양한 종류의 재료가 더 있어야 한다. 재료가 다양해야 질 좋은 집단지성이 만들어질 수 있다. 그러나 다양성에 담겨있는 뜻은 조금 더 깊다.

다양성은 무엇보다도 생명활동의 징표이다. 생명체와 무생물은 바로 이 다양성을 만들어내는 능력이 있느냐 여부로 갈린다. 무생물들도 다양하게 존재하지 않느냐고 말할지 모르겠다. 하지만 지금 다양한 것이 문제가 아니라 앞으로 그것이 점점 더 늘어나느냐, 줄어드느냐로 생각해야 한다. 무생물이 무생물인 이유는 환경에 저항하는 능력이 없다는 점에 있다. 물리학 용어로 말하면 '엔트로피 법칙'에 종속되어 있다는 것이다. 바람이 휘몰아치는 사막의 풍경을 상상해 보라. 동쪽에서 바람이 불면 모든 모래는 서쪽으로 드러눕는다. 어느 모래알도 바람에 저항하려 하지 않는다. 그래서 사막에는 통일성은 있어도 다양성이 없다.

현재 갖가지 모습으로 존재하는 물체들도 시간이 지나면 점차 모두 사막의 모래알 신세로 변할 것이다. 지구 위에 독자적인 목표를 가지고 환경의 변화에 맞서서 자신이 원하는 목표를 달성해 나가려고 하는 생명활동들이 사라진다면 지구도 자신의 생명력을 잃게 될 것이다. 생명체란 바로 이 엔트로피 법칙에 저항하며 진화하려는 깨어있는 물질들의 집합이고, 다양성이란 바로 이 생명활동의 강약을 나타내는 척도이다. 다양성이란 단어에는 이처럼 중대한 의미가 들어있다.

둘째, 집단지성 이론의 중심 과제는 결국 위 식의 두 번째 변수인 '집단화 방법'의 발견이다. 구성요소들이 아무리 다양하더라도 그 자체로 집단지성이 되는 것이 아니기 때문이다. 이 집단화, 즉 '합침(aggregation)'의 문제를 사회과학자들은 거버넌스라는 이름으로 다루고, 자연과학자들은 자기조직화라는 개념으로 연구한다. 우리는 앞에서 이것과 관련된 여러 주제들을 살펴보았다. 투표와 심의, 평균과 시장원리, 협력의 문제, 그리고 자기조직화와 복잡계 등이 그것이다.

사회과학자들이 다루는 거버넌스의 문제에서 핵심적 연구과제는 '협력으로서의 질서'를 만드는 방법의 발견이다. 예컨대 만일 미로에 모여 선 사람들이 모두 다 남이 좋은 생각을 제안해 주기만을 기다리면 어떻게 될까? 문제에 부딪혔을 때 해결책을 찾느라고 머리를 싸매는 것은 누구에게나 피곤한 일이다. 그러므로 어려운 일이 생기면 잠시 기다렸다가 남이 찾아 낸 방법을 베끼는 것이 상책이다. 그러나 모두가 그렇게 생각을 한다면 미로의 갈림길 앞에 수만 명이 서 있다고 하더라도 아무 의미가 없을 것이다. 차라리 똑똑한 한 사람에게 부탁하는 것이 훨씬 더 나을 것이다. 우리는 이것을 '집합행동의 문제'라고 하였다. 그리고 이것이 '협력으로서의 질서'나 규범을 만들기 어렵게 만드는 핵심 난제로 간주되고 있음을 보았다.

자연과학자들이 다루는 자기조직화 문제의 중심 주제는 복잡성의 본질을 이해하는 것이다. 예를 들어보자. 사람의 몸은 물리적으로 보면 수억 개 원자의 집합에 불과하다. 사람의 몸에 들어있는 원자의 총 수는 대략 10^{28}여 개라고 한다. 세포의 수가 대략 10^{14}개로 추정되므로 세포 하나에 10^{14}개의 원자가 들어있는 셈이다. 이처럼 사람은 엄청난 수의 원자들의 집합체이다. 하지만 개개의 원자에는 생각하고, 계산하고, 예측하고, 또 화내고 기뻐하는 등의 인지능력이나 정서활동이 없다. 쉽게 말해 마음이 없다. 그러므로 이런 의문을 제기할 수 있다. "마음이 없는 원자들의 집합체가 어떻게 해서 마음을 가지게 되었을까?"

이 의문에 대한 가장 오래된 답변은 심신이원론이었다. 영혼과 육신이 서로 다른 기원을 가지고 있다고 가정하는 것이다. 마음이나 영혼을 비물질적인 신의 세계에서 기원되는 별개 차원의 것으로 봄으로써 물질과 마음의 부조리한 결합을 납득하려 했다. 물질들의 응집체에서 마음이 저절로 생겨난다는 것을 상상하기 어려웠기 때문이다. 하지만 현대 과학은 물질들의 집합체에서 인지능력이나 정서활동, 나아가 마음이 '창발'될 수 있다고 본다. 개체들에게 없었던 속성이 집합체에서 생겨나는 이 창발의 원리를 이해하고자 하는 것이 복잡계 이론이고, 잠재적으로 가능한 여러 측면의 창발들 중에서 지성의 창발 문제를 다루는 개념이 바로 집단지성이다.

하지만 이 자기조직화를 통한 지적능력의 창발 과정이 현재 충분히 해명되어 있는 것은 아니다. 법칙 수준으로 일반화된 집단지성의 원리가 현재로서는 존재하지 않는다는 뜻이다. 그리고 그 한계는 '복잡계'라는 용어 속에 이미 내포되어 있다.

아름다운 아이러니

복잡계는 "체계의 체계"이다. 미시수준 체계의 과정들이 중간수준 체계의 과정 속에 내포되어 있으며, 중간수준 체계들의 동학으로부터 거시수준의 체계 속성이 '창발'한다. 이 중층적 창발 과정들로 인해 거시 수준의 속성을 미시 요소들의 특성으로부터 연역해 내기가 본질적으로 어렵다. 이 어려움을 가리켜 과학자들은 '복잡성(complexity)'이라고 부른다. 창발(emergence)은 복잡성이 만들어내는, 미시수준 상호작용들의 단순한 총합으로 환원시킬 수 없는 거시수준의 현상들이다.

복잡성 개념이나 복잡계 이론은 결국 자연이나 사회현상이 우리가 생각했던 것보다 훨씬 더 풍부하고 구조적으로 복잡하다는 사실을 말해준다. 우주의 비밀을 남김없이 알아내는 것이 불가능할 수도 있다는 것을 암시하고 있다.

물론 수식으로 요약할 수 있는 형식적 이론화가 불가능하다는 것이 그 원리를 활용할 수 없다는 것을 뜻하지는 않는다. 개미나 벌과 같은 곤충들이 만들어내는 각종 신비한 활동들의 원리를 남김없이 이해하지 못하더라도, 우리는 그것들의 행동을 '모사'함으로써 그 기능을 재현하고 활용한다. 이것을 보통 '근사성 원리(approximation principle)'라고 부른다. 여러 가지 인공생명이나 인공지능 프로그램들은 이 근사성의 방법론에 입각해 있다. 자연 속의 모든 생명체들 역시 이 근사성 법칙에 따라서 생명활동을 해 나가고 있다. 직면하는 문제 상황과 관련된 변수들을 모두 알 수 없고, 설사 모든 변수들에 대한 정보가 주어지더라도 그것에서 최적의 선택을 찾아내는 추론과 연산능력이 유한하기 때문이다.

복잡성이란 개념 속에 들어있는 이 원리적 한계를 우리는 어떻게 받아들여야 할까? 우리 이성의 이 불완전함은 역으로 보면 '자연이 무한히 오묘하다'는 것을 가리킨다. 자연의 이 불가사의를 미국의 수학자이자 물리학자인 제임스 크러치필드는 '아름다운 아이러니(beautiful irony)'라고 부르며 다음과 같이 설명한 바 있다 (Crutchfield, 2003: 42).

> 자연을 알기가 어렵다는 것을 알게 된 순간부터 우리는 더 풍부한 자연과 우주를 갖게 된다. 만일 자연의 이치가 우리의 이성적 추론에 의해 모두 파악될 수 있는 것에 불과하다면 우리는 자연의 빈약함에 오히려 실망했을 것이다. 알기 어려운 것이 있는 만큼 우리는 자연을 더 사랑하게 된다. 우리가 모르는 것이 늘어날 때마다 우리는 더 풍부한 자연을 가지게 된다.

집단지성에 관한 연구 역시 이 '아름다운 아이러니'의 범주 속에 있다. 집단지성에 대한 연구는 다양성이란 말로 대표되는 나뉨과 자율의 함의에 대한 고찰임과 동시에 자기조직화나 거버넌스와 같은 합침의 원리에 대한 연구인데, 이 나뉨과 합침의 궁극적 원리에 대한 연구는 곧 사회와 자연의 복잡성에 대한 연구이며, 나아가 만물의 원리에 관한 탐구의 일환이기 때문이다. 이런 이유로 집단지성은 가야할 길이 많이 남아있는 주제이지만 그래서 더욱 의의가 큰 분야이기도 하다.

참고 문헌

1. 국내자료

강정인. (1998). 『세계화 정보화 그리고 민주주의』. 문학과 지성사.

고봉환. (2011). "군집지능과 집단지성." 『소음진동』. 21(6), 24-25.

권찬호. (2010). 정부의 제도개선 시스템 운영의 효율화 방안 연구 – 국민들의 민원과 제안으로부터 제도개선을 중심으로 –『한국연구재단 신진교수연구지원사업 연구보고서』.

권찬호. (2012). "기초자치단체 조직진단을 통한 정보화조직의 위상 연구." 『한국지역정보화학회지』. 15(2), 77－102.

권찬호. (2017). "집단지성을 통한 동포사회의 발전방안." 재외동포신문 기고문(2017.12.17.).

김명준·이기중. (2010). "커뮤니케이션학 차원에서 본 21세기 네트워크 사회에서의 '집단지성(Collective Intelligence)'." 『한국언론학보』. 54(6), 129－149.

김기형. (2009). "정책연구에서 복잡성이론의 유용성 및 적용가능성에 관한 연구." 『행정논총』. 47(2), 281-312.

김용철·윤성이. (2005). 『전자민주주의, 새로운 정치패러다임의 모색』. 오름.

김은미. (2008). "인터넷 정치토론의 질서." 김상배 편, 『인터넷 권력의 해부』. 한울.

김재휘 외. (2004). 『인터넷상에서의 자아인식과 집단인식』. 정보통신정책연구원.

민병원·나정민. (2006). "창발성의 철학적 개념과 사회과학 방법론." 제1회 복잡계 컨퍼런스 (2006년 12월).

박규현. (2009). "피에르 레비의 집단지성 개념을 중심으로 본 디지털 시대의 신학적 전망." 『한국프랑스학논집 68』. 223-246.

박효종. (1994). "민주화와 합리적 선택－ 법률적 적실성과 쟁점들을 중심으로." 『한국정치학회보』. 28(1), 297-330.

변동건·목진휴·정윤수. (2001). "지방정부 Cyber Governance 구현에 대한 평가, 홈페이지 구축·운영을 중심으로." 『정책분석평가학회보』. 12(2).

송경재. (2005). "인터넷 사회자본 연구의 동향과 과제." 『정보화정책』. 12(4), 3－22.

송현주·나은경·김현석. (2008).『공론장과 집단행동의 변화』. 정보통신정책연구원.

신고리 5·6호기 공론화위원회. (2017).『숙의와 경청 그 여정의 기록- 신고리 5·6호기 공론화 백서』.

원동규. (2009). "사이버 집단지성 형성을 위한 복잡계 모형 고찰." 한국기술혁신학회 2009년 추 계학술대회.

윤영수·채승병. (2005).『복잡계 개론』. 삼성경제연구소.

윤호근. (2017). "인공지능 시대의 집단지성과 지식검색 서비스의 고찰."『Micro Software』. Vol. 388: 8-13

이항우. (2009).『집단지성의 신뢰성 제고방안- 위키피디어 사례를 중심으로』. 한국정보문화진 흥원.

이항우. (2009). "네트워크 사회의 집단지성과 권위."『경제와 사회』. 84, 278-303.

이희은. (2009). "위키피디어 정보의 기술문화적 함의."『언론과학연구』. 9(2), 461-497.

전종희. (2012). "공과대학 대학원에서의 집단지성(Collective Intelligence) 속성 및 조건탐색." 서울 대학교, 박사학위논문.

조용현. (2002).『작은 가이아』. 서광사.

조화순. (2008). "디지털시대의 정치학."『정보화정책』. 15(4), 140-154.

조화순·최재동. (2009). "집단지성과 지식생산 패러다임의 변화." 2009년 가을 사이버커뮤니케 이션학회 발제문, 한국외국어대학교.

조화순·최재동. (2010). "집단지성의 정치- 지식패러다임의 변화와 민주주의의 가능성."『정보 화정책』. 17(4), 61-79.

최창현 외. (2007).『복잡계(複雜系)와 동양사상(東洋思想)』. 지샘.

최태현. (2014). "자기조직적 거버넌스의 재고찰, 설계와 창발개념의 통합을 중심으로."『행정논 총』. 52(2), 67-90.

최항섭. (2009). "레비의 집단지성, 대중지성을 넘어 전문가지성의 가능성 모색."『사이버커뮤니 케이션학보』. 36(3), 287-322.

한창진. (2009). "지식생산 방식에 따른 집단지성 구조분석- 네이버 지식IN과 위키피디아를 중 심으로." HCI 2009 학술대회논문집, 1363-1373.

황주성·오주현. (2010).『디지털 컨버전스 환경에서 자기조직화 원리의 이해』. 정보통신정책연 구원.

황주성·최서영. (2010). "집단지성의 유형에 따른 참여자 특성 분석."『사이버커뮤니케이션학 보』. 27(4), 257-301.

황주성·최서영·김상배. (2009).『소셜컴퓨팅 환경에서 집단지성의 사회적 생산 메커니즘 연 구』. 정보통신정책연구원.

행정자치부와 국민권익위원회. (2017).『2017년도 제안 참여 운영 기본계획(2017.3)』. 1-26.

2. 영문자료

Allison, G. T. (1971). *Essence of Decision*. Boston: Little, Brown.

Anderson, E. (2006). "The Epistemology of Democracy." *Episteme*, 3(1), 8 − 22.

Andler, D. (2012). "What Has Collective Wisdom to Do with Wisdom?" In J. Landemore, H. & Elster J. ed., *Collective Wisdom − Principles and Mechanisms*. 72-94.

Ansart, G. (2009). "Condorcet, Social Mathematics, and Women's Rights." *Eighteenth − Century Studies*, 42(3), 347 − 362.

Aristotle. (1995). *Politics*. Translated by Ernest Barker Oxford University Press.

Arrow, K. (1963). *Social Choice and Individual Values*. John Willy & Sons.

Ashby, R. (1947). "Principles of the Self − Organizing Dynamic System." *Journal of General Psychology*, 37, 125-128.

Atlee, T. (1999). "Co − Intelligence and the Holistic Politics of Community Self − Organization." *The Permaculture Activist*, 4 − 10.

Atlee, T. (2003). *The Tao of Democracy. Using Co − Intelligence to Create a World That Works for All*. Cranston, Rhode Island.

Atlee, T. (2012). *Empowering Public Wisdom: A Practical Vision of Citizen − led Politics*. North Atlantic Books.

Axelrod, R. (1984). *The Evolution of Cooperation*. New York: Basic.

Ball, P. (2004). *Critical Mass: How One Thing Leads to Another*. Macmillan.

Barabasi, L. (2002). *Linked, How Everything is Connected to Everything else and What It Means*. Plume Editors.

Barabasi, L. & Albert, R. (1991). "Emergence of Scaling in Random Networks." *Science*, 286(5439), 509 − 512.

Batty, M. (2006). "Hierarchy in Cities and City Systems." In *Hierarchy in Natural and Social Sciences*(pp. 143-168). Springer, Dordrecht.

Beckers, R., Holland, O. E. & Deneubourg, J. L. (1994). "From Local Actions to Global Tasks: Stigmergy and Collective Robotics." In R. A. Brooks & P. Maes, eds. *Artificial life IV*(pp. 181 189). Cambridge, MA: MIT Press.

Bednar, J. & Page, S. (2007). "Can Game(s) Theory Explain Culture? The Emergence of Cultural Behavior within Multiple Games." *Rationality and Society*, 19(1), 65 − 97.

Beebe, W. (1921). *Edge of the Jungle*. New York, Henry Holt and Co.

Beni, G. & Wang, U. (1989). "Swarm Intelligence in Cellular Robotic Systems." In NATO Advanced Workshop on Robots and Biological Systems, II. Ciocco, Tuscany, Italy.

Benkler, Y. (2011). *The Penguin and the Leviathan: How Cooperation Triumphs over Self-interest*. Crown Business.

Bennett, D. J. (1998). *Randomness*. Harvard University Press.

Ben-Yashar, R. C. & Nitzan, S. I. (1997). "The Optimal Decision Rule for Fixed-size Committees in Dichotomous Choice Situations: the General Result." *International Economic Review*, 38(1), 175-186.

Berend, D. & Paroush, J. (1998). "When is Condorcet's Jury Theorem Valid?." *Social Choice and Welfare*, 15(4), 481-488.

Berend, D. & Sapir, L. (2005). "Monotonicity in Condorcet Jury Theorem." *Social Choice and Welfare*, 24(1), 83-92.

Berg, J. E. & Rietz, T. A. (2003). "Prediction Markets as Decision Support Systems." *Information Systems Frontiers*, 5(1), 79-93.

Bessette, Joseph M. (1980). "Deliberative Democracy: the Majoritarian Principle in Republican Government." In Robert A. Goldwin and William A. Shambra, eds. *How Democratic is the Constitution?* Washington, DC: American Enterprise Institute.

Besson, Samantha, & Jose Luis Marti. (2006). *Delibertive Democracy and its Discontents*. Voulington, Vt: Ashgate.

Bicchieri, C. (1990). "Norms of Cooperation." *Ethics*, 100(4), 838-861.

Black, D. (1958). *The Theory of Committees and Elections*. Cambridge University Press, Cambridge, UK.

Bloom, H. (2001). *Global Brain: The Evolution of Mass Mind from the Big Bang to the 21st Century*. New York, Wiley.

Bonabeau, E. (2009). "Decisions 2.0: The Power of Collective Intelligence." *MIT Sloan Management Review*, 50(2), 45-52.

Bonabeau, E. & Meyer, C. (2001). "Swarm Intelligence: A Whole New Way to Think About Business." *Harvard Business Review*, 79(5), 106-114.

Bonabeau, E., Dorigo, M. & Theraulaz, G. (1999). *Swarm intelligence: From Natural to Artificial Systems*. Oxford University Press, New York.

Boons, F. & Gerrits, L. (2008). "Between Self-organization and Government: a Complexity Perspective on the Rise and Fall of the Hierarchical State." In Conference Proceedings: European Consortium for Political Research ECPR: Essex.

Borland, P. J. (1989). "Majority Systems and the Condorcet Jury Theorem." *Statistician* 38, 181–189.

Bözel, T. A. & Risse, T. (2010). "Governance without a State: Can It Work?" *Regulation & Governance*, 4(2), 113–134.

Bosse, T., Jonker, C. M., Schut, M. C. & Treur, J. (2006). "Collective Representational Content for Shared Extended Mind." *Cognitive Systems Research*, 7, 151–174.

Bowles. S. & Gintis, H. (2002). "Behavioural science: Homo reciprocans." Nature, volume 415, 125-128.

Brabham, D. C. (2010). "Moving the Crowd at Threadless." *Information, Communication & Society*, 13, 1122–1145.

Brin, S. & Page, L. (1998). "The Anatomy of a Large–scale Hypertextual Web Search Engine." *Computer Networks and ISDN systems*, 30(1-7), 107–117.

Buchanan, M. (2003). *Nexus: Small Worlds and the Groundbreaking Theory of Networks*. WW Norton & Company. 『넥서스, 여섯개의 고리로 읽는 세상』. 강수정 역. 세종연구원.

Camerer. C. (2004). "Behavioral Game Theory." In C. F. Camerer, G. Loewenstein & M. Rabin, eds. *Advances in Behavioral Economics*. Princeton University Press.

Caplan, B. (2000). "Rational Irrationality: a Framework for the Neoclassical–behavioral Debate." *Eastern Economic Journal*, 26(2), 191–211.

Caplan, B. (2007). *The Myth of the Rational Voter: Why Democracies Choose Bad Policies*. Princeton University Press.

Carlsson, B. & Jacobsson, A. (2013). "An Evolutionary View of Collective Intelligence." In International Conference on Agents and Artificial Intelligence, ICAART (Vol. 2).

Castelfranchi, C. (2000). "Engineering Social Order." in *International Workshop on Engineering Societies in the Agents World*, 2000 (August): 1–18.

Clark, A. & Chalmers, D. (1998). "The Extended Mind." *Analysis*, 58(1), 7–19.

Cohen, J. (1986). "An Epistemic Conception of Democracy." *Ethics*, 97(1), 26-38.

Cohen, J. (1989). "Deliberation and Democratic Legitimacy." In Hamlin, A. & Pettit, P. *The Good Polity*. New York. 67–92.

Condorcet, J. A. N. (1994). *Foundations of Social Choice and Political Theory*. E. Elgar, Brookfield, VT. Trans. and eds. by I. McLean and F. Hewitt.

Condorcet, J. A. N. (1995). "An Essay on the Application of Analysis to the Probability of Decisions Rendered by a Plurality of Votes." In *Classics of Social Choice*, ed. and trans. I. McLean & A. Urken, 91-112. Ann Arbor: University of Michigan Press.

Converse, P. (1964). "The Nature of Belief Systems in Mass Publics." In Apter (Ed.), *Ideology and discontent*(pp. 206-261). New York: Free Press.

Cottam, M., E. Mastors, T. Preston & B. Dietz. (2010). *Introduction to Political Psychology*, Psychology Press.

Couzin, I. D., Krause J., James R., Ruxton G.D. & Franks N.R. (2002). "Collective Memory and Spatial Sorting in Animal Groups." *Journal of Theoretical Biology*, 218, 1-11.

Crumley, C. L. (1995). "Heterarchy and the Analysis of Complex Societies." *Archeological Papers of the American Anthropological Association*, 6(1), 1−5.

Crutchfield, J. P. (2003). What Lies between Order and Chaos? In Casti, J. & Karlqvist, A., *Art and Complexity*(pp. 31-45), Elsevier.

Csaszar, F. A. (2014). "Limits to the Wisdom of the Crowd in Idea Selection." In *Academy of Management Proceedings*, 2015(1), 15594.

Dawkins, R. (1976). *The Selfish Gene*. Oxford University Press.

Doan, A., Ramakrishnan, R. & Halevy, A. (2011). "Crowdsourcing Systems on the World−Wide Web." *Communications of the ACM*, 54(4), 86−96.

Downs, A. (1957). "An Economic Theory of Political Action in a Democracy." *Journal of political Economy*, 65(2), 135−150.

Durkheim, E. (1994). *The Division of Labor in Society*. The Macmillan Press Ltd.

Easley, D. (2010). *Networks, Crowds and Markets: Reasoning about a Highly Connected World*. Cambridge University Press.

Ekeh, P. (1974). *Social Exchange Theory: The Two Traditions*. Cambridge. Harvard University Press.

Elster, J. (1979). *Risk, Uncertainty and Nuclear Power*. Sage Journals.

Elster, J. (1989). *The Cement of Society, A Study of Social Order*. Cambridge University Press.

Elster, J. (2003). "Marxism, Functionalism, and Game Theory." In Matravers. al, ed. *Debates in Contemporary Political Philosophy*(pp. 22-40).

Elster, J. (2007). *Explaining Social Behavior, More Nuts and Bolts for the Social Sciences*. Cambridge University Press.

Engelbart, D. C. (1995). "Toward Augmenting the Human Intellect and Boosting Our Collective IQ." *Communications of the ACM*, 38(8), 30−32.

Erdos, P. and Renyi, A. (1960). "On the Evolution of Random Graphs." *Publications of the Mathematical Institute of the Hungarian Academy of Sciences*, 5, 17−61.

Estlund, D. (1993). "Making Truth Safe for Democracy." In D. Copp, J. Hampton, and J. Roemer, eds. *The Idea of Democracy*, Cambridge University Press.

Estlund, D. (1994). "Opinion Leaders, Independence, and Condorcet's Jury Theorem." *Theory and Decision*, 36(2), 131 – 162.

Fearon, J. D. (1998). "Deliberalion as Discussion." In Elster, J.(ed.), *Deliberative Democracy*(pp. 44-68). Cambridge University Press.

Fisher, L. (2009). *The Perfect Swarm: The Science of Complexity in Everyday Life*. Basic Books.

Fisher, L. (2012). 『보이지 않는 지능』(원제: The Perfect Swarm: The Science of Complexity in Everyday Life, 2009). 김명철 옮김. 위즈덤하우스.

Fishkin, J. S. (1988). "The Case for a National Caucus: Taking Democracy Seriously." *The Atlantic Monthly*, 262(2).

Fishkin, J. S. (1991). Democracy and Deliberation: New Directions for Democratic Reform (Vol. 217). New Haven: Yale University Press.

Fishkin, J. S. (1995). *The Voice of the People: Public Opinion and Democracy*. New Haven, CT: Yale University Press.

Fishkin, J. S. (2003).『민주주의와 공론조사』. 김원용 역. 이화여자대학교출판부. (원서출판 1991).

Fishkin, J. S. & Luskin, R. (2005). "Experimenting With a Democratic Ideal: Deliberative Polling and Public Opinion." *Acta Politica*, 40(3), 284 – 298.

Fishkin, J. S. (2009). *When the People Speak: Deliberative Democracy and Public Consultation*. Oxford University Press.

Fishkin, J. S. & Laslett, P., eds. (2003). *Debating Deliberative Democracy*. John Wiley & Sons.

Fleischer, M. (2005). "Foundations of Swarm Intelligence: From Principles to Practice." arXiv preprint nlin/0502003.

Galton, F. (1907a). "Vox Populi." *Nature*, 75(7), 450 – 451.

Galton, F. (1907b). "One Vote, One Value." *Nature*, 75. (1948), 414.

Gauthier (1983). "Critical Notice of Jon Elster — Ulysses and the Sirens: Studies in Rationality and Irrationality." *Canadian Journal of Philosophy*, 13(1), 133 – 140.

Goldstein, D. G., McAfee, R. P. & Suri, S. (2014, June). "The Wisdom of Smaller, Smarter Crowds." In Proceedings of the Fifteenth ACM Conference on Economics and Computation(pp. 471-488). ACM.

Goodin, R. E. (2003). *Reflective Democracy*. Oxford University Press on Demand.

Grasse, P. (1959). "Une Nouveau Type de Symbiose." *Nature*(Paris), 3293, 385 – 389.

Graves, R. (1842). *Clinical Lectures*. Philadelphia: Barrington & Haswell.

Gregg, D. (2009). "Developing a Collective Intelligence Application for Special Education." *Decision Support Systems*, 47, 455 – 465.

Grofman, B., Owen, G. & Feld, S. L. (1983). "Thirteen Theorems in Search of the Truth." *Theory and Decision*, 15(3), 261 – 278.

Grofman, B. & Feld, S. L. (1988). "Rousseau's General Will: a Condorcetian Perspective." *American Political Science Review*, 82(02), 567 – 576.

Gruber, T. (2007). "Collective Knowledge Systems: Where the Social Web Meets the Semantic Web." *Journal of Web Semantics*, 6, 4 – 13.

Habermas, J. (1996). *Between Facts and Norms: Contributions to a Discourse Theory of Law and Democracy*. Cambridge: MIT Press.

Haken, H. (1977). *Synergetics: an Introduction: Nonequilibrium Phase Transitions and Self–organization in Physics, Chemistry, and Biology*. Springer.

Hamilton, C. (2004). "Come Together: Can We Discover a Depth of Wisdom Far Be – yond What is Available to Individuals Alone?" *What is Enlightenment Magazine*, May – July 2004.

Hammond, John S., Ralph L. Keeney, & Howard Raiffa. (1998). "The Hidden Traps in Deci – sion Making." *Harvard Business Review*, 1 – 12.

Hardin, G. (1968). "The Tragedy of the Commons." *Science*, 162: 1243-1248.

Hart, J. A. & Prakash, A., eds. (2003). *Globalization and Governance*. Routledge.

Hayek, F. A. (1945). "The Use of Knowledge in Society." *The American Economic Review*, 519 – 530.

Hayek, F. A. (1948). *Individualism and Economic Order*. University of Chicago Press.

Hayek, F. A. (1998). *Law, Legislation and Liberty: a New Statement of the Liberal Principles of Justice and Political Economy. vol. I, II, III*. Routledge.

Hazen, R. M. (2005). *Genesis: the Scientific Quest for Life's Origin*. National Academies Press.

Heylighen F. (1999). "Collective Intelligence and its Implementation on the Web: Algorithms to Develop a Collective Mental Map." *Computational and Mathematical Orga – nization Theory*, 5(3), 253 – 280.

Heylighen F. (2002). "The Science of Self–organization and Adaptivity." In L. D. Kiel (ed.) *Knowledge Management, Organizational Intelligence and Learning, and Com – plexity, in The Encyclopedia of Life Support Systems*, ELSS Publishers, Oxford.

Heylighen, F. (2009). "Evolution of culture, memetics." In *Encyclopedia of Complexity and Systems Science*(pp. 3205-3220). Springer New York.

Heylighen F. (2013). "Self–organization in Communicating Groups, The Emergence of Co – ordination, Shared References and Collective Intelligence, Complexity Perspec – tives on Language." *Communication and Society*, 117 – 149.

Hirshleifer, J. (1995). "Anarchy and its Breakdown." *Journal of Political Economy*, 103(1), 26—52.

Hodgson. G. (2006). "What Are Institutions?" *Journal of Economic Issues*, xl(1).

Holland, J. H. (1995). *Hidden Order, How Adaptation Builds Complexity*. Addison Wesley.

Holmdahl, L. (2005). *Complexity Theory and Strategy: a Basis for Product Development*. Retrieved June, 22, 2014.

Hong, L. & Page, S. (2004). "Groups of Diverse Problem Solvers Can Outperform Groups of High—ability Problem Solvers." *National Acad Sciences*, PNAS November 16, 2004. 101 (46) 16385—16389.

Hong, L. & Page, S. (2008). "Interpreted and Generated Signals." *Journal of Economic Theory*, 144(5), 2174—2196.

Hong L. & Page, S. (2012). "Some Microfoundations of Collective Wisdom." In Landemore, H. & Elster, J., eds. *Collective Wisdom, Principles and Mechanisms*, Cambridge, Cambridge University Press. 56—71.

Howe, J. (2006). *The Rise of Crowdsourcing*. Wired Magazine, 14(6), 1—4.

Howe, J. (2008). *Crowdsourcing, Why the Power of the Crowd is Driving the Future of Business*. Random House Books.

Hölldobler, B. & Wilson, E. O. (1994). *Journey to the Ants: a Story of Scientific Exploration*. Harvard University Press.

Hölldobler, B. & Wilson, E. O. (2009). *The Superorganism: the Beauty, Elegance, and Strangeness of Insect Societies*. WW Norton & Company.

Ickler, H. (2011). "An Approach for the Visual Representation of Business Models That Integrate Web—based Collective Intelligence into Value Creation." In Bastiaens, T., Baumol, U., and Kramer, B., eds. *On Collective Intelligence*, Volume 76 of *Advances in Intelligent and Soft Computing*, 25—35. p.27.

Janis, I. (1971). "Groupthink." *Psychology today*, 5(6), 43—46.

Jessop, B. (1998). "The Rise of Governance and the Risks of Failure: the Case of Economic Development." *International Social Science Journal*, 50(155), 29—45.

Johnson, N. (2007). *Simply Complexity: A Clear Guide to Complexity Theory*. One World Publications.

Jordan, J., Peysakhovich, A. & Rand, D. G. (2015). "6. Why We Cooperate." In *The Moral Brain: A Multidisciplinary Perspective*, Cambridge, MIT Press.

Karotkin, D. & Paroush, J. (2003). "Optimum committee size: Quality—versus—quantity dilemma." *Social Choice and Welfare*, 20(3), 429—441.

Kauffman, S. (1993). *The Origins of Order, Self-organization and Selection in Evolution*. Ox-ford University Press.

Kauffman, S. (1996). *At Home in the Universe: The Search for the Laws of Self-organization and Complexity*. Oxford University Press.

Kennedy, J. & Eberhart, R. (2001). *Swarm Intelligence*. Morgan Kaufmann Publishers.

Keohane, R. & Nye, J. (2000). "Governance in a Globalizing World." In R. Keohane ed. *Power and Governance* in *a Partially Globalized World*(pp. 1-41). London: Rout-ledge.

Kerckhove, D. (1997). *Connected Intelligence*. Toronto: Somerville House.

Kittur, A., Suh, B., Pendleton, B. A. & Chi, E. H. (2007, April). "He Says, She Says: Conflict and Coordination in Wikipedia." In Proceedings of the SIGCHI Conference on Hu-man Factors in Computing Systems (pp. 453-462). ACM.

Kollock, P. (1998). "Social Dilemmas, The Anatomy of Cooperation." *Annual Review of So-ciology*, 24(1), 183-214.

Kollock, P. (1999). "The Economies of Online Cooperation: Gifts and Public Goods in Cy-berspace." In Marc Smith and Peter Kollock eds. *Communities in Cyberspace*. London: Routledge.

Kooiman, J. (2003). *Governing as Governance*. London: Sage.

Komrumpf, A. & Baumö, U. (2012). "Towards a Model for Collective Intelligence, Emer-gence and Individual Motivation in the Web 2.0." Braunschweig: Institut für Wirtschaftsinformatik.

Krause, J., Ruxton, G. & Krause, S. (2009). "Swarm Intelligence in Animals and Humans." *Trends in Ecology and Evolution*, 25, 28-34.

Krause, S., James, R., Faria, J. J., Ruxton, G. D. & Krause, J. (2011). "Swarm Intelligence in Humans: Diversity Can Trump Ability." *Animal Behaviour*, 81(5), 941-948.

Kropotkin, P. (2012). *Mutual Aid: A Factor of Evolution*. Courier Corporation.

Kuznetsov, S. (2006). "Motivations of Contributors to Wikipedia." *ACM SIGCAS Computers and Society*, 36(2), 1.

Ladha, K. (1992). "The Condorcet Jury Theorem, Free Speech, and Correlated Votes." *Amer-ican Journal of Political Science*, 36(3), 617-634.

Ladha, K. (1993). "Condorcet's Jury Theorem in Light of de Finetti's Theorem." *Social Choice and Welfare*, 10(1), 69-85.

Lalbakhsh, P. & Fesharaki, M. N. (2008). "Basic Concepts and Anatomy of Swarm Intelligence and Its Roles in Today and Future Network Centric Environments" In Proc. IMECS Inter. Multi—conference of computer engineering.

Landemore, H. E. (2010). "Majority Rule and the Wisdom of Crowds: the Task—Specificity of Majority Rule as a Predictive Tool." (August 17, 2010). Available at SSRN:https://ssrn. com/abstract = 1660577.

Landemore H. E. (2012c). "Why the Many are Smarter than the Few and Why It Matters." *Journal of Public Deliberation*, 8(1).

Landemore H. E. & Elster, J., eds. (2012). *Collective Wisdom, Principles and Mechanisms.* Cambridge University Press.

Landemore H. E. (2012a) "Collective Wisdom, Old and New." In Landemore, H. & Elster, J., eds. *Collective Wisdom, Principles and Mechanisms.* Cambridge University Press.

Landemore H. E. (2012b). "Democratic Reason— the Mechanisms of Collective Intelligence in Politics." In Landemore H. and Elster, J. (Ed.), Collective Wisdom Principle and Mechanisms. Cambridge University Press.

Landemore, H. E. (2013). *Democratic Reason: Politics, Collective Intelligence, and the Rule of the Many.* Princeton University Press.

Landemore, H. E. (2017). "Beyond the Fact of Disagreement? The Epistemic Turn in Delib— erative Democracy." *Social Epistemology*, 31(3), 277—295.

Lane, D. (2006). "Hierarchy, Complexity, Society." In *Hierarchy in Natural and Social Sci— ences*, Springer Netherlands, 81—119.

Leadbeater, C. (2008). *We—think: The Power of Mass Creativity.* Profile Books Limited.

Leadbeater, C. (2009). *The Art of With* (Draft). Creative Commons License.

Legg, S. & Hutter, M. (2007). "A Collection of Definitions of Intelligence." *Frontiers in Artificial Intelligence and Applications*, 157, 17.

Levy, P. (1997). *Collective Intelligence: Mankind's Emerging World in Cyberspace.* Basic Books.

Levy, P. (1998). *Becoming Virtual Reality in the Digital Age.* Da Capo Press.

Levy, P. (1994). *L'intelligence collective: Pour une anthropologie de cyberspace.* Les Editions La Déouverte. 『집단지성: 사이버공간의 인류학을 위하여』. 권수경 역(2002). 문학과지 성사.

Levy, P. (2005). "Collective Intelligence: A Civilization : Towards a Method of Positive Inter— pretation." *International Journal of Politics, Culture, and Society*, 18(3/4) :189-198.

Levy, P. (2010). "From Social Computing to Reflexive Collective Intelligence." The IEML Re— search Program. *Information Sciences*, 180, 71—94.

Libert B. & Spector, J. (2007). *We Are Smarter Than Me: How to Unleash the Power of Crowds in Your Business*. Pearson Prentice Hall.

List, C. (2004). "Democracy in Animal Groups: a Political Science Perspective." *Trends in Ecology & Evolution*, 19(4), 168−169.

List, C. & Goodin, R. E. (2001). "Epistemic Democracy: Generalizing the Condorcet Jury Theorem." *Journal of Political Philosophy*, 9(3), 277−306.

Locke, J. (1998). *Second Treatise of Government: An Essay Concerning the True Original, Extent and End of Civil Government*. John Wiley & Sons.

Lorenz, J., Rauhut, H., Schweitzer, F. & Helbing, D. (2011). *How Social Influence Can Undermine the Wisdom of Crowd Effect*. PNAS, 108, 9020−9025.

Leung, C. K. (2018). "Big Data Analysis and Mining." In Khosrow−Pour, M. (ed.), *Encyclopedia of Information Science and Technology*(pp. 325-417), IGI Global.

Moshirpour, M., Far, B. & Alhajj, R., eds. (2018). *Highlighting the Importance of Big Data Management and Analysis for Various Applications*. Springer.

Luskin, R. C. & Fishkin, J. (2002). "Considered Opinions: Deliberative Polling in Britain." *British Journal of Political Science*, 32, 455-487.

Lykourentzou, I., Papadaki, K., Verkados, D. J., Polemi, D. & Loumos V. (2010). CorpWiki: "A Self−regulating Wiki to Promote Corporate Collective Intelligence Through Expert Peer Matching." *Information Sciences*, 180, 18−38.

Lykourentzou, I., Vergados, D. J., Kapetanios, E. & Loumos, V. (2011). "Collective Intelligence Systems, Classification and Modeling." *Journal of Emerging Technologies in Web Intelligence*, 3(3), 217-226.

Macy, M. W & Willer, R. (2002). "From Factors to Actors: Computational Sociology and Agent−based Modeling." *Annual Review of Sociology*, 28: 143−166.

Mak, V. & Rapoport, A. (2013). "The Price of Anarchy in Social Dilemmas: Traditional Research Paradigms and New Network Applications." *Organizational Behavior and Human Decision Processes*, 120(2), 142−153.

Malone, T. W. & Bernstein, M. S. (2015). *Handbook of Collective Intelligence*. MIT Press.

Malone, T. W., Laubacher, R. & Dellarocas, C. (2010). "Harnessing Crowds: Mapping the Genome of Collective Intelligence." MIT Sloan School Working Paper, 4732−09.

Manin, B. (1987). "On Legitimacy and Political Deliberation." *Political Theory*, 15(3), 338−368.

Martí J. L. (2006). "The Epistemic Conception of Deliberative Democracy Defended Reasons, Rightness and Equal Political." In Besson, S. & Martí J. L., eds., *Deliberative Democracy and Its Discontents*. Ashgate Publishing, Ltd.

Mauboussin, M. J. (2007). Explaining the Wisdom of Crowds: Applying the Logic of Diversi−ty." *Mauboussin on Strategy*, 20.

McGovern, M. (2010). "On Collective Unintelligence." In T.J. Bastiaens, U. Baumö and B.J. Krär, eds. *On Collective Intelligence*(pp. 1-11). Springer, Berlin, Heidelberg.

Milgram, Stanley, Leonard Bickman & Lawrence Berkowitz. (1969). "Note on the Drawing Power of Crowds of Different Size." *Journal of Personality and Social Psychology*, 13(2), 79.

Milgram, S. (1967). "The Small World Problem." *Psychology Today*, 2, 60−67.

Miller, N. R. (1986). "Information, Electorates, and Democracy: Some Extensions and Inter−pretations of the Condorcet Jury Theorem." *Information Pooling and Group De−cision Making*, 2, 173−192.

Miller, N. R. (1996). "Information, Individual Errors, and Collective Performance: Empirical Evidence on the Condorcet Jury Theorem." *Group Decision and Negotiation*, 5(3), 211−228.

Miller, D. (1992). Deliberative Democracy and Social Choice. *Political Studies*, 40(1_suppl), 54−67.

Minsky, M. (1985). *The Society of Mind*. New York, A Touchstone Books.

Mouffe, C. (2017). "Democracy as Agonistic Pluralism." In Elizabeth Deeds Ermarth, eds. *Re−writing Democracy*(pp. 48-59). Routledge.

North, D. (1990). *Institutions, Institutional Change, and Economic Performance*. Cambridge Univ. Press.

Nowak, M. A. (2011). "Evolving Cooperation." *Journal of Theoretical Biology*, 299, 1−8.

Nowak, M. A. May, R. M. & Sigmund, K. (1995). "The Arithmetics of Mutual Help." *Scientific American*, 272, 76−81.

Nowak, M. A., Sigmund, K. & El−Sedy, E. (1995). "Automata, Repeated Games and Noise." *Journal of Mathematical Biology*, 33(7), 703−722.

Nowak, M. A. (2006). "Five Rules for the Evolution of Cooperation." *Science*, 314(5805), 1560−1563.

Nowak, M. A. (2012). *Super Cooperators*. Free Press.

Ober, J. (2009). "Epistemic Democracy in Classical Athens." Landemore, H. & Elster, J., eds. *Collective Wisdom: Principles and Mechanisms*. Cambridge University Press.

OECD. (2001). *Governance in the 21st Century*.

Olson, M. (1965). *The Logic of Collective Action*. Cambridge, MA: Harvard University Press.

Ostrom, E. (2015). *Governing The Commons: the Evolution of Institutions for Collective Action.* Cambridge University Press.

Page, S. (2007a). *The Difference: How the Power of Diversity Creates Better Groups, Firms, Schools and Societies.* Princeton University Press.

Page, S. (2007b). "Making the Difference: Applying a Logic of Diversity." *The Academy of Management Perspectives,* 21(4), 6−20.

Paquet, G. (1999). *Governance through Social Learning Vol. 2.* University of Ottawa Press.

Pentland, A. (2006). "Collective Intelligence." *IEEE Computational Intelligence Magazine,* 1(3), 9−12.

Pfeiffer, T., Rutte, C., Killingback, T., Taborsky, M. & Bonhoeffer, S. (2005). "Evolution of Cooperation by Generalized Reciprocity." Proceedings of the Royal Society of B: *Biological Sciences,* 272(1568), 1115−1120.

Pierre, J. & Peters, G. (2005). *Governing Complex Societies: Trajectories and Scenarios.* Palgrave MacMillan.

Polanyi, K. (1944). *The Great Transformation: The Political and Economic Origins of Our Time.* Beacon Press.

Prigogine, I. & Stengers, I. (1997). *The End of Certainty.* Simon and Schuster.

Pumroy, J. (1846). *The Annual Address Delivered Before the Diagnothian and Goethean Literary Societies of Marshall College, Mercersburge, PA: On the Connection between Government, and Science and Literature.* Harrisburg, PA: McKinley and Lescure.

Rawls, J. (1971). *A Theory of Justice.* Harvard University Press, Cambridge, MA.

Rheingold, H. (1993). *The Virtual Community: Homesteading on the Electronic Frontier.* Addison−Wesley.

Rheingold, H. (2003). *Smart Mobs: The Next Social Revolution.* Basic books.

Ronacher, B. & Wehner, R. (1999). "The Individual at the Core of Information Management." In *Information Processing in Social Insects*(pp. 277-286). Birkhäer, Basel.

Rousseau, J. J. (2012). 『사회계약론 외』. 박은수 옮김. 사단법인 올재.

Runde, Jochen. (2009). "Dissecting the Black Swan, Critical Review." *A Journal of Politics and Society,* 21:4, 491−505.

Russell, S. J. & Norvig, P. (2010). *Artificial Intelligence: A Modern Approach.* Pearson Education Limited.

Sally, D. (1995). "Conversation and Cooperation in Social Dilemmas: A Meta−analysis of Experiments from 1958 to 1992." *Rationality and society,* 7(1), 58−92.

Salminen, J. (2012). "Collective Intelligence in Humans: A Literature Review." MIT, *Collective Intelligence*, arXiv preprint arXiv: 1204. 3401.

Salminen, J. (2015). *The Role of Collective Intelligence in Crowdsourcing Innovation*. Acta Universitatis Lappeenrantaensis.

Santos, F. C. & Pacheco, J. M. (2005). "Scale−free Networks Provide a Unifying Framework for the Emergence of Cooperation." *Physical Review Letters*, 95(9). 098104.

Santos, F. C. & Pacheco, J. M. (2006). "A New Route to the Evolution of Cooperation." *Journal of Evolutionary Biology*, 19(3), 726−733.

Saunders, T. (2011). "The Physics of Crowds." *Science in School*, 21: 23−27.

Schelling, T. (1978). *Micromotives and Macrobehavior*. Norton and Company, NY.

Schneider, M. & Somers, M. (2006). "Organizations as Complex Adaptive Systems: Implications of Complexity Theory for Leadership Research." *Leadership Quarterly*, 17, 351-365.

Schneider, V. (2012). "Governance and Complexity." Levi−Faur, D., ed. *The Oxford Handbook of Governance*. Oxford University Press. 129−142.

Schut, M. C. (2007). *Scientific Handbook for Simulation of Collective Intelligence*. Creative Commons license.

Schut, M. C. (2010). "On Model Design for Simulation of Collective Intelligence." *Information Sciences*, 180, 132−155.

Selten, R. (1991). "Evolution, Learning, and Economic Behavior." *Games and Economic Behavior*, 3: 3−24.

Servan−Schreiber, E. (2012). "Trading Uncertainty for Collective Wisdom." In Landemore, E. & Elster, J., eds. *Collective Wisdom: Principles and Mechanisms*(pp. 21~37). Cambridge.

Sethna, J. (2011). *Statistical Mechanics: Entropy, Order Parameters, and Complexity*(Vol. 14). Oxford University Press.

Shapley, L. & Grofman, B. (1984). "Optimizing Group Judgmental Accuracy in the Presence of Interdependencies." *Public Choice*, 43(3), 329−343.

Shields, C. W. (1889). *Philosophia Ultima* (vol. II), New York: Charles Scribner's Sons.

Siegfried, T. (2006). *A Beautiful Math. John Nash, Game Theory, and the Modern Quest for a Code of Nature*. National Academies Press. 『호모 루두스』. 이정국 옮김(2010). 자음과 모음.

Simon, H. (1977). *Models of Discovery*. D. Reidel Publishing Company.

Simon, H. (1979). *Models of Thought*. New Haven: Yale University Press.

Singh, V. K. (2011). "Collective Intelligence: Concepts, Analytics and Implications." In 5th Conferencia; INDIACom−2011. Computing For Nation Development, Bhara−ti Vidyapeeth. Institute of Computer Applications and Management, New Delhi. 978−93.

Skarzauskiene, A. & Monica M. (2015). "Modeling the Index of Collective Intelligence in On−line Community Projects." Proceedings of thw 10th International Conference on Cyber Warfare and Security, ICCWS−2015. 313−319.

Smith, J. (1994). *Collective Intelligence in Computer−Based Collaboration*. Hillsdale, NJ: Law−rence Erlbaum.

Smith, J. & Szathmary, E. (2001). *The Major Transitions in Evolution*. Oxford University Press.

Smith, L. (2007). *Chaos: a Very Short Introduction*. Vol. 159. Oxford University Press.

Spearman, C. (1904). "General Intelligence, Objectively Determined and Measured." *The American Journal of Psychology*, 15.2, 201−292.

Stengers, I. & Prigogine, I. (1997). *The End of Certainty*. Free Press, 48, 129.

Strogatz, S. H. (2000). *Nonlinear Dynamics and Chaos*. Westview Press.

Sunstein, C. (2002a). *Infotopia: How Many Minds Produce Knowledge*. Oxford University Press.

Sunstein, C. (2002b). "The Law of Group Polarization." *The Journal of Political Philosophy*, 10(2), 175−195.

Sunstein, C. (2005a). "Group Judgments: Statistical Means, Deliberation, and Information Markets." NYU Law Review, 80, 962.

Sunstein, C. R. (2005b). *Why Societies Need Dissent* (Vol. 9). Harvard University Press.

Sunstein, C. R. (2009). *Going to Extremes: How Like Minds Unite and Divide*. Oxford University Press.

Surowiecki, J. (2005). *The Wisdom of Crowds*. Random House LLC.

Schweitzer, F. (2007). *Brownian Agents and Active Particles: Collective Dynamics in the Natu−ral and Social Sciences*. Springer Science & Business Media.

Szuba, T., Szydło, S. & Skrzyńki, P. (2012). "Computational Model of Collective Intelligence for Meta−level Analysis and Prediction of Free or Quasi−free Market Economy." *Decision Making in Manufacturing and Services*, 6(1), 41−51.

Szuba, T. (2001). "Was There Collective Intelligence Before Life on Earth? Considerations on the Formal Foundations of Intelligence, Life, and Evolution." *World Futures*, 58: 61−80.

Taleb, N. (2007). *The Black Swan: The Impact of the Highly Improbable*, Random House.

Tangian, A. (2014). *Mathematical Theory of Democracy*. Berlin: Springer.

Tangian, J. H., Levin, S. A. & Rubenstein, D. I. (2004). "Dynamics of Fish Shoals: Identifying Key Decision Rules." *Evolutionary Ecology Research*, 6(4), 555–565.

Tapscott, D. & Williams, A. D. (2006). *Wikinomics, How Mass Collaboration Changes Every-thing*. Penguin.

Tomasello, M. (2009). *Why We Cooperate*. MIT Press.

Torvalds, Linus. (1993). "The Choice of a GNU Generation, An Interview with Linus Torvalds." *Meta*, 1(November).

Travers, J. & Milgram, S. (1967). "The Small World Problem." *Phychology Today*, 1(1), 61–67.

Treynor, J. L. (1987). "Market Efficiency and the Bean Jar Experiment." *Financial Analysts Journal*, 43(3), 50–53.

Trianni, V., Tuci, E., Passino, K. M. & Marshall, J. A. R. (2011). "Swarm Cognition: an Interdisciplinary Approach to the Study of Self-organizing Biological Collectives." *Swarm Intelligence*, 5, 3–18.

Tziralis, G. & Tatsiopoulos, I. (2012). "Prediction Markets: An Extended Literature Review." *The Journal of Prediction Markets*, 1(1), 75–91.

Udehn, L. (2001). *Methodological Individualism: Background, History and Meaning*. Routledge.

UN. (1995). *Our Global Neighbourhood: The Report of the Commission on Global Governance*. Oxford: Oxford University Press.

Van Lange, P. A. M. Joireman, J., C. D. Parks & E. Van Dijk. (2013). "The Psychology of Social Dilemma: A Review." *Organizational Behavior and Human Decision Processes*, 120, 125–141.

Vermeule, A. (2012). "Collective Wisdom and Institutional Design." Landemore, H. & Elster, J., eds. *Collective Wisdom: Principles and Mechanisms*. chap.14.

Volery, T. (2008). "The Black Swan: The Impact of the Highly Improbable by Nassim Nicholas Taleb." *Academy of Management Perspectives*, 22(1), 69–70.

Von Bertalanffy, L. (1969). *General System Theory*. George Braziller, Inc. New York.

Von Baeyer, H. C. (2003). *Information: The New Language of Science*. Harvard University Press.

Wagner, C. & Suh, A. Opening. (2013). "The 'Black Box' of Collective Intelligence." The Tenth International Conference on eLearning for Knowledge-Based Society, 12–13.

Waldron, J. (1995). "The Wisdom of the Multitude: Some Reflections on Book Ⅲ Chapter 11 of the Politics." *Political Theory*, 23: 563−84.

Ward, A., Sumpter, D., Couzin, I., Hart, P. & Krause, J. (2008). "Quorum Decision Making Facilitates Information Transfer in Fish Shoals." *Proceedings of the National Academy of Sciences*, 105, 6948−6953.

Ward, L. F. (1906). *Applied Sociology*. Boston: Ginn and Co.

Watts, D. & Strogatz, S. (1998). "Collective Dynamics of 'Small−world' Networks." *Nature*, n.393: 440−2, 1998.

Wechsler, D. (1971). "Concept of Collective Intelligence." *American Psychologist*, 6(10), 904−907.

Wheeler, W. M. (1910). *Ants, Their Structure, Development and Behavior*. New York, Columbia University Press.

Wheeler, W. M. (1911). "The Ant−colony as an Organism." *Journal of Morphology*, 22 (2), 307−325.

Woolley, A. W., Chabris, C. F., Pentland, A., Hashmi, N. & Malone, T. W. (2010). "Evidence for a Collective Intelligence Factor in the Performance of Human Groups." *Science*, 330(6004), 686−688.

Woolley, A. W. & Fuchs, E. (2011). "Collective Intelligence in the Organization of the Science." *Organization Science*, 22, 1359−1367.

Zaki, N. A. M. (2011). The Von Neumann and Moore Neighborhoods for Laplace Equations. Universiti Teknologi Malaysia.

Zhang, Y., Aziz−Alaoui, M. A., Bertelle, C., Zhou, S. & Wang, W. (2014). "Emergence of cooperation in non−scale−free networks." *Journal of Physics A: Mathematical and Theoretical*, 47(22), 225003.

찾아 보기

저자 소개

권찬호 교수

권찬호 교수는 중앙대학교(행정학 학사 및 정치학 박사), 미국 노스웨스턴대학교(Northwestern University, 정치학 석사 및 박사과정 이수), 서울대학교(행정대학원, 국가정책과정 수료), 독일 라이프치히대학교(Leipzig University, 교육학과 교환교수), 콘라드－아데나워 재단(Konrad-Adenauer Stiftung, 시민교육과정 연수) 등에서 공부하였다.

주요 경력으로 행정고시 제22회에 합격하여 정무장관실, 국무총리실(담당관), 대통령비서실(비서관), 외교부(공관장) 등에서 근무 후에 상명대 인문사회대 행정학과 전임강사로 임용되었다. 학생처장, 대외홍보처장, 총장실장 등을 역임하고, 현재 공공인재학부교수 겸 대학원장으로 재직 중이다. 한국공공관리학회(이사) 등 다수의 학회에 참여하고 있다.

연구실적으로 시민교육의 제도화, 시민의 역량강화, 글로벌 거버넌스, 지방자치 외교, 지역정보화, 사회혁신과 사회적기업, 게임이론, 투표행태론, 제도개선이론, 민원서비스 지표, GWP 조직문화, 정당의 책임성 등에 관한 다수의 논문과 국가정책 결정과 당정협의제도, 민원행정제도연구 등의 저서가 있다.

집단지성의 이해

초판발행   2018년 8월 31일

지은이   권찬호
펴낸이   안종만

편 집   김상윤
기획/마케팅   오치웅
표지디자인   김연서
제 작   우인도·고철민

펴낸곳   (주) **박영사**
             서울특별시 종로구 새문안로 3길 36, 1601
             등록 1959. 3. 11. 제300-1959-1호
전 화   02)733-6771
f a x   02)736-4818
e-mail   pys@pybook.co.kr
homepage   www.pybook.co.kr
ISBN   979-11-303-0645-2 93330

정 가   19,000원

이 저서는 2014~2017년 정부(교육부)의 재원으로 한국연구재단의 저술출판지원사업 지원을 받아 수행된 연구입니다(NRF-2014S1A6A4027325).